# Elsass

Klaus Simon



DUMONT RICHTIG REISEN

Inhalt

# Elsass – Land & Leute

# Unterwegs im Elsass

## Straßburg und Umland

## Der Norden

## Vogesen

## Großes Ried und Weinstraße

## Sundgau und Jura

## Kartenverzeichnis

# Serviceteil

# Land & Leute

# Vorwort

»Und so sah ich denn von der Plattform die schöne Gegend vor mir, in welcher ich eine Zeitlang wohnen und hausen durfte: die ansehnliche Stadt, die weitumherliegenden, mit herrlichen dichten Bäumen besetzten und durchflochtenen Auen, diesen auffallenden Reichtum der Vegetation, der, dem Laufe des Rheins folgend, die Ufer, Inseln und Werder bezeichnet. Nicht weniger mit mannigfaltigem Grün geschmückt ist der von Süden herab sich ziehende Grund, welchen die Ill bewässert; selbst westwärts, nach dem Gebirge zu, finden sich manche Niederungen, die einen ebenso reizenden Anblick von Wald und Wiesenwuchs gewähren; so wie der nördliche mehr hügelige Teil von unendlichen kleinen Bächen durchschnitten ist, die überall ein schnelles Wachstum begünstigen. Denkt man sich nun zwischen diesen üppig ausgestreckten Matten, zwischen diesen fröhlich ausgesäeten Hainen alles zum Fruchtbau schickliche Land trefflich bearbeitet, grünend und reifend, und die besten und reichsten Stellen desselben durch Dörfer und Meierhöfe bezeichnet und eine solche große und unübersehliche, wie ein Paradies für den Menschen recht vorbereitete Fläche näher und ferner von teils gebauten, teils bewaldeten Bergen begrenzt, so wird man das Entzücken begreifen, mit dem ich mein Schicksal segnete, das mir für einige Zeit einen so schönen Wohnplatz bestimmt hatte.« (Dichtung und Wahrheit, Johann Wolfgang Goethe).

Zugegeben, es ist immer ein Leichtes, mit dem größten aller deutschen Dichter zu beginnen. Es gilt das Wort des Klassikers – Widerspruch zwecklos. Was der Dicherfürst in der Rückschau auf die Studienzeit im Elsass zu Papier brachte, bleibt das verbindliche Porträt einer Seelenlandschaft, die deutsche Aufgeräumtheit mit einem Hauch Arkadien verbindet. Es fehlen nur die blühenden Zitronen. Selbst Ludwig Erhard, allmächtiger Kanzler, Wirtschaftswundermacher und nicht gerade ein Hänfling, wurde es im Elsass prompt »leicht ums Herz«. Hunderttausenden von Landsleuten geht es vor allem im Frühling und zur Weinernte ebenso: Sie steigen in schwere Autos, auf der Suche nach einer Leichtigkeit, an der es diesseits des Rheins eben mangelt. Ein Land der Sehnsucht war das Elsass über die Jahrhunderte nicht nur für Deutsche. Über die Vogesen schielte man auch von Westen, aus Frankreich. Die Kirschen aus Nachbars Garten schmecken bekanntlich am besten: Ludwig XIV. erblickte zwischen Rheinufer und Vogesenkamm einen einzigen »schönen Garten«. Das klingt nicht weniger verklärend als bei Goethe, und ändert doch nichts an der Tatsache, dass der Sonnenkönig nicht in erster Linie die Seelenlandschaft erweitern wollte. Ludwig ging es um die Erweiterung des Staatsterritoriums. Auch damit war er nicht der Einzige: Die Lage an der Nahtstelle zwischen deutschen und französischen Gebietsansprüchen bestimmte seit den Straßburger Eiden von 842 das Schicksal der Region.

Es waren zwar heitere Zeiten, in denen der in Frankfurt geborene Student in der deutschsprachigen französischen Provinz Frühlingsgefühle bekam, doch 1870/71 wars damit vorbei. Preußische Kanonen beschossen Straßburg.

Über den Schauplatz der Goethe-Liebschaft, das Rheindorf Sessenheim, zogen in weniger als einem Jahrhundert drei Kriege hinweg. Der Zweite Weltkrieg richtete in Sessenheim schwere Zerstörungen an. Der Gasthof »Zum Ochsen«, seit 1895 Goethemuseum, fiel in Schutt und Asche. Seit 1955 steht der Bau wieder, originalgetreu mit Fachwerk und Blumenkübeln. So wie das gesamte Elsass sich von den großen Verheerungen des 20. Jh. erholt hat. Wie zu Goethes Zeiten ist freilich nichts mehr, daran ändern auch die vielen restaurierten Gemäuer nichts. Zwar war das Elsass Ende des 18. Jh. schon über hundert Jahre französisch, doch erst nach den Erfahrungen zweier Weltkriege, insbesondere der Gewaltherrschaft durch Nazi-Deutschland, »wechselte« die elsässische Seele endgültig aus der »germanischen in die romanische Welt«, wie der elsässische Journalist Martin Graff die größte Veränderung seit Goethe provokant beschrieben hat. Dass der Weimarer Klassiker allein nicht mehr reisetauglich ist, beweisen etliche Veränderungen mehr. Industrialisierung und Urbanisierung sind nicht spurlos am Elsass vorbeigezogen. Längst arbeiten die meisten Elsässer in Industrie und Dienstleistung. Aber: Wenn man über die ersten Kilometer einer verschlungenen, bei Dorfdurchfahrten dann und wann noch kopfsteingepflasterten Route départementale zuckelt, fühlt man ein erstes Stück Süden. Nicht ganz Arkadien, zumal in der Rheinebene kräftig die Schlote rauchen, und die Centrale nucléaire von Fessenheim seit den Großdemonstrationen deutscher und elsässischer Atomkraftgegner das Goethemuseum in Sessenheim an Bekanntheitsgrad eingeholt hat. Mit den diesseits des Rheins bestasphaltierten Straßen aber ist es fini. Die Dörfer sind trotz des Vormarsches der Maison Phénix aus dem Katalog verwinkelt und wirken eben nicht wie Reißbrettsiedlungen einer Bausparkasse. Es herrscht gemütliche Unordnung. Vergnügt fährt man weiter. Aseptisch sauber wirken nur die waschstraßengebürsteten Karossen der Besucher von der anderen Rheinseite.

Zugegeben, an der Weinstraße treiben es manche Winzerdörfer mit demonstrativ altfränkischer Idylle zu bunt. Rotweißkarierte Idylle, die Mädchen so lachend wie sonst hierzulande nur Maria Hellwig, glückliche Schmauser hinter Butzenscheiben, Diedeldidumm aus dem Lautsprecher – die ganze Route des Vins ein heiteres Folkloreländchen? Womit man bei den Klischees angelangt wäre: der Elsässer, ein fideler Landmann, der zu leben weiß? Mit teutonischer Arbeitsmoral und welschem Savoir-vivre? Zuwanderer aus Nordafrika und der Türkei sind dank französischer Einbürgerungspolitik Franzosen mit Wohnsitz in Mulhouse oder Straßburg, mithin Elsässer. Zur Zeit stehen zwei Projekte für den Bau von Moscheen in Straßburg zur Diskussion. Auf der anderen Seite verzeichnet der rechtsradikale Front National mit fremdenfeindlichen Parolen doppelstellige Wahlergebnisse in der Region. Der deutsch-französische Erzkonflikt scheint überwunden. Nun sind andere Fremde Feind. Widersprüche gehören zum Elsass wie Crémant ans Sauerkraut. Die von Goethe beschriebene Idylle war schon vor gut zweihundert Jahren nicht stimmig. Wer aber hinter der zauberhaften Kulisse von Riquewihr etwa eine folkloristische Dauerausstellung vermutet, sollte im Spätherbst wiederkommen. Die Busse sind abgefahren, die ausgestopfte Wildsau nebst Weinfass an der Hauptgasse abgebaut. Durchatmen und der Nase folgen. Beim Zwiebelkuchen im Gasthaus sitzt man mit den Einheimischen und Wanderern des Club Vosgien beisammen. Und lässt es sich gut gehn. In den Vogesen, im Sundgau oder dem Outre-Forêt sind die Dörfer ohnehin ganzjährig frei von einer auf Tourismus fixierten Zuckerbäckergemütlichkeit.

Die deutsch-französische Grenze erweist sich seit dem Schengener Abkommen als eine kaum noch wahrnehmbare Linie. Große Gesten auf deutscher Seite wie das momumentale Tor zur deutschen Weinstraße hoch im Norden bei Wissembourg wirken gestrig. Die Supermarktsonderangebote diktieren die Rituale des kleinen Grenzverkehrs. Auf der Europabrücke rollen Franzosen zum Billigdiscounter Aldi in Kehl, tanken in Deutschland voll, weil das Benzin nun mal billiger ist. Umgekehrt verstopfen deutsche Kunden der Attac- und Cora-Supermärkte mit ihren Wagen die Straßen von Wissembourg bis Lauterbourg, weil Kaffee, Croissants und Pâté so schön anders munden. Ganz zu schweigen von rezeptfreien Arzneimitteln, die man zum Drittel des deutschen Preises einkauft. Franzosen und Deutsche, elsässisch »Franzosa« und »Schwowa«, sind ein in ihren Konsumwünschen einig Volk, das weiß, wo der Euro am besten ausgegeben wird.

Andererseits erzürnen solche Sichtweisen die wortgewaltigen Kämpfer um die elsässische Eigenheit, von Huguette Dreikaus bis Martin Graff. Ihr in Spottversen verbreitetes Credo: Elsässer, Pfälzer, Baden-Württemberger und Baseler trennen Welten. Hinter den vielen vertrauten Eindrücken von Fachwerk bis Sauerkraut verbergen sich Überraschungen. Der beste Garant dafür ist der Elsässer selbst. Der ist bei aller Weinstubenseligkeit und Stubengemütlichkeit ein wacher, bisweilen rebellischer Geist, der weiß, was er will. Dies nicht nur im Großen, wie etwa beim Kampf um die Trasse des TGV Ost von Paris nach Straßburg zu sehen war. Nein, auch im kleinen Dunstkreis seines Dorfkirchturms. Im Mai 1997 streikte ein ganzes Dorf bei den anstehenden Parlamentswahlen, weil der Präfekt des Bas-Rhin trotz mehrmaliger Eingabe die Genehmigung für eine Apotheke in Valff verweigerte. Bürgermeister Rosfelder verweigerte prompt mit Unterstützung der 1360 Einwohner die Eröffnung des Wahllokals. Ein eindeutiger Fall republikanischen Ungehorsams. Das mache man erst einmal in der Pfalz oder in Baden nach. Manchmal wird der Elsässer zum Filou. Aus Leidenschaft natürlich, welsches Blut verpflichtet, wie etwa im Fall von Fritz und Hans Schlumpf, gute Söhne, Textilkönige und Bankrotteure (in dieser Reihenfolge) sowie Bugatti-Liebhaber (zuallererst). Für die blauen Autos trieben die Gebrüder den florierenden Familienbetrieb in Mulhouse in den Ruin. Auf der Strecke blieben Hunderte von Arbeitsplätzen. Dafür glänzen die Nobelkarossen nun wieder in ihrer Heimat – schließlich baute Ettore Bugatti seine blauen Wunder westlich von Straßburg in Molsheim. So gesehen ist der Schlumpfsche Sammelwahn eine patriotische Tat gegen jede wirtschaftliche Vernunft. In ihrer Widersprüchlichkeit offenbaren die Schlumpfs eine letzte elsässische Wahrheit: Wie m'rs macht isch's letz. Zu Deutsch: Wie man es auch macht, ist es falsch, französisch: *Quoi qu'on fasse, c'est faux.* Soviel weiß man zwischen Rhein und Vogesen aus der Geschichte.

*In Wissembourg*

# Landeskunde im Schnelldurchgang

**Staatsform und Verwaltung:** Zwei Départements bilden die mit 8225 km$^2$ und 1,62 Mio. Menschen kleinste Verwaltungsregion Frankreichs – sogar Korsika ist ein wenig größer. Hauptstadt ist Strasbourg. In der Region liegt die Entscheidungsgewalt bei den gewählten Mitgliedern des Conseil Régional. Über die Politik des Départements entscheidet hingegen ein auf sechs Jahre gewählter Conseil Général. Die Départements: Bas-Rhin (Départementssitz Strasbourg, 252 000 Einw.), Haut-Rhin (Départementssitz Colmar, 63 000 Einw.)

Frankreich ist eine Präsidialdemokratie, deren Staatsoberhaupt in allgemeiner Wahl auf sieben Jahre gewählt wird. Die Exekutive liegt in Händen des Präsidenten und wiegt vor der Legislative, die das Parlament repräsentiert. Das Parlament setzt sich aus der Nationalversammlung (490 Abgeordnete auf fünf Jahre in Direktwahl) und dem Senat (306 Senatoren, von Abgeordneten, Regional- und Stadträten auf neun Jahre gewählt) zusammen. Zum präsidialen Machtinstrumentarium zählen das Ernennen und Entlassen des Premierministers, die Parlamentsauflösung, sowie die *pouvoirs exceptionnels* laut Notstandsartikel 16, der bei »schwerwiegender Bedrohung« in Kraft tritt. Die größten Parteien sind landesweit die der bürgerlichen Mitte R.P.R. und U.D.F. sowie die sozialistische Partei P.S. Im Elsass besonders stark vertreten ist der rechtsradikale Front National unter Führung von Jean-Marie Le Pen: Bei den Regionalwahlen 1998 wurde die Partei mit 20,4 % die stärkste im Département Haut-Rhin.

Hauptstadt Frankreichs ist Paris mit über 10 Mio. Einwohnern im Großraum. Frankreich hat 57,5 Mio. Einwohner und ist mit 551 695 km$^2$ das größte Land der Europäischen Gemeinschaft. Das Elsass ist mit durchschnittlich 198 Menschen pro km$^2$ fast doppelt so dicht besiedelt wie der Rest des Landes – aber immer noch deutlich dünner als etwa Baden-Württemberg.

**Geographie:** Das Elsass ist Frankreichs östlichste Region. Mit dem deutschen Nachbarn teilt man den Rhein. Die Rheinebene heißt auf französischer Seite »Grand Ried«, großes Ried. Zum zweiten Nachbarn, der Schweiz, begrenzt im Südosten der Jura die Ebene. Insgesamt beträgt die Entfernung zwischen der Grenze zur Pfalz und der zur Schweiz etwa 140 km. Ganz im Norden bedeckt der Forêt de Haguenau den ebenen Landstrich. Auf den endlosen Forst folgt in Richtung Pfälzer Wald der leicht hügelige Outre-Forêt mit fruchtbaren Äckern, die allmählich zu den dichtbewaldeten Nordvogesen mit ihren typischen Buntsandsteinfelsen ansteigen.

Auf halber Strecke tauchen um Cleebourg die ersten Weinreben auf. Sie bedecken auf der Höhe von Straßburg bis auf die Höhe von Mulhouse die sanft abfallenden östlichen Vogesenflanken. Südlich folgt der Sundgau, ein stilles, hügeliges Bauernland mit den ersten Ausläufern des Jura.

Das Elsass ist schmal. Zwischen Rheinufer und Vogesenkamm liegen ganze 40 km. Die Vogesen steigen von Norden nach Süden an. Wie der Schwarzwald sind die alpin anmutenden Südvogesen ein im Tertiär entstandenes Mittelgebirge aus Gneis und Granit, die wiederum von jüngeren Buntsandsteinschichten und Muschelkalk überlagert werden. Endlose Buchen- und Kiefernwälder sind typisch für mittlere Lagen. Hinzu kommen auf den Höhen die Hautes Chaumes, karge Weideflächen mit einigen Seen an der Grenze zu Lothringen – die raueste Ecke des Elsass. Höchster Vogesengipfel ist der Grand Ballon (1424 m).

**Wirtschaft:** Das Elsass gilt als wohlhabende Region, die direkt nach dem Spitzenreiter Ile de France das zweithöchse Bruttosozialprodukt im Lande erwirtschaftet. Gut 40 % aller Arbeitsplätze entfallen auf die Industrie, deren wichtigste Zweige Mechanik, Elektro, Nahrungsmittelverarbeitung und Textil sind. Französische wie auch in zunehmenden Maß ausländische Investoren wissen die geographisch günstige Lage und Arbeitsmoral zu schätzen. Acht der zehn exportstärksten Firmen des Elsass sind ausländische Unternehmen: Liebherr in Colmar, Siemens in Haguenau, dicht gefolgt von Amerikanern und – Japanern. Ricoh wählte Wettolsheim als Standort, Sony Ribeauvillé, Sharp Soultz. Die Liste der größten Arbeitgeber (mehr als 3000 Angestellte) führen jedoch Franzosen an: Peugeot (Mulhouse) und die Mines de Potasse d'Alsace, da Kali zu den »klassischen« Bodenschätzen des Elsass zählt. Das Elsass ist längst High-Tech-Region, inklusive Atommeiler in Fessenheim. Schon macht das Schlagwort »Spitzentechnologie statt Storchennester« die Runde. Die Rheinschifffahrt spielt eine bedeutende Rolle: Straßburg ist Frankreichs zweitwichtigster Binnenhafen. Arbeitsplätze in Basel, Freiburg oder Karlsruhe senken die Arbeitslosenquote (die niedrigste Frankreichs). Täglich brechen an die 60 000 Menschen zu ihrem Arbeitsplatz jenseits der Grenzen auf. Unaufhaltsam steigt der Anteil der Arbeitsplätze bei den Dienstleistungen (55 %), nicht zuletzt dank eines florierenden Tourismus. 900 Hotels mit insgesamt 16 000 Zimmern erwarten den Besucher.

Die Landwirtschaft nimmt 40 % der Fläche in der Region ein. Besonders florierende Zweige sind der Weinbau (4,2 % aller landwirtschaftlich genutzten Flächen), gefolgt von Kohl, Tabak, Hopfen (40 % aller französischen Biere werden im Elsass gebraut) in der Rheinebene und der Forstwirtschaft in den Vogesen. Doch die Landwirtschaft beschäftigt heute nur noch ganze 3 % aller Erwerbstätigen. Die Zukunft heißt grenzübergreifende Kooperation, wie etwa im Zusammenschluss von Südpfalz, badischem Mitteloberrhein und Nordelsass zur Grenzregion »Pamina« oder der Euroregion Elsass-Baden-Württemberg-Baseler Land. Die Chancen stehen angesichts sich immer stärker öffnender Grenzen gut. 75 % der europäischen Kaufkraft konzentrieren sich auf einen Radius von 800 km ums Elsass.

**Bevölkerung:** Landflucht lässt die Vogesentäler veröden, während in den Städten der Rheinebene die Bevölkerung zunimmt. Schon heute leben 43 % aller Elsässer in den drei Metropolen Strasbourg, Colmar, Mulhouse. Ein besonderer Status kommt der Region im Verhältnis zur Kirche zu. Das Elsass ist eine protestantische Hochburg im ansonsten katholischen, freilich streng an die Trennung von Kirche und Staat haltendem Frankreich. Als politische Kraft fungiert trotz aller säkularen Tendenzen die elitäre HSP, die »Haute Société Protestante«. Zu den »klassischen« Konfessionen (Katholiken 767 Gemeinden), Lutheraner (192 Gemeinden), Reformierte (33 Gemeinden) Juden (insgesamt ca. 15 000, starke Gemeinde in Straßburg) kommt als weitere Religion der Islam hinzu, den türkische Einwanderer mit ins Land gebracht haben. Mittlerweile zählt die islamische Gemeinde 40–50 000 Mitglieder und ist somit vor der jüdischen Gemeinde die drittgrößte im Land.

# Landschaft und Natur

Das Elsass gliedert sich in vier Landschaftsformen mit entsprechend unterschiedlicher Fauna und Flora: der Rhein und seine Auwälder, das Ried, das östliche Vogesenvorgebirge und schließlich die Vogesen.

## Rhein

Vater Rhein, deutsch-französischer Schicksalsstrom, 1350 km lang, und damit nur Nummer 29 unter den Wasserläufen der Welt, ist auf 180 km elsässisch. Von der vielbesungenen Romantik blieb jedoch gerade im Elsass nicht viel. Dämme und Deiche mit Betonkante strangulieren den Rhein zum Schutz vor Hochwassern. Seit 1842 wird an seinem Bett herumgeschneidert, das dabei immer kürzer ausfiel. Von den vielen Inseln, Kiesbänken und Nebenarmen keine Spur mehr. Heute bildet der Rhein eine einzige, gewaltige Rinne. Erste Schleifen und Totarme wurden schon 1842 beseitigt. Zwischen 1928 und 1965 legte man für die Schifffahrt einen Seitenkanal an, den Grand Canal d'Alsace, der in ökologischer Hinsicht wenig bringt, dafür jedoch den Schiffen freie Fahrt ermöglicht. Neun Wasserkraftwerke nutzen den Rhein zwischen Kembs und Iffezheim. Oft handelt es sich um binationale Projekte, bei denen einmal die Schleusenwerke, einmal das Kraftwerk Deutschland oder Frankreich gehört. Hinzu kommen das Kernkraftwerk Fessenheim, Kies- und Sandgruben sowie etliche Industrieanlagen, die dem Rhein zusetzen. 1986 fiel der Strom für weite Kilometer ins ökologische Koma, nachdem durch einen Brand bei der Firma Sandoz in Basel aus einem Überlaufbecken ein tödlicher Sud in den Rhein lief. Der Strom ist zudem einer der wichtigsten Binnenwasserwege weltweit, die wirtschaftliche Hauptschlagader seiner Anrainerstaaten von der Schweiz bis zu den Niederlanden.

Wo Schwemmwiesen und Altarme dem großen Aufräumen entgingen (etwa bei Erstein oder in der Petite Camargue bei Basel) brüten Blässhuhn, Löffel- und Stockente. Kormorane sieht man wieder häufiger, seit ein Jagdverbot den Fischfresser schützt und der Bestand an Flussbarben und Elritzen wieder steigt. Die Wasserqualität hat sich durch strengere Auflagen und Kontrollen deutlich verbessert. Noch steckt die Wiedereinführung des Rheinlachses freilich in den Kinderschuhen. Die robuste Weißkopfmöwe hat sich hingegen selbst angesiedelt. Seit 20 Jahren krächzt sie über dem Wasser. Wo vom Rheinauwald, der früher zum romantischen Inventar des Stroms gehörte, etwas blieb, sind Reiherente, Silberreiher, Specht, Frosch und äußerst selten Biber zuhaus. Fast urwaldartig verdichten sich Eichen, Ulmen und Eschen. Vereinzelt bilden Weiden Inselchen, die bei den Überschwemmungen in Frühjahr und Herbst ganz unter Wasser stehen. Efeu wuchert die Stämme hoch. Im Frühjahr schießen Bärlauch und Heckenwaldrebe hoch, die in der feuchten Schwüle des Sommers zu beachtlicher Größe heranwachsen. Direkt vor den Toren von Straßburg erstreckt sich bei La Wantzenau ein geschützter Auenwald, der mit dem Fahrrad erkundet werden kann.

Richtig Reisen Tipp

## Die Höhepunkte einer Elsass-Reise

Straßburg, Europastadt mit viel Kultur und beschwingtem Alltag (s. S. 48 ff.)

Der Outre-Forêt, ein Landstrich im Abseits touristischer Routen (s. S. 81 ff.)

Eine Wanderung von Saverne zur Burgruine von Haut-Barr mit Blick über die Rheinebene (s. S. 122 f.)

Das Ill-Ried, eine unberührte Auenlandschaft zwischen Ebersmunster und Sélestat (s. S. 170 ff.)

Colmar und der Grünewald-Altar im Musée d'Unterlinden (s. S. 179 ff.)

Die Route des Crêtes, 80 km Gebirgspanorama mit Abstechern zu Gipfeln und Seen (s. S. 155 ff.)

Das Munstertal: viel Natur und eine zünftige Mahlzeit in der Ferme-Auberge (s. S. 149 ff.)

Die Weinstraße von Rosheim bis Dambach-la-Ville (s. S. 197 ff.)

Die Museen in Mulhouse, vor allem das Automobil-Museum (s. S. 223 ff.)

Elsässischer Jura, im Süden des Sundgaus, mit Schweizer Flair (s. S. 236 ff.)

### Rheinebene

Das Land bleibt mit Blick auf die Vogesen gen Westen flach. Es heißt nun Ried und bezeichnet die elsässische Ebene, unterteilt in Uffried nördlich von Straßburg und Grand Ried zwischen Straßburg, Sélestat und Colmar. Das Wort Ried geht auf das alemannische »rieth« für Schilfrohr zurück. Weite Feuchtwiesen bestimmen das Bild, soweit sie nicht für Äcker und Felder trockengelegt wurden. Eine Vielzahl von Bächen und Flüssen sorgt für reichlich Wasser, allen voran die Ill mit ihren zum Teil noch schilfbewachsenen Ufern. Früh machte sich der Mensch das Wasser zunutze: In vielen Dörfern sind restaurierte Mühlen zu besichtigen. Im Winter sind große Uferflächen überschwemmt. Weicht das Wasser wieder, bedeckt im Frühjahr ein Blütenteppich aus Schwertlilien, Wiesenraute, Sumpfkreuzkraut und Lungenenzian die Landschaft. Weiden und Pappeln schützen Damhirsch und Rehe vor neugierigen Blicken. Zu den ausgedehntesten Wäldern Frankreichs gehört der Forêt de Haguenau, dessen Eichen, Kiefern, Erlen, Eschen und Buchen dem seltenen Auerhahn Schutz bieten. Die Hügel des nahen Outre-Forêt sind eins der letzten Reviere der seltenen Saatgans, einer großen, grauen Wildgans. Zum Rhein hin hin stakst der Brachvogel im feuchten Gras. Im Grand Ried ist auch der Storch zuhaus, immer auf der Suche nach Fröschen und Schermäusen, deren kleine Erdhügel die Wiesen übersäen.

In geologischer Hinsicht ist der flache Teil des Elsass Teil eines tektonischen

*Am Grand Ballon in den Vogesen*

Grabeneinbruchs zwischen den Vogesen im Westen und dem Schwarzwald im Osten. Der in den Alpen entspringende Rhein nutzte den Einbruch als Strombett in Richtung Meer. Seine Ablagerungen bereicherten die Ebene über die Jahrtausende mit fruchtbaren Böden. Davon profitiert heute die Landwirtschaft. Um den Kochersberg etwa entstand im Nordwesten von Straßburg eine Kornkammer, zu deren Reichtum auch Tabak- und Hopfenfelder beitragen. Schwemmwiesen, Riedflächen und Auwälder sind zwar durch Trockenlegung und Rheinkanalisierung stark dezimiert worden, prägen jedoch weiterhin weite Flächen, dies vor allem zwischen Colmar und Straßburg.

## Vogesenhänge

Das östliche Vogesenvorgebirge mit mittleren Höhen von 200–500 m verdankt seiner Ausrichtung die sonnenbegünstigte Lage. Der Regen entlädt sich hoch auf den Vogesen, während über den Hängen ein nahezu südliches Klima regiert. Früh hat sich der schmale Hügelstreifen dem Weinbau verschrieben. Von Nord nach Süd erstrecken sich auf den Kalkböden Weinreben. Dazwischen reiht sich Fachwerkdorf an Fachwerkdorf. Wen wundert's, dass sich hier die meisten Touristen tummeln.

Brachen sind selten. Der aus dem Mittelmeerraum bekannte Flaumeichenwald weicht zusehends. Wo kein Weinberg die ökologische Vielfalt in grünem Reih und Glied zügelt, gedeiht ein krautiger Magerrasen mit im Frühjahr buntem Kleid: Kuhschelle, wilde Orchideen wie die Riemenzunge und die Fliegenragwurz blühen hier. Der Dachs ist weitverbreitet, ebenso wie Nattern. Selten geworden ist hingegen die grüne Smaragdeidechse.

## Vogesen

»Le Waldsterben« macht den Vogesenwäldern zu schaffen, vor allem den Kiefern und Weißtannen, während sich Buchen, Erlen und Bergahorn vergleichsweise gut halten. Im Norden bedeckt Wald 65 % der Vogesen. Nach Süden legt der Vogesenhauptkamm an Höhe zu. Schon ab 1000 m schrumpfen die Wälder auf Krüppelkiefern und -buchen zu-

sammen, gefolgt von Heidekraut und Buschwerk. Rotwild, Wildschweine, Rehe bevölkern den Wald, seit 1983 auch der gegen viel Widerstand rückgesiedelte Luchs. In den Wipfeln leben Specht, Tannenhäher und Tannenmeise. Durchs Gehölz raschelt der Feuersalamander, in höheren Lagen auch die Bergeidechse, vor allem in der Nähe kleiner Moore und Hochseen. Noch vor Erreichen des Kammgipfels ist das Gebirge kahl. Es ist das ganze Jahr über kühl, die Vegetationsperiode fällt entsprechend kurz aus. Die Hautes Chaumes, Almwiesen mit im Frühjahr kräftig blühendem, gelbem Enzian, Arnika, weißer Anemone, Hornveilchen, Türkenbundlilie, Storchschnabel und Federgras verleihen den Vogesen alpines Gepräge. Ginster flammt goldgelb über die von Wind und Wetter abgerundeten Hänge. Die Vogelvielfalt ist beträchtlich: Bergpieper, Braunkehlchen, Steinschmätzer, Zippammer. Von den saftigen Wiesen profitiert das ansonsten genügsame Vogesenrind, das im schneereichen Winter auf tiefer gelegene Höfe abgetrieben wird. Im Herbst sind die Hochvogesen um die Gipfel der Belchen (Ballons) rostrot, alle Heidelbeersträucher von Vögeln und Wanderern abgeerntet. Es bleiben die Gemsen. Sie sind seit 40 Jahren in den Hochvogesen heimisch.

Richtig Reisen *Tipp*

# Hier lupft der Storch das ganze Jahr sein Bein





Anfang der 1970er Jahre standen die Chancen, einen Storch zu erblicken, am höchsten auf dem Straßburger Flohmarkt. Dort war der Symbolvogel zwar nicht in natura zu erblicken, aber wenigstens als Abbildung auf nostalgischen blauen Emailleschildern der elsässischen Kaliwerke. Auf neun Brutpaare war die Population 1974 zusammengeschrumpft. Rheinregulierung, Drainageprojekte und Industrialisierung in der Ebene, schließlich die Pestizidbelastung durch die intensiv betriebene Landwirtschaft hatten Meisters Adebars natürlichen Lebensraum dramatisch beschnitten. Fast 90% der Jungvögel lassen zudem ihr Leben auf dem weiten Zug nach Afrika. Dass heute wieder um die 250 Paare ihre Nester auf elsässischen Hausdächern bauen, ist seit 1985 der »Association pour la Protection et la Réintroduction des Cigognes en Alsace« zu verdanken. Der Ornithologe Jacques Renaud ließ zur Steigerung der Population 60 Jungvögel aus Afrika einführen, die sich in mittelelsässischen Gehegen kräftig vermehren konnten. Einen Blick in die Kinderstuben werfen kann man im Centre de réintroduction des Cigognes in Hunawihr, dem Parc des Cigognes in Kintzheim und im Parc de l'Orangerie in Straßburg. Dort klappert es das ganze Jahr über: Den Jungstörchen werden in den ersten Lebensjahren die Fittiche gestutzt. Ihr Zugdrang erlischt somit. Das Ergebnis mag bisweilen befremden – dann etwa, wenn über dem verschneiten Weinberg von Barr ein Storch vom Strommast schaut.

# Geschichte

## Frühzeit und Antike

Archäologische Funde wie ein oft zitierter Schaber aus der Altsteinzeit belegen die Anwesenheit des Menschen seit grauer Vorzeit. Viel mehr als ein paar Steinwerkzeuge blieb jedoch von den altsteinzeitlichen Jägern nicht erhalten. Für das Mesolithikum (Mittelsteinzeit) kommen Speerspitzen, für das Neolithikum (Jungsteinzeit) vor allem Keramikscherben hinzu. Erst die Kelten, die im 1. Jt. v. Chr. das Elsass in Besitz nahmen, hinterließen mit der sogenannten Heidenmauer am Mont Ste-Odile das älteste architektonische Zeugnis der Region. Als die wuchtigen Feldblöcke irgendwann zwischen 200 und 1000 v. Chr. zu einer 10 km langen Mauer aufgeschichtet wurden, standen bereits die Germanen im Land: Vermutlich ist die Heidenmauer nur eine von vielen keltischen Fluchtburgen, vielleicht in der Nähe eines Oppidums mit Druidenheiligtum auf den Vogesenhöhen. Strittig ist, ob der Name des Elsass auf die Kelten zurückgeht. Wenn dem so wäre, bezeichnete er die am Fluss Ill Ansässigen, die Elsassen eben.

Cäsar setzte dem Germaneneinfall 58 v. Chr. einen Riegel vor. Der Römer schlug den unter der Führung von Ariovist angetretenen Stamm der Sueben bei Mulhouse. Nachdem kurz darauf auch der Gallierfürst Vercingetorix in die Knie gezwungen wurde, gehörte die Region unbeanstandet zur Provinz Germania Superior. Im Schutz der Pax Romana prosperierte das Land zwischen Rhein und Vogesen vier Jahrhunderte lang. Anfang des 1. Jh. v. Chr. wurde Argoretum (Straßburg) gegründet. Gallische Bewohner und römische Neusiedler legten Städte an und betrieben Handel an der wichtigen Nord-Südschiene des Rheintals. Mehr noch als die Ruinen von Tempel oder Thermen erinnern heute Weinreben an das römische Erbe. Sie wurden im 3. Jh. n. Chr. erstmals angepflanzt, zu einer Zeit, als die ersten Alemannen über den Rhein in die nun blühende Provinz drangen. Nach und nach fassten sie Fuß. Anfangs gelang es den Römern, die Scharen aus dem Osten abzuwehren, zuletzt 378 bei Colmar. Dann überschritt im Winter 406 eine unüberschaubare alemannische Menschenmenge den vereisten Rhein. Im Norden drangen bei Haguenau die Franken ein. Früh prägten die beiden Volksstämme die bis heute gültige Trennung in Unter- und Oberelsass. Allemal war die Römerherrschaft beendet. Die des Christentums blieb. Schon seit dem 4. Jh. ist Straßburg Bischofssitz.

Ganz dem Frankenreich angegliedert wurde die Region dann 496 durch den Sieg Chlodwigs über die Alemannen. Bis ins 7. Jh. änderte sich trotz der Schwächung der merowingischen Hausmacht wenig an den Machtverhältnissen. Immerhin kam es in dieser Zeit zur Bildung des Herzogtums Elsass, damit zur ersten politisch klar abgrenzten Einheit für die Alesaciones, wie die Bewohner um 620 erstmals in einer Chronik genannt wurden.

## Mittelalter

Die Christianisierung gewann im 7. und 8. Jh. mit der Gründung etlicher Klöster, allen voran Murbach, Weißenburg,

Maursmünster, an Kraft. Das Herzogtum zerfiel hingegen 740, hinterließ dem Elsass jedoch mit der Klostergründerin Odilia, der Tochter von Herzog Eticho (670–690), eine Schutzpatronin (seit 1807) – Sainte Odile. Es waren die zu großer Macht gekommenen Karolinger, deren Herrscherkarriere als Hausmeier der Merowinger begann, die die Karte des Elsass neu ordneten. Aus dem Herzogtum erwuchsen zwei Grafschaften, Nord- und Südgau (Sundgau). Kaiserliche Pfalzen entstanden unter Karl dem Großen, der zwei Jahre die Geschicke der Abtei Murbach leitete, in Colmar und Brumath. Seinem Sohn Ludwig dem Frommen aber fielen die eigenen Kinder in den Rücken. Hintergrund war ein Erbstreit. Karls Enkel, Karl der Kahle und Ludwig der Deutsche, zogen 833 gegen ihren Vater ins Feld. Der musste abdanken, während die Herren Söhne sich 842 mit den Straßburger Eiden über das Erbe einigten. Der eine schwor auf Altfranzösisch, der andere auf Althochdeutsch – das Dokument gilt als Geburtsstunde zweier Nationalsprachen, im weiteren Sinne als Beweis zweier sich herausbildender Nationalstaaten, Frankreich und Deutschland. 843 wurde das Elsass einem dritten Sohn Ludwigs, der bei den Eiden benachteiligt wurde, zugeschlagen: Der Vertrag von Verdun begründete Lothars Zwischenreich von Italien bis zur Nordsee, inklusive des Elsass, mit dem nahe liegenden Namen Lotharingien. Dessen Existenz war von kurzer Dauer. Nach Lothars Tod teilten Ludwig und Karl erneut auf. Ludwig der Deutsche bekam 870 das Elsass, das nun Teil des Heiligen Römischen Reichs deutscher Nation wurde.

Nach der Jahrtausendwende traten die Staufer auf den Plan. Zum schwäbischen Herzogtum gehörte das Elsass bereits seit 925. Unter den Stauferkaisern, die 1079–1268 als Herzöge das Elsass regierten, begann die hochmittelalterliche Blüte der Region. Burg um Burg krönte fortan die Höhen, Klöster besiedelten das ganze Land. Als prominentester Staufer gründete Barbarossa Stadt um Stadt. Wirtschaft und Handel blühten auf. In der Pfalzkapelle seiner Residenz Haguenau wurden schließlich sogar die Reichsinsignien verwahrt, deutliches Zeichen dafür, wie zentral die Rolle des Elsass im Geflecht des Heiligen Römischen Reichs deutscher Nation war. Mit dem Sohn Heinrichs VI. begann jedoch 1197 die Erbfehde zwischen Welfen und Staufern. Der Staufer Friedrich II. (1212–50) sorgte erneut für Ordnung. Neue Burgen entstanden zum Schutz der elsässischen Westgrenze. Nach Friedrichs Tod aber sahen die Habsburger, seit 1135 bereits Grafen im Sundgau, ihre Chance zur Gründung einer Kaiserdynastie gekommen.

Im Elsass selbst waren die Ansprüche zwischen aufbegehrenden Bischöfen, machtgierigen Reichsrittern, gräflicher, herzöglicher, königlicher und kaiserlicher Macht sowie französischem Schielen über die Vogesen so verworren, dass die Straßburger 1262 ihre Sache selbst in die Hand nahmen. Man jagte den Bischof zum Teufel und erklärte sich zur Freien Reichsstadt mit annähernd demokratischen Spielregeln. 1354 erfolgte unter Kaiser Karl IV. der Zusammenschluß von Weißenburg, Hagenau, Rosheim, Oberehnheim, Schlettstadt, Kaysersberg, Türkheim, Münster, Kolmar und Landau (Pfalz) zum Zehnstädtebund mit dem Namen Decapolis. Straßburg trat dem Zehnstädtebund zwar nicht bei, solidarisierte sich jedoch im Kampf gegen Feudalherren und Bedrohungen im Hundertjährigen Krieg mit ihm. Die Zeichen standen im 14. und 15. Jh. auf Sturm. Der Eroberungsversuch des Burgunders Karl der Kühne und die scharze Pest sorgten für Zerstörung und Tod. Als Sündenböcke mussten die Juden herhalten. Das schlimmste Pogrom kostete 1349 ungefähr 2000 Straßburger Juden ihr Leben. Als Karl der Kühne 1477 fiel, flammte schon neue Unruhe auf. Ende des 15. Jh. probten die elsässischen Bauern erstmals den Aufstand gegen die weltlichen Lehnsherren. Erst 1525 fanden die Bauernkriege ein blutiges Ende. Kurz zuvor griff die Reformation auf die Städte über. Nun ging es der bischöflichen Macht an den Kragen. Mulhouse scherte aus dem Elsass aus und schloss sich der Schweizer Eidgenossenschaft an. Dort hatte man die Habsburger Herren quasi mit dem Rechen verjagt. Trotz all dieser Wirnisse blühten die Geistenwissenschaften auf. Schlettstadt stieg zur Hochburg des Humanismus auf. Gutenberg probte 1434–44 im reformatorischen Straßburg den Buchdruck. Das Mittelalter endete mit den bahnbrechenden, schwarz auf weiß verbreiteten Gedanken der Reformation und den satirischen »Narrenschiff«-Versen des Straßburger Stadtschreibers Sebastian Brant (1457–1521).

## Neuzeit

1621 wurde die Universität zu Straßburg gegründet. Zugleich verlegten die Straßburger Bischöfe ihren Sitz nach Zabern (Saverne, 1561–1681). Europa stand für 30 Jahre in Flammen. Erst im Westfälischen Frieden von 1648 konnte der Dreißigjährige Krieg zwischen reformatorischen und papsttreuen Potentaten beendet werden. Die Bilanz fürs Elsass war vernichtend. Zerstörte Städte, niedergebrannte Dörfer, verwüstete Felder, abgeschlachtete Bevölkerung. Am Ende wurde der habsburgische Besitz (Sundgau) Frankreich zugesprochen, gegen den Willen der Elsässer. Gleichzeitig behielten die Städte der Decapolis ihre Rechte. Klug beließen es die Franzosen bei der Gleichstellung von Katholiken und Protestanten. Den Rest holte sich Ludwig XIV. mit Gewalt, die beschönigend als Reunionspolitik in die Geschichsbücher einging. 1677 zerstörten französische Truppen Weißenburg und Haguenau. Vier Jahre später mußte Straßburg sich unter militärischem Druck dem Sonnenkönig fügen. Als 1697 der Friede von Rijswijk den Rhein als deutsch-fanzösische Grenze festlegte, geriet das gesamte Elsass unter französische Herrschaft. Ludwig XV. setzte die Politik seines Vaters – frei nach der Formel *ne pas toucher aux usages d'Alsace* – fort, verfügte jedoch das Simultaneum: Protestantische Orte mit mehr als sieben katholischen Haushalten müssen den Kirchenchor der anderen Konfession überlassen. Vor allem Straßburg aber blieb ein freigeistiges, der deutschen Kultur zugewandtes Zentrum: 1770 kam Goethe zum Rechtsstudium für ein Jahr in die Stadt. Herder und Metternich büffelten ebenfalls im Schatten des Münsters.

Erst die Französische Revolution vollendete die Integration in das französische Staatsgebilde. Die Sonderverwaltung wurde aufgehoben, die Region wie überall im Land in Départements aufgeteilt. Gemäß der Maxime »eine Nation, eine Sprache« benachteiligte man das Elsässerdeutsch gegenüber dem Französischen systematisch. Paris war bestrebt, seine Regionen zu normieren: Der Revolutionär Saint-Just empfahl den Elsässern, die »teutsche Tracht« abzulegen. Mehr noch: Wie die Verfechter von Freiheit, Gleichheit, Brüderlichkeit soll auch der Nordturm des Straßburger Münsters eine phrygische Mütze tragen.

*In einem Bunker der Maginot-Linie*

Blutige Ausschreitungen begleiteten die Revolution. Noch 1789 kam es zu Pogromen gegen die Juden im Sundgau. Plünderer zerstörten Klöster und Kirchen. Dann siegte das neue Zeitalter. Mulhouse kehrte 1798 freiwillig zurück nach Frankreich, die Grafschaft Nassau-Sarre (Krummes Elsass) nahm sich Frankreich mit Gewalt. Was am Ende der großen Umwälzungen auf der Landkarte erschien, entspricht dem heutigen Gebiet der Départements Bas-Rhin und Haut-Rhin.

Napoleons Empire brachte in seinem Aufstieg und Fall erneut etwas Kanonendonner übers Land. Begeistert wurde Napoleon im Elsass aufgenommen. Einige seiner fähigsten Generäle wie Kellermann, Kléber und Rapp sind gebürtige Elsässer. Ein Konkordat mit Rom regelte 1801 den Sonderstatus der Kirchen: Anders als im übrigen Frankreich werden im Elsass Pfarrer vom Staat bezahlt. Das besondere Verhältnis von Staat und Kirche besteht bis heute. Mitte des 19. Jh. verfügte ein Gesetz, dass Religionsunterricht an elsässischen Schulen obligatorisch ist, diese zudem nach Konfessionen zu trennen sind. In allen anderen Punkten, insbesondere bei der Sprache, kannte Paris kein Pardon. Nach zentralistischer Manier wurden Verwaltung und Gesellschaft normiert. Die Industrialisierung griff vor allem im Raum Mulhouse (Textil) und der Rheinebene (Kaligruben, Rheinschifffahrt).

Mit dem deutsch-fanzösischen Krieg donnerten 1870/71 nach längerer Ruhepause wieder die Kanonen. Die Straßburger Bibliothek ging unter Beschuss in Flammen auf. Im Vertrag von Frankfurt annektierte das wilhelminische Kaiserreich das Elsass und Lothringen. Um der forcierten Eindeutschungspolitik zu entgehen, wanderten Zehntausende nach Frankreich aus. Berlin führte sich in den Territorien wie in einer Kolonie auf. Erst spät erhielt das unter direkter Kontrolle des Kaisers stehende Reichsland Elsass-Lothringen die politische Gleichberechtigung mit dem Rest des Reichs. 1911 wurde ein Landtag zugestanden, doch bald schon stand der Erste Weltkrieg vor der Tür. Die Front verlief durch das Elsass. Entsprechend hoch fielen Zerstörungen und Verluste an Menschenleben aus. 200 000 Elsässer kämpften unter deutscher, 20 000 unter französischer Flagge. Nach Friedensschluss 1918 wurde das Elsass wieder französisch. Über 100 000 Deutsche mussten das Land verlassen. Mit den neuen Verhältnissen ging der kollektive Misstrauensverdacht Frankreichs einher, alle Elsässer seien insgeheim Kollaborateure.

1940 standen die Deutschen erneut im Land. Bis 1944/45 dauerte das brutale Intermezzo als »Gau Oberrhein« an. In den Vogesen wurde das KZ Struthof eingerichtet. Juden wurden deportiert, Andersdenkende inhaftiert. 130 000 Elsässer mussten nach 1942 in die Wehrmacht eintreten. Die meisten dieser *malgré-nous* (gegen unseren Willen) kommen an die Ostfront, wo 40 000 fielen. Erst 1999 räumte der französische Staat ihnen den Status *Mort pour la France* ein und erkennt seitdem die Überlebenden als Kriegsveteranen an.

Weitere 50 000 Zivilisten kamen im Krieg ums Leben. Straßburg entging bei der Befreiung größeren Zerstörungen. Andere Orte wurden dem Erdboden gleichgemacht. Schwer wog nach der Kapitulation das Abrechnen von Franzosen der *France intérieure* (gemeint ist Frankreich westlich des Vogesenkamms). Erst mit der Generalamnestie für die in die Wehrmacht zwangsrekrutierten Elsässer von 1953 glätteten sich die Wogen im Elsass. Mit der Akzeptanz einer anderen Sprache als des Französischen ließ Paris sich Zeit. In den Nachkriegsjahren bestrafte man Kinder, die auf dem Schulhof Elsässisch oder gar Deutsch reden, kategorisch. Mitte der 60er Jahre standen die Zeichen auf Rückbesinnung. Mundartdichter wie Roger Siffer eroberten die Bühnen. Man war früher als anderenorts in Frankreich ökologischen Gedanken aufgeschlossen. Der Protest gegen die geplanten Atomkraftwerke Fessenheim auf elsässischer, Whyl auf badischer Seite erwiesen sich langfristig als Katalysatoren der grünen Bewegung.

Seit 1949 ist Straßburg Sitz des Europarats. Im Elsass, wo das Zeitalter des Nationalismus besonders desaströse Folgen hatte, sieht man die Zukunft zwar unter der französischen Trikolore, setzt jedoch gleichzeitig auf Europa. 1958 zog das Europäische Parlament nach Straßburg. Neben Brüssel und Luxemburg behauptet sich die elsässische Kapitale als Hauptstadt Europas. Im selben Zeitraum vernetzt sich die Region mit ihren Nachbarregionen in Deutschland und der Schweiz. In den 1990er Jahren nimmt die Euroregion Elsass-Baden-Württemberg-Baseler Land Gestalt an. Seit 1992 sendet das deutsch-französische Kulturfernsehen Arte mit Sitz in Straßburg. Massive Wahlerfolge des Front National trüben dagegen das Bild. Am Ende des Jahrzehnts liegen die durchschnittlichen Ergebnisse der rechtsradikalen Partei um 20%.

# Zeittafel



| | |
|---|---|
| **1000–200 v. Chr.** | Bau der Heidenmauer am Mont Ste-Odile durch keltische Siedler. |
| **58 v. Chr.** | Sieg Cäsars über die über den Rhein ins Elsass vordringenden Sueben. Die Römer herrschen bis ins 5. Jh. n. Chr. Argentoratum (Straßburg, gegründet 16 n. Chr.) wird Garnisonsstadt. |
| **3. Jh.** | Einführung des Weinbaus. |
| **5. Jh.** | Alemannen und Germanen fallen ins Elsass ein. |
| **496** | Die Franken siegen über die Alemannen. |
| **7.–8. Jh.** | Das Elsass wird Herzogtum im Frankenreich unter der Etichonen-Dynastie. Die fortschreitende Christianisierung spiegelt sich in Klostergründungen wie auf dem Mont Ste-Odile, in Murbach und Marmoutier. Erstmals werden die Alesaciones (Alsaciens/Elsässer) in einer fränkischen Chronik benannt. |
| **8. Jh.** | Die Aufteilung des Elsass in zwei Grafschaften (Nord- und Südgau) legt die Wurzeln für die bis heute bestehende regionale Struktur. |
| **842** | Mit den Straßburger Eiden zerfällt das Frankenreich. Der Vertrag zwischen den Söhnen Karls des Großen wird in Altfranzösisch und Althochdeutsch abgeschlossen. |
| **870** | Das Elsass wird Karls Sohn Ludwig dem Deutschen, damit dem späteren deutschen Reich, zugesprochen. |
| **925** | Angliederung an das Herzogtum Schwaben. |
| **1135** | Der Sundgau wird habsburgerisch. |
| **11.–13. Jh.** | Das Elsass ist Teil des staufischen Hausbesitzes. Mit dem Ende der Staufer 1268 beginnt die Zerplitterung. |
| **1354** | Gründung des Städtebunds Decapolis. |
| **1388** | Erste Straßburger Rheinbrücke. |
| **1434–44** | Gutenberg als Buchdrucker in Straßburg. |
| **16. Jh.** | Bauernkriege. Vordringen der Reformation und des Humanismus, vor allem in Schlettstadt (Sélestat) und Straßburg. |
| **1618–48** | Dreißigjähriger Krieg mit schweren Verwüstungen und Hungersnöten. |
| **1621** | Gründung der Straßburger Universität. |
| **1648** | Westfälischer Friede: Die Habsburger übereignen ihr elsässisches Territorium der französischen Krone. |
| **1697** | Das Elsass wird per Vertrag französische Provinz. |
| **1746** | Erste Stoffdruckmanufaktur in Mulhouse. |
| **1790** | Schaffung der Départements Bas-Rhin und Haut-Rhin. |
| **1792** | Rouget de Lisle komponiert in Straßburg die »Marseillaise«. |
| **1793** | Annexion des »Krummen Elsass«. |
| **1798** | Das schweizerische Mülhausen erklärt sich französisch. |
| **1801** | Konkordat zur Klärung des Kirchenstatuts im Elsass. |
| **1870/71** | Deutsch-französischer Krieg. Elsass und weite Teile Lothringens werden dem Deutschen Reich angegliedert. Massive Auswanderung nach Frankreich. |

| | |
|---|---|
| **1900–08** | Ausbau der Haut-Kœnigsburg zur wilhelminischen Feste. |
| **1914–18** | Erster Weltkrieg. Blutige Schlachten um die Vogesenhöhen. Sieg der Alliierten. |
| **1919** | Im Vertrag von Versailles wird das Elsass wieder an Frankreich abgetreten. |
| **1939–45** | Zweiter Weltkrieg. Seit 1940 ist das Elsass von der Wehrmacht besetzt. Zwangsrekrutationen unter den elsässischen Männern. Schwere Zerstörungen bei der Befreiung. Mit der bedingungslosen Kapitulation wird das Elsass französisch. |
| **1949** | Straßburg erhält den Sitz des Europarats. |
| **1953** | Prozess gegen elsässische Zwangsrekruten der Division »Das Reich« (Massaker von Oradour). Er endet später mit einer Amnestie, um Aufruhr im Elsass zu verhindern. |
| **1958** | Straßburg wird Sitz des Europäischen Parlaments. |
| **1970er Jahre** | Planung des Kernkraftwerks Fessenheim. Erstarken der ökologischen Bewegung. Gründung der französischen Grünen unter dem Elsässer Antoine Waechter. Rückbesinnung auf die eigene Kultur und die elsässerdeutsche Sprache. |
| **1988** | Schaffung der Interregio Pamina (Südpfalz-Badischer Mitteloberrhein-Nordelsass). |
| **1989** | Zusammenschluss der Euroregion Elsass-Baden-Württemberg-Baseler Land. |
| **1990er Jahre** | Massive Erfolge des rechtsradikalen Front National. Am Ende des Jahrzehnts liegen die Wahlergebnisse um 20 %. |
| **1992** | Gründung des deutsch-französischen Kultursenders Arte. |
| **1996/1998** | Im französischen TV wird der Dreiteiler »Les Alsaciens« ausgestrahlt, der die Zeit von 1870–1953 umfasst. Zwei Jahre später folgt eine synchronisierte Fassung im deutschen Fernsehen. |
| **1997** | Straßburgs Oberbürgermeisterin Cathérine Trautmann wird Kulturministerin. |
| **1998** | Straßburg erhält mit dem Museum für moderne und zeitgenössische Kunst eins der interessantesten Museen seiner Art in der französischen Provinz.<br>Deutsch-französisches Polizeizentrum in Offenburg. |
| **1998/99** | Wie in den Jahren zuvor kommt es zum Jahreswechsel in den Vorstädten von Straßburg zu gewalttätigen Auseinandersetzungen zwischen Jugendlichen und der Polizei. |
| **1999** | Baubeginn für den TGV Est von Paris nach Straßburg.<br>Anerkennung der im Zweiten Weltkrieg in die Wehrmacht eingezogenen Elsässer als Kriegsveteranen. Den Gefallenen wird der Status *Mort pour la France* gewährt. |

# Architektur und Kunst



## Mittelalter

Die Burgen des Hochmittelalters zählen trotz Zerstörung oder neuzeitlicher Umbauten zu den eindrucksvollsten Baudenkmälern des Elsass. Ihre Blütezeit begann mit den Saliern im 11. Jh. und währte über den Wechsel zur Herrschaft der Staufer hinweg bis ins 13. Jh. Mehrere hundert Burgen gab es einmal im Elsass. Halb aus dem weichen Buntsandstein gehauen, halb zu babylonischer Höhe aufgeschichtet ragten die Stauferburgen im waldreichen Grenzgebiet zur Pfalz empor, allen voran Fleckenstein, dessen Bild Matthäus Merian als Kupferstich hinterließ. Unabdinglich neben der von einer Ringmauer geschützten Bauten für den Palas, die Kemenaten und Mannschaftstrakten: der Bergfried, Ausguck und letzte Zuflucht zugleich.

Auf den mittelalterlichen Grundrissen wurde bis in die Renaissance weitergebaut. Schmuckkapitelle, Kamine, Torbögen zeugen vom Wandel der Burgen: Aus reinen Militärbauten erwuchsen komfortablere Residenzen. Bauernkriege, Dreißigjähriger Krieg, schließlich die französische Réunionspolitik des 17. Jh. zerstörten fast alle Burgen im Elsass. Als Steinbrüche benutzt und herrenlos, zerfielen die meisten zu einem Steinhaufen, bis das 19. Jh. die Burgenromantik entdeckte. 1899 bekam Kaiser Wilhelm II. die Hohkönigsburg im Westen von Sélestat geschenkt. Prachtvoll entstand die Burg als preußischer Traum vom Staufertum neu. Es war das Fanal einer Burgenrenaissance, die vor keiner Zinne, vor keinem Erker zurückscheute. Das Ergebnis, die Haut-Kœnigsburg, ist mehr Disney-Land als Abbild des Mittelalters, dafür heute ein Touristenmagnet der Region.

Die ersten bedeutenden Sakralbauten entstanden noch vor der Jahrtausendwende. Mit Maursmünster, Murbach und Weißenburg entstanden prachtvolle frühromanische Klöster, auf die im 11. Jh. eine Reihe bedeutender Kirchen desselben Stils folgten. Die Romanik beginnt schlicht mit der von Balkendecken abgeschlossenen Basilika, um dann den Grundriss des lateinischen Kreuzes als verbindliches Architekturprinzip zu übernehmen. Die Entwicklung orientiert sich an den Bauten östlichs des Rheins. So findet sich nirgends der für die französische Romanik übliche Chorumgang mit Kapellen. Man bevorzugte zudem italienische Vorbilder wie den lombardischen Bogenfries (Rosheim) und Blendarkaden (Maursmünster). Die Kirche von Ottmarsheim kopiert hingegen die Pfalzkapelle in Aachen, bleibt dabei wie insgesamt fürs Elsass typisch ein schlichter Bau. Manche Westfassaden weisen noch karolingische Einflüsse auf (St-Thomas in Straßburg, Maursmünster). In der Hochromanik gewinnt Bauschmuck an Bedeutung. In Rosheim faszinieren Reliefs und Skulpturen an Würfelkapitellen, Konsolen und Friesen. Ein furchterregendes Bestiarium, groteske Fabelwesen und Dämonen, bevölkern nun die Fassaden und Innenräume (Andlau).

Im 13. Jh. erfasst die Gotik das Elsass. Das Straßburger Münster, im romanischen Stil begonnen, wird zum Vorzeigebau des neuen Stils, der in der Ile de France kreiert wurde. Dort waren die Straßburger Baumeister vermutlich

*Haut-Kœnigsburg*

auch zur Schule gegangen. Von dort brachten sie neue Ideen mit, so etwa die von der Fassade losgelöster, vollplastischer Figuren. Die himmelstürmende Gotik entfaltete sich mit filigranen, der Außenmauer vorgehängten Steinspitzen, immensen, fragil wirkenden Glasfenstern, Kreuzrippengewölben und Spitzbögen. Feingearbeitete Kapitelle mit floralem Dekor lösen die wuchtigen Würfelkapitelle der Romanik ab. Hervorragende Beispiele elsässischer Gotik, die sich frei vom »französischen« Vorbild des Münsters entwickelt, sind St-Etienne in Mulhouse, St-Pierre-et-Paul in Wissembourg, St-Martin in Colmar, Notre-Dame-de-l'Assomption in Rouffach (Übergangsstil von der Romanik zur Frühgotik), die Collégiale St-Florent in Niederhaslach (Fenster) sowie die spätgotische Stiftskirche in Thann. Parallel zu den Kirchenbauten entwickeln sich die der rheinischen Schule verbundene Malerei und Bildhauerei. Ihre Blüte erleben die beiden Disziplinen am Übergang zur Neuzeit mit Malern wie Matthias Grünewald (Isenheimer Altar), Martin Schongauer (Madonna im Rosenhag) und Caspar Isenmann (Stauffenberg-Altar).

# Bunte Vielfalt: Fachwerk



Fachwerk (*colombage*) gehört zu den fünf großen »C« des Elsass wie *choucroute, coiffe* (Haube), *cigogne* (Storch) und *cathédrale*. Vom Outre-Forêt bis in den Sundgau biegen sich die Balken. Das Mauerwerk dazwischen leuchtet zitronengelb, grasgrün und ochsenblutrot, schimmert fliederfarben und taubengrau. Es geht bunt zu im Elsass, seit das Fachwerk seine Renaissance feiern konnte. Bis Mitte der 1970er Jahre verlief der Trend in umgekehrter Richtung. Wer konnte, riss die als rückständig verschrienen Balken nieder und setzte sich ein Häuschen aus dem Katalog hin. Allein im Département Haut-Rhin gingen zwischen 1974 und 1986 jährlich 400–500 Fachwerkhäuser verloren. Als 1982 die Société industrielle de Mulhouse in einer Sondernummer zur bäuerlichen Architektur des Elsass die Frage aufwarf, ob das Fachwerk endgültig verschwände, war die schlimmste Abrisswelle freilich schon vorüber. Man besann sich.

Subventioniert werden heute allein im Département Haut-Rhin an die 200 Restaurierungen pro Jahr. Denn an Masse ist immer noch reichlich vorhanden. Abgesehen von einer die gesamte Region im 18. Jh. erfassenden Blüte des Fachwerkbaus, nach der im 19. Jh. der Ziegel als Konkurrent in Mode kam, verlief die Entwicklung von Landstrich zu Landstrich verschieden. Hier ein Schnelldurchgang: Im »Krummen Elsass« gibt es wegen leicht abbaubarer Steinvorkommen nur wenig Fachwerk. Desgleichen gilt für die Vogesen. Hochburgen der Balken sind hingegen die Kornkammer um den Kochersberg mit viel Schnitzwerk, Loggien und Innenhofgalerien, sowie der Outre-Forêt mit der einzigen Fachwerkkirche (Kuhlen-

dorf) der Region und strengem, oft schwarz-weiß versetztem Eichenfachwerk. Allgemein am stärksten verbreitet sind Mehrdachhäuser, ein oft um einen Hof gruppiertes Gebäudeensemble. Ein Hauch Luxus kommt im Pays de Hanau über das Holz. So etwa in Bouxwiller, wo die nach dem Dreißigjährigen Krieg aus der Schweiz zugewanderte Zimmermannsdynastie der Schini einen eigenen Stil erfand: mehrstöckige Balkone, Haubentürmchen, Erker, Balustraden, steil ansteigende Dachstühle, reich verziertes Portal. Nicht ganz so überladen, aber immer noch stolz sind die Fachwerkhäuser der Winzer an der Route du Vin, wo das aus dem 15. und 16. Jh. stammende Dorfbild von Riquewihr ein Stilbilderbuch dieser Periode bildet: Über dem Steinsockel des Erdgeschosses kragen die eleganten Bauten in drei Etagen aus. Klobig wirkt dagegen das Sundgauer Haus. Durchgehende, mächtige Eckbalken verleihen der *maison bloc* (Eindachhaus) ihr unverwüstliches Aussehen. Im Sundgau findet man auch das älteste elsässische Fachwerkhaus. Es stammt von 1490 und steht in Friesen.

Seit Fachwerk als Hort der elsässischen Seele anerkannt ist, stehen neue Probleme an. Verkitschung und Überrestaurierung verwandeln 200 Jahre alte Häuser in saubergeschrubbte Objekte, von denen niemand glaubt, dass sie älter als 20 Jahre sind. Giebel niedergelegter Bauernhäuser tauchen in Neubausiedlungen am Stadtrand von Straßburg wieder auf. Soweit nichts Neues. Schon das Straßburger Restaurant Buerehiesel stand nicht immer im Parc de l'Orangerie. Erst vor einem Jahrhundert wurde das um 1600 in Molsheim errichtete Haus im Rahmen einer Ausstellung von den damals deutschen Autoritäten hierher verpflanzt.

## Renaissance, Barock und Klassizismus

Was im Spätmittelalter sich mit der Decapolis und dem Alleingang Straßburgs bereits abzeichnete, wird in der Renaissance urbane Realität. Die Städte entwickeln eine architektonische Pracht, die dem wachsenden Selbstbewusstsein der Bürgerschaft entspricht. Öffentliche Bauten wie Rathäuser (Mulhouse, Kaysersberg, Guebwiller, Turckheim, Obernai, Ensisheim), Münzen, Speicher (Salzhaus in Wissembourg), Zunfthäuser (Metzig von Molsheim), Bürgerpalais (Maison de l'Ami Fritz in Wissembourg) greifen formverliebt den Stil der Renaissance auf. Volutengiebel mit Figuren und Obelisken, Prachtportale, reich verzierte Erker, Balkone, Galerien (Maison Pfister in Colmar), Glockentürmchen, Arkaden, buntbemalte Holzschindeln, vieleckige Treppentürme florieren in allen Städten. Wer es sich leisten kann, baut in Stein. Holz kommt weiterhin bei den Prunkdecken von Sälen, Hofgalerien (Cour du Corbeau in Straßburg, Maison Katz in Saverne) und Schnitzereien am Stabwerk von Fenstern und Türen (Maison Kammerzell in Straßburg) zur Verwendung. Das 16. Jh. kennt daneben eine Renaissance des Fachwerks (Petite France in Straßburg, Petite Venise in Colmar), das nun auch auf dem Land prachtvolle Balkenornamente aufweist (Dörfer der Route des Vins, der Caveau Narz in Dambach-la-Ville). Die Emanzipation der Städter von Kirche und Adel geht mit dem Buchdruck einher (Gutenberg 1434–44 in Straßburg), dem wiederum die großen Humanisten und Schriftgelehrten wie Geiler von Kaysersberg (1445–1510), Sebastian Brant (1457–1521), Martin Bucer (1491–1551), Jakob Sturm (1489–1553), Johann Fischart (1546–1591) die Ver-

*Im Europa-Viertel in Straßburg*

breitung ihrer Satiren und philosophisch-aufgeklärten Schriften verdanken. Die bekanntesten Künstler der Epoche sind Hans Baldung mit Holzschnitten und Sebastian Stosskopf mit seinen die Vergänglichkeit anmahnenden Vanitas-Stillleben. Die Mahnung wurde bald Wirklichkeit. Eine Epoche politischer Wirren und kriegerischer Auseinandersetzungen suchte das Elsass heim. Am Ende hatte sich die Reformation am linken Rheinufer durchgesetzt, das nun zur französischen Krone gehörte.

Die Franzosen versuchten, ihre Herrschaft in Stein zu untermauern. Festungsbauer Vauban und seine Schüler entwarfen Zitadellen und ganze Städte vom Reißbrett wie etwa Neuf-Brisach oder La Petite-Pierre. In Straßburg entstand ein »kleines Marais« mit repräsentativen *hôtels particuliers* aus dem auch in Paris beliebten hellen Sandstein (Hôtel Klinglin). Später folgten verspielte Rokoko-Fassaden (Hôtel Gayling in Straßburg), schließlich strenge klassizistische Bauten (Palais Rohan und Aubette in Straßburg, Hôtel Loewenfels in Mulhouse, Palais du Conseil Souverain in Colmar, Rathaus in Wissembourg, Bischöfliches Schloss in Saverne). Eine kurze Mode sind die an Festungsmauern erinnernden, vorspringenden Ecken »à la Vauban«. Höfische Eleganz dominiert beim Mobiliar. Zum bäuerlichen Geschirr aus Soufflenheimer Ton und Salzsteingut aus Betschdorf kommt feines Porzellan aus der Manufaktur Hannong. Mit Nicolas de Largillières »La Belle Strasbourgeoise« entsteht 1703 das Porträt des Ancien Régime im Elsass: vornehm blass, bis ins letzte Plissée standesbewusst, dabei heiter, und natürlich mit dem Schoßhündchen im Arm. In den Kirchen beiderseits des Rheins ertönten dank des aus Sachsen zugewanderten Andreas Silbermann Orgeln, deren Klang wegweisend war (Straßburg, Mulhouse, Colmar, Basel, Villingen). Sie begründeten eine Orgelbauertradition, die bis in die Gegenwart reicht (Orgel im Straßburger Konservatorium, 1963).

## 19. Jahrhundert und Moderne

Neue Herren, neue Bauten. Nach dem Sieg über Napoleon III. beginnt das Deutsche Reich mit gewaltigen Baumaßnahmen. Die »ville allemande« in Straßburg entsteht als Abbild Berliner Architektur. Ein kolossales Ensemble, neben Görlitz die größte erhaltene wilhelmini-

sche Stadt. Selbst Wilhelm II. verspottete den ihm gewidmeten Palast (Palais du Rhin) als »Elephantenhaus«. Garnisonskirche, Bahnhof, Universität, Observatorium zählen zu den markanten öffentlichen Bauten. Im ganzen Elsass zeugen Gründerzeitvillen, Wassertürme (Sélestat) oder Bahnhöfe vom preußischen Historismus. Nach 1900 folgte der Jugendstil, dessen talentiertester Vertreter Fritz Beblo als Stadtbaumeister in Straßburg wirkte (Städtische Bäder am Boulevard de la Victoire).

Mittlerweile war das Bewusstsein der Elsässer für die eigene Identität erwacht. Der aus Colmar stammende Illustrator Hansi (alias Jacques Waltz 1872–1951) propagierte ein patriotisch-putziges Elsass voller Gänse, Störche, rotwangiger Kinder und auf den Dächern wehender Trikolore. Emile Erckmann und Alexandre Chatrian erfinden 1864 »l'Ami Fritz«, den Ur-Elsässer schlechthin. Zu Anfang dieses Jahrhunderts machen sich René Schickele (1883–1940) mit der Romantrilogie »Das Erbe am Rhein« und der Dadaist Hans Arp (1886–1966) Gedanken über ihre Heimat. Zeitgenössische Vertreter wie André Weckmann (geb. 1924) oder Jean Egen (1920–95, »Die Linden von Lautenbach«) schreiben die Chronologie ihrer Heimat weiter und greifen zum Teil auf den elsässischen Dialekt zurück. Mit Mundartbarden wie Roger Siffer kommt das Elsasserditsch nach dem Mai 1968 auf die Bühne des Polit-Cabarets. Niemand aber zeichnet elsässische Befindlichkeiten schärfer und gegen jede *political correctness* schonungsloser als Tomi Ungerer (geb. 1931).

# Reiseziel Elsass heute

Das Elsass ist in vielerlei Hinsicht ein anderes Frankreich als das den Urlaubern aus Paris oder von der Côte d'Azur bekannte. Ein gesetzlich verankertes Regelwerk von etwa 200 Sonderbestimmungen führt dazu, dass Gemeinderecht, Jagdrecht, Ladenschlussgesetz im Elsass anders gestaltet sind. Und nonchalant umgangen werden. Nur im Umgang mit der Kirche gibt man sich strikt. Während im gesamten Land die Pfarrer ärmer als Kirchenmäuse sind (katholische Geistliche verdienen ein Drittel von dem, was ihre deutschen Kollegen bekommen), geht es den Männern der Kirche im Elsass ganz gut. Hier zahlt der Staat das Monatssalär und betrachtet die Pfarrer als Beamte – während in Frankreich sonst Kirche und Staat streng getrennt sind, auch in finanziellen Dingen. Seit den 1950er Jahren greifen deshalb elsässische Pfarrer ihren Kollegen im übrigen Frankreich unter die Arme, mit Messgewändern etwa, aber auch mit Geld. Daraus erwuchs übrigens der grenzübergreifende Solidarfonds »Contact Abbé« – saarländische und pfälzische Pfarrer schicken Pakete oder machen diskret ein Geldgeschenk.

Lange bevor Balsamico-Essig und Crème fraîche deutsche Kühlschränke eroberten, lag das gelobte kulinarische Land am Rhein so nah, und mit Gänsestopfleber und Tourte doch so fern. Es war ein gefundenes Fressen für unsere mit Braten und Kartoffeln aufgewachsenen Mägen. Verwandt, aber doch so viel feiner und bedingungslos französisch, was den Gang zu Tisch angeht. Zwischen 12 und 14 Uhr steht wie überall in Frankreich auch im Elsass alles still. Das Klappern von Geschirr verrät, dass zu dieser Zeit nur im Restaurant gearbeitet wird. Was das Elsass bei Deutschen so dauerhaft en vogue hält, sind nicht Isenheimer Altar und Tomi Ungerer, nicht Storchennest und Ecomusée, sondern Kugelhopf, Choucroute und Crémant. Liebe geht bekanntlich durch den Magen. Die der Elsass-Touristen sowieso.

Das Elsass ist ein leicht zu bereisendes Ziel. Alle Wege sind gut markiert. Die ins Restaurant oder in die Daunen (welche im Elsass üblicher als sonst im Land der strammgeklemmten Bettlaken sind) weisen die französischen Fressbibeln und Hotelführer von Gault-Millau bis Michelin. Die durch Berg und Tal markiert der Club Vosgien, gegründet 1872 von Bismarckschem Geist. Zigtausende freiwilliger Mitglieder stehen an Fleiß denen des Schwarzwaldvereins nicht nach und unterhalten wacker 16000 km Wanderpisten. Wandern ist ein festes Standbein des elsässischen Tourismus, dies vor allem in den Vogesen, wo keine Weinberge in den Keller locken, keine Museen mit Exponaten von Weltrang für Besucher sorgen, und auch die großen Küchenchefs eine im Vergleich zur Ebene und den Städten seltene Spezies sind.

Gastronomie, Kultur und Wandern also bilden die klassischen Standbeine des elsässischen Tourismus. Die Region versteht sich jedoch beileibe nicht in erster Linie als Fremdenverkehrsregion. Glaubt man der 1994 publizierten Studie »Elsass 2005«, wird die Region sich im nächsten Jahrtausend grundlegend verändert haben. Nicht mehr Folklore, sondern High Tech soll das Ländchen am

*Am Hohneck in den Südvogesen*

linken Oberrhein prägen. Vom Tourismus ist in dem Papier kaum die Rede. Man hofft mehr auf geschäftige Manager in den Hochgeschwindigkeitszügen der Linien Wien-Paris und Hamburg-Barcelona, die sich im technisch aufgerüsteten Straßburger Bahnhof treffen werden, als auf Wanderer zum Mont Ste-Odile. Der elsässische Generalrat und ehemalige Straßburger Bürgermeister Marcel Rudfloff hatte anlässlich der Studie den »homo alsaticus« zu dessen Zukunftsvorstellungen befragen lassen. Dabei bewies der gemeinhin als behäbig verkaufte Elsässer, dass seine Ideen zur Zukunft weit über den Sauerkrauthorizont hinausragen. Erstaunlich: Längst schon fühlten sich die befragten Lokalpolitiker, Fabrikanten, Banker, Professoren, Wissenschaftler und Handelskammerpräsidenten nicht mehr als Bewohner einer französischen Eckprovinz im östlichen Abseits der Pariser Schaltzentrale. Man sieht sich vielmehr als Teil des expandierenden Wirtschaftsraums London-Südengland, Beneluxstaaten, Ruhrgebiet, Rhein-Main-Raum, mittlerer Neckar, Baseler Land, Zürich-Genf, Piemont-Lombardei, jener salopp »blaue Banane« betitelten Zone mit Europas höchster Bevölkerungsdichte und größtem Wirtschaftswachstum. Auf dass auch Paris verstehe: Zwischen Jura und Pfälzer Wald liegt Frankreichs Schlüssel zur mitteleuropäischen Wirtschaft. Will das Elsass am grenzübergreifenden, rheinischen Wirtschaftswunder teilhaben, empfiehlt es sich, stärker als zuvor, die Industrie zu fördern. Der Ruf dürfte nicht ungehört verhallen. Schon jetzt breiten sich Industriebetriebe um Mulhouse oder Colmar so stark aus, dass Urlauber aus dem Ruhrgebiet bisweilen Heimatgefühle überkommen. Man ruft nach Investoren und verbesserter Ausbildung, allen voran in der Spitzentech-

# Alsace-e-Yokoso! Willkommen im Elsass



Als im Februar 1997 die Wirtschaftsteile französischer Zeitungen von der Absicht der Mitsui Toatsu Chemicals berichteten, bei Ensisheim eine Fabrik für Compact Discs mit 250 Arbeitsplätzen zu bauen, war dies nur die jüngste Meldung in einer seit 10 Jahren nicht abreißenden elsässisch-japanischen Erfolgsstory. Am Anfang aller Investitionen aus Nippon stand die Lage der Region: mitten in Europa, ein Sprungbrett in alle Richtungen. Mit Sony in Ribeauvillé fing es 1987 an. Das Unternehmen besitzt sogar einen eigenen Weinberg, Lage Clos Sony. Es folgten Ricoh in Wettolsheim, Sharp in Soultz, Yamaha Electronics in Monswiller, Todenco in Sélestat... Die Investoren schätzen die zentrale Lage des Elsass in Europa und wissen auch um die eher deutscher Zuverlässigkeit denn französischer Streikbereitschaft verwandte Arbeitsmoral. Auch im Traditionsbewusstsein der Elsässer bei gleichzeitiger Offenheit für den technischen Fortschritt scheinen sich die Japaner wiederzuerkennen.

Rund 4000 Elsässer arbeiten in japanischen Betrieben. Treibende Kraft ist seit 1980 André Klein, Direktor der Agence de Développement en Alsace und im Volksmund *Monsieur Japon* genannt. Längst hat man in Straßburg die Chance beim Schopf ergriffen. In Tokio vertritt ein Repräsentanzbüro die Interessen des Elsass. Der breiten japanischen Öffentlichkeit aber brachte die Region erst die dreizehnteilige Fuji-Fernsehserie »Der blaue Himmel des Elsass« nahe. Gedreht in Niedermorschwihr (in Japan: Niderü) an der Route des Vins, mit viel Fachwerk und Winzerchinesisch. Seither kommen neben Unternehmern auch die Touristen vermehrt aus Fernost. Um deren Kinder adäquat zu empfangen, steht in Kientzheim das Seijo-Gymnasium bereit, früher ein Mädchenpensionat mit dem Namen Collège du Sacré Cœur, gedacht für die höheren Töchter aus Colmar. Und in Zellenberg empfängt die Winzerin Martine Becker japanische Kellerbesucher in Japanisch. Bis zu 2000 kommen pro Jahr in den 18 ha-Betrieb. Da lohnt der Sprachkurs.

Bliebe noch die elsässisch-japanische Gesellschaft »Amitiés Alsace-Japon« zu erwähnen, die einen Bonsai-Sammler des Haut-Rhin zur Ausstellung nach Nippon schickt und im Gegenzug eine japanische Sängerin einlädt. Oder Colmars japanisches Kulturzentrum, das fernöstliche Puppen in Kaysersberg ausstellen lässt. Attention! Denn derweil ist der Maler Itsuki Yanai in seinem Atelier unter den Dächern von Colmar damit beschäftigt, eins der Meisterwerke abendländischer Malkunst detail- und technikgetreu zu kopieren – den Isenheimer Altar von Grünewald. Einige Teile sind bereits fertig und in die Heimat entsandt. Was letztendlich japanischen Touristen den Weg nach Colmar ersparen könnte.

nologie. Paris horchte auf. Ein Teil der nationalen Eliteschule ENA musste widerstrebend nach Straßburg ziehen. Nach langem Zaudern wurden 1998 acht Milliarden Francs für den Bau des TGV Ost bereitgestellt, dessen Trasse 1999 in Angriff genommen wird. Eine weitere Trasse durchs Rhône-Tal soll über Belfort im nahen Jura führen und Mulhouse mit Lyon und Turin verbinden.

Schon heute besitzen viele Deutsche ein Ferienhaus im Elsass. Die Zahl der fest dort wohnenden Bundesbürger wächst. Noch ist Grund und Boden billiger als daheim. Wo Brücken und Schnellwege die geographische Abgeschiedenheit aufheben, können jedoch auf Dauer unterschiedliche Bodenpreise ebensowenig bestehen wie getrennte Arbeitsmärkte oder ein restriktives Niederlassungsrecht. Eine Wende der Mentalitäten wird der Entwicklung folgen, wenn wie schon teils üblich benachbarte Bürgermeister Baugebiete, Stromerzeugung und Kläranlagen über die Grenze koordinieren. An die 12000 Deutsche leben heute im Elsass. Angefangen hat es mit dem Zuzug gutverdienender Wochenendhausbesitzer. Es folgten Baden-Württemberger und Pfälzer, die ihren Arbeitsplatz in Deutschland haben, das eigene Häuschen jedoch im Elsass bauen. In Agolsheim bei Neuf-Brisach, von wo eine Rheinbrücke im Nu nach Breisach und Freiburg führt, haben 30% der Bewohner einen deutschen Pass.

Die Franzosen, gemeint sind die der *France intérieure*, ziehen indes nicht recht mit. Genauer gesagt, sie ziehen nicht ins Elsass, das gelobte Land des Wirtschaftswunders und niedriger Arbeitslosenraten. Umgekehrt verlassen die Elsässer nur ungern ihre Heimat. Die Départements Bas- und Haut-Rhin bilden im nationalen Vergleich die Schlusslichter bei Wegzügen in andere Landesteile. Sie kennen umgekehrt einen der schwächsten Zuzüge. Nur nach Lothringen und das Département Pas de Calais im hohen Norden ziehen noch weniger Franzosen um. Wer kommt, bleibt zudem nur ein paar Jahre. Das Elsass erscheint als klassische Sprungbrettregion. Hierhin zieht man, um Karriere zu machen und bei sich bietender Gelegenheit wieder die Koffer zu packen.

Dass beileibe nicht alle ihre Chance im von Wirtschaftsexperten gelobten Ländchen finden, zeigen seit einigen Jahren die alle Jahre wieder zum Jahreswechsel aufflammenden Krawalle in den Vorstädten. Zwar sind die Aggressionen in der *banlieue* ein landesweites Phänomen, doch ausgerechnet das sich mit Christkindlemarkt und vielen Tannenbäumen als »Capitale de Noël« (Weihnachtshauptstadt) feiernde, ansonsten so ruhige Straßburg macht pünktlich zum Fest unschöne Schlagzeilen. 600 Sicherheitskräfte, eine multikulturelle Veranstaltungswoche mit Hip-Hop, Rap, Techno und Jugendtheater sollten die randalierenden Kinder vor allem türkischer und nordafrikanischer Familien 1998 von Straftaten abhalten. Vergebens. In den gesichtslosen Problemvierteln wie Hautepierre brannten die Autos. Molotow-Cocktails verwüsteten die Vorschule »Karin«. Jeder vierte Einwohner ist hier arbeitslos. Das Zusammenleben von Elsässern und Einwanderern führt zu Spannungen. Der in Frankreich sonst unübliche Brauch, das Neue Jahr mit Knallern zu empfangen, ist dann ein willkommener Anlass, Luft abzulassen. Desgleichen gilt für Colmar, wo im Mai 1998 minderjährige Jugendliche in einer Vorstadt randalierten und einen Brandsatz in ein Polizeiauto schleuderten.

# Bevölkerung



»Lieber die fleißigen Deutschen von Frankreich als die lustigen Franzosen von Deutschland« befand Tomi Ungerer 1998. Der nie um ein scharfzüngiges Bonmot verlegene Zeichner brachte damit die tiefe Verwurzelung des Elsass in Frankreich auf den Punkt. Dort gilt der Elsässer als braver Mann, der sogar noch weniger streikt als sein deutscher Nachbar. Dessen Verwandtschaft ist immer noch ein wenig unheimlich, insbesondere wenn sie sich durch die Gewandheit in beiden Sprachen beweist. Oder zu sehr über den Rhein schaut. 1989 wollte das französische Meinungsforschungsinstitut Insee wissen, inwiefern deutsches Fernsehen die Elsässer interessiere. Das Ergebnis: Schlechte Zeiten für Frankreichs Wetterfrosch Michel Cardoze. Glaubt man den Insee-Umfrageergebnissen, so richten sich die Elsässer in immer stärkerem Maße nach den Prognosen seiner Kollegen von ARD oder ZDF. Der Bürgermeister von Schiltigheim konnte eigene Untersuchungsergebnisse beisteuern. Täglich verglich Monsieur Werner deutsche und französische Wettervorhersagen. Die vom rechten Rheinufer trafen deutlich öfter zu.

20% der Elsässer schauen laut Insee lieber in die deutschsprachige Röhre. Eine Zahl, die angesichts der Tatsache, dass keine Zeitung der Region mehr darauf verzichten kann, auch das deutsche Fernsehprogramm abzudrucken, als zu niedrig eingeschätzt wurde. Den Blick in die Fernsehlandschaft diesseits des Rheins werfen in erster Linie Bewohner ländlicher Gegenden und Kleinstädter, kurzum jener Zonen, die als Hochburgen des Dialekts gelten. Linguisten stellen demzufolge die These auf, dass das Fernsehen nicht unerheblich zum Erhalt der elsässischen Mundart beisteuert. In puncto Ökologie vertreten führende Grüne im Département Haut-Rhin schon lange die Ansicht, dass ihre Parteihochburgen längs der deutsch-französischen Grenze auch auf eine frühe Sensibilisierung der Bevölkerung durch das Fernsehen aus dem Nachbarland zurückzuführen sind. Vor allem Umweltkummerkind Nummer 1, der Rhein, war hierzulande viel früher als in Frankreich Anlass zu großen Fernsehdiskussionen. Insee bestätigt diese Sichtweise, räumt jedoch ein, dass das Gros der Zuschauer auf französischer Seite am liebsten Unterhaltungssendungen im deutschen Programm anschalten. Quizsendungen, gefolgt vom Sport, sind die Favoriten.

Es mag an den Fernsehgewohnheiten der Elsässer liegen, es mag eine Folge der starken Industrialisierung sein, jedenfalls wurde Frankreich zuerst im Elsass grün. Seit Ende der 1970er Jahre erzielten die Grünen Antoine Waechter oder Solange Fernex im Elsass gute Wahlergebnisse. Mitte der 1990er Jahre war damit Schluss, zum Teil wegen hausgemachter innerparteilicher Queleren, aber wohl auch, weil die großen Feindbilder Fessenheim (Atomkraftwerk), Whyl (Atomkraftwerk, nicht gebaut), Marckolsheim (Bleiwerk, nicht gebaut) verblasst waren. Immer waren die elsässischen Grünen auch Anwälte der Regionalisten, die im Rahmen der von Paris mühselig entfalteten Dezentralisierung und dem Heranwachsen eines vereinten Europas Aufwind bekamen. Den macht sich freilich der rechtsradikale Front Populaire immer stärker zunutze. In der zweitreichsten Region Frank-

## Deutsch auf dem Rückzug

Tief sitzt in Frankreich die Überzeugung, dass allein auf Französisch elegant parliert und logisch zwingend analysiert werden kann. Daran kann auch die Absicht der momentanen Regierung, sich der Charta der Minderheitssprachen des Europarats anzuschließen, nichts ändern. Gut 300 000 Schüler besuchen heute landesweit einen Regionalsprachenunterricht. Das entspricht 2 % aller Schüler. Der elsässische Anteil unter ihnen ist enorm: Allein in der Grundschule lernen rund 100 000 Kinder Deutsch oder Elsässisch. Hinzu kommen Angebote der Volkshochschulen. Doch obwohl viele Elsässer zwei- oder gar dreisprachig sind, sinkt der Anteil dialektfähiger Jugendlicher auf heute 30 %. Es gilt: *Il est chic de parler français* – Französisch sprechen ist schick. Die größte Tageszeitung »Les Dernières Nouvelles d'Alsace« (DNA, Auflage 245 000), 1877 in der preußischen Provinz Elsass-Lothringen zum ersten Mal gedruckt, bekommt den Wind zu spüren. Die deutsche Ausgabe ging in den vergangenen 15 Jahren von 60 000 auf 37 000 zurück. Sie erscheint ohnehin nicht ganz in Deutsch. Sport und Jugendseite sind französisch. Kurz nach dem Zweiten Weltkrieg regelte ein Gesetz, dass bei zweisprachigen Ausgaben ein Drittel in Französisch zu erscheinen habe. So war es bis Anfang der 1990er Jahre unmöglich, in der DNA eine Todesanzeige auf Deutsch zu veröffentlichen. Das wurde erst 1994, 50 Jahre nach dem Ende der deutschen Besatzung, anders. Doch im selben Jahr wollte Kultusminister Jacques Toubon die Anzeigen deutscher Arbeitnehmer in elsässischen Blättern auf deutsch verbieten. Fehlanzeige. Es klappte nicht. Was die elsässische Identität am meisten prägt, bleibt die Mehrsprachigkeit: So sieht es die Mehrheit der in einer Analyse der DNA befragten Leser. Eine ungewohnte Lösung fand der Vorsitzende des »Komitees für die Zweisprachigkeit im Elsass und an der Mosel«: Deutsch, so Henri Goetschy, sei eine französische Regionalsprache.

reichs, wo der Ausländeranteil weit unter Landesdurchschnitt liegt, behauptet sich Le Pen wie sonst nur im tiefen Süden. Ist der Elsässer in besonderem Maße Nationalist? Eher ein überzeugter Regionalist, muss die Antwort wohl lauten. Dessen ungeachtet öffnen sich die Grenzen, nicht nur für die Wirtschaft, sondern auch für international operierende kriminelle Banden. Um der Lage Herr zu werden, ist Kooperation über den Rhein hinaus gefragt. Das erste deutsch-französische Polizeizentrum wurde 1998 in Offenburg eingerichtet. Zwar pochte Paris eine Weile auf Straßburg, aber Innenminister Chevènement, zuvor Bürgermeister in der Vogesenstadt Belfort, gab schließlich doch für den Sitz in Baden-Württemberg grünes Licht.

# Feste, Brauchtum, kulturelle Eigenarten

*Le Mariage de l'Ami Fritz wird im August in Marlenheim gefeiert*

Das Elsass lässt sich grob in zwei Großregionen, denen die Départements Bas-Rhin und Haut-Rhin entsprechen, mit jeweils verschiedenen *pays* aufteilen: Outre-Forêt, Vosges du Nord, Alsace Bossue, Uffried, Kochersberg, Grand Ried, Val de Villé, Route des Vins, Pays Welche, Florival, Massif du Hohneck, Les Ballons, Hautes Chaumes, Sundgau… Entsprechend verschieden sind Dialekte, Bräuche, Trachten. Über 100 historische Gesellschaften, die meisten von ihnen altehrwürdige Institutionen mit gleichwohl frischem Forschungseifer, widmen sich der Lokalgeschichte. Zusammengefasst sind die meisten im Verband der Historischen und Archäologischen Gesellschaften des Elsass, deren Hausorgan, die Revue d'Alsace, seit 1834 erscheint. Rund um Colmar liegt das Epizentrum der elsässischen Heimatforschung. Vorträge, Exkursionen, Ausstellungen stehen ganzjährig auf dem Programm. Fast die Hälfte aller Gesellschaften publiziert eigene Jahrbücher oder Zeitschriften. Die von Deutschen und Franzosen gleichermaßen beanspruchte Geschichte und Kultur des Landes dürfte das Hauptmotiv für die Nabelschau der Elsässer sein.

Sage und schreibe 220 Museen (Straßburg nicht mitgezählt!) dokumentieren im Elsass alle Facetten der regionalen Besonderheit. Die Ende der 1960er Jahre keimende Rückbesinnung auf die elsässische Identität mündet heute in einer echten »Muséo-Mania«. Die Rede ist nicht von den großen Häusern wie dem Musée d'Unterlinden in Colmar oder dem Musée National de l'Automobile in Mulhouse. Gemeint sind vielmehr all die kleinen, oft nur ein, zwei Stuben großen Sammlungen irgendwo auf dem Dorf: Musée Hansi in Riquewihr zu Ehren des Zeichners Jean-Jacques Waltz, Musée du Pain d'Epices (Gewürzbrot), gegründet von einem Bäcker in Gertwiller, Töpfermuseum in Betschdorf, Musée de la Schlitte (Schlitten) in Muhlbach, archäologische Sammlung der Société d'Histoire in Rouffach, gegründet von einem Colmarer Friseur.

Der größte Wurf in Sachen *patrimoine,* dem geheiligten Kulturerbe, gelang jedoch mit dem Ecomusée d'Alsace in Ungersheim. Das Heimat- und Freilichtmuseum ist heute das größte seiner Art in ganz Frankreich. Als der heutige Direktor Marc Grodwohl sich in den 1970er Jahren mit Leib und Seele den verlassenen Fachwerkhäusern im Sundgau verschrieb, konnte der damalige Archäologiestudent mit dem Schwerpunkt Mittelalter noch nicht absehen, dass ein Jahrzehnt später die ersten Ruinen in Ungersheim zu neuem Leben erblühen sollten. Vorerst durchkämmte Marc mit anderen Freiwilligen eines flugs gegründeten Vereins den südlichsten Zipfel der Region, um zu retten, was zu retten war. Man demontierte, nummerierte, lagerte Balken und Ziegel ein, bis 1980 der Bürgermeister von Ungersheim eine industrielle Brachfläche zum Wiederaufbau bereitstellte. Die Zeiten hatten sich geändert. Fachwerk, lange verschmäht, galt plötzlich als Inbegriff von Heimat. Mundartdichter unterstützten mit Balladen und Poemen die Suche der elsässischen Seele nach der verlorenen Zeit. 18 Sundgauhäuser fanden im Dorf nordwestlich von Mulhouse eine neue Heimat. An die 50 weitere Bauten aus anderen Teilen des Elsass kamen hinzu. Das Ecomusée wandelte sich zum Pilgerziel aller heimatverbundenen Elsässer. Selbige sind zahlreich – 380000 Besucher kommen pro Jahr, ein Viertel der Bevölkerung.





# Elsässische Küche, elsässische Weine

## Küche

*Dans le cochon, tout est bon* – »Alles, was vom Schwein kommt, ist gut« lautet eine alte elsässische Küchenwahrheit. Soll heißen: Wenn die Sau zwischen November und Februar »gemetzelt« wird, ist Festtag. Nach wie vor ist das Borstenvieh der Elsässer liebstes Gericht – als *choucroute garnie,* als Spanferkel, als Wurst. Doch so bäuerlich die Küche auch in ihren Ursprüngen sein mag – »große« Chefs de Cuisine, allen voran die legendären Gebrüder Haeberlin aus Illhaeusern, haben die traditionellen Rezepte längst auf gastronomisches Sterneniveau hochgekocht. Selbst das bodenständige Sauerkraut wird mit Champagner, wahlweise Crémant d'Alsace verfeinert. Und längst ist es kein Wagnis mehr, ein Sauerkraut mit Fisch statt Fleisch zu kredenzen. Für den bisweilen tiefen Fall in die Niederungen bleich-wässrigen Sauerkrauts und fader Würste sorgt auf der anderen Seite eine lieblos geführte, vom Touristenstrom verwöhnte Küche, die vor allem im Schatten vielbesuchter Burgen

*Elsässer Spezialität: Kougelhopf*

und malerischer Fachwerkdörfer ihr kulinarisches Unwesen treibt. Grundsätzlich aber gilt: Man speist gut im Elsass, schon aus Gewohnheit.

Zurück zur Sau: Pasteten (*terrines*) und vor allem Würste aus Kutteln und Innereien, Dauerwurst (*charcuterie*), Schweinskopfsülze (Presskopf) und natürlich Speck und Schinken, damit fängt es an. Das alles eignet sich in Form einer Platte (*assiette de charchuterie)* oder Salat (etwa Zervelatwurstsalat) als Vorspeise, serviert mit einem Gläschen Sylvaner. Man kann es aber auch in der Weinstube als Hauptmahlzeit bestellen, schließlich wird im Elsass das ach so strenge französische 3-Gänge-Menü-Prinzip nach Belieben gehandhabt. Sahnetriefender, mit Speck belegter Flammenkuchen und Zwiebelkuchen mit einer dicken Schicht aus Zwiebeln, Speck, Schmalz und Béchamelsauce sind weitere, typische Weinstubengerichte. Zu beiden paßt ein Sylvaner. Im Zentrum aller Kochtöpfe aber dampft das Sauerkraut. Eigentlich ist der durch Säuerung im Steinguttopf oder Holzbottich konservierte Kohl nur das Bett für eine Schlachtplatte mit Kassler, Speck, Haxe, Leberknödel, Schweineschulter und natürlich Würsten. Verfeinert wird es mit Wacholderbeeren, Knoblauch, Schmalz und Brühe, doch seine kulinarischen Weihen verleiht ihm erst der halbe Liter Sylvaner oder Riesling. Kommt Champagner in den Sud oder gar Lachs statt Haxe in die Kasserole, ist gastronomisches Niveau erreicht. In jedem Fall schmeckt ein Riesling dazu. Geräucherte Schweineschulter (*schiffala*), wahlweise serviert mit Kartoffelsalat oder Sauerkraut, ist ein weiteres Geschenk der Sau.

Beim *baeckeoffa,* Platz zwei unter den elsässischen Nationalgerichten, endet das Schweinemonopol. In den äußerst sättigenden Eintopf kommen neben Schweinenacken auch kleingeschnittene Hammelschulter und Rinderbrust. Alles wird mit Kartoffeln fein säuberlich im Steingutschmortopf aufgeschichtet, und 24 Stunden in einem Bäckerofen (daher der Name) gegart. Dazu trinkt man Pinot Blanc, Tokay Pinot Gris oder Pinot Noir – *bon appétit!*

Gänsestopfleber ist die Krönung unter den Vorspeisen, ob als Pastete oder frisch im Brioche-Mantel mit einer Trüffel gegart. Dazu ein Glas Gewürztraminer oder Tokay Pinot Gris – wir befinden uns im siebten kulinarischen Himmel. Wo schon von Höhenflügen die Rede ist: Poularde oder Hahn in Riesling gehören auf jede anständige elsässische Restaurantkarte. Was dazu getrunken wird? Riesling natürlich! Der passt ebenfalls zum Fasan nach Elsässer Art (mit Sauerkraut). Von den Weinbergen kommen nicht nur die richtigen Tropfen auf den Tisch, sondern auch Schnecken, in Weißwein gekocht und mit Schneckenbutter aus Knoblauch, Petersilie, Schalotten und Pfeffer im Ofen überbacken. Neben Kartoffeln sind Nudeln (42 verschiedene

Sorten!) eine beliebte Beilage, und außer Sauerkraut gibt es noch genügend anderes Grünzeug. Als besonders delikat gilt Spargel aus dem Straßburger Norden, vor allem aus Hoerdt.

Fischgerichte haben eine lange Tradition. Auch wenn der Fischfang im Rhein heute keine Rolle mehr spielt, so sorgen die vielen Bäche und Flüsse in der Ebene dafür, dass Zanderfilet in Riesling und *matelote,* die elsässische Bouillabaisse aus Hecht, Schleie, Barsch, Forelle und Aal, nicht vom Speisezettel verschwinden. Illhecht in Rahm ist dagegen ein echtes Feinschmeckergericht, und der Kugelhopf mit Lachs und Hecht in Riesling gehört bereits zur Grande Cuisine. Aus den Gebirgsbächen der Vogesen kommen Salm und Forellen hinzu, letztere entweder blau (in Brühe gekocht) oder gebraten und mit Mandeln zubereitet. Die Fischteiche im Sundgau steuern Karpfen hinzu, der in der Regel gebraten (*frite*) oder in Biersauce (*à la bière*) auf dem Teller liegt. Zu allem passt Riesling.

Der schon erwähnte *kougelhopf* hat eine Karriere vom Nachtisch zu Apéritif-Beilage und Hauptgericht gemacht. Nur in der klassischen Variante ist er noch ein mit Rosinen und Mandeln aromatisierter, leichter Sauerteigkuchen aus Bierhefe. Quarktorte, Zwetschgentorte und Apfelkuchen (mit einer Crème aus Milch, Eiern, Rahm, Vanille) sind andere typisch elsässische Desserts. Dazu gehören auch *birewecke,* ein konsistentes Früchtebrot, und das raffinierte Kirschsoufflé, dem ein Schuss Kirschwasser den letzten Schliff verleiht. Ein Gewürztraminer passt zu allem Süßen. Nun das Finale: Ein Obstbrand, sei's Kirsch-, Himbeer-, Mirabellengeist, oder ein Marc de Gewürztraminer (Trester) sorgt für die nötige Bettschwere nach dem großen Fressen.

Wie es am nächsten Morgen weitergeht? Alles andere als französisch – mit



*Harte Arbeit: die Weinlese*

Wurst und Schinken, Käse und Kugelhopf, Konfitüren und Graubrot frühstückt man im Elsass eher wie diesseits des Rheins.

## Weine

Es begann wie so oft mit den Römern. Deren Rebkulturen gingen jedoch im Niedergang des Imperium Romanum unter. Es dauerte bis zu den Merowingern und Karolingern, bis wieder in größeren Mengen Wein im Elsass gekeltert wurde. Vor dem Ende des ersten Jahrtausends baute man bereits in 160 Orten erneut Reben an. Im Mittelalter zählten die elsässischen Weine zu den berühmtesten und teuersten in Europa. Mit dem Dreißigjährigen Krieg ging es bergab. Die Renaissance setzte erst nach dem Ersten Weltkrieg ein. Seit 1945 wird eine strenge Qualitätspolitik betrieben. Sie fand 1962 ihre Krönung in der Verleihung der »Appellation d'Origine Contrôlée (AOC) Alsace« durch das Nationale Institut der Herkunftsbezeichnungen. Es folgten 1975 die prestigeträchtige Appellation »Alsace Grand Cru« und 1976 die Appellation »Crémant d'Alsace« für Schaumwein.

Die Weinberge profitieren vom semikontinentalen Klima – sonnig, trocken, warm, somit günstig für eine langsame Reifung der Trauben. Granit, Kalkstein, Gneis, Schiefer, Sandstein bilden jeweils gute Böden. Der Weinanbau erstreckt sich von Nord nach Süd auf einer Länge von ungefähr 100 km, auf mittleren Höhen von 200 bis 400 m an den Ostflanken der Vogesen. Insgesamt sind 1400 ha mit Reben bebaut, was einer durchschnittlichen Jahresproduktion von 150 Mio. Flaschen entspricht. Produziert werden fast nur Weißweine, die immerhin 40 % des französischen Konsums an weißen Qualitätsweinen befriedigen.

Sieben Rebsorten bescheren den elsässischen Winzern ihren Reichtum: Sylvaner, Pinot Blanc (rund und delikat), Riesling (trocken und rassig-elegant, fein fruchtig), Muscat (frisch, trocken), Tokay Pinot Gris (üppig, rund, körperreich), Gewürztraminer (körperreich, gehaltvoll, mit intensivem Bukett) und Pinot Noir (einziger Rotwein, fruchtiges Aroma). Typisch für die Region sind Kleinbetriebe – drei Viertel der Winzer besitzen nicht mehr als 1 ha Rebfläche. Die AOC-Weine tragen in der Regel den Namen der Rebsorte. Abgefüllt werden sie in der typischen, schlanken Flasche. Auf dem Etikett kann die Angabe Edelzwicker stehen, um die Komposition verschiedener weißer Rebsorten auszuweisen. Beim Grand Cru müssen Rebsorte (nur Riesling, Tokay Pinot Gris, Muscat erlaubt), Jahrgang und eine der 50 Grand Cru-Lagen ausgewiesen sein. Der Crémant wird nach der Champagner-Methode meistens aus Pinot Blanc, aber auch aus Pinot Gris, Pinot Noir, Riesling und Chardonnay hergestellt. Der seltene Crémant rosé wird ausschließlich aus Pinot Noir-Trauben gekeltert. Besondere Kostbarkeiten sind die natursüßen Vendanges Tardives (Spätlesen, nur aus Grand Cru-Rebsorten) und Sélections de Grains nobles (Trockenbeerenauslesen). Prinzipiell gilt: Elsässer Weine werden jung getrunken. Nur Grands Crus, Vendanges Tardives und Sélections de Grains nobles gewinnen mit dem Alter. Die ideale Serviertemperatur liegt bei 8 bis 10°C, für den Crémant bei 5 bis 7°C. Sie entwickeln sich optimal im charakterischen Tulpenglas. Der Crémant perlt hingegen am schönsten in der Champagnerflöte.

Richtig Reisen *Tipp*

# Ferme-Auberge

Ihre klingenden Namen verheißen den gestrigen Charme blankgescheuerter Holztische und rotweißkarierter Kopfkissen: Wassmatt, Gustiberg, Uff Rain, Salzbach, Hünleskritt. In der Regel hält eine Ferme-Auberge, was der Name verspricht: ein Hauch Sommerfrische, ein Hauch Wandererglück, über allem riecht's oder duftet's nach Heu, Molke und Mist. Bergbauerngasthof lautet die etwas schwerfällige Übersetzung für die Ferme-Auberge. Vesperhütte heißt das Pendant im Schwarzwald, Métairie de Montagne im Schweizer Jura. Gemeint ist damit die Möglichkeit, auf Reservierung im Bauernhof bewirtet zu werden, manchmal auch, ein Bett für die Nacht zu bekommen. Besonders abgelegen, aber auch besonders urig sind die Ferme-Auberges in den Hautes Chaumes der Vogesen. Ringsherum karges Weideland, ein bisschen Alm, ein bisschen Hochsteppe, dazwischen glückliche Kühe, Rasse Vogesenrind, stämmig und schwarzweiß gefleckt. Man lebt von der Milch- und Käseproduktion, was sich auf dem Speiseplan niederschlägt. Das traditionelle *repas marcaire* (Melkermahlzeit) ist für hart arbeitende Bauern gedacht. Es gibt Suppe, eine Tourte, Kassler, Roigabrageldi, das sind Bratkartoffeln, die roh und mit viel Butter in der Pfanne landen, einen elsässischen Wein und zum Schluss Munster au Kirsch, Käse mit einem Schuss Kirschgeist. Sommertags oft draußen vor dem Hof, ansonsten in schlichten,

manchmal mit Kuhglocken und altem Bauerngerät dekorierten Stuben.

Gut, dass nach dem Essen eine Wiese zum Ausstrecken hinter dem Gehöft wartet. Dort ist es himmlisch still. Es sei denn, der Kettenhund vermeldet laut bellend neue Besucher. Oder die Gänse protestieren giftig schnatternd gegen die Eindringlinge an »ihrem« Teich. Doch die nächste Wiese kommt nach wenigen Schritten. Und die nächste Ferme-Auberge, deren Charta vorschreibt, dass der Hof auch wirklich noch bewirtschaftet wird und 70% der Speisen vom eigenen Hof stammen müssen. An der Route des Crêtes, tief in den Vogesenwäldern etwa. Oder im Munstertal, wo ohnehin der beste *Munster fermier* gemacht wird. Günstig ist das Ganze obendrein. Für eine komplette Mahlzeit zahlt man ungefähr 70–100 Francs.

CAFÉ DE LA GARE
7

# Unterwegs im Elsass

Brasserie
Le Cardinal
Heineken

# Straßburg

# Straßburg

**Tipps & Adressen** S. 291 ff.

**Karte** S. 52/53, 64 und 65

**Dauer** 2–3 Tage



Metropole des Elsass, Hauptstadt des Départements Bas-Rhin, Europakapitale und Touristenmagnet: großer Andrang für eine Stadt, die im Kern nur eine Viertelmillion Einwohner zählt und mit Speckgürtel auf gerade mal 400 000 kommt. Seit Goethe auf dem Münster Hochgefühle erlebte, ist Straßburg ein Klassiker unter den liebsten Reisezielen der Deutschen. Neben reichlich Kulturgenuss bietet die Stadt auch ganz irdische Genüsse, von Stopfleber über Schnecken bis zu *Baeckeoffa*. Was für das Elsass gilt, zählt erst recht für Straßburg: In den Weinstuben ums Münster lernten wir Deutschen, die Vokabeln Cuisine und Menü zu buchstabieren, von hier drangen die ersten Namen der Haute Cuisine über den Rhein. Die Sterne von »Crocodile« und »Buerehiesel« glänzen noch immer, das Münster erstrahlt dank großartiger Restaurierung prachtvoller denn je, und mehr Kopfsteinpflasterromantik als in den Gassen ringsherum ist nirgends.

Die touristische Erfolgsgeschichte Straßburgs aber hat ihre Schattenseiten. Vielen gilt ein Besuch wie der bei der guten alten Tante: Man weiß, was einen erwartet. Es wird gemütlich werden, das kennt man von den vielen anderen Visiten. Doch die Zeichen stehen auf Erneuerung. Das Musée d'Art Moderne et Contemporain ist Frankreichs neuestes Museum für Moderne Kunst vom Impressionismus bis zur Gegenwart. Im Europa-Viertel besticht das brandneue Parlamentsgebäude. Und bald kommt der TGV, mit über 200 Sachen in der Stunde, direkt aus Paris. Die Weinstuben bleiben eine Bastion Straßburger Geselligkeit und haben doch mit trendigen Bars und Cafés Konkurrenz bekommen. Vor allzu viel Provinzialität schützt der ein Dutzend Mal im Jahr abgehaltene »Eurozirkus« – so oft tagt das Europa-Parlament mit einigen Tausend Mitarbeitern im Gefolge an der Ill.

Straßburgs größtes Kapital bleibt bei allen Veränderungen die menschliche, überschaubare Dimension der Stadt, die zumindest im von der Unesco zum Kulturerbe der Menschheit erklärten Altstadtkern das Leben prägt. Wieviel diese nachbarschaftliche Wärme wert ist, zeigt das Gegenbeispiel der seelenlosen Vorstadt. In den menschenunwürdigen Siedlungen tobt ein Kleinkrieg zwischen *beurs,* den in Frankreich geborenen Kindern nordafrikanischer Einwanderer, und CRS, der wenig zimperlichen staatlichen Polizeisondertruppe. Kindergärten werden demoliert, Scheiben gehen zu Bruch, Autos brennen. Ein französisches Problem, das von Caen bis Perpignan Schlagzeilen macht. Ist Straßburg trotz deutscher Sinnsprüche im Fachwerkgebälk dabei, eine nicht allein in sprachlicher Hinsicht französische Stadt zu werden? Tatsache ist, dass Deutsch und auch Elsässerditsch im Alltagsgebrauch zurückgehen. Als unverwüstlich aber erweist sich die Straßburger Mischung von französischem Savoir vivre und etwas, was deutscher nicht sein könnte: Gemütlichkeit.

◁ *Rue Mercière und Straßburger Münster*

# Stadtgeschichte

Kelten waren die ersten Siedler an der Ill, bis im Zuge der Eroberung Galliens die Römer zum Rhein vordrangen. In strategisch günstiger Nähe zum Ufer des Stroms, geschützt von einem Ill-Bogen, und am Kreuzpunkt wichtiger Handelswege ließ der römische General Drusus 12 v.Chr. ein Militärlager anlegen – Argentoratum, abgeleitet vom keltischen Wort für Wasserburg, Argentorate. Den germanischen Stämmen auf dem rechten Rheinufer war die Gründung ein Dorn im Auge. Mehrmals verwüsteten sie das Lager, das schließlich 451 n.Chr. von Attila und seinen Hunnen dem Erdboden gleichgemacht wurde. Auf den Ruinen bauten Franken im 5.Jh. eine Festung – Stratiburg, die Burg an den Straßen. Die Siedlung wurde im 6.Jh. Bischofssitz. Ebenso wichtig war die von Karolingern, Ottonen und Saliern begünstigte wirtschaftliche Blüte. Neben der ersten Steinkirche Notre-Dame entstand mit St-Thomas eine zweite Pfarre. 843 bekräftigten Karl der Kahle und Ludwig der Deutsche mit den Straßburger Eiden die Teilung des Reichs Karls des Großen. Die Geburtsstunde Frankreichs und Deutschlands schlug somit in Straßburg, das 870 an das Germanenreich fiel. Die Stadt des Heiligen Römischen Reichs durfte schon im 10.Jh. ihr eigenes Geld schlagen. 200 Jahre später tauchte erstmals ein Stadtsiegel auf, das das Gegengewicht der Bürgerschaft zum Fürstbischof beweist. Straßburg wurde zusehends dem Kaiser direkt unterstellt und erhielt im 14.Jh. den Rang einer freien Reichsstadt. Der Konflikt zwischen Erzbischof und Bürgerschaft zeigte sich ebenfalls in der Übernahme der Bauleitung am Münster durch reiche Patrizier. Zu deren Widersachern erwuchsen im 14.Jh. die Handwerker. Ein veritabler Klassenkampf endete mit dem Sieg der Zünfte – etliche Patrizier verließen auf Druck die Stadt. Bis ins späte Mittelalter regierten die Zünfte mittels einer Verfassung. Straßburgs wirtschaftlicher Aufschwung beruhte auf Einnahmen aus der Flußschifffahrt und Stapelrechten. Mit dem Geld baute die wie eine Republik organisierte Stadt am Münster weiter und finanzierte 1388 eine hölzerne Brücke über den Rhein.

Das Goldene Zeitalter aber stand Straßburg noch bevor: Im 15. und 16.Jh. schwang sich die Wirtschaftsmetropole auch zum geistigen Zentrum von europäischer Bedeutung auf. Gutenbergs Aufenthalt 1434 steht für Straßburgs dominante Rolle in der europäischen Druckkunst. Große Köpfe wie Sebastian Brant (1457–1521), Geiler von Kaysersberg (1445–1510), Martin Bucer (1491–1551) bereiteten Humanismus und Reformation den Weg. Erasmus von Rotterdam fand nur lobende Worte für das allen neuen Ideen aufgeschlossene Gemeinwesen. Am Ende des Goldenen Zeitalters erschien 1609 mit der Straßburger »Relation« die erste Wochenzeitung überhaupt. Immerhin, während das gesamte Elsass im bald ausbrechenden Dreißigjährigen Krieg verwüstet wurde, verkauften die Straßburger Waffen an alle Seiten, trotz bekundeter Neutralität: Humanistisch war man vor allem zu Friedenszeiten. Bei Kriegsende 1648 aber waren die alten Handelsverbindungen von Antwerpen bis Lyon zerrissen. Zum ökonomischen Niedergang kamen innere Querelen und die durch den Westfälischen Frieden beschlossene Insellage der Freien Reichsstadt inmitten des französischen Machtbereichs. 1681 überfiel das Heer Ludwigs XIV. Straßburg, dessen Bürgerschaft am 30. September kapitulierte.

Richtig Reisen *Thema*

# Die wilhelminische Ville allemande

Der Stein des Anstoßes kam nach 1871 aus der Pfalz. Schon dessen helle Färbung betrachteten die Straßburger als Affront. Im Elsass, fette Kriegsbeute im nach dem deutsch-französischen Krieg von Berlin annektierten Reichsland Elsass-Lothringen, sollte Farbe bekannt werden. Mit dem graubeigen Stein wollte das just gegründete Deutsche Kaiserreich in der elsässischen Hauptstadt unübersehbar Zeichen setzen. Straßburgs Neustadt, die den alten Kern wie ein ein zu groß geratener Mantel umhüllt, entstand im strengen Berliner Graubeige. Fadenscheinige Argumente der aus Berlin herbeigeholten Architekten, die da besagten, dass der seit dem Mittelalter in Straßburg übliche rote Vogesensandstein dem nun aus der Pfalz angekarrtem Material an Haltbarkeit überlegen sei, beeindruckten die unfreiwilligen Neu-Deutschen nicht. Bis zur Rückgabe an Frankreich 1918 blieb die großspurige Neustadt unter Alteingesessenen eine unfeine Adresse. Nach 1945, zuvor war Straßburg wieder für einige Jahre zwangsweise ans Deutsche Reich gewechselt, entbrannte sogar eine heftige Debatte darüber, ob das in allem eklektischen Protz und Pomp erbaute »Klein-Berlin« jenseits der Ill nicht abgerissen werden solle. Gut, dass die Stadtväter nach Bombardement und Besatzung andere Sorgen hatten. Erst Mitte der 1980er Jahre wuchs im Rathaus das Bewusstsein für die Einmaligkeit der lange ungeliebten Gründerzeitviertel. Heute steht die wilhelminische Architektur auf dem Programm der Stadtführungen – und als Wohnsitz hoch im Kurs. Hier lebt auch die zweitgrößte jüdische Ge-



Mit dem Einrücken der Franzosen kehrte der Fürstbischof aus dem langen Exil in Saverne zurück. Das Münster wurde erneut dem katholischen Glauben unterstellt. Vauban sicherte den neuen Besitz der französischen Krone durch eine Zitadelle. Sie sollte 1871 von den Preußen geschleift werden. In den 200 Jahren bis zur Annektierung durch das Deutsche Reich baute Frankreich Straßburg gehörig um. Die Hauptstadt der Provinz Elsass zog bis auf den Obersten Gerichtshof alle Verwaltungen in ihren Mauern zusammen. Ein neuerlicher Wirtschaftsaufschwung währte bis zur Revolution. Noch galt die Nationalität nicht so viel wie nach 1789. Die Deutschen Goethe und Herder studierten zeitweise in Straßburg, der Österreicher von Metternich ebenso. Mit der Konkurrenz protestantischer und katholischer Familien hatte man sich arrangiert. Die Revolution wurde begrüßt: Man stürmte 1789 das Rathaus. Der neu gewählte Bürgermeister gab 1792 bei Rouget de Lisle ein revolutionäres Kampflied in Auftrag, das heute Nationalhymne ist. Geschrieben wurde die Marseillaise für die aus Marseille stammenden Freiwilligen der Rheinarmee. Dann stand die Guillotine

meinde Frankreichs. So klein ist die »Ville allemande« ohnehin nicht, als dass man sich ihren Abriss hätte erlauben können: Mit ihren gradlinigen Straßenzügen verdreifachte sich die Stadtfläche bis zum Ersten Weltkrieg. Ein kolossales Unternehmen, ganz Kind der Gründerzeit, das um so kontrastreicher zu den verwinkelten Gevierten der Altstadt ausfiel. Mit dem Bahnhof des Berliner Architekten Johann-Emil Jacobsthal begann Ende der 1870er Jahre die erste Phase der Großbaustelle. Zehn Jahre später nahm eine ganze Reihe öffentlicher Bauten in gelblichem Sandstein die rosafarbene Altstadt von den Vororten National, Saverne und Pierre aus in die Zange. Die architektonische Linie war eindeutig: Klotzen statt Kleckern. Selbst Wilhelm II. war es des Guten zuviel. »Elephantenhaus« spottete der Kaiser über den 1883 von Herrmann Eggert erbauten Kaiserpalast. Heute heißt der wuchtige Neo-Renaissance-Neobarock-Bau »Palais du Rhin«, steht nicht mehr am »Kaiserplatz«, sondern an der »Place de la République«. An seiner Herkunft aber besteht dank Reichsadler über dem Hauptportal und Berliner Bär über einem Fenster kein Zweifel. Zur Altstadt demonstrativ geöffnet, stellte die Gestaltung des »Kaiserplatzes« auf den übrigen drei Seiten die neuen Kräfte im Land zur Schau: Kaiserpalast für die Reichsautorität, Landtag für die regionale Vertretung und Universitätsbibliothek als Hort deutscher Kultur. Was sich in den Straßen ringsherum erstreckt, erinnert an Mehringdamm und Gneisenaustraße. Mit zwei Ausnahmen: Das Ganze ist zwei Stockwerke kleiner, und es geht sittsamer zu als an der Spree. Ein Hauch von Dahlem durchzieht die Rue Goethe. Villen, mal spätklassizistisch, mal im Jugendstil, immer aber von Schmiedeeisen und altem Baumbestand abgeschirmt, wechseln mit Mietshäusern, an denen Paradebalkon, Erker und Vorgarten an gutbürgerliche Kaiserzeit erinnern. Kein Wunder, dass das Viertel beliebte Kulisse für französische und deutsche Filmteams ist, sobald das Drehbuch deutsche Vorkriegsschauplätze fordert: Französische Leinwand-Bismarcks agieren vorzugsweise zwischen der Avenue de la Forêt Noire und der Avenue de la Marseillaise.

auf der Place Kléber, und dem Münsterturm wurde ein roter Überzug in Form der Jakobinermütze verpasst.

Einige der prominentesten Generäle Napoleons stammten aus Straßburg. Entsprechend populär blieb der Kaiser auch nach der Abdankung. Im 19. Jh. erfasste Straßburg die Industrielle Revolution mit einhergehender Bevölkerungsexplosion. Dann donnerten im Sommer 1870 preußische Kanonen vor Straßburg. Der deutsch-französische Krieg verursachte der Stadt schwere Schäden. Dann begannen in Straßburg, fortan Hauptstadt der Reichslande Elsass-Lothringen, gewaltige Baumaßnahmen. Eine Neustadt wilhelminischer Prägung wuchs um die mittelalterliche Kernstadt.

Die neuen Herren aus Berlin fanden bei den Straßburgern wenig Anklang. Das Ende des Ersten Weltkriegs wurde mit der Wiederkehr französischer Truppen im November 1918 entsprechend freudig gefeiert. Die Freude verging, als Paris ein Zurück zu den Zuständen des 19. Jh. anstrebte, einschließlich eines Verbots der deutschen Sprache sowie zentralistischer Bevormundung von der Seine. Die Autonomisten verspürten Rückenwind, einige suchten ihr

Haguenau D263, Metz/Paris A35,
Europaviertel
Rue du Travail
Rue du Faubourg de Pierre
Rue de Sébastopol
Place des Halles
Boulevard du Président Wilson
Rue du Fbg. de Saverne
Square de l'Anc. Synagogue
Pt. de Paris
Quai Kléber
Fossé du Faux
Bahnhof
Place de la Gare
St-Jean
Quai St-Jean
Rue du Maire Kuss
R. de la Haute Monté
Pl. de l'Homme de Fer
15
Plac Kléb
Rue du Vieux Marché aux Vins
Rue du Jeu des Enfants
Rue du 22 Novembre
16
Rue du Fbg. National
Quai Turckheim
Rue Seyboth
Grand' Rue
Rue du Bain aux Plantes
Place B. Zix
Rue des Moulins
Rue du Bouclier
Rue Salzmann
21
PETITE FRANCE
Panorama
17
18
Pt. St-Martin
22
Séminaire protestant
20
Ill
Place Henri Dunant
Quai Finkwiller
Pont St-Thomas
19
Rue des Glacières
FINKWILLER
33
R. St-Louis
34
Rue Ste-Elisabeth

erre-le-Jeune catholique
Palais de Justice
Rue du Gén. de Castelnau
Rue Ste-Odile
Rue L. Apffel
Trésorerie Générale
Ave. de la Paix
Synagogue de la Paix
Rue Turenne
Parc des Contades
Préfecture
Avenue des Vosges
Aar
Place de la République
Monument aux Morts
Bibliothèque Nationale
Quai Koch
Quai Jacques Sturm
Pont de la Fonderie
Rempart
Théâtre National
Avenue de la Liberté
Rue de la Fonderie
Tomi-Ungerer-Brunnen
12
Pl. du Petit Broglie
Broglie
Avenue de la Marseillaise
Pt. de la Poste
Botanischer Garten, Eglise St-Paul, Universität
Nuée Bleue
P
13
Place de Broglie
8
Korn-speicher
10
25
11
Hôtel du Gouvernment Militaire
9
Rue de l'Arc-en-Ciel
Pt. Royal
la Mésange
Gymnase Jean-Sturm
Rue Brûlée
Europaviertel
Rue des Juifs
i
Temple Neuf
Pl. du Temple Neuf
Rue du Temple
R. du Dôme
Pl. St-Etienne
Quai des Pêcheurs
R. des Orfèvres
Rue des Frères
Place du Marché Gayot
R. des Sœurs
Pt. St-Guillaume
26
Arcades
4
i
7
3
R. des Ecrivains
Rue des Veaux
Rue St-Guillaume
2
27
Pl. Gutenberg
Pharmacie du Cerf
Pl. de la Cathédrale
Pl. du Château
R. de la Râpe
Maison Cagliostro
Ill
Rue Mercière
P
Musée Tomi Ungerer und Cabinet des Etampes et des Dessins
R. du Vieux Marché aux Poissons
5
Quai des Bateliers
Rue de Zürich
28
1
6
Pl. du Marché aux Poissons
R. des Tonneliers
Pl. du Marché aux Cochons de Lait
Rue de la Krutenau
R. de l'Epine
Rue Ste-Madeleine
29
de la Division Leclerc
24
Pt. du Corbeau
R. de la Douane
23
30
Pl. du Corbeau
Rue des Orphelins
Rue du Renard-Prêchant
Quai St-Nicolas
Place des Orphelins
32
St-Nicolas
Rue des Bouchers
KRUTENAU
Rue de la 1ère Armée
Place d'Austerlitz
31
Place de l'Hôpital
Rue Reiss
Colmar N83
N
0
200 m

Heil in der Kollaboration mit den Deutschen: Im Juni 1940 rückte Hitlers Armee ein. Vier Jahre blieb Straßburg Hauptstadt des Gaus Oberrhein. Dann bombardierten alliierte Verbände die Besatzer im August 1944 aus der Stadt.

Fünf Jahre später wählten zehn europäische Staaten das französische Straßburg zum Sitz des Europarats. Im Wettstreit um den Vorrang als europäische Hauptstadt schien Brüssel die Nase vorn zu haben. Seit 1977 aber tagt das Europäische Parlament an der Ill. Etliche europäische Institutionen sind gefolgt. Der französisch-deutsche TV-Kulturkanal Arte hat seit 1991 den Hauptsitz in Straßburg.

In das Bild einer wirtschaftlich prosperierenden Stadt mit europäischen Ambitionen brachen Ende der 1990er Jahre schockierende Nachrichten aus den Vororten. Wiederholt kam es zum Jahreswechsel in den Cités du Neuhof, de l'Ill, de la Meinau und de l'Elsau, allesamt triste Wohnmaschinen in Vorortlage, zu gewalttätigen Auseinandersetzungen zwischen Jugendlichen und der Polizei. Straßburg heute: eine französische Stadt mit den im Land üblichen Problemen – und ein paar ganz speziellen Grenzerfahrungen: Private Arbeitsvermittler suchen in Annoncen »qualifizierte Maler für Deutschland und Frankreich«, das Offenburger Tageblatt unterhält in Straßburg eine Lokalredaktion, und deutsche Bausparkassen werben um elsässische Kunden.

## Die Ill-Insel

Nimmt man einen Straßburgplan zur Hand, schaut man auf eine Insel. Das sprichwörtlich »schöne« Straßburg wird im Süden von der Ill, im Norden vom Fossé du Faux Rempart umflossen. Wie eine breite Nord-Südschneise durchteilt die von wuchtigen Arkaden gesäumte Rue des Grandes Arcades das engmaschige Geflecht der Ill-Insel. Wo früher der Verkehr brauste, surrt heute die hochmoderne, mit Panoramascheiben ausgestattete Straßenbahn übers Pflaster. Auf große Kaufhäuser in Höhe der Place Kléber folgen Boutiquen und Gemüseläden im Umkreis der Place Gutenberg. Eine Statue des Pioniers der Buchdruckkunst steht auf dem Platz. Der imposante Bau der **Chambre de Commerce et d'Industrie** **1**, der die Place Gutenberg auf der Westseite begrenzt, war im 14. Jh. das Rathaus. Die prunkvolle Renaissance-Fassade entstand jedoch erst im 16. Jh.

Auf der gegenüberliegenden Platzseite beginnt mit der Rue Mercière die Fußgängerzone um das **Münster** **2**. Das von Souvenirboutiquen gesäumte Fachwerksträßchen gehört wegen des unvergleichlichen Blicks auf das Westwerk des Münsters ins Pflichtprogramm jeder Straßburgbesichtigung. Besonders abends, wenn der wie ein steinerner Schleier vor die Schaufassade gehängte hochgotische Bauschmuck bis in die letzte Fuge ausgeleuchtet ist, kann

*◁ **Straßburg** 1 Chambre de Commerce et d'Industrie 2 Münster 3 Grand Séminaire 4 Lycée Fustel de Coulanges 5 Palais Rohan 6 Musée de l'Œuvre Notre-Dame 7 Maison Kammerzell 8 Hôtel Klinglin 9 Hôtel du Grand Doyenné 10 Hôtel des Deux Ponts 11 Hôtel de Ville 12 Opéra du Rhin-Théâtre Municipal 13 Banque de France 14 St-Pierre-le-Jeune 15 Aubette 16 St-Pierre-le-Vieux 17 Ponts Couverts 18 Barrage Vauban 19 Hôtel du Département 20 Musée d'Art Moderne et Contemporain 21 ENA 22 St-Thomas 23 Ancienne Douane 24 Musée Historique 25 Bains Municipaux 26 Ecole des Arts Décoratifs 27 St-Guillaume 28 Tabakmanufaktur 29 Ste-Madeleine 30 Cour du Corbeau 31 Hôpital 32 Musée Alsacien 33 Choucrouterie 34 Haras*

*Ein gotisches Meisterwerk: das Straßburger Münster*

man sich der erhabenen Wirkung nicht entziehen. Der rote Buntsandstein nimmt ein goldenes Leuchten an. Über den drei mit Standbildern, Giebeln und Baldachinen verzierten Portalen strahlt die große Fensterrosette. Links stürmt der Nordturm in den Himmel. Sein Pendant auf der Südseite bietet als Aussichtplattform den schönsten Überblick auf die mit Biberschwanzpfannen gedeckten Dächer der Altstadt. Beim Aufstieg erinnert eine Gedenktafel auf halber Höhe an jenen bedauernswerten Turmbläser, den an selbiger Stelle 1701 der Schlag traf. Oben muss man feststellen, dass die Bezwingung des Münsters seit Generationen eine touristische Routineübung ist. Bis um 1900 ritzten Steinmetze auf der 66 m hohen Aussichtsterrasse gegen Entgelt die Namen von Besuchern in den Sandstein. Das Who's who der besseren Gesellschaft nennt polnische Grafen, napoleonische Generäle, Hamburger Kaufmannsgattinnen und Tübinger Professoren. Das 1176 als gotischer Bau auf den Fundamenten einer Vorgängerkirche begonnene Münster erreicht mit dem 1439 durch einen Kölner Baumeister vollendeten Nordturm stolze 142 m. Bis ins 19. Jh. hielt das Münster den Rekord als höchster Bau der Christenheit. Vom Logenplatz der Aussichtsterrasse wirkt das Treiben von Andenkenverkäufern, peruanischen Folkloregruppen und halsreckenden Besuchern auf der Place de la Cathédrale wie ein chaotisches Ballett. Man schaut über den Platz hinaus auf verwinkelte Gassen, überlaufene Plätze, stille Kirchhöfe. In der Ferne zeichnen sich westwärts die Vogesen flaschengrün ab, während im Osten der Schwarzwald als nachtblaue Masse auszumachen ist; in der Mitte schimmert der Rhein. Bei diesem Blick sind die 329 Stufen, die es bis oben zu erklimmen gilt, schnell vergessen.

Im Innern des Gotteshauses gibt es ebensoviel zu sehen. Die romanische

Krypta verrät, dass der gotische Bau einen noch älteren Vorläufer kannte. Einmalig sind die Glasfenster aus dem 13.–14. Jh., die mit der gewaltigen Westrosette das Langhaus in bunte Farben tauchen. Sie zeigen u. a. die Galerie der deutschen Kaiser und Könige. Am Pfeiler des Jüngsten Gerichts im südlichen Querschiff drängeln sich zwölf gertenschlanke Figuren, deren gotische Formen auf Vorbilder aus Chartres verweisen. Die astrologische Uhr hinter dem Pfeiler stammt aus dem 16. Jh.: Zu dem viel bewunderten Stück drängeln kurz nach Mittag die Massen, um den Punkt 12.30 Uhr in Bewegung gesetzten Mechanismus zu bestaunen. Das 18 m hohe Wunderwerk führt ein komplettes Welttheater auf, bei dem die vier Lebensalter vor einem Skelett defilieren, die zwölf Apostel sich von Jesus segnen lassen, der Hahn mit den Flügeln schlägt und kräht. Leider ist das Ganze nur im Winter gut zu verfolgen, da der Andrang während der Reisesaison sehr groß ist.

Das monumentale und doch fragile Münster ist eine ständige Baustelle. Nach der Rheinbegradigung im 19. Jh. drohte die Kathedrale wegen des dadurch veränderten Grundwasserspiegels abzusacken. Später hat man massiv Beton in den instabilen Untergrund gespritzt. Bei der jährlichen »Messkampagne« werden u. a. die Pfeilerabstände peinlich genau überprüft, um eventuelle Veränderungen festzuhalten.

Durch das südliche Nebenportal geht es hinaus auf die Place de la Cathédrale. Direkt an die Kathedrale gesetzt wurde der in gelb-rotem Sandstein buntgescheckte Komplex von klassizistischem **Grand Séminaire** 3 und **Lycée Fustel de Coulanges** 4. Letzteres, ein schönes Beispiel des späten Rokoko, war ursprünglich ein Jesuitenkolleg. Blickfang am Platz aber ist das vornehme **Palais Rohan** 5. Der Sitz der Fürstbischöfe entstand 1731 in purem französischen Barock. Die Pläne fertigte der Hofbaumeister von Ludwig XV. an. Das Resultat ist ein Schloss mit hoheitsvollem Portal, repräsentativem Innenhof, von Säulen gescheitelter Schaufassade zur Ill und luxuriösen Zimmerfluchten, den Grands und Petits Appartements. Die goldprangenden Räume kann man besichtigen: Der Glanz des Ancien Régime erstrahlt im **Musée des Arts Décoratifs**, das die fürstbischöflichen Repräsentationsräume und Privatgemächer belegt. Zwei weitere Museen fanden im Palais Rohan Platz. Im **Musée des Beaux-Arts** wird Malerei vom 14. bis 19. Jh. gezeigt. Die meisten Besucher strömen zur »Belle Strasbourgeoise« von Nicolas de Largillière (1703), der mit der vornehmen Dame im Grand Habit Straßburger Patrizierinnen sein berühmtestes Werk geschaffen hat. Der Gang ins Untergeschoss führt ins **Musée Archéologique,** wo Ausgrabungsfunde des gesamten Elsass einen Bogen von der Vorgeschichte bis zu den Kelten spannt.

Gleich neben dem barocken Palais Rohan setzen ein gotischer Stufengiebel und ein Volutengiebel aus der Renaissance markante Gegenakzente zum Barock des Palais Rohan. Hinter den Giebeln verbirgt sich das **Musée de l'Œuvre-Notre-Dame** 6, in das das Gasthaus zum Hirsch aus dem 14. Jh. einbezogen wurde. Alles, was zum Schutz vor Umweltschäden an der Fassade des Münsters abgenommen und durch Kopien ersetzt werden musste, findet sich hier wieder: Prunkstücke sind die meisterhaften Figuren der triumphierenden Ecclesia und trauernden Synagoge, die um 1230 für das südliche Nebenportal entstanden, sowie die Figurengruppen törichter und weiser Jungfrauen von der Westfassade. Die

Maison Kammerzell

Sammlung mittelalterlicher Statuen, Glasfenster und Gemälde hütet darüber hinaus spektakuläre Stücke aus dem gesamten Elsass, darunter das berühmte Wissembourger Glasfenster mit der Darstellung eines Christuskopfes. Ein gotischer Garten nach Vorgaben des Dominikaners Albertus Magnus vereint im Innenhof Grabplatten und 63 im Mittelalter bekannte Gartenpflanzen.

Kurze Pause gefällig? Die Cafés vor der Hauptfassade des Münsters bieten sich zum Verschnaufen an, zumal man so ganz en passant Straßburgs prominentesten Profanbau zu Gesichte bekommt: die am reich beschnitzten Fachwerk leicht auszumachende **Maison Kammerzell** 7 (1588/89) an der Ecke gegenüber des Nordturms. Innen wird auf vier Etagen Choucroute mit Champagner serviert. Während der kulinarische Stern des gleichnamigen Restaurants jedoch erlischt, blendet das hochgeschossene Gesamtkunstwerk aus Schnitzfiguren, Fassadenmalerei und Butzenglasscheiben wie eh und je.

P.M.G. lautet das Kürzel für die unter den mehr als 30 000 Studenten (und

*Die drei wehrhaften Türme der Ponts Couverts in Straßburg bewachen die Illbrücke schon seit dem 13. Jh.*

nicht nur ihnen) beliebteste Ausgehadresse auf der Ill-Insel. Gemeint ist die **Place du Marché Gayot,** die man über die Rue des Frères erreicht. Stichgassen münden von allen Seiten auf das kopfsteingepflasterte Karrée. Der Verkehr ist ausgesperrt, die Caféterrassen rücken um so entschiedener auf den Platz vor. Neon lockt in eine Bar mit dem Namen »Perroquet Bleu«. Die P.M.G.-Nächte sind sommers lang, die Konkurrenz an Kneipen und Restaurants entsprechend groß.

Über die Place St-Etienne und die gewundene Rue de l'Arc-en-Ciel geht es in die Rue Brûlée. Straßburg gibt sich mit einem Mal sehr vornehm, *très parisien.* »Unser kleines Marais« nennen Straßburger die schmale, lange Straße in Anspielung auf das von barocken *hôtels particuliers* geprägte Pariser Viertel. Dieselbe, auf Repräsentieren und Sich Abschirmen bedachte Architektur findet sich in der Rue Brûlée. Auch bei der Wahl des Baumaterials gab man sich französisch. Statt traditionellem Buntsandstein (wie etwa beim Münster) nahm man einen lichten, fast weißen Sandstein, der den französischen Schlosserbauern des 17. und 18. Jh. der liebste war. Vom **Hôtel Klinglin** 8, im dem der Präfekt des Elsass residiert, erblickt man das vornehme Portal – die Schauseite zeigt nach Osten zum Quai am Fossé du Faux Rempart. Der Bischof wohnt seit 1855 gegenüber im **Hôtel du**

**Grand Doyenné** 9. Das Militär nimmt das **Hôtel des Deux Ponts** 10 (1754) in Beschlag, der Bürgermeister im **Hôtel de Ville** 11 hat es mit dem feudalen ehemaligen Besitz der Grafen von Hanau-Lichtenberg gut getroffen – beider Schaufassaden zeigen allerdings zur Place Broglie. Den Platz mit dem unaussprechlichen Namen (man sagt korrekt »Breuil«) begrenzt vor Kopf die klassizistische **Opéra du Rhin-Théâtre Municipal** 12.

Geht man an der Oper vorbei auf den Pont du Théâtre über den Fossé du Faux Rempart zu, lugt aus einer kleinen Grünanlage links eine Plastik von Tomi Ungerer: Der doppelgesichtige Januskopf im Wasser plus Miniaquädukt wurde zur 2000-Jahr-Feier der Stadt 1988 aufgestellt. Bunt geht auf der rechteckigen, langgezogenen Place Broglie zu, wenn unter den Platanen Markt gehalten wird. Wo sich auf der Nordseite des Platzes der neohistoristische Bau der **Banque de France** 13 erhebt, stand einmal das Haus des Bürgermeisters de Dietrich, in dessen Salon Rouget de Lisle die Marseillaise komponiert haben soll. Ein formverliebtes Beispiel für die während der preußischen Herrschaft florierende Jugendstilarchitektur ist der Nachbarbau.

Durch die breite Rue de la Nuée Bleue kommt man vorbei an Redaktion und Druckerei der Dernières Nouvelles d'Alsace (s. S. 37). Auszüge der aktuellen Ausgabe hängen in Französisch und Deutsch im Schaukasten. Über der Hofzufahrt kräht freilich der gallische Hahn. Gegenüber beschirmen gewaltige Platanen den Kirchplatz vor **St-Pierre-le-Jeune** 14. An der gotischen Kirche der Protestanten erinnert das reich gestaltete Erwinsportal deutlich an das südliche der drei Westportale des Münsters. Eine Überraschung ist der wesentlich ältere, romanische Kreuzgang hinter der Kirche: Das stille Ensemble stammt von 1031.

Geschäftig geht es dagegen auf der Rue de la Haute Montée zu, auf die die Petite Rue de l'Eglise zuläuft. Nach Westen mündet die Einkaufsstraße auf die Place de l'Homme de Fer. Das lichte High-Tech-Dach der zentralen Straßenbahnhaltestelle, die wie ein riesiges Stahlinsekt über dem Platz stakst, wertet die banale 50er-Jahre Architektur ringsherum ästhetisch enorm auf. Zu später Stunde gilt die Place de l'Homme de Fer als unsicherer Ort, an dem sich Straßburgs Drogen- und Jugendkriminaltätsprobleme ballen.

Zurück auf die Rue de la Haute Montée: Auf Höhe der kolossalen, um 1900 im Neo-Renaissance-Stil hingeklotzten Petite Boucherie erlauben kurze Gassen es, zur Rückseite der **Aubette** 15 durchzuschlüpfen. In voller Pracht präsentiert sich der für die Straßburger Garnison 1765–71 errichtete Bau erst an der Place Kléber. Eine gesamte Seite des weiten Platzes nimmt die klassizistische Fassade in Anspruch. Ursprünglich wurde davor der Morgenappell abgehalten. Seit Ludwig XIV. Straßburg dem Königreich einverleibt hat, diente die Place Kléber als Aufmarschgelände, dessen Name bis 1840 Place d'Armes lautete. Erst mit der Aufstellung der Kléber-Plastik zu Ehren des Napoleonischen Generals wechselte der Name. Seit einigen Jahren ist der Platz komplett umgekrempelt. Postmodernes *mobilier urbain*, inklusive vollautomatischem Toilettenoval und Laternen, die



*Quai des Moulins im Straßburger Viertel ›Petite France‹*

wie vergrößerte Halogenschreibtischlampen aussehen, ziert den verkehrsberuhigten Platz. Europas Flaggen wehen vom Mastenwald. Der Buchriese FNAC und das Kaufhaus Nouvelles Galéries sorgen für Leben auf der weiten Fläche. In der Pâtisserie Kohler-Rehm kann man das Ganze von der ersten Etage bei einem Stück Torte betrachten.

Über die Rue du Vieux Marché aux Vins schlendert man in wenigen Minuten zu **St-Pierre-le-Vieux** 16 hinüber. Die Kirche setzt sich aus zwei vorschachtelten, gotischen Trakten zusammen, und ist zwei Konfessionen gewidmet: Hübsch voneinander getrennt beten hier die Protestanten, dort die Katholiken. An der Südseite beginnt die zur Fußgängerzone umgewandelte **Grand' Rue,** eine vitale Einkaufsmeile mit Einzelhandelsgeschäften und Fassaden von behäbigem Frühbarock bis leichtfüßigem Rokoko.

Vom Quai Turckheim gelangt man dagegen immer am Fossé du Faux Rempart entlang in die **Petite France,** einem touristischen Epizentrum, mit dem nur noch die Kathedrale in der Besuchergunst konkurrieren kann. Den romantischsten Blick auf das von vier Ill-Fingern zerteilte alte Gerberviertel hat man von den **Ponts Couverts** 17. Drei klobige, wie Bauklötze wirkende Türme aus dem 13. Jh. bewachen die erst 1863 über die Ill gebauten »gedeckten Brücken«. Einen Augenblick mag man neidisch werden bei soviel Romantik, so zum Beispiel auf die Bewohner des Hauses Ponts Couverts Nr. 3. Ein Rosenspalier rahmt den kleinen Garten an der Spitze einer Landzunge zwischen zwei Ill-Armen. Zauberhaft. Schnell siegt die Vernunft. Wer hier wohnt, muss mit einem Touristenstrom leben, der keine Ruhe zulässt. »Petite France« heißt das dank malerischer Quais und Fachwerk postkartenschöne Viertel, weil hier im 16. Jh. ein Hospital vor allem Geschlechtskranke aufnahm, Personen eben, die unter der »französischen Krankheit«, sprich Syphilis, litten. Man kann über den Quai de la Petite France zur Rue du Bain aux Plantes spazieren, auf dem Weg die an ihren Trockenböden erkennbaren, heute makellos restaurierten Häuser der Gerber bewundern, und wird sich insgesamt ein wenig wie im Freilichtmuseum fühlen. Dennoch, vor allem unter den Baumkronen an der Place Benjamin Zix sitzt man ausgesprochen nett, zumal am Quai des Moulins die Boote der Ill-Rundtouren in eine enge Schleuse laufen.

Wesentlich größer ist der **Barrage Vauban** 18, die Hauptschleuse zwischen dem Ill-Bogen um die Altstadt und dem Flusslauf im Nordwesten. Mit dem massiven Bau sicherte Frankreichs Festungsbauer Vauban 1690 den Zugang zur Stadt. Von der Panoramaterrasse hat man eine fantastische Aussicht auf die Ill-Insel. Stadtauswärts sprengt die schwarze Baumasse des in den 1990er Jahren gebauten **Hôtel du Département** 19 die Kleinteiligkeit der Petite France. Desgleichen gilt für das 1998 eröffnete **Musée d'Art Moderne et Contemporain** 20 am gegenüberliegenden Ufer der Ill. Die nackten Kuben des Architekten Adrien Fainsilber sind nicht jedes Straßburgers Sache. Die in einer lichtdurchfluteten Passage und zwei länglichen Trakten ausgestellte Kunst ebenfalls nicht. Es gab viel Polemik um den Bau und die Werke von Poliakoff, Mapplethorpe oder Sarkis, und gleich zur Eröffnung einen handfesten Skandal. Eins der Hauptwerke des Museums, eine Aquarell- und Gouache-Zeichnung von Klimt, stammt aus der Sammlung eines Wiener Kunsthändlers jüdischer Abstammung, der seine

Kunstwerke 1938 nach Straßburg in Sicherheit gebracht hatte. Die Erben klagten auf die Herausgabe des während der Besatzung abhanden gekommenen Bilds. Ein erstes Gerichtsurteil gab ihnen Ende 1998 recht, doch die Museumsleitung verweigert sich und hat Berufung eingelegt.

Proteste gab es auch gegen den Umzug der **ENA** 21, Frankreichs Elitehochschule für Verwaltung, in das ehemalige Gefängnis gleich neben dem Museum. Diesmal kam der Aufschrei aus Paris, wo Schüler und Dozenten nicht in die »Provinz« umziehen wollten. Dabei ist der Bau nicht übel: Das Gefängnis war ursprünglich eine Johanniterkomturei, die für ihre jüngste Funktion mit edelsten Materialien umgebaut wurde.

Ein Spaziergang über die mit Waschbeton verdeckelten Ill-Quais lenkt ins Münster-Viertel zurück. Unterwegs lohnt sich ein Abstecher zur **Kirche St-Thomas** 22. Im Chor ist Moritz von Sachsen beigesetzt, der sich als französischer Marschall siegreich für Ludwig XV. schlug, als Ausländer und Protestant jedoch nicht mit allen Ehren im katholischen Paris beigesetzt werden konnte. Sein barockes Marmorgrabmal fiel im fernen Straßburg um so grandioser aus: Marianne versucht den Tod zu verschrecken. Vergeblich, denn dessen Skeletthand öffnet bereits einen Sarkophag für den gefasst seinem Ende entgegenschreitenden Marschall. An der Silbermann-Orgel von St-Thomas hat einst Albert Schweitzer gespielt, von dem die Initiative zu den nach wie vor stattfindenden Bachkonzerten ausging.

Zurück an den Quai St-Thomas, der beim Pont St-Nicolas auf die Rue de la Douane mündet. Die Bombardements des Jahres 1944 überstanden haben ein paar respektheischende Barockbauten, nicht jedoch das **Kaufhaus (Ancienne Douane)** 23, ein Koloss, in dem einst gehandelt und Zoll erhoben wurde, dessen gotischer Charme beim Wiederaufbau jedoch auf der Strecke blieb.

Hinter der nächsten Ill-Brücke (Pont du Corbeau) spiegelt sich seit 1588 die Große Metzig (La Grande Boucherie) im Wasser. Im hufeisenförmigen Bau wird nach jahrelanger Renovierung im Herbst 2000 das **Musée Historique** 24 neu eröffnen. Man kann zum Abschluss des Rundgangs über die Ill-Insel in einer der urigen Weinstuben um die Place du Marché du Cochon einkehren – oder aber am Palais Rohan auf eins der Ausflugsboote mit Namen wie »Gänseliesel« und »L'Ami Fritz« steigen, um die »Insel« aus der Wasserperspektive zu betrachten.

## Krutenau

Das schon im Mittelalter dichtbesiedelte Viertel im Südosten der Ill-Insel kam in den späten 1960er Jahren in Mode. Roger Siffer machte hier das Polit-cabaret-Mundartbühne-Restaurant »La Choucrouterie« auf, und die Studentenkneipen wuchsen wie Pilze aus dem oft morschen Gebälk. 30 Jahre später hat eine Sanierungswelle die Krutenau verändert. In der »Choucrouterie« tafeln die grünen Europaabgeordneten, und die Häuser am Quai des Bateliers und Quai des Pêcheurs sind begehrte, nicht ganz billige Adressen mit Blick auf die Ill-Insel. A propos, *batelier* bedeutet Schiffsbauer, *pêcheur* Fischer. Beide Berufsstände waren früher neben Gemüsebauern und Krautmachern in der Krutenau zuhaus.

Die Tour beginnt mit einem fulminanten Auftakt vor dem **Grand Etablissement des Bains Municipaux** 25. Eine

Kuppel krönt das Entrée der städtischen Schwimmbäder. Innen herrscht die florale Formensprache des Jugendstils. Jugendstil erblickt man auch in der nahen Rue de l'Académie, wo die mit Kacheln verzierte **Ecole des Arts Décoratifs** 26 etwas versteckt in einem Park liegt. Die schmale gotische **St-Guillaume-Kirche** 27 einen Steinwurf entfernt war einmal das Gotteshaus der Fischer und Bootsschreiner.

Fast ein Quartier für sich beansprucht die **Manufacture des Tabacs** 28. Am nüchternen Komplex des Second Empire führt die für Studentenkneipen bekannte Rue de la Krutenau vorbei. Schmalbrüstige Stichgassen verbinden sie mit der belebten Rue de Zurich. Auf das Alter des engmaschigen Gassengeflechts verweisen die aus dem 13. Jh. stammenden Reste einer Stadtmauer hinter der **Kirche Ste-Madeleine** 29. Am Platz vor der Kirche spielen sich die unaufgeregten Alltagsszenen eines Kleine-Leute-Viertels ab. Schick wird dagegen allmählich die Rue Ste-Madeleine mit Mode- und Inneneinrichtungsläden.

Komplett saniert worden ist die rechteckige, mit ihren adretten Häusern und netten Kneipen sympathische Place des Orphélins. Auf Rettung vor dem Verfall warten hingegen seit Jahren die hölzernen Renaissancegalerien der **Cour du Corbeau** 30, des prachtvollsten unter den wie ein Blinddarm vom Quai des Bateliers abgehenden Höfen. Noch versperrt ein Metallgitter den Zugang zum ehemaligen Gasthof von 1528, in dem Friedrich der Große und Kaiser Joseph II. abgestiegen sind. Geplant ist ein Luxushotel in historischem Gewand, Kostenpunkt 55 Mio. Francs.

Farblose Nachkriegsarchitektur prägt die Place d'Austerlitz und die Rue Reiss, an deren westlichem Ende die Place de l'Hôpital mit dem Komplex von mittelalterlichem **Hôpital** 31 und medizinischer Fakultät liegt. Wahrzeichen dieser »Stadt in der Stadt« ist die gotische Porte de l'Hôpital, ein Torturm des 13. Jh.

Elsässische Volkskunst wird in den nach regionalen Schwerpunkten eingerichteten Räumen des **Musée Alsacien** 32 gezeigt. Um einen passenden Rahmen für das Museum zu schaffen, verband man drei wunderschöne Patrizierhäuser des 17. und 18. Jh.

Westlich der St-Nicolas-Kirche beginnt das Quartier Finkwiller. Der Auftakt ist pompös: Der wilhelminische Kolossalbau an der Ecke zum Quai Charles Frey entstand 1893. Hinter der St-Louis-Kirche betreibt der elsässische Politbarde Roger Siffer in einer ehemaligen **Sauerkrautfabrik** 33 die stets gut besuchte »Choucrouterie« oder auch »Surkrutstub«, wie es über der Tür steht.

Eine Überraschung bietet der **Haras National** 34, ein staatliches Gestüt von 1752, auf das die Rue Ste-Elisabeth zuläuft. Zur Place Henri Dunant wechseln schließlich krumme Gassen – insbesondere die Rue St-Marc und Rue de la Question – mit belanglosen Wohnanlagen der 1980er Jahre in Randlage zur Petite France.

## Neustadt und Europa-Viertel

»Gas auf allen Etagen« versprechen noch 100 Jahre nach dem Richtfest blaue Emailschilder an den Gründerzeitfassaden zwischen der Rue du Faubourg National und der Rue du Faubourg de Saverne. Hier begannen Ende des 19. Jh. die von den deutschen Behörden beschlossenen Baumaßnahmen für eine Neustadt (s. S. 50 f.). Ein Relikt aus der Zeit davor ist die Dominikanerkirche St-Jean. Ansonsten trumpfen Gründerzeit-

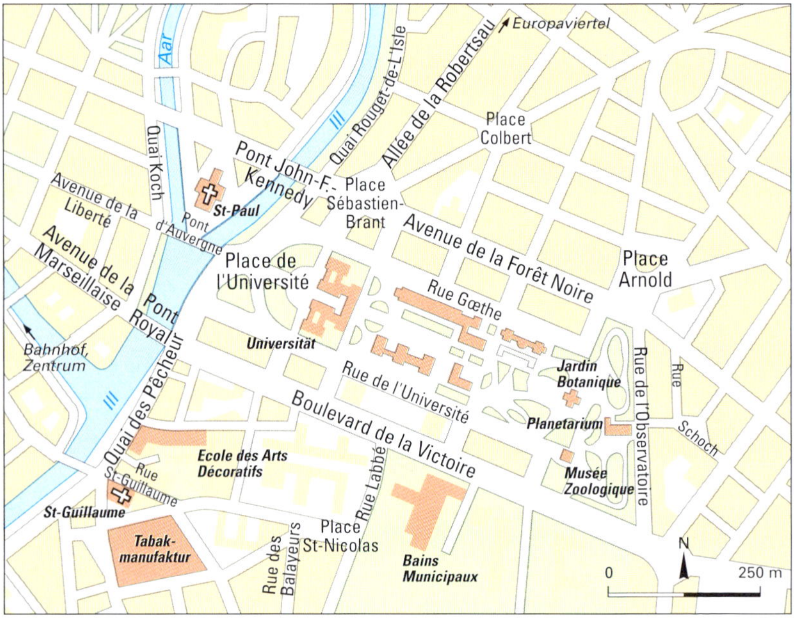


*Östlich der Ill*



fassaden mit Erkern und Balkonen auf. Seit den 1960er Jahren prägen nordafrikanische Zuwanderer einige Straßenzüge. Die im Halbrund um den restaurierten **Bahnhof** angelegte Place de la Gare wurde jüngst gründlich umgestaltet. Der Verkehr musste sich zum Teil zurückziehen, der Platz wirkt jetzt freundlicher und mit den Designzutaten von Geländern und Schildern geradezu geleckt.

Im Südosten haben Straßburgs Städteplaner an der **Place des Halles** eine urbane Vision im Geist der 1970er Jahre hinterlassen. Der Komplex aus Einkaufszentren, Apartmenthäusern, Hotels wird von viel Beton, Aluminium und braungetöntem Glas stilistisch zusammengehalten. Seit die Straßenbahn am Quai Kléber hält, hat man zumindest den unwirtlichen Vorplatz neu gestaltet.

Unscheinbar ist der **Square de l'Ancienne Synagogue.** Eine Gedenktafel erinnert an die 1940 von Nazis in Brand gesteckte Große Synagoge aus der Jahrhundertwende.

Mit dem im Stil eines antiken Tempels erbauten **Palais de Justice** (1895) und dem **Pont de la Fonderie** stößt man in das Herz der Ville allemande, der 1871–1918 erbauten Neustadt, vor. In direkter Nachbarschaft des Justizpalasts erhebt sich seit 1893 die Kuppel von **St-Pierre-le-Jeune-catholique**. Der monumentale Kirchenbau aus leuchtend rotem Sandstein imitiert romanische und gotische Vorlagen. Zur prunkvollen Innenausstattung gehören die Mosaikbilder im Chor und rote Marmorsäulen.

Durch die Rue Ste-Odile erblickt man die Rückseite des **Palais du Rhin** **1**, den der Berliner Architekt Hermann Eggert 1889 als Kaiserpalast vollendete. Der wilhelminische Repräsentationsbau aus graugelbem Sandstein bettet sich in

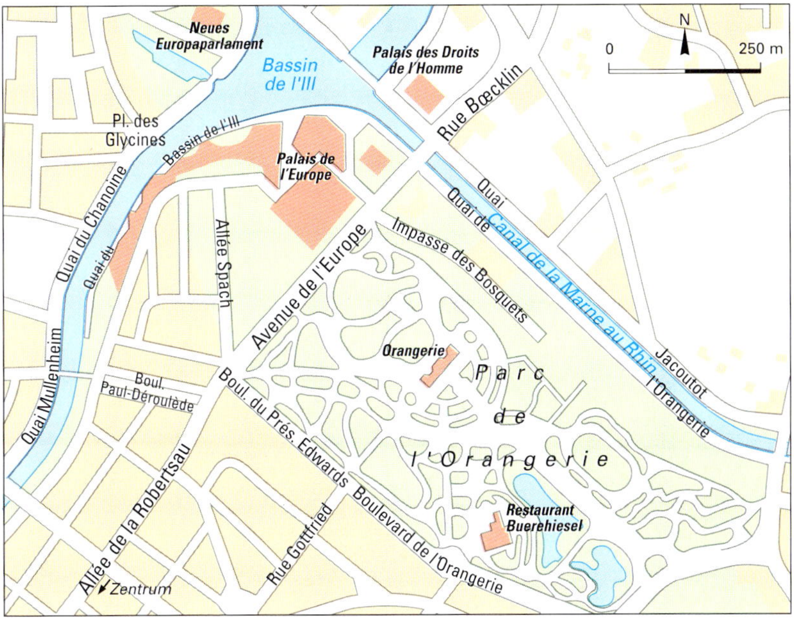


*Europa-Viertel*

einen kleinen Park. Im hinteren Winkel hat man scheinbar zufällig antike und frühmittelalterliche Sarkophage abgestellt. Der preußische Adler auf der Vorderseite breitet seine Schwingen zur grandiosen Place de la République aus. In der Mitte der runden, gepflegten Gartenanlage steht ein 1936 mit Spenden errichtetes Gefallenendenkmal: Mutter Elsass hält die Leichname ihrer beiden Söhne im Arm. Der eine schaut nach Deutschland, der andere nach Frankreich. »A nos morts« lautet die Inschrift und nicht wie sonst üblich »Mort pour la France«.

Alle anderen öffentlichen Gebäude um den Place de la République, die **Préfecture** und die **Trésorerie Générale** (ehemals Ministerien der Reichslande Elsass-Lothringen) sowie die **Bibliothèque Nationale et Universitaire** (1889) und das **Théâtre National** (ehemals Sitz des Landesausschusses) bilden mit ihren Neo-Renaissance-Barock-Fassaden ein beeindruckendes Ensemble. Nach Nordosten zweigt die Avenue de la Paix ab: Auf Höhe des Contades-Parks lässt sich ein kastiger Bau wegen des siebenarmigen Leuchtersymbols auf der Seitenfassade leicht als die **Synagogue de la Paix** (1958) ausmachen.

Der eklektizistische Stilrausch gründerzeitlicher Wohnhäuser und die im Stil einer Ritterburg errichtete **Hauptpost** prägen die großzügige Avenue de la Liberté, die schnurgerade auf die Place de l'Université zuläuft. Vom Pont d'Auvergne blickt man links auf die nadelspitzen Türme von **St-Paul.** Die neogotische Kirche mit deutlichen Anleihen beim Münster diente im Deutschen Kaiserreich als protestantische Garnisonskirche.

Richtig Reisen *Tipp*

## Das Straßburger Observatorium

Um dem silbrig glänzenden Dom, dessen wilhelminische Architektur verdächtig an den Berliner Hohenzollerndom erinnert, sprießt mannshoch Bambus: Der wuchtige Bau des Observatoriums liegt am Botanischen Garten der Universität. Von entsprechend weit her kommen die Pflanzen ringsherum. Entschieden weiter noch reicht der Blick im Innern. Das 1881 errichtete Gebäude ist Forschungs- und Ausbildungsplatz der Universität Louis Pasteur, in dem den großen Fragen an das Universum nachgegangen wird – wie etwa beeinflusst die atmosphärische Strahlung den Stand der Sterne? Oder wie lässt sich die genaue Distanz einzelner Planeten zueinander bestimmen? Der Öffentlichkeit zugänglich ist seit 1982 das Planetarium. Vom bequemen Fauteuil aus beobachtet man im dunklen Vorführraum Stand und Gang der Sterne. Thematische Ausstellungen in der Sternenkrypta und nächtliches Sternegucken in der großen Kuppel an jedem Dienstag des ersten Viertelmonds sind weitere Angebote.

Tgl. Vorführungen; unbedingt reservieren, da die Teilnehmerzahl begrenzt ist, ✆ 03 88 21 20 44 oder 03 88 21 20 40.



Ein Goethe-Standbild nimmt an der Place de l'Université in Empfang. Im Rücken des Dichters breitet sich die Monumentalfassade der 1884 eröffneten **Universität** aus. Drei Dutzend größtenteils deutsche Denker und Forscher zieren die Fassade. In der Aula traf sich 1947 der Ausschuss zur Bildung des Europarats. Im Park hinter dem palastartigen Hauptgebäude der Universität liegen weitere Fakultätsgebäude. Das Gelände schließt mit dem **Botanischen Garten** ab, einer verwunschenen grünen Insel inmitten breiter Avenues und Boulevards. Am Boulevard de la Marne wird auf Höhe der Rue Gounod dienstags und samstags Straßburgs bestsortierter Wochenmarkt abgehalten.

Zwischen der Allée de la Robertsau, an der die Villen die Palette von wucherndem Jugendstil bis strengem Neoklassizismus abdecken, der magistralen Avenue de la Forêt Noire und dem Boulevard de la Marne erstreckt sich das gründerzeitliche Viertel der Besserverdienenden. Die Bewohner dieses *beau quartier* spazieren im **Parc de l'Orangerie** 1 und tafeln dort mit den Eurobeamten im renommierten Gastronomietempel »Buerehiesel«. Das »Bauernhaus« von 1607 stand bis zum behutsamen Abbau in Molsheim. 1895 wurde es anlässlich einer Handwerks- und Industrieausstellung im Park originalgetreu wiederzusammengesetzt. Teiche, Blumenrabatten, Platanenallee, Bowlinghalle und nicht zuletzt das Storchengehege locken am Wochenende in den Parc de l'Orangerie. Er verdankt seinen Namen der Orangerie in der Parkmitte, 1804 gebaut, um Orangenbäumen im Winter Schutz zu bieten.

An Avenue de l'Europe grenzt der Parc de l'Orangerie an das Europa-Viertel. Ill und Rhein-Marne-Kanal zogen anfangs eine Grenze um die Büropaläste. Mittlerweile haben die Parlamentarier auch jenseits der Ufer Fuß gefasst. Der 1999 eingeweihte Neubau des **Europa-Parlaments** **1** schiebt sich als abgerundetes Dreieck ans Bassin de l'Ill heran. Das gläserne, von einer im Hintergrund aufstrebenden Rotunde überragte Gebäude hat etwa 900 Mio. Mark gekostet – nachdem Brüssel den 626 Abgeordneten aus allen EU-Ländern ein neues Kongresszentrum spendiert hatte, musste Straßburg prestigeträchtig nachziehen. Der Parlamentszirkus pendelt zwischen Verwaltung in Luxemburg, Ausschüssen in Brüssel und Debatten in Straßburg. Dass an der Ill nur an 50 Tagen im Jahr debattiert wird, schien nebensächlich, dass man die Bausumme um ein Drittel überschritten hatte, auch. Ein gläserner Steg über die Ill verbindet das neue Europa-Parlament mit dem Gebäude der **Europa-Parlamentarier** (I.P.E.). Hinter der 70er-Jahre-Fassade liegen die Konsulate und Botschaften der in Straßburg vertretenen Länder. Das alte **Palais de l'Europe** nebenan könnte es in ästhetischer Hinsicht mit dem Berliner Palast der Republik aufnehmen – der Charme eines Bunkers, der mit Aluminium, Kupfer und braunem Rauchglas verkleidet wurde (1977). Innen wirkt der mit Mahagoni üppig bedachte Plenarsaal wie eine gigantische Muschel. Das alte **Palais des Droits de l'Homme** am Rhein-Marne-Kanal (1965, heute Bibliothek) überzeugt hingegen mit klaren, kubistischen Formen. Seit 1995 arbeitet der **Europäische Gerichtshof** für die Menschenrechte allerdings im futuristischen Neubau am anderen Ufer des Kanals. Kräftige Betonsäulen tragen die beiden aluminiumverkleideten Bürozylinder. Knallrote Wendeltreppen setzen an der silbrigen Fassade farbkräftige Akzente.

## Straßburger Umland

**Tipps & Adressen**
La Wantzenau S. 300, Hœrdt S. 259, Brumath S. 249, Sessenheim S. 289, Pfaffenhoffen S. 278, Kirrwiller S. 263, Bouxwiller S. 249, Truchtersheim S. 298, Wasselonne S. 300, Krautergersheim S. 263, Westhoffen S. 301

**Karte** S. 69

**Strecke & Dauer** Uffried ca. 60 km, halber Tag, Kochersberg ca. 110 km, 1 Tag

»Le Ackerland« heißt der fruchtbarste Teil vom Kochersberg: Fette Böden garantieren den Bauern im Westen von Straßburg beste Erträge. Hier wurde der Ruf des Kochersbergs als »elsässische Kornkammer« gemacht. Schwerfällig hebt die Landschaft zwischen der Moder im Norden und dem Beginn der Route des Vins bei Marlenheim im Süden zu sanften, behäbig ausladenden Wellen an. Nach Westen begrenzen die Ausläufer der Nordvogesen die bäuerliche Region, in die sich Touristen nach wie vor selten verirren. Zu sehr zieht der nahe Besuchermagnet Straßburg alle Aufmerksamkeit auf sich, und zu sehr haben Elsassreisende Berge und Reben im Blick. Für den relativ flachen Landstrich, der seinen Namen dem Kochersberg-Hügel unweit von Willgottheim verdankt, sprechen jedoch stille Stunden in einer wenig aufgetakelten Provinz, vom Fremdenverkehr unverbrauchte Dörfer, selbst für das Elsass ungewöhnlich stattliche Gehöfte und hübsch in den Äckern plazierte Feldkirchen.

In noch größerer Tuchfühlung zu Straßburg liegt der südliche Teil des Uffrieds, einem von Zorn, Ill und Rhein geprägten Feuchtgebiet mit Tümpeln, Totarmen, Weiden und nochmals sehr fruchtbaren Äckern. Es zählt nicht zuletzt wegen seiner kulinarischen Spezialitäten – Küken aus La Wantzenau, Spargel aus Hoerdt – zu des Straßburgers liebsten Ausflugszielen. Hier beginnt die Tour.

## Uffried

Die angenehmste Möglichkeit, die ehemaligen Flussfischerdörfer La Robertsau und La Wantzenau im Norden von Straßburg zu erkunden, ist das Fahrrad. Vom Autoverkehr größtenteils unbehelligt führt der Weg über plane Deichstraßen quer durch die verwunschenen, renaturisierten Auwälder zwischen Ill und Rhein.

Wer nicht mit dem Fahrrad kommt, verlässt Straßburg über die D233. An der Schnittstelle von Stadt und Land mischt sich anfangs dörfliches Fachwerk mit modernen Seniorenresidenzen und dem Häuschen im mittlerweile verstädterten Grünen. **La Robertsau** 1, früher wie auch La Wantzenau ein beschauliches Uffried-Dorf, geht nahtlos in Straßburg über. Fuchs am Buckel heißt der erste Weiler hinter dem heute vornehmen Wohnort. Einige Diskotheken am Waldrand, dann ein Ortsschild: Mitten im Forêt de la Robertsau endet Straßburg.

Eine hübsche Möglichkeit, zwischendurch einzukehren, bietet das **Château de Pourtalès** 2 nördlich von La Robertsau. Das hinter dem Deich erbaute Schloss umgibt ein wunderschöner Park. Auf der Terrasse des Salon de thé kann man sich mit einem Happen stärken. Der neobarocke Bau mit seinen verspielten, im 19. Jh. wie Zuckerwerk draufgesetzten Ergänzungen strahlt eine morbide Zauberberg-Atmosphäre aus, die von den vielen Ausflüglern freilich aufgemischt wird. Bauherrin war die am Hofe von Napoleon III. eingeführte Gräfin Mélanie de Pourtalès. Nach dem Untergang des Second Empire 1871 scharte Madame auf ihrem Besitz die frankreichtreuen Geister des Elsass. Zu Gast war allerdings auch regelmäßig die Gattin des preußischen Statthalters aus Straßburgs, was die Gemüter in Berlin schäumen ließ.

**La Wantzenau** 3, früher Heimat von zahlreichen Berufsfischern, ist ein Großdorf mit kulinarischen Ambitionen. *Poussin* (Küken) und Süßwasserfisch sind die Spezialitäten, die bodenständige Restaurants am Ufer der Ill und noble Tische hinter aufgeputztem Fachwerk füllen. Der schmucke Dorfkern, intakte, bisweilen undurchdringliche Auwälder, Felder und Altarme der Ill, die in weiten Schlingen zum Rhein mäandert, laden zum Verdauungsspaziergang ein.

Den Kreisverkehr am Ortseingang von **Hoerdt** 4 schmückt ein gigantisches Spargelbündel. Tischtuchflach sind die Äcker ringsherum. Auch Hoerdt bietet in erster Linie Gaumenfreuden. Hier wird angeblich der beste Spargel weit und breit gezogen, was dem ansonsten unscheinbaren Straßendorf von April bis Juni Besucherscharen garantiert.

Das benachbarte **Weyersheim** 5, ein sympathisches Ackerbauerndorf, liegt an der Zorn, deren Brücke einem allseits bekannten Restaurant gleich daneben seinen Namen gab. Um die spätbarocke Pfarrkirche scharen sich ansehnliche Eindachgehöfte.

*Das Straßburger Umland*

Im Vergleich zum auf dem Weg liegenden Fachwerkdorf Geudertheim wirkt **Brumath** 6 geradezu kleinstädtisch. Belle-Epoque-Straßenleuchter und klassizistisches Rathaus an der belebten Hauptstraße verstärken den Eindruck. Das ehemalige Schloss der Prinzessin Christine von Sachsen lässt die Pracht der höfischen Haushaltung gegen Ende des Ancien Régime kaum erahnen. 1804 wurde der 1720 begonnene Bau in eine protestantische Kirche umgewandelt, deren schiefergedeckter Zwiebelturm das gluckenschwere Gemäuer krönt.

Für Goethe-Verehrer führt kein Weg vorbei an **Sessenheim** 7. Man erreicht es über das im Zweiten Weltkrieg zerschossene Drusenheim, wo eine Rheinfähre zum deutschen Ufer pendelt. In Sessenheim tändelte der bereits munter dichtende Student auf diversen Ausflügen von Herbst 1770 bis Sommer 1771

*Bouxwiller*

mit der Pfarrerstochter Friederike Brion. Es kam wie im Dreigroschenroman: Als der Herbst nahte, blieb die Demoiselle mit gebrochenem Herzen zurück, was dem Ruf des Dichterfürsten im Dorf nicht schadete. Im Gegenteil. Die Balustrade, von der Friederikes Vater predigte, Kirchenbänke, auf denen das blonde Töchterchen sich platzierte, ein Restaurant, das Goethe-Memorabilia ausstellt, eine Scheune, die ehemals zum Brionschen Anwesen gehörte, doch vor allem ein Mémorial, Weihstätte für die Liebschaft in Form eines aus Holz erbauten Tempelchens, huldigen dem Genie und seiner frühen Muse.

## Kochersberg

**Pfaffenhoffen** 8 liegt an der unteren Moder. Der Fluss trennt das im Kern hübsch gestauchte Städtchen plätschernd von La Walck am anderen Ufer, das früher für seine Schuhmacher gerühmt wurde. Die 1791 erbaute Synagoge gilt als die älteste im gesamten Elsass. Und wer hätte es gedacht? Sowohl Großvater als auch Urgroßvater des weltweit bekannten Schriftstellers und Philosophen Jean-Paul Sartre verdingten sich als Bürgermeister von Pfaffenhoffen. Ob die für diese Region, das Pays de Hanau, so typischen, auf Haus und Hof gepinselten Sentenzen den Existenzialisten beeinflusst haben, mag dahingestellt sein. Wer sich einen Überblick solch frommer Sprüche verschaffen will, ist mit dem Besuch des Musée de l'Imagerie Populaire gut beraten. Hier findet man den passenden Sinnspruch zu Taufe, Kommunion, Hochzeit und Beerdigung.

Die Eindrücke des leicht hügeligen, durch und durch landwirtschaftlich orientierten Pays de Hanau gleichen denen des Kochersbergs. Mächtige Höfe, satte Felder. Hier bleiben sowohl Kirche als auch Misthaufen im Dorf. Ein Paukenschlag in der ländlichen Stille erwartet den Besucher in **Kirrwiller** 9: In der Music-Hall, einem Revuetheater à la Moulin Rouge am Dorfrand, schmeißen federgeschmückte Tänzerinnen die Beine gleich dutzendweise in die Luft.

Mit **Bouxwiller** 10, eingebettet in die Hügel und Wälder der ersten Nordvogesenausläufer, betritt man ein herzerfrischend untouristisches Städtchen, das gleichwohl eine Menge Sehenswertes zu bieten hat. Der wichtigste Bau an der weiten, von Platanen gesäumten Place du Château fehlt jedoch: Wo sich

bis 1808 die gräfliche Burg erhob, behauptet sich heute ein pompöses Gymnasium im Neo-Renaissance-Stil des Deutschen Kaiserreichs. Einige Nebengebäude der Burg blieben erhalten. So beherbergt der Renaissance-Bau der Kanzlei heute Rathaus und Museum des Hanauer Ländchens, in dem berückend schöne Beispiele bemalter Möbel zu sehen sind. Das gegenüberliegenden Ensemble aus Kornhalle und Kapelle harrt noch seiner Bestimmung, während die Post in die ehemaligen Stallungen eingezogen ist. Der hinter dem Platz beginnende Ortskern überzeugt mit vielen, prachtvollen Fachwerkbauten. Gotische Arkaden (an der Apotheke), Renaissance-Erker und Schnitzereien haben die Jahrhunderte gut überstanden. Ein Muss für Orgelfreunde ist die protestantische Kirche: Das Instrument stammt von keinem Geringeren als Andreas Silbermann.

Ein kleiner Abstecher nach Südwesten (mit dem Auto D6 Richtung Imbsheim oder zu Fuß über den geologischen Wanderpfad ab Bouxwiller) führt zum **Großen** und **Kleinen Bastberg** 11, zwei mit 321 und 324 m nicht gerade spektakulären Hügeln, die nichtsdestotrotz dustere Legenden um Hexen und Teufelstreiben umgeben. Goethe soll daraus für seinen Faust geschöpft haben. Panoramatafel und Blick rüber zum Kochersberg lohnen allemal den Spaziergang auf die Kuppe (Rundweg ab Bouxwiller, Länge 7 km, 2 Std.)

Mit dem Canal de la Marne au Rhin ist defintiv das Territorium des Kochersbergs erreicht. Kaum eine Kuppe überschreitet die 300-m-Marke. Man schaut weit über Zuckerrüben-, Soja-, Weizen-, Hopfen- oder Sonnenblumenfelder. Bald vertraut sind die an vielen Weggabelungen erhaltenen Ruhebänke aus Buntsandstein: Zwei Seitenpfosten mit einem Steinbalken obendrauf und einem weiteren ungefähr auf mittlerer Höhe. Das Konstrukt bot somit Platz für die Bäuerin und ihre auf Kopf, Arm und Schulter verteilten Körbe. Erstmals sind solche Ruhebänke auf Geheiß des Präfekten des Départements Bas-Rhin 1811 aufgestellt worden (eine letzte steht in Wiwersheim am Ende dieser Route). Anlass war die Taufe des Königs von Rom. Eine zweite Welle folgte 1854 zu Ehren von Kaiserin Eugénie, der Gattin Napoleons III. Aus dieser Zeit stammen alle übrigen der knapp 20 im Kochersberg erhaltenen Bänke. Ebenfalls typisch für den Kochersberg sind die um einen großen Hof gruppierten Dorfgehöfte, Ausdruck eines selbstbewussten und reichen Bauernstandes. »Risch wie a Kochersbarjer Bür«, reich wie ein Kochersberger Bauer, hieß es einmal über jeden, der zu Geld und Wohlstand gekommen war. Ungewöhnlich dicht ist selbst für das stark besiedelte Elsass die Anzahl der Dörfer. Oft folgt ein Ort dem anderen in Steinwurfnähe.

Ein erster Halt bietet sich in **Hochfelden** 12 an der Zorn an, hinter der direkt der Rhein-Marne-Kanal verläuft. Das frische Wasser des Vogesenflüsschens und der Wassertransportweg mögen gleichermaßen dazu beigetragen haben, dass die im ganzen Elsass bekannte Météor-Bierbrauerei hier ansässig ist. Die gotische St-Wendelin-Kapelle besticht durch ihre harmonischen Ausmaße.

Südlich des Kanals folgt **Schaffhouse** 13, ein Dorf, wie es kennzeichnender für die Region nicht sein könnte. Es riecht nach Mist und Diesel. Die Gehöfte riegeln respektheischende, steinerne Portale mit ziegelgedecktem First ab.

Mit **Gougenheim** 14 mit den noch etwas stattlicheren Höfen, noch etwas imponierenderen Portalen und haubengekrönten Schornsteigen (»Pfaffekappe«) ist »le Ackerland« erreicht. Schwere Böden, aber auch Wald, der in der Region ansonsten selten ist, dehnen bis ins nahe Hohatzenheim aus. Von weitem sichtbar weist die Wallfahrtskirche Notre-Dame-des-Sept-Douleurs den Weg. Vom romanischen Turm des im 8. Jh. auf einem Hügel begonnenen Gotteshauses schweift der Blick im Freiflug über die Scholle.

Auf den nächsten romanischen Kirchenturm stößt man in Reitwiller. Kurz danach ist **Truchtersheim** 15, der Hauptort des Kochersbergs, erreicht. Am geleckten Hauptplatz belegt die Maison du Kochersberg (Museum mit Wechselausstellungen) einen altrosagetünchten Fachwerkbau. Drinnen erfährt man, daß bis 1957 eine Straßenbahn von Truchtersheim nach Straßburg führte, aber auch, dass die ergiebigen Böden bereits von den Römern bearbeitet wurden.

In **Wasselonne** 16 im strategisch wichtigen Tal der Mossig prägt statt Fachwerk schon der rötliche Vogesenbuntsandstein das Ortsbild. Die Lage am Fuße der Vogesen verpflichtete zu einer Burg, von der nur ein prachtvolles Doppelturmtor, ein weiterer Turm sowie das Amtshaus übrig sind.

Um nach **Hohengoeft** 17 zu gelangen, steigt man erneut in die hügelige Ebene ab. Wald und Streuobstwiesen ziehen sich an den Flanken des nahen Goeftbergs hoch. Ein schöner Rundwanderweg (»Sentier des 3 Chapelles«, Ausschilderung ab Kirche) endet auf

Richtig Reisen *Tipp*

## Las Vegas auf dem Dorf: Die Music-Hall »Royal Palace«

Kirrwiller, ein Dorf irgendwo auf dem platten Land westlich von Straßburg, 450 Einwohner, ein Kirchturm, eine Grundschule, ein Lebensmittelladen – und eine Music-Hall, die es mit den berühmten »Folies Bergères« oder dem »Moulin Rouge« in Paris aufnehmen kann. Hinter dem pompösen Revuetheater in einer Mischung aus dorischem Tempel und elsässischer Fachwerkscheune steht ein Mann: Adam Meyer, dessen Name in großen Lettern Kirrwiller überragt. Die Show in der bewährten Mischung von spärlich bekleideten Tänzerinnen, heißen Rhythmen, viel Strass und Pailletten, pointiertem Rotlicht, Champagner ohne Ende, Dîner sowie unverwüstlichen Bühnennummern (»Die Straßen von Buenos Aires«, »Z wie Zorro«, »Showboat Louisiana« oder »La Maison des Plaisirs«) fegt seit 1982 über die Bretter. Bescheiden war aller Anfang. 1948 erweitere Madame Meyer Senior das bescheidene Hotel-Restaurant um einen Tanzboden. Zunächst wurde nur samstags aufgespielt. In den 1960er Jahren baute man einen weiteren Speisesaal mit Blick auf die Bühne an, doch erst 1977 kam die erste Show mit Motto auf den Spielplan. Der große Durchbruch gelang Familie Meyer nochmals fünf Jahre später mit der legendären »Soirée Pigalle«. Nackter Busen, Federbüschel und Stilettopumps sind seither unverzichtbar. Das alte Dorfgasthaus mutierte zur »Résidence des Artistes«, einer Künstlerherberge. Eine halbe Million Gäste strömen pro Jahr in die technisch perfekten Vorstellungen. Adam Meyer, für den Kirrwiller knapp vor Las Vegas in der persönlichen Liste der Revuemetropolen dieser Welt rangiert, ist's zufrieden. Und die Elsässer danken ihm den Hauch Pariser Verruchtheit in der Provinz.

Reservierungen: Royal Palace, ✆ 0388707181, Fax 0388713195. Eintrittspreise je nach Menüwahl (im Preis inbegriffen) und Termin ca. 95–160 FF.



dem Gipfel (398 m), den ein barockes Wegkreuz und eine Kapelle krönen. **Landersheim** 18, 6 km weiter nördlich, ist eins der seltenen Dörfer, die nicht primär von Ackerbau und Viehzucht leben: Adidas produziert hier seine 3-Streifen-Sportkleidung.

Über Willgottheim geht es zum **Kochersberg** 19 (301 m), einem Hügel nicht höher oder eindrucksvoller als andere auch. Man erreicht ihn am besten von Neugartheim aus. In der zweiten Hälfte des 19. Jh. diente der Kochersberg als Standort für eine »Tour Chappe«, eine Relaisstation für optische Telegraphiemit der man über eine Kette solcher Signaltürme Botschaften von Straßburg nach Paris übermittelte.

Deutlicher noch als an den Synagogen in Pfaffenhoffen und Bouxwiller läßt

# Am Kochersberg wurde der Flammkueche erfunden



Jedes Wochenende aufs Neue dasselbe Bild: In den Dorfgaststätten des Elsass versammelt sich Tischrunde um Tischrunde zum rituellen Flammkueche-Essen. Es riecht nach Holzkohleofen, würzigem Speck und warmem Teig. Die auf dünnen Holzbrettern servierte Köstlichkeit wird mit dem Messer in Viertel geschnitten, die Portion mit der Hand ein wenig zusammengerollt und ohne Messer oder Gabel verspeist. So geht es Flammkueche auf Flammkueche weiter. Erst auf ein Zeichen stoppt der Kellner den Nachschub. Bei soviel Erfolg droht Nachahmung, und, schlimmer noch, Verfälschung des Originalrezepts. Was also tun angesichts sich inflationär verbreitender Rezepte und Esssitten?

Die Antwort konnte in Frankreich nur in der Gründung der »Confrérie de la véritable tarte flambée« liegen. So geschehn 1979 in Kolbsheim, am Südrand des Kochersberger Lands. Die 160 wackeren Mitglieder der Bruderschaft, vertreten durch einen Zehnerrat, dem wiederum der gewählte »grand maître« Jean-Walter Berstett vorsteht, bemühen sich inständig um Wahrung der Traditionen, aber auch um die Verbreitung der Botschaft, daß das Kochersberger Land die Wiege des Flammkueche ist. Denn hier greift man seit dem 18. Jh. mittags zum Flammkueche, dessen Enstehung mit dem zusammenhängt, was auf den Höfen reichlich vorhanden war: Mehl, Milch, Ziebeln. Auch die stattlichen Höfe, auf denen im Gegensatz zu ärmeren Gegenden immer ein eigener Ofen zum Brotbacken gehörte, spielten eine Rolle. Zum Backen nutzte man die ersten Flammen nach Anheizen des Ofens – daher der Name Flammkueche. Den hat mittlerweile auch die Confrérie übernommen, die nun »du véritable Flammkueche« heißt. Varianten mit Apfelscheiben oder Gruyère-Käse werden von der Bruderschaft toleriert, die freilich in einem Punkt kein Pardon kennt: Die Speise sollte immer aus dem Holzkohleofen kommen. Erstmals niedergeschrieben wurde das Rezept zu Anfang dieses Jahrhunderts. Der französische Name *Tarte flambée* ist hingegen wesentlich jünger und geht auf einen Restaurantbesitzer aus Lampertheim zurück. Der nämlich übersetzte in den 1950er Jahren einem französischen Journalisten das elsässische Rezept.

Angesichts ihrer Verbreitung sprechen böse Zungen bei der Tarte flambée heute von der »elsässischen Pizza«. Denn die Spezialität vom Kochersberg ist längst dabei, die kulinarische Welt zu erobern. Mit der industriellen Fertigung gelangte die schmackhafte Mahlzeit tiefgekühlt und vakuumverpackt in hiesige Supermärkte. In Brumath etwa erwirtschaften Roland Kauffer und seine 40 Angestellten knapp 20 Mio. Francs mit der »garantiert elsässischen Tarte flambée«. Allein hier verlassen täglich bis zu 80000 Flammkueche das Fließband. In Schiltigheim steigerte der Konkurrent Roger Roposte seine Produktion allein 1996 um 60% auf 350 t Flammkueche, und in Rixheim versorgt »Le Traiteur alsacien« die Region mit 3000 großen runden, 4000 kleinen runden und immerhin noch 200 rechteckigen Exemplaren pro Woche.

Wer die vorgefertigte Ware verschmäht, hier das Rezept für 5 Personen: 500 g Brotteig, 40 cl Doppelrahm (dick, aber nicht sauer), 1 Esslöffel Rapsöl, 50 g gehackte Zwiebeln, 80 g geräucherter, magerer Speck, 50 g Butter, Pfeffer, Salz, eine Messerspitze geriebene Muskatnuss.
Die Zwiebeln in der Butter bräunen und mit dem Rahm mischen. Gewürze hinzugeben. Den Räucherspeck in kleine Stückchen schneiden und leicht anbraten. Den Teig sehr dünn ausrollen und auf ein mehlbestreutes Backblech legen (die angegebene Menge passt auf ein normales Ofenblech). Das Zwiebel-Rahm-Gemisch auf den Teig streichen. Die Oberfläche mit Rapsöl begießen und mit Speckstückchen bestreuen. Bei maximaler Hitze im vorgeheizten Ofen backen. Backzeit: 10 Min. Man trinkt dazu Sylvaner, Pinot Blanc, Riesling – oder ein Kirschwasser.

sich in **Quatzenheim** 20 die Bedeutung der jüdischen Gemeinden im ländlichen Elsass bis zu ihrer Vernichtung 1940–44 ermessen. Der jüdische Friedhof am Ortseingang zeugt mit vielen Grabsteinen von der früher starken Glaubensgemeinschaft. Von der Graskuppe dahinter kann man gut über die Mauer in das Areal schauen. Das Dorf liegt an der ehemaligen Römerstraße von Straßburg nach Saverne, der heutigen D228.

Bei **Kuttolsheim** 21 an der D228 entspringt die Souffel. Im wegen seiner romanischen Kirche und den von Zunftzeichen verzierten Hofportalen sehenswerten Dorf haben die Römer bereits im 1.–2. Jh. n. Chr. eine Kanalisation aus Ziegeln verlegt. Unweit der Souffel-Quelle und eines dank warmer Quellen zu jeder Jahreszeit mindestens um die 10 °C warmen Teichs erinnert die St-Barbara-Kapelle an eine weitere, der Überlieferung nach schwefelhaltige Quelle. Ihr wurden im Mittelalter heilende Kräfte zugeschrieben.

Nach Süden beginnt jenseits der Bruche mit den Dörfern Kolbsheim, Blaesheim und allen voran Krautergersheim, laut Ortsschild »la Capitale de la Choucroute«, das Land des Sauerkrauts: Endlos sind die Felder, auf denen die blauroten und blassgrünen Kohlköpfe angebaut werden. Nach Westen hingegen wachsen vor dem dekorativen Hintergrund der Vogesen bald die ersten Weinreben, hinzu kommen Obstwiesen.

Besonders bekannt ist **Westhoffen** 22, noch eine »Capitale«, diesmal die der »Cérise d'Alsace«. Kirschbäume setzen zur Obstblüte weiße Tupfer in die Landschaft um Westhoffen. Das Kirschfest im Juni läutet alljährlich den Sommer ein. Wer lieber direkt nach Straßburg zurückkehren möchte, erreicht die Stadtgrenze über die gut ausgebaute D41 Richtung Wiwersheim im Handumdrehn.

# Haguenau und Outre-Forêt

**Tipps & Adressen**
Haguenau S. 258, Marienthal S. 266, Surbourg S. 297, Betschdorf S. 248, Soufflenheim S. 290, Seltz S. 288, Altenstadt S. 245, Wissembourg S. 301, Cleebourg S. 250; Hoffen S. 259, Hunspach S. 261, Seebach S. 287, Schoenenbourg S. 287, Soultz S. 290, Merkwiller-Pechelbronn S. 267, Woerth S. 302, Reichshoffen S. 278

**Karten** Stadtplan Haguenau S. 77, Karte S. 80, Stadtplan Wissembourg S. 84

**Strecke & Dauer** Haguenau ein halber Tag, Forêt de Haguenau und Outre-Forêt ca. 175 km, 2 Tage



21 000 ha Bäume bedecken das flache Land um Haguenau. Der Haguenauer Forst ist damit eins der größten zusammenhängenden Waldstücke Frankreichs. Haguenau selbst, die wichtigste Stadt im Nordelsass, leidet in touristischer Hinsicht unter der Sogkraft von Straßburg oder Colmar, ein Schicksal, das auch Wissembourg an der Grenze zur Pfalz teilt. Outre-Forêt, »Jenseits des Walds«, heißt der beschauliche Landstrich zwischen dem Haguenauer Forst und Wissembourg. Nach Osten begrenzt der Rhein, nach Westen der Nationalpark Nordvogesen diesen von Reisenden nur wenig besuchten Teil des Nordelsass. Wer hierher kommt, stammt meistens aus den deutschen Grenzregionen oder ist sogar von dort zugezogen. Vielerorts sind Neubausiedlungen von deutschen Bauherren entstanden: Die weit unter dem Niveau im Badischen oder Rheinland-Pfalz rangierenden Grundstückspreise locken. Schiefe Fachwerkhäuser glänzen nach der Restaurierung wie ein Modell aus dem Katalog. Doch die Preise steigen dank der regen Nachfrage seit Anfang der 1990er Jahre. Fazit: Die »Invasion« erregt die Gemüter der Einheimischen. Man weiß freilich, dass man sich arrangieren muss. Denn dem Schub des Wohnungsmarkts von Ost nach West steht der Schub des Arbeitsmarkts von West nach Ost entgegen – viele Elsässer fahren morgens zum Arbeitsplatz nach Deutschland.

## Haguenau

**1** Sternförmig läuft ein gutes halbes Dutzend Landstraßen auf die 30 000-Einwohner große Stadt an der Moder zu. Kein Zweifel, Haguenau ist das wirtschaftliche, kulturelle und administrative Zentrum der nordelsässischen Ebene. Großunternehmen wie Mars oder Siemens produzieren hier. Im Südosten ist die Stadt mit den ebenso umtriebigen Industriestandorten Schweighouse und Bischwiller verwachsen, doch der ausgedehnte Wald und die schmucke Ortsmitte lassen die Rolle als wirtschaftliches Herz der Region schnell vergessen. Lange dachte niemand ernsthaft daran, das touristische Kapital an historischen Bauwerken und Museen zu verwerten. Erst seit kurzem macht Haguenau deutlich auf seine Reize aufmerksam: Vieles wurde restauriert und der Verkehr aus der Altstadt in weiten Teilen verdrängt.

Die Ursprünge der Stadt gehen auf eine Burg zurück, die im frühen 12. Jh.

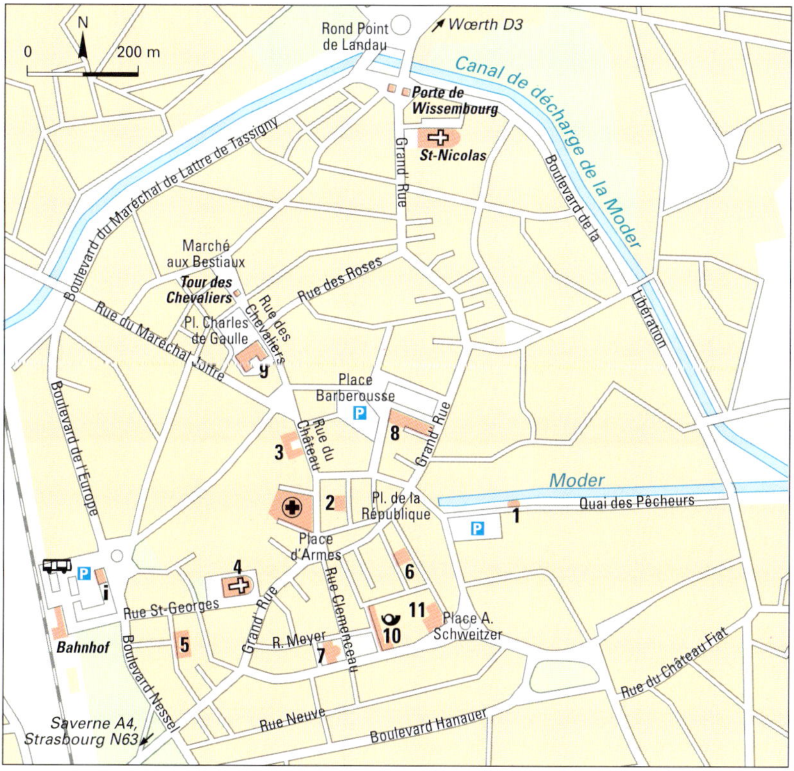


**Haguenau** *1 Tour des Pêcheurs 2 Musée Alsacien 3 Jesuitenkolleg 4 St-Georges 5 Zehntscheune 6 Synagoge 7 Stadttheater 8 Hopfenhalle 9 Rathaus 10 Post 11 Musée Historique*



für den Stauferkaiser Heinrich V. auf einer Insel in der Moder errichtet wurde. Heinrichs Sohn Friedrich Barbarossa ließ den Bau zur komfortablen Pfalz erweitern, dessen Sohn Heinrich VI. hielt in der kaiserlichen Residenz 1193 Gericht gegen Richard Löwenherz. Die nächste Hauptrolle in der Geschichte übernahm Haguenau als Mitglied des Zehnstädtebunds ab 1354. Ludwig XIV. vernichtete in seiner Annektionspolitik gründlich die baulichen Spuren dieser mittelalterlichen Blütezeit. Nach der Zerstörung durch französische Truppen 1677 entstand Haguenau in barocker Form neu, musste jedoch bei der Befreiung von deutscher Besatzung 1944 erneut schwere Schäden hinnehmen.

Wahrzeichen ist die **Tour des Pêcheurs** (1), ein achteckiger Turm, der neben der quadratischen Tour des Chevaliers und dem ungeschlachten Stadttor Porte de Wissembourg von der Stadtmauer übrig blieb. Ein Mauerbogen spreizt von der Tour des Pêcheurs über die kanalisierte Moder. Der vom Fluss im Osten abzweigende Canal de décharge de la Moder legt sich im Norden wie ein Halbkreis um die Altstadt. Deren Herz ist die gemütliche, verkehrs-

*Tour des Chevaliers in Haguenau*



beruhigte Place de la République mit einigen prächtigen Barockbauten. Eins der wenigen älteren Gebäude sticht dank seines lachsroten Anstrichs hervor. Es ist die ehemalige Kanzlei, ein properer Bau mit Turm und Stufengiebel von 1484, in dem heute Office de Tourisme und **Musée Alsacien** (2) mit seiner reichen Sammlung von Trachten und Möbeln untergebracht sind.

Wo die Kaiserpfalz einmal in der nahen Rue du Château stand, empfängt heute die spätbarocke Pracht eines ehemaligen **Jesuitenkollegs** (3). Auch an Place d'Armes und Grand'Rue paradieren Barockfassaden im Stil des Ancien Régime, hier vor allem das Hôtel du Bailli Hoffmann und das Hôtel Barth. Die mächtige Silhouette von **St-Georges** (4) taucht hinter der Grand'Rue auf. Die romanisch-gotische Kirche verbirgt im Chor ein kostbares filigranes Sakramentshäuschen. Etwas weiter bezeugt in der Rue du Grenier die ehemalige **Zehntscheune** (5, Grenier St-Georges) den früheren Reichtum der Pfarrei. Für den Wohlstand Haguenaus im 19. Jh. sprechen hingegen die klassizistische **Synagoge** (6), das **Stadttheater** von 1843 (7) sowie die riesige **Hopfenhalle** (8, Halle aux Houblons) im Stil des Second Empire, unter derem Dach dienstags Markt gehalten wird. Gegenüber lohnen erneut elegante Barockhäuser einen Blick. Auch das Deutsche Kaiserreich hinterließ Spuren. Zu nennen sind das **Rathaus** (9), 1908 als Amtsgericht erbaut, die **Post** (10) von 1902 und vor allem das wilhelminisch-kolossale **Musée Historique** (11). Was die Fassade verspricht, hält innen die Sammlung: archäologische Funde von der Frühzeit bis zur Antike, kostbarer mittelalterlicher Bauschmuck, elsässische Fayencen und Exponate zur Stadtgeschichte.

## Forêt de Haguenau

Abgetrennt von der Moder und einer Schneise, die Flughafen, Eisenbahn und Gewerbegebiete legen, taucht das Örtchen **Marienthal** 2 im kleinen, südlichen Anhängsel des Haguenauer Forsts unter. Marienthals Ruf geht weit über den Forst hinaus. Die Kirche des 1250 gegründeten Wilhelmitenklosters stieg zum bedeutendsten Marien-Wallfahrtsort des Elsass auf, so stark besucht, dass das ursprünglich gotische Gotteshaus 1866 einer neogotischen Basilika weichen mußte. Ziel der Verehrung sind zwei Statuen aus dem 15. Jh.: die Jungfrau mit dem Kind und die schmerzensreiche Gottesmutter. Ex-Votos dankbarer Pilgerer schmücken die mit Wandmalereien ausgeschmückte Basilika. Ein weiter Platz in der Ortsmitte musste früher die bis zu 200 000 Köpfe große Schar fassen. Heute sind die Reihen der Gläubigen gelichtet, die der Ausflügler hingegen nicht. Restaurants und Hotels mit so erbaulichen Namen wie »Ermitage« oder »Notre-Dame« empfangen im Schatten der etwas monströs geratenen Kirche. Der Wald ringsherum lädt zum Spaziergang ein, fromme Statuen und Brunnen zur Betrachtung.

Ein »heiliger Wald« ist der Forêt de Haguenau für die Menschen geblieben. An der beliebten »dicken Eiche«, zu der man von Haguenau aus über die D 263 und dem ausschilderten Abzweig »Gros Chêne« gelangt, erinnert ein 1863 errichtetes Denkmal an den frommen Einsiedler und aquitanischen Adligen Arbogast. Der soll hier im 6. Jh. in sich gekehrt sein, um später als Bischof von Straßburg erfolgreich das Elsass zu missionieren. Der Blitz traf die Eiche 1913 dennoch. Es blieb ein mit Schutzkappe versehener Stumpf, neben den 1955 ein Kapellchen gesetzt wurde. Der Wald ist hier besonders lauschig und Picknickplätze laden Wanderer zur Rast ein. Waldwege führen Radler und Wanderer in alle Richtungen unter das dichte grüne Dach von Buchen, Kiefern und Eichen. Wer nicht gerade mit dem terrainfesten Mountainbike unterwegs ist, sollte die schmale D 344 von Betschdorf nach Soufflenheim wählen. Auf dem schmalen Asphaltband herrscht wenig Verkehr. Wasser fließt dank zahlreicher Bäche und Flüsse wie Sauer, nördliche Zinsel, Brumbach und Moder reichlich. Seit der Bronzezeit nutzt der Mensch den Holzreichtum. Allein für die Ausdehnung von Haguenau mussten 4000 ha Wald weichen. Seit 1696 schützt eine von Staatsminister Colbert gegründete Behörde den Forêt de Haguenau vor Raubbau.

Am nördlichen Rand des Walds liegt **Walbourg** 3. 1074 stifteten die Grafen von Montbéliard hier eine Benediktinerabtei. Sehenswert ist die Walpurgiskirche mit herrlichen gotischen Fenstern und einem fein gearbeiteten, 11 m hohen Sakramentsschrein.

Älter ist das Kloster im nahen **Surbourg** 4, eines von sieben Klöstern, die es einst im Wald gab. Arbogast persönlich soll es als erstes elsässisches Kloster gegründet haben. Erhalten blieb zum Teil eine aufs 9. Jh. zurückdatierbare Stiftskirche, in der ebenfalls zum ersten Mal im Elsass Pfeiler und Säulen wechseln. In der nördlichen Außenmauer entdeckte man bei Erweiterungsarbeiten 1935 eine römische Säule. In Richtung Soultz bilden Linden ein grünes Gewölbe über dem Asphalt der D 264. Auf einer Hügelkuppel mit Kapelle überrascht der vielleicht schönste Blickpunkt auf den Forêt: Wie ein grünes Meer wirkt der Wald zwischen den Äckern des Outre-Forêt und Haguenau.

Mit der Waldesruh vorbei ist es in **Betschdorf** 5. Bereits am Kreisverkehr

*Haguenau und Outre-Forêt*

an der D 263 in Richtung Schwabwiller kündigt ein riesiger Krug an, was das Markenzeichen des Dorfs ist: In jedem zweiten Fachwerkhaus lockt eine *Poterie*. Die Ware der Betschdorfer Krugmacher ist in der Regel grau und trägt ein kobaltblaues Dekor. Das Steingut wird bei 1250 °C gebrannt. Die Glasur entsteht durch Beigabe von Salz beim Brennvorgang. Mitte des 18. Jh. kamen mit der Technik vertraute Krugmacher aus dem Westerwald ins Nordelsass. Ihr Zentrum wurde Betschdorf. In einem Fachwerkhaus erläutert das Musée de la Poterie Geschichte und Produktionsgänge. Eine Sammlung zerbrechlicher Exponate vereint Keramik von gallo-römischer Zeit bis ins 19. Jh. Bei allem Rummel längs der Töpfermeile im Ortsteil Oberbetschdorf hinterlässt das Dorf wegen seines schmucken klassizistischen Rathauses und der vielen alten Töpferhäuser einen netten Eindruck. Ein Abstecher noch ins nahe **Kuhlendorf** lohnt sich wegen der einzigartigen Fachwerkkirche. Dann geht es zurück in den Wald.

In **Soufflenheim** 6 auf der anderen Seite des Haguenauer Forsts sieht man das Dorf vor lauter Töpfereischildern kaum noch. Wie die Krugmacher von Betschdorf profitierten auch die Schüsseldreher von Soufflenheim vom reichlich vorhandenen Brennholz und dem Tonvorkommen im Wald. Für das bunte, in jedem Souvenirladen des Elsass vertriebene Geschirr dürfen sich die Soufflenheimer Handwerker laut höchstkaiserlichem Privileg des Staufers Barbarossa gebührenfrei im Forêt bedienen. Ganze Blumenwiesen, figürliche Darstellungen, aber auch abstrakte Muster, jeweils in leuchtenden Farben unter Hochglanzglasur, sind auf Tellern und Schüsseln zu sehen. Das Dorf verliert jedoch durch die N 63, über die der Durchgangsverkehr hinwegdonnert, mehr noch durch die überdrehten Töpferwarengeschäfte viel von seinem Charme.

In **Seltz** 7 ist das Rheinufer zum Greifen nah. Kurz davor führt eine alte schmiedeeiserne Rheinbrücke vorbei an einem verlassenen Grenzposten über den Strom ins badische Wintersdorf. Je näher die Dörfer auf französischer Seite an einer Brücke oder Fähre liegen, desto mehr strömen Einkaufs- und Gastrotouristen aus dem Grenzgebiet herbei. Und bleiben. In Seltz sind schon 15 % der Einwohner Deutsche. Man sieht die Neubürger in Seltz mit freundlichen Augen – sie renovieren und bringen Geld ins Dorf, wie auch in das eingemeindete Munchhausen stromabwärts.

Mit **Lauterbourg** 8 ist Frankreichs östlichster Punkt erreicht. Die Stadt mit regem Grenzverkehr war Sitz des Vogts der Bischöfe von Speyer. 1707 wurde Lauterbourg königliche Festung, um die Grenze zwischen Landau (Pfalz) und der aus Abbruchsteinen der Haguenauer Kaiserpfalz erbauten Festung Fort-Louis (stromaufwärts bei Sessenheim) zu schützen. Vauban befestigte die Stadt mit Batterien. Seine schlimmste Verwüstung erlebte Lauterbourg 1944/45. Erhalten blieben das Rathaus von 1713 mit älterem Renaissance-Portal, die bischöfliche Residenz und die Vogtei von 1715, und aus dem Mittelalter der Metzgerturm von 1250, ein letzter Rest der Stadtmauern.

## Outre-Forêt und Wissembourg

Die Lauter bildet die Grenze zur Pfalz. Von Lauterbourg aus lockt ein Sprung auf die deutsche Seite zur malerisch gelegenen **Bienwaldmühle** 9 mit naher Einkehrmöglichkeit. Ein schmales Sträßchen, das zugleich Teil eines weiteren deutsch-französischen Fahrradwegs ist (»Vallée de la Lauter« von Lauterboug nach Wissembourg, 48 km), führt immer am Ufer lang zur Mühle mit ihrem auffälligen Dach, unter dem sich vier Böden verbergen.

Auf elsässischer Seite durchquert die kleine D244 zunächst **Niederlauterbach** 10, ein nicht enden wollendes Straßendorf mit Fachwerk und Barockkirche. Noch langgestreckter empfängt **Schleithal** 11, das sich mit knapp 3 km Hauptstraße als längstes Dorf des Elsass rühmt. Die Fachwerkhäuser vor und hinter der gotischen Kirche sind imposant und zahlreich.

Der Forêt de Wissembourg begrenzt zur Lauter den bunten, sanft gewellten Flickenteppich aus Wiesen und Äckern, der so typisch für den Outre-Forêt ist. Kurz vor Wissembourg erlaubt der **Geisberg** 12 einen Blick über Nordvogesen, Stadt und Pfälzer Bienwald. Zwischen 1706 und 1870 wurde die Position viermal hefig umkämpft, woran verschiedene Denkmäler erinnern: Am 4. August 1870 fielen hier bei der Auftaktschlacht des deutsch-französischen Kriegs 3000 Soldaten.

In **Altenstadt** 13 nördlich des Geisbergs verstellen Keramikfabrik und Verbrauchermärkte längs der D3 den Blick auf einen heimeligen Dorfkern mit einer der ältesten romanischen Kirchen der Region. Auf dem ehemaligen Friedhof um das rote Sandsteingemäuer von St-Ulrich sind etliche Pfarrersgräber erhalten. Altenstadt liegt an der »Route Romane«, der für den Fremdenverkehr kreierten »romanischen Straße« quer durchs Elsass.



### Wissembourg

14 Daß sich in dieser ersten Station hinter der Grenze zur Südpfalz nicht die Besucherscharen tummeln, muss erstaunen und lässt sich nur mit der Lage abseits klassischer Besichtigungsrouten erklären. Denn die Stadt an der Lauter ist eine echte Trouvaille mit Schlüsselposition in den Outre-Forêt und zu den Burgen des Steinbachtals. Ihre Gründung geht auf ein Benediktinerkloster des 7. Jh. zurück, das sich auf einer Insel in der Lauter befand, just da, wo sich die Silhouette von Sts-Pierre-et-Paul über den Dächern erhebt. Im Konflikt zwischen Äbten und selbstbewusster Bürgerschaft hatte letztere immer die Nase vorn. Erst trat Wissembourg 1351 als Akt kommunaler Selbstbehauptung dem Zehnstädtebund bei, dann erhielt die Stadt im 16. Jh. die erste protestantische Kirche des Elsass. Im Dreißigjährigen Krieg musste Wissembourg reichlich Federn lassen. Glanz kehrte wieder mit dem Exil des geschassten polnischen Königs Stanislas Leszcsynski und zukünftigen Schwiegervaters von Louis XV. in Wissembourg ein. Dann ging das Ancien Régime auch im adretten Wissembourg im Tumult unter. 1790 plünderten die Bürger das durch die Revolution aufgehobene Kloster. Später ging es glimpflicher zu. Von der Schlacht auf dem nahen Geisberg im August 1870 blieben die zahlreichen Denkmäler einer langen Vergangenheit ebenso verschont wie vom Inferno der letzten deutschen Gegenoffensive im März 1945. Die Offensive »Nordwind« deckte kaum einen Ziegel ab – glückliches Wissembourg.

Nicht mehr Herz der Stadt, aber immer noch eindrucksvollstes Bauwerk ist die schon erwähnte **Kirche Sts-Pierre-et-Paul** (1). An ihrer Ostseite rahmen sie längs des Quai Anselmann einige aristokratisch anmutende Fachwerkfassaden, allen voran die ehemalige **Herberge »A la Couronne«** (2) von 1491 und die **Maison Vogelsberger** (3). Beide kontrastieren postkartengerecht mit dem wuchtigen romanischen Glockenturm der Westfassade. Seit dem 14. Jh. übertrumpft ein mächtiger, gotischer Vierungsturm den romanischen Turm. Zum kompletten Umbau der Kirche im neuen Stil der Gotik aber kam es nicht. Vom romanischen Kloster blieb ein Saal mit Säulen, deren Kapitelle noch aus ottonischer Zeit stammen. Nie vollendet wurde der gotische Kreuzgang auf der Nordseite. Zum lebendigen Ineinandergreifen verschiedener Stile passt der Buntsandstein in seinen Schattierungen von Hellbeige bis Altrosa. Trotz Plünderung 1790 bleibt die Kirche ein Schatzkasten. Vor allem die bunten gotischen Fenster im Chor und ein 11 m hohes Wandbild des hl. Christophorus begeistern Kunstliebhaber. Der berühmte, 6 m umspannende Leuchter von Abt Samuel, ein Idealbild des himmlischen Jerusalem, existiert jedoch nur noch als Replik im städtischen Musée Westerkamp – das Original landete während der Revolution im Schmelztiegel. Und der noch berühmtere Christus von Weissenburg, ein 1065 geschaffenes und damit ältestes Glasfenster Frankreichs, hängt heute im Straßburger Musée de l'Œuvre-Notre-Dame.

Zentrum Wissembourgs ist die belebte Place de la République: Hier kreu-

Richtig Reisen Tipp

# Der Radwanderweg »Circuit des Rieds du Rhin«

Das Thema des auf deutscher und französischer Rheinseite angelegten Rundwegs für Fahrradwanderer sind die Rheinauen. Die vom wechselnden Hoch- und Niedrigwasser geprägten Niederungen sind besonders in den Rastatter Auen mit Altwasserflächen, Schluten, Rinnen und Tümpeln noch weitgehend naturbelassen. In den Auwäldern aus Weiden, Schwarzpappeln, Flatterulmen und Wildbirnen siedeln 90 Brutvogel-, 45 Libellen- und 400 Schmetterlingsarten. Vor allem im Frühsommer lohnt sich daher dieser Tagesausflug (Vogelwarte zwischen Munchhausen und Seltz). Vereinfacht wird der Grenzsprung durch zwei Fähren und eine Brücke über den Rhein. Ausgangspunkt des je nach Variante 37 oder 50 km langen deutsch-französischen Radwanderwegs »Rheinauen« (ausgeschildert) ist die Rheinfähre Neuburg-Neuburgweier. Von dort geht es auf der L 545 zunächst 1,7 km weit in Richtung des pfälzischen Dorfs Berg, um in einer Kurve auf den Radweg (*piste cyclable*) am Fuß des Hochwasserdamms zu stoßen. Immer am Strom lang ist die Grenze an der Brücke über die Alte Lauter bald erreicht. Mothern oder Seltz bieten Möglichkeiten zur Einkehr. In Seltz kann die Tour dank der Fähre Seltz-Plittersdorf abgekürzt werden. Ansonsten geht es weiter bis zur Staustufe Iffezheim, über die man den Rhein zur deutschen Seite überqueren kann. Dort wartet zwischen Wintersdorf und Plittersdorf die schönste Auenlandschaft der Tour – eine amphibische Landschaft, in der silbrigglänzende Wasserflächen und dichtes Grün ineinander übergehen.

Streckenbeschreibung und Plan gibt es in der Stadtinformation Rastatt (Badner Halle, Kapellenstr. 20–22, ✆ 07222/972462) und in der *Mairie* (Rathaus) von Lauterbourg (21, rue de la Première Armée, ✆ 0388546320).



zen sich wichtige Straßen, hier thront das vornehme **Rathaus** (4) von 1741 in aller höfischer Pracht des Ancien Régime. Auf dem Weg von Sts-Pierre-et-Paul zum Platz überquert man den Pont du Sel, eine von vielen Brücken über die Lauter. Am Ufer fällt das krumme Dachgebälk der gewaltigen **Maison du Sel** (5) ins Auge. 1450 als Hospital erbaut, dienten die Dachluken später dazu, das hier gelagerte Salz zu trocknen.

Folgt man der Lauter in südliche Richtung, stößt man in den »Schlupf« vor. Wissembourgs »Klein-Venedig« ist ein lauschiges Ensemble mit Stegen, buckliger **Zehntscheune** (6), Resten des im 13. Jh. angelegten Sitzes des Deutschen Ordens (heute Gymnasium), der spätbarocken **Residenz von Stanislas Leszcynski** (7) sowie einem Stück Stadtmauer hinter dem Marché aux Coux.

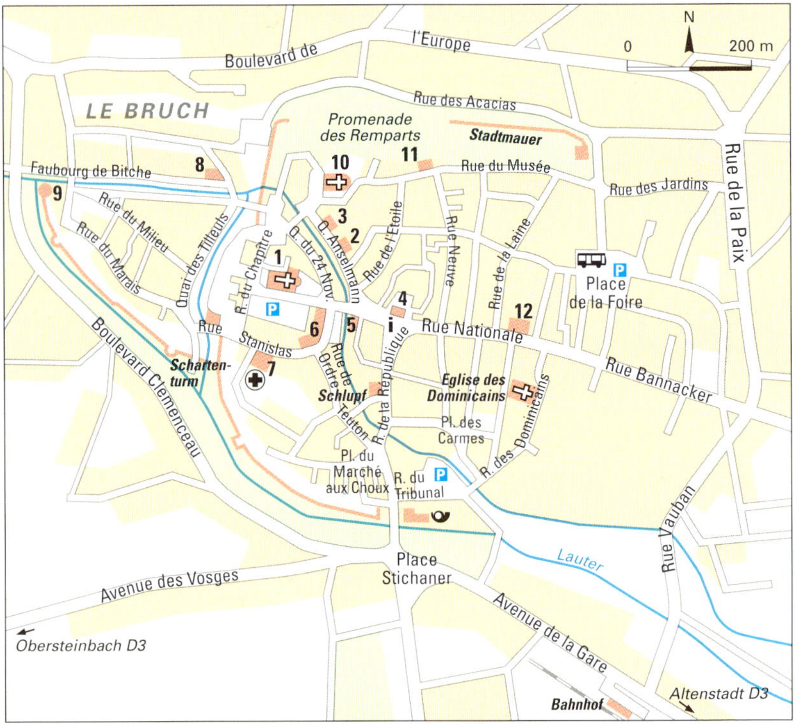


***Wissembourg*** *1 Sts-Pierre-et-Paul 2 »A la Couronne« 3 Maison Vogelsberger 4 Rathaus 5 Maison du Sel 6 Zehntscheune 7 Residenz von Stanislas Leszcynski 8 Maison de l'Ami Fritz 9 Tour des Husgenossen 10 St-Jean 11 Musée Westerkamp 12 Maison Holzapfel*

Weniger zusammengewürfelt, aber in seiner geschlossenen Pracht ebenso anheimelnd ist der Faubourg de Bitche im Westen. Links und rechts der von Quais gefassten Lauter wohnten hier die reichsten Bürger in gebührendem Abstand voneinander. Das prominenteste Haus ist die prachtvolle **Maison de l'Ami Fritz** (8) von 1550, vor dessen Renaissance-Fassade 1932 der gleichnamige Film nach dem Roman von Erckmann-Chatrian gedreht wurde. Gegenüber und nebenan bieten Patrizierhäuser des 16. und 17. Jh. Paroli. Das Ende der Pracht bildet die **Tour des Husgenossen** (9), 1420 als westlichster Turm der Stadtmauern errichtet.

Wissembourgs Protestanten versammeln sich in der **Kirche St-Jean** (10), einem schlichteren Bau als Sts-Pierre-et-Paul, der ebenfalls einen romanischen Turm und ein gotisches Schiff besitzt.

Über die Rue du Musée gelangt man flott zum **Musée Westerkamp** (11). Im stimmungsvollen Rahmen eines Winzerhauses von 1599 sind archäologische Funde, Möbel und Trachten zur Stadtgeschichte ausgestellt.

Durch die Rue Traversière, wo an der Kreuzung zur Rue de la Laine ein beson-

*Sts-Pierre-et-Paul in Wissembourg*



ders ausladendes Patrizierhaus des 16. Jh. vom einstigen Reichtum kündet, ist es nicht weit zur Rue Nationale. An Wissembourgs geschäftiger Hauptstraße setzt die **Maison Holzapfel** (12), ein um 1430 errichteter Koloss aus rotem Sandstein einen letzten markanten Punkt – schon steht man wieder an der Place de la République.

Im charmanten Winzerdorf **Cleebourg** **15** beginnt südlich von Wissembourg eine kleine Weinstraße, die vier Orte, außer Cleebourg noch Oberhoffen, Rott und Steinseltz, zusammenfasst. Cleebourg selbst nistet sich behaglich in die sanften Hügel unterhalb des dichten Hochwalds im Westen ein. Die Hauptstraße versinkt in einer Mulde. Links und rechts stehen gepflegte Fachwerkhöfe Spalier. Oft ruht das Fachwerk auf einem stabilen Sandsteinsockel mit hohen, gemauerten Kellern, die von Torbögen für die Weinfässer durchbrochen sind. Man kann in Cleebourg vorzüglich zu Tisch gehen, im Genossenschaftskeller das »grüne Gold« durch die Kehle rinnen lassen oder sich im stimmungsvollen Gästezimmer einquartieren – kurzum, hier ist der richtige Platz, um in die umliegenden Weinberge auszuschwärmen.

Ein Schwenk nach Osten führt von den Cleebourger Weinbergen in das zutiefst ländliche Herz des Outre-Forêt. Wie durch ein Wunder haben eine Reihe ausgesprochen schöner Dörfer die Wirren

und Zerstörungen aller Kriege seit 1870 ohne den kleinsten Schaden überstanden. Andere Dörfer in direkter Nachbarschaft zu solchen Schmuckstücken brannten dagegen in den erbitterten Endschlachten des Winters 1944/45 nieder. So folgt auf das Bilderbuchdorf **Hoffen** 16 das nach dem Krieg wiederaufgebaute und deshalb im Vergleich wenig einnehmende Oberroedern. Auch Trimbach oder Buhl haben wenig alte Bausubstanz aufzuweisen. Immer aber überzeugt der unverfälscht ländliche Charme. Hier sind die knatternden Traktoren noch in der Überzahl vor den leisesurrenden Limousinen aus Deutschland.

Als schönstes Dorf weit und breit gilt **Hunspach** 17, was die Aufnahme in den erlauchten Zirkel der »plus beaux villages de France« quasi amtlich macht. An der Straße nach Cleebourg erinnern die Betonköpfe der Maginot-Linie daran, dass hier einmal die gefährliche Nahtstelle zwischen Deutschland und Frankreich verlief. Im Dorf selbst breiten sich weiß-schwarze, in strenger Symmetrie errichtete Fachwerkgehöfte in fetten Wiesen aus. Typisch sind die von Ziegeln gedeckten Vordächer oberhalb der Fensterkante jedes Stockwerks (Wetter-

*Die Freiheitslinde in Hoffen*

dächle). Man liebt seine Heimat und putzt sie entsprechend heraus: An der Metzgerei mit Gasthof La Couronne blitzt das sauber polierte alte Schild in der Sonne. Aus Vorgärten lugen Stockrosen und Sonnenblumen über den Zaun, während Geranien an den Hauswänden farbfrohe Tupfer setzen. Selbst das Rathaus ist ganz aus Fachwerk gebaut. Dass Hunspach dennoch nicht museal wirkt, ist der größte Anreiz.

Durch Rapsfelder, Wiesen und verstreute Wäldchen gelangt man ins Obstbauerndorf **Seebach** 18. Drei Blütensymbole am Ortsschild weisen auf die zu erwartende Geranienflut hin. Oberseebach, Gewinner im landesweiten Wettbewerb »*village fleuri*« (französische Variante von »Unser Dorf soll schöner werden«), beheimatet die Protestanten der Doppelgemeinde Seebach, während die Katholiken ihr eigenes Gotteshaus im Ortsteil Niederseebach haben. Das Schwarz-Weiß der vielen stattlichen Fachwerkhäuser aus dem 18. und 19. Jh. findet sich auf dem Friedhof der katholischen Kirche wieder: Schwarze Kreuze sind Verheirateten, weiße Kreuze Kindern und Ledigen vorbehalten. Imposanter noch als in Hunspach fällt das Rathaus der Doppelgemeinde aus. In den mächtigen Eckpfosten sind einmal nicht wie sonst üblich Sonne oder Besitzername, sondern ein gewundenes Ornament geschnitzt. Im Elsass gilt Seebach als Heimat der exquisitesten Trachten. Wer die kostbaren Hauben, Seidenplissees und bunten Bänder sehen möchte, hat dazu alljährlich zur traditionellen Strisselhochzeit in der zweiten Julihälfte Gelegenheit. Das Volksfest gilt nicht zuletzt wegen der prachtvollen Roben als eins der schönsten der Region.

Nicht für dörfliche Reize, sondern für den traurigen Ruhm als meistbombardierte Stellung der Maginot-Linie steht das Festungswerk von **Schoenenbourg** 19. Bei der zweistündigen Besichtigung der unterirdischen Festung im Osten des Dorfs geht es nach Passieren von Gittertoren und Panzertüren 30 m unter die Erde. Kernstück ist der 1200 m lange Stollen mit einer Ausstellung zu den mörderischen Lufteinsätzen deutscher Stukas im Juni 1940. Über 3000 (zum Teil 1100 kg schwere) Geschosse gingen auf den Bunker nieder – ohne dass der Beton bröselte. Erst mit Inkrafttreten des Waffenstillstandes ergaben

Richtig Reisen *Tipp*

# Grünes Gold: Die kleine Weinstraße

Verkehrsstau auf der berühmten »Route des Vins« von Marlenheim bis Thann. *Rien ne va plus* in den Weinstuben, und beim Winzer drängeln sich zwei Busgruppen...

Eine Alternative bietet die kleine »Route du Vin« im Nordelsass. Während in den bis auf den letzten Keller überlaufenen Weinorten südwestlich von Straßburg der Teufel los ist, herrscht hier beschauliches Treiben. Nur 1% der elsässischen Weine stammt von den Reben der vier Weindörfer Cleebourg, Rott, Oberhoffen und Steinseltz, umgerechnet knapp 8000 hl pro Jahr, die als AOC Cleebourg in den Handel kommen. Nur wenige kennen das kleine, vom großen Rebenrummel abgekoppelte Anbaugebiet. Dabei ergibt der tonschlammige, fruchtbare Boden Tropfen mit üppigem Charakter, etwa den gut ausgebauten Pinot Blanc Auxerrois der Lage Keimberg, den zart nach Holz duftenden Tokay Pinot Gris der Lage Karchweg oder den spritzigen Crémant. Wichtiger noch: Hier nimmt sich der Winzer in der Regel noch Zeit, mit dem Kellergast zu parlieren. »Grünes Gold« nennen die 224 in einer Genossenschaft organisierten Winzer ihre Erzeugnisse wegen der leicht grünlichen Färbung und in Anspielung auf das Erdöl, das »schwarze Gold«, das bis 1970 im nahen Merkwiller-Pechelbronn gefördert wurde. Das nur 400 ha große Gebiet zu erkunden ist angesichts der sanften Hügel besonders mit dem Fahrrad eine leichte Sache. Ein Faltblatt zur Weinstraße gibt es im Office de Tourisme von Wissembourg oder im Weinkeller der Genossenschaft in Cleebourg (s. S.250).

sich die Verteidiger auf Befehl des französischen Oberkommandos.

Beinah kleinstädtisch wirkt **Soultz-sous-Forêts** 20. Belebte Geschäftsstraßen, Kneipen, klassizistisches Rathaus, eine große Straßenkreuzung, nicht zu vergessen der Bahnhof an der Linie Wissembourg-Haguenau – mit der ländlichen Idylle der zuvor besuchten Outre-Forêt-Dörfer ist es in der 2000 Einwohner großen Kantonshauptstadt vorbei. Einige große Bürgerhäuser vom späten 18. Jh. bis hin zur Belle-Epoque künden vom Wohlstand, den Kleinindustrielle dem Ort beschert haben. Quelle allen Reichtums war eine Saline, in der bis 1835 Salz gewonnen wurde.

In **Kutzenhausen** 21 wurde ein 200 Jahre alter Fachwerkhof samt Bauerngarten kürzlich zum Musée de la vie rurale de l'Outre-Forêt umgewandelt. In Wohnhaus und Scheunen ersteht eine bäuerliche Welt neu, deren unmittelbare Vergangenheit freilich noch in vielen Dörfern ringsherum zu spüren ist.

Nicht so in **Merkwiller-Pechelbronn** 22. Erdöl machte den Ort im 16. Jh. zum elsässischen Dallas und brachte dem westlichen Teil des Outre-Forêt den Beinamen »Pays de l'Or Noir« ein. Eine

Hammerpumpe vorm Rathaus erinnert an die Zeit der Ölförderung, die 1970 mit der Schließung der Raffinerie endete. Wegbereiter des »schwarzen Golds« war seit 1734 die Familie Le Bel, die den teerhaltigen Sand erstmals in Minen abbauen ließ. In den Nebengebäuden des 1857 errichteten »Château« der Familie entstand seinerzeit die erste Erdölraffinerie Frankreichs. Ab 1911 übernahmen Hammerpumpen die Förderung. Genaueres ist im Musée du Pétrole in der Rue des Ecoles zu erfahren. Bei der Ölsuche stieß man 1910 auf einen anderen, heute erträglichen Bodenschatz: die 70 °C heiße Hélions-Quelle (Richtung Woerth über die D 28, dann Abzweig folgen). Erfolgreiche Thermalkuren bei Rheumaerkrankungen und die Wellness-Welle führten 1996 zur Eröffnung eines 3000 $m^2$ großen Thermalbadkomplexes, mit dem Merkwiller-Pechelbronn endgültig auf Distanz zu seiner industriellen Vergangenheit gegangen ist.

Ganz auf seine Vergangenheit bedacht ist **Woerth** 23. Am 6. August 1870 kam es südwestlich von Woerth zur Schlacht von Froeschwiller. Als einer der blutigsten Waffengänge des Deutsch-Französischen Kriegs forderte die Schlacht 20 000 Tote. Eine Woche lang mussten die Bewohner umliegender Dörfer Massengräber ausheben. Die Folgen des Siegs von 90 000 Deutschen über 38 000 Franzosen waren kriegsentscheidend, denn nun war das Elsass verloren und der Weg über die Vogesen für deutsche Truppen offen. Im Château de Hanau-Lichtenberg, einem behäbigen Renaissance-Bau mit eingegliedertem Turm der mittelalterlichen Stadtmauern, erinnert ein Museum mit originalen Waffen, Uniformen und Diorama an das Desaster. Hinzu kommen das pompöse Monument bavarois für die Gefallenen der bayrischen Kontingente im Norden, das nicht ganz so pathetische Monument des Grenadiers im Südwesten sowie das moderne Monument Commémoratif 1870 im Südosten. Woerths Geschichte macht indes mehr als dieser eine Schlachtentag aus, wie Brunnen, Waschhaus und Renaissance-Torbögen zeigen. Das schmucke Städtchen zwischen den Flussläufen von Soultzbach und Sauer – »Word« bedeutet auf Altdeutsch Insel – war schon in der Antike ein blühendes Gemeinwesen. Daran erinnert neben dem Rathaus eine 1577 entdeckte römische Säule mit den Gottheiten Merkur, Herkules, Minerva und Juno.

In **Reichshoffen** 24 ist das »Stammland« der Industriellendynastie De Dietrich erreicht. 1761 kauften die De Dietrich Reichshoffen und seine Manufakturen dem Herzog von Lothringen ab. Am Rest der Stadtmauer mit dem Schwedenturm auf der einen und Arbeiterhäusern auf der anderen Seite leitet die Rue du Baillage zu einem Tor (Nr. 16). Dahinter erhebt sich das Schloss der Familie De Dietrich von 1770, bis heute Firmensitz (s. S. 99). Man gab sich aufgeklärt. Die katholische Kirche von 1772 steht etwas weiter auf den Besitzungen des Protestanten Jean De Dietrich. Im Musée du Fer werden Techniken von der Schmiede über den Hochofen bis zur Raffinerie gezeigt. Skurrilstes Exponat aber ist eine stählerne Madonna, für die symbolträchtig preußische und französische Granaten eingeschmolzen wurden. Auch dem immer noch erfolgreichen Reichshoffener Unternehmen, das allein hier 1300 Menschen beschäftigt, wird mit etlichen Exponaten eine Reverenz erwiesen. De Dietrich baut heute u. a. Teile für den TGV.

# Der Norden

# Burgen längs der Grenze

**Tipps & Adressen**
Lembach s. S. 264, Niedersteinbach s. S. 274, Obersteinbach s. S. 276, Niederbronn-les-Bains s. S. 273,

**Karte** S. 95

**Strecke & Dauer** ca. 95 km, 2 Tage

So sieht eine grüne Grenze aus, die diesen Namen voll und ganz verdient: Ganz im Norden des Elsass verschwindet die staatliche Trennlinie im Wald. Wanderwege wechseln zwischen dem Naturpark Pfälzerwald und dem Parc Régional des Vosges du Nord. In den Dörfern auf elsässischer Seite sammelt der Werksbus morgens die Pendler zu den Arbeitsplätzen in der Pfalz. Auf deutscher Seite steigen Wanderer in ihre Autos, um die Burgenrouten längs der Grenze zu erkunden. So friedlich, wie man heute im dichtbewaldeten Grenzgebiet zusammenlebt, ging es früher selten zu. Beeindruckend schöne Relikte eines ewigen Ringens um Einfluss und Territorium sind die vielen Burgruinen. Zwei große treibende Kräfte führten dazu, dass im Mittelalter jeder sich bietende Buntsandsteinfels befestigt und in vielen Fällen zur Platzgewinnung auch ausgehöhlt wurde. Vom Westen drängten die tonangebenden lothringischen Familien ins Elsass vor und sicherten jeden Terraingewinn mit entsprechenden Schutzburgen. Im Norden achteten die Staufer darauf, dass der Weg auf der Linie Kaiserslautern – Haguenau frei blieb, und schoben ihre Burgen immer weiter gen Süden vor. Heute schlägt man aus den Relikten einstiger Territorialrangeleien grenzübergreifend Profit. »Grenzenlos – von Burg zu Burg«, »*Sans frontière – de château en château*« heißt ein Faltblatt der mit Brüsseler Geldern geförderten Europaregion Pamina (Pfalz, Mittlerer Oberrhein, Nordelsass), mit dem der Burgentourismus zwischen Dahner Felsenland im Norden und Vosges du Nord im Süden vorangetrieben werden soll. Es gibt viel zu sehen auf kleinstem Raum: Allein 16 Burgen auf dem kurzen Stück zwischen Lembach und Niederbronn.

Ausgangspunkt der Route ist **Lembach** **1**. Das mit seinen Gemüsegärten und aufgestapelten Holzscheiten bäuerlich wirkende Dorf an der Sauer kann auf zwei touristische Magnete vertrauen. Zum einen lockt am südlichen Ortsrand (D 65 Richtung Pfaffenbronn) mit dem Four à Chaux eine der bedeutendsten und besterhaltenen Stellungen der Maginot-Linie, zum anderen genießen die Restaurants von Lembach einen grenzübergreifenden Ruf. Traktoren knattern über die Hauptstraße und täuschen über die prekäre Lage der Landwirtschaft hinweg. Die Zahl der Vollerwerbsbauern ist auf vier oder fünf gesunken, die Arbeitsplätze im Tourismus und in der Gastronomie sind um so willkommener. Allein der Gourmettempel »Cheval Blanc« beschäftigt an die 50 Angestellte. Den Traktor hält man, auch wenn der Hof nur noch Nebenerwerb ist. Meistens ist es ein kleines, älteres Modell, mit dem man nur noch ausfährt, »um Holz zu machen«. Für den Besuch der unterirdischen Stellungen des Four à Chaux sollte man den Pulli nicht vergessen. 580 Soldaten taten ab 1936 in Erwartung

◁ *Das Dörfchen Berg*

eines deutschen Überfalls im heute zum Museum umfunktionierten Bunkersystem Dienst. Als mit Ausbruch des Zweiten Weltkriegs 1939 der Ernstfall näher rückte, sollen die Soldaten sich die Kellerasselexistenz bis zum Juni 1940 mit den in den evakuierten Dörfern eingesammelten Weinflaschen versüßt haben. *Drôle de Guerre,* komischer Krieg, nennen die Franzosen heute die Phase des Abwartens, bevor es mit dem Angriff der Deutschen ernst wurde. Eine gewisse Beklemmung angesichts des mörderischen Hintergrunds bleibt dennoch nicht aus.

Über die Weiler Wingen und Petit Wingen gelangt man zum grenznahen **Col du Litschhof,** einem Pass auf 337 m Höhe, wo Wanderparkplätze und Wegmarkierungen zum Aussteigen anregen. Quasi auf der Grenze thront im Westen die **Ruine Hohenbourg** 2 auf dem 550 m hohen Schlossberg – der Grenzübergang liegt unterhalb der Mauern, wo man auch auf einen alten bayrischen Grenzstein und eine gemeinsam von Pfälzerwald-Verein und Club Vosgien aufgestellte Orientierungstafel stößt. Wie die meisten Burgen der Region wurde die Hohenbourg 1680 durch französische Truppen zerstört. Ein Renaissance-Portal mit dem Wappen derer von Sickingen zeigt fünf Kugeln über einem Kreuz. Es erinnert an das seit dem Ende des 15. Jh. hier tonangebende Geschlecht, das den aus dem 13. Jh. stammenden, mehrmals verwüsteten Bau ab 1578 im Renaissance-Stil wiederaufbauen ließ. Von der hufeisenförmigen Artilleriebastion gelangt man in die Ruine, deren Terrasse einen weiten Blick über Pfalz und Nordvogesen erlaubt.

Zünftig einkehren kann man anschließend im nahen Gimbelhof, einem stattlichen Gehöft, das trotz großer Gartenterrasse sonntags immer überfüllt ist. Unter

*Ruine Hohenbourg*

der Woche herrscht hingegen das Schweigen im Wald, so dass man in aller Ruhe die herrliche Aussicht auf die stolze Ruine der **Burg Fleckenstein** 3 genießen kann. Ihre rote Mauern ragen im Osten über dem kraftvollen Mischwald empor. Man kann über den Chemin des Rochers, der die Hohenbourg mit Fleckenstein verbindet (ca. 2 km), hinüberwandern oder aber kommod mit dem Auto vorfahren, was am Wochenende wiederum Probleme mit sich bringen kann: Vom Parkplatz bis zur *Maison forestière* ein paar hundert Meter weiter ist kaum ein Quadratmeter nicht von Blech bedeckt. Wanderer können sich auf die Buvette am Fuß der Burg freuen. Wie die gewaltige Ruine, die wie ein Ozeanriese im Grün zu ankern scheint, einmal ausgesehen haben könnte, zeigt ein 400 Jahre alter Idealplan des Straßburger Baumeisters Specklin, den Matthäus Merian im 17. Jh. als Kupferstich umsetzte: Zu sehen ist ein wolkenkratzerhohes Bauwerk, das sich herrisch aus dem Buntsandsteinfels emporschält. Für den im 12. Jh. begonnenen Bau wurde der ovale Fels, auf dem man Stein auf Stein aufschichtete, zum Teil ausgehöhlt. Brunnen, Krypta und Rittersaal sind in den 100 m langen und 8 m breiten Fels getrieben. Der Legende nach soll ein Pfarrer den Brunnen eingeweiht haben, der so tief in den Fels reicht, dass man durch den geistlichen Beistand den Teufel da unten in Schach zu halten hoffte. Auf der Westseite trennt eine tiefe Kluft den monumentalen, einst mindestens drei Stockwerke hohen Hauptbau von einem ausgehöhlten Felssolitär, der als Spähturm und letzte Zuflucht gedacht war. Das Geschlecht derer von Fleckenstein war eine der mächtigsten Familien im Nordelsass, mit weitreichenden Verbindungen u. a. als Vasalle des Kölner Erzbischofs. Ihnen ebenbürtig war das Geschlecht Lichtenberg – was zu andauerndem Hauen und Stechen um die Vorherrschaft führte. Vier Jahrhunderte lang brachte man die Burg auf den jeweils neuesten Stand der Verteidigungstechnik, bis die seit 1676 hier verschanzten französischen Truppen den Bau bei ihrem Abzug 1690 zerstörten.

Wie Fleckenstein erinnert auch die **Ruine Froensburg** 4 ein wenig an ein Pueblo. Es handelt sich erneut um eine in großen Teilen aus dem Fels gehauene Burg. Familiäre Zwistigkeiten unter den Raubrittern, die hier bis zum 14. Jh. hausten, führten zur Teilung der Anlage in zwei getrennte Wohntrakte. Auf vielen Burgen wurde ähnlich verfahren, um alle Erbberechtigten zu versorgen und sich auf engstem Wohnraum separieren zu können. Ein schmaler Gang mit Eisengeländer zum Abgrund, etwas unsicher steigt man am rot-gelb gestreiften Fels nach oben. Die Mühe lohnt sich: Von der Burg schaut man über das Steinbachtal, ein breites Wiesental mit sanft zum Steinbach abfallenden Hängen, in das es jetzt hinabgeht.

Auch das Straßendorf **Niedersteinbach** 5 hat sein »Cheval Blanc«, und auch hier speist man gut, wenn auch nicht auf so hohem kulinarischem Niveau wie beim Namensvetter in Lembach. Niedersteinbachs Charme liegt im Kleinen: Auf dem warmen Ziegeldach einer Scheune döst eine Katze. Eidechsen huschen über eine Mauer. Die neogotische Kirche aus rotem Sandstein kontrastiert hübsch mit dem schwarzweißen Fachwerk des Hotels – und fast im selben Augenblick ist man durch den Ort auch schon durchgefahren.

Etwas größer ist **Obersteinbach** 6, das Zentrum des Burgentourismus längs der Grenze. »*Eau potable* – Trinkwasser« steht auf den gusseisernen Dorfpumpen der Jahrhundertwende, die die Hauptstraße säumen. Ludwig XV. ließ sie einst anlegen, daher heißt sie bis heute »*Voie royale*«. In der Maison du Château fort wird Wissenwertes zu den Burgen, ihrer Architektur und Geschichte erläutert. Modelle und großformatige Dias stellen jede einzelne Burg vor, zeitgenössische Zeichnungen illustrieren, wie die Burgen verteidigt oder auch erobert wurden. Ein kleiner Schaugarten vor der Tür versammelt Heilpflanzen und Blumen, die einst auch in den Burghöfen gezogen wurden. Für all das gab es vor ein paar Jahren aus der Pfalz den mit 5000 Mark dotierten Wasgau-Preis, der somit erstmals über die Grenze verliehen wurde. Einige Restaurants und Hotels, darunter das »Alsace-Villages«, eins der ersten ganz aus Holz gebauten Hotels in Frankreich, das dank der engen Verbindung zum Naturschutzpark Vosges du Nord zugleich als eine Art Anlaufpunkt für Burg- und Naturlieb-

*Burgen längs der Grenze*

haber fungiert, laden zum Verweilen ein. Doch trotz der regen Aktivitäten des Heimatvereins »Association pour le Sauvegarde d'Obersteinbach« leidet das Dorf unter dem Wegzug vieler Junger. Wo jahrzehntelang am westlichen Ortsausgang bei »Allenbach et Compagnie« Traktoren repariert wurden, getankt und eingekauft wurde, ist heute wegen Geschäftsaufgabe alles verschlossen. Für Urlauber aber bleibt Obersteinbach ein netter Standpunkt, um quasi vom Frühstückstisch aus zu den Burgen rund ums Dorf zu wandern.

Im Norden schlängelt sich die D 190 in Richtung Grenze durch den Wald. Das nächste Dorf heißt **Wengelsbach** 7 und ist zu 80 % in der Hand deutscher Ferienhausbesitzer. Man versteht, die Lage weit ab vom Schuss ist wirklich sehr idyllisch.

Westlich von Wengelsbach taucht mit dem **Wasigenstein** 8 die nächste Burgruine aus dem Grün auf. Beim höher gelegenen Osttrakt handelt es sich um Vieux-Wasigenstein, beim Westtrakt um Nouveau-Wasigenstein. Eine in den Fels gehauene Schlucht trennt die beiden Teile, auf denen miteinander verfeindete Angehörige derselben Sippe hausten. Beide Burgen fielen im Dreißigjährigen Krieg in Schutt und Asche. Wind und Wetter taten ein Übriges und scheuerten tiefe Nischen in den von Kieseln durchsetzten Sandsteinsockel – »Pudding« nennen die Elsässer diese nicht sehr feste Gesteinsmischung. Gut erkennen lässt sich das System von in den Fels gehauenen Zisternen zum Auffangen von Regenwasser, das durch den Fels gefiltert wurde. In die Literaturgeschichte eingegangen ist der Wasigenstein dank des Waltharilieds. Der mittellateinische Text eines Mönchs aus St. Gallen ist über 1000 Jahre alt. Er berichtet vom tapferen Kampf Walthers von Aquitanien gegen die Mannen des Burgunderkönigs Gunther, der sich dort, wo die Wasigenburg steht, zugetragen haben soll.

Die aus dem 14. Jh. stammende **Burg Petit Arnsberg** 9 führt zurück nach Obersteinbach. Der kleinste Feudalsitz des Elsass beherrscht von Norden her das Dorf – von dort sieht die Burg aus wie ein roter Zahn mit hohlem Fensterloch. Wieder gewann man durch das Ausschaben des Felsens Platz auf kleinstem Raum. Erhalten sind Treppen, Gänge sowie Reste von Palas und Bergfried.

Die Route verlässt nun mit der D 3 das Steinbachtal und taucht in den Wald ein. Knapp 2 km hinter Obersteinbach er-

# »La Belle inutile« – die Maginot-Linie

Ihr zärtlich klingender Kosename »La Belle inutile« – die nutzlose Schöne – täuscht über den blutigen Ernst der Angelegenheit hinweg. 1930 wurde im Nordelsass mit dem Bau einer Verteidigungslinie begonnen, deren Dimensionen es mit denen von römischem Limes und chinesischer Mauer aufnehmen können – dabei bildete der Abschnitt im Elsass nur einen Teil des Gesamtwerks. Das gigantische Band aus Großunterständen, Kasematten und Geschütztürmen von der belgischen bis zur italienischen Grenze sollte verhindern, dass sich eine Invasion aus dem Norden wie die von 1914 wiederholt. Bis 1936 war die größtenteils unterirdische, und daher in der Landschaft kaum sichtbare Betonfestung an der Grenze zum Deutschen Reich fertig gestellt. Offiziell erhielt das Werk den Namen von Kriegsminister André Maginot, seines Zeichens Ingenieur, Held des Ersten Weltkriegs und der festen Überzeugung, dass nur ein technisch ausgeklügeltes Verteidigungswerk das französische Territorium vor deutschem Begehren schützen könne. Genützt hat die allein im Elsass 200 km lange Maginot-Linie dann nichts – 1940 marschierten Hitlers Truppen ungehindert in Frankreich ein. Nach dem Zweiten Weltkrieg verloren Politiker und Militär das Interesse an den Betongalerien. Die nun »La Belle inutile« genannte Maginot-Linie fiel in einen Dornröschenschlaf, der bis in die 1970er Jahre andauerte. Damals entdeckte der

aus Reichshoffen stammende Claude Damm seine Leidenschaft für den verlassenen Beton. Mit Gummistiefeln und Taschenlampe ausgestattet begann er in Begleitung einiger Freunde, die noch etwa 5 km langen intakten Galerien in der Nähe seines Heimatorts zu erforschen. Die Verblüffung war groß: 18–30 m unter der Erde sah noch vieles so aus, wie André Maginot es sich erdacht hatte. Flakstellungen, Küchen, Krankenzimmer, Schaltzentrale, Wassertanks und von Stahlbeton und Spezialstahl geschützter Kommandostand bedurften freilich einiger Instandsetzungsarbeiten. Um ans Werk gehen zu können, gründete man 1978 die »Association des Amis de la Ligne Maginot d'Alsace«, deren Präsident Monsieur Damm wurde. Dank zahlreicher Vorsprachen bei der Armee erhielt der Verein 1982 die heiß ersehnte Genehmigung. Der damals 26 Jahre alte Jean-Marc Birsinger übernahm die Bauplanung. Bis heute verbringt der Beamte aus Straßburg durchschnittlich 120 Tage pro Jahr unter Tage, von Fröschen abgesehen meistens mutterseelenallein. Mit dem Fahrrad überprüft er den Stand der Arbeiten, an denen sich mittlerweile 250 Vereinsmitglieder beteiligen, darunter auch gut 100 Deutsche. Ohne einen Sou Subventionen zu beziehen wurden bislang 4 Mio. Francs investiert. Das meiste Geld stammt aus den Taschen der 25 000 Besucher pro Jahr. In der Besuchergunst besonders hoch stehen die Festungen »Four à Chaux« in Lembach (mit Museum) sowie »Schoenenbourg« bei Reichshoffen (beide mit Abstieg in die Galerien). Weitere interessante Punkte sind die Großunterstände in Hatten Esch (mit Museum) und Leutenheim sowie die Kasematten in Marckolsheim und Dambach-Neunhoffen.

reicht man **Burg Lutzelhardt** 10 und mit der Ruine erneut eine semitroglodytische Burg – halb aus dem Fels gehauen, halb auf ihn gesetzt. Teile der Ringmauer, der Unterburg, des Bergfrieds und des Palas sind erhalten.

Kurz hinter Sturzelbronn, das bereits in Lothringen liegt, biegen wir ins Schwarzbachtal ab und halten uns immer durch den Wald in Richtung Etang de Hanau. Die kleinen Landstraßen erforden eine gute Straßenkarte, doch mit etwas Konzentration findet man schließlich zur **Tour Waldeck** 11. Hoch über der dunklen Fläche eines Waldsees trumpft einsam ein schlanker Turm auf. Viel mehr blieb nicht von der Burg aus dem 13. Jh., die im Dreißigjährigen Krieg geschliffen wurde.

Über ein Sträßchen durch den Forst geht es weiter zum Etang de Hanau, dem größten einer Reihe tief im Wald versteckter Seen. Mit der N 62 durchs Tal des Falkensteinbach ist wieder eine breite Verkehrsachse erreicht. Bald schon heißt es jedoch Abbiegen auf die D 87a. Am vom Office National des Forêts angelegten Parkplatz neben der Straße bleibt der Wagen stehen, um in 20 Min. zur **Ruine Falkenstein** 12 zu wandern. Die nach Fleckenstein bislang imposanteste Anlage rechtfertigt die Mühe. Seltsam, wie klein der Haupteingang des monumentalen Felsriffs ausfällt – so ließ sich der Zugang bei Bedarf natürlich am besten verbarrikadieren. Im unteren Teil der Ruine sind einige Säle aus dem Fels gehauen worden. Vom Bergfried, der bis auf den unteren Teil 1564 einer Feuersbrunst zum Opfer fiel, erschließt sich ein zauberhaftes Panorama über die Waldhügel des Umlands.

Ohne Burg muss die Doppelgemeinde **Dambach-Neunhoffen** 13 auskommen, aber dafür kann man ungefähr auf halber Strecke zwischen beiden Ortshälften eine Stellung der Maginot-Linie besichtigen.

In ein Tal duckt sich **Windstein** 14. Gleich zwei Burgen gehören zum Dorf: Vieux- und Nouveau-Windstein. Beide liegen hoch über dem Ort (10 Min. Fußweg vom Parkplatz beim Gasthof zwischen den Burgen). Bei klarem Wetter reicht die Sicht bis in die Rheinebene, mit etwas Glück bis nach Straßburg. Vor der Burg erinnern in den Fels geschlagene Gänge an etliche Eroberungsversuche. In ihnen haben sich die Angreifer verschanzt. Zwei aufgetürmte Felsmassen mit etlichen Höhlenräumen, die eine tiefe Kluft trennt – Nord- und Südburg – sind im Kern erhalten. Wie viele Burgen dieser Gegend haben die Hohenstaufen den Bau kräftig befestigen lassen, um den Schutzschirm für die kaiserliche Pfalz in Haguenau zu stärken. Im 14. Jh. setzten sich Raubritter auf Vieux-Windstein fest, um der Straßburger und Haguenauer Bürgerschaft Geld abzupressen. Zehn Wochen lang belagerte darauf hin eine Koalition aus Truppen der Herren von Lichtenberg, städtischer Bürgermilizen und bischöflichen Söldnern die Burg. Dann ergaben sich die Raubritter. Von der Burg blieb kein Stein auf dem anderen. Man baute mehrmals wieder auf, brannte ebenso oft wieder alles nieder. Bestehen blieb allein das Gerücht eines sagenhaften, tief im Fels versteckten Schatzes. Im 19. Jh. ging man an die Suche. Ein 40 m langer Gang wurde entdeckt: Die mittelalterlichen Fundstücke waren zumindest für die Archäologen Gold wert. Damals reisten die ersten Romantiker zur Ruine und verewigten sich mit ihren in den Fels geritzten Namen. Kompakter als das 160 m lange, schmale Felsriff von Vieux-Windstein wirkt Nouveau-Windstein. Stolzes Wahrzeichen der Ruine ist der auf einen Felssockel gesetzte, von einer Ringmauer beschirmte Palas. Die kunstvollen gotischen Fenster sind ein beliebtes Postkartenmotiv. Angeblich ließ Wilhelm von Windstein die »neue« Burg 1339 als Ersatz für die kurz zuvor zerstörte »alte« Burg errichten. Im 16. Jh. kam als letzte Baumaßnahme ein runder, im Stumpf erhaltener Schützenturm auf einer Ecke der Ringmauer hinzu. Erste Schäden nahm Nouveau-Windstein im Dreißigjährigen Krieg. 1676 griffen französische Truppen an: Deutliche Beschussspuren sind im Mauerwerk zu erkennen. Geblieben sind ein Höhlensaal mit schlichten Säulen und Fenster- und Türrahmen mit schönen Steinmetzarbeiten, Kamine, ein Waschbecken – Nouveau-Windstein diente nicht nur militärischen Zwecken, sondern war auch als feudaler Wohnsitz mit einigem Komfort geplant.

Durchs lauschig in einer Waldsenke gelegene Jaegerthal windet sich der Schwarzbach. Sein Wasser stand am Anfang einer Unternehmersaga: Am Ufer betrieben die bis heute im Ort tonangebenden De Dietrich ihre erste Schmiede. Als man zu Geld, Ansehen und Adelsprädikat gekommen war, machte man es den alten Rittern nach und baute ein Schloss. Der von hohem Gebüsch und einer Umfriedung abgeschirmte Bau aus dem 19. Jh. gehört den De Dietrich bis heute. Die neogotische Kapelle im Dorf ist eine Stiftung der Familie. Die Fabriken wurden hingegen im nahen Reichshoffen und Niederbronn gebaut. **Jaegerthal** 15 blieb ein hübsches Dorf im Wald und ist deswegen ein beliebtes Ausflugsziel.

In **Niederbronn-les-Bains** 16 weisen das einzige Spielcasino des Elsass, Heilquelle und Grandhotel das Städtchen als Ort des gepflegten Müßiggangs aus. Gekurt wird dank 18°C warmer Quellen seit den Römern, wie in der Maison de

# Vom Herd bis zum TGV: Die Industriellendynastie De Dietrich

Prägend für den Ausbau der Region zum prosperierenden Wirtschaftsstandort waren einige Unternehmerdynastien, unter denen die Familie De Dietrich als die größte Erfolgsgeschichte gilt. Man kann sich kaum vorstellen, dass die verfallene Schmiede am Waldsee von Jaegerthal einmal die Wiege des Erfolgs war. Jean Dietrich ist um 1685 als Käufer der Schmiede verbürgt. Die Dietrichs, deren Vorfahren einst aus Lothringen zugewandert waren, waren schon damals bekannte und wohlhabende Leute. Im Straßburg des 17. Jh. stellten sie etliche Ratsherren. Jean Dietrich ließ in Jaegerthal den ersten Hochhofen des Elsass errichten. Das Unternehmen florierte. 1761 folgte die Erhebung in den Baronsstand. Man erwarb die Herrschaften von Niederbronn und Reichshoffen, baute munter Fabriken. 1792 hieß der Straßburger Bürgermeister, der Rouget de Lisle zum Komponieren der Marseillaise veranlasste, Frédéric de Dietrich. Ein Jahr später fiel Frédérics Kopf in Paris unter der Guillotine – soviel Unternehmerpersönlichkeit war den Jakobinern suspekt. Paris konfiszierte das Vermögen, gab aber schon bald alles wieder zurück. Man brauchte funktionstüchtige Gießereien – schließlich lag Frankreich bald mit halb Europa im Krieg.

Als die Zeiten friedvoller wurden, setzten die Stahlbarone aus Jaegerthal auf Haushaltsgeräte, vor allem Herde und Öfen. Das im Stil des Second-Empire gebaute Familienschloss bezeugt, dass die Entscheidung ein Glücksgriff war. Als der Familiensitz um 1860 bezogen wurde, lag das weitverzweigte Unternehmen längst auf Erfolgskurs. Das 19. Jh. katapultierte die De Dietrichs an die Spitze europäischer Unternehmervermögen. Die Zukunft lag damals im Eisenbahnbau, und in diesem Zweig verdient De Dietrich mit der Zulieferung von Teilen für den Hochgeschwindigkeitszug TGV bis heute nicht schlecht.



l'Archéologie mit antiken Fundstücken bewiesen wird. Dort ist auch eine römische Merkur-Stele aus Buntsandstein zu sehen: Den Gott des Handels förderten Ausgrabungen im Umfeld der Wasenbourg zutage. Im 16. Jh. begann die neuzeitliche Kurstadtkarriere. 1905 wurde das Wasser der Niederbronner Quellen offiziell als gesundheitsfördernd anerkannt. Über 500 Arbeitsplätze hängen am Bädertourismus, fast ebensoviel wie bei De Dietrich, dessen Verwaltung in Niederbronn sitzt. Das bekannteste Markenzeichen des 5000 Einwohner zählenden Städtchens aber ist das Mineralwasser Celtic. Von den Schäden im Zweiten Weltkrieg hat sich Niederbronn-les-Bains prächtig erholt. Nur der deutsche Soldatenfriedhof erinnert daran, dass den friedlichen Bildern der heutigen

Stadt ein fürchterliches Schlachten voranging. Deportation und Flucht zerstörten in den Jahren der Besatzung Niederbronns reges jüdisches Leben. Die jahrhundertealte jüdische Tradition aber endete erst im April 1994. Mit einer offiziellen Feier gab die Gemeinde ihre aus dem 19. Jh. stammende Synagoge auf. Es war das erste Mal, dass dies im Elsass geschah. 1866 lebten 1590 Juden in Niederbronn-les-Bains. Landflucht und Verfolgung führten im 20. Jh. dazu, dass die Gemeinde auf eine Handvoll Mitglieder zusammenschrumpfte, die heute die Synagoge im benachbarten Reichshoffen besuchen.

An der zentralen Place des Thermes steht der Komplex von Kasino und Kurbad. Im Park sprudeln in Bassins gefasste Quellen, an denen Kurgäste das gegen Kreislaufleiden, Bluthochdruck und vieles mehr wirksame Wasser abschöpfen.

Eine Reihe von Bergen gruppiert sich im Halbkreis um die Stadt. Der **Grand Wintersberg** 17 im Südwesten ist mit 581 m der höchste Berg in den Nordvogesen (Wanderweg ab Ortsmitte). Ein Aussichtsturm am Gipfel ermöglicht eine unvergleichliche Aussicht. Nördlich vom Gipfel haben Archäologen am sogenannten Ziegenberg oberhalb des Falkensteinbachs ein Stück Wallmauer aus keltischer Zeit freigelegt. Das Bauwerk entstand vermutlich um 500 v. Chr.

Eine einstündige Wanderung (Ausschilderung des Club Vosgien, rotes Rechteck) leitet zur **Burg Wasenbourg** 18, die im Westen der Stadt auf 432 m Höhe über dem Eingang des Falkensteinbachtals liegt. In der Antike standen unweit der Burg zwei Merkur geweihte Tempel. Im 19. Jh. wurde ein kleiner Säulentempel rekonstruiert. Über die Ursprünge der Burg weiß man wenig. Die Steinmetzzeichen sind mit denen am Straßburger Münster identisch: Wahrscheinlich haben dieselben Handwerker hier zwischen 1273 und 1299 gearbeitet. Die schwindelerregend hohen Buckelquadermauern des dreigeschossigen Palas sind in den letzten Jahren restauriert worden. Berühmt ist die Wasenbourg wegen eines gewaltigen Südostfensters, das durch kunstvolle Steinstreben in neun schmale Lanzettfelder aufgeteilt ist. Sieben Rosetten krönen das aus einem einzigen Sandsteinblock gearbeitete Prachtfenster.

In **Oberbronn** 19, das sich an die Hangkante der Nordvogesen schmiegt, endet die Route. Bis zum Dreißigjährigen Krieg florierte hier der Weinanbau. Stattliche Winzerhäuser, allen voran die Maison du Vigneron an der Rue Principale mit einem ins Erkergebälk geschnitzten Bacchus, erinnern an den ehemaligen Wohlstand. Man baute im Prinzip nach immer demselben Plan: Durch die Kellertore im gemauerten Erdgeschoss wurden die Trauben eingebracht. Über dem soliden Sockel erhebt sich der mehrgeschossige Fachwerkaufsatz. Das Dorf hält auf seine Geschichte. Ein ausgeschilderter Weg erklärt alles Sehenswerte. An einigen Häusern zeigen die Zunftzeichen etwa von Wagenbauern und Fassmachern an, welchem Handwerk hier einmal nachgegangen wurde. Vor dem ehemaligen Gericht neben der Kirche steht noch ein Pranger. Ein Letztes: Die lokale Spezialität heißt *boudin aux chataignes,* eine Art Blutwurst mit Kastanien, die ebenfalls an alte Winzertraditionen erinnert. Um Holz für die Fässer vor Ort zur Verfügung zu haben, pflanzte man früher Kastanien rund ums Dorf an – deren Früchte wanderten in den Topf.

# Finis Terrae des Elsass: L'Alsace Bossue

**Tipps & Adressen**
Sarre-Union S. 284

**Karte** S. 101

**Strecke & Dauer** ca. 105 km, 1 Tag

Westlich von La Petite-Pierre ändert sich schlagartig die Landschaft. Nichts ist mehr verschachtelt oder von Fels oder Wald versteckt wie noch wenige Kilometer zuvor in den Nordvogesen. Alles scheint übersichtlich und gleichzeitig endlos. Auch die deutschen Sender aus Offenburg oder Freiburg verstummen im Autoradio. Bis ins Alsace Bossue, das »Krumme Elsass«, einen nordwestlichen Zipfel jenseits des Vogesenkamms, geht ihre Reichweite nicht. Mit dem »Krummen Elsass« hat man das lothringische Becken erreicht. Die Häuser sind karger als die in anderen elsässischen Regionen, die Dörfer weniger hergerichtet. Auch das Wetter unterscheidet sich häufig von dem über Vogesen und Rheinebene. Während sich über den Vogesen die Wolkenberge ballen, ist der Himmel in der Alsace Bossue freigepustet. Zieht aber Nebel auf, scheint er hier dunkler als anderswo. Weder Elsässer noch Touristen können sich so recht mit diesem ersten Stückchen *France intérieure,* dem inneren, hinter den Vogesen beginnenden Frankreich, anfreunden – es bleibt eine andere Welt. »Lothringen«, notierte der Historiker François Roth, »ist ein ernstes Land«. Genau davon hat das »Krumme Elsass« eine Prise abbekommen. Die Verwandtschaft mit dem Saarland, der Pfalz, mit Luxemburg, Belgien, kurzum, dem Erbe Karls des Großen, scheint stärker als die zum weinseligen Elsass. Eine ruhige Strenge liegt über der Landschaft. Spät kam das



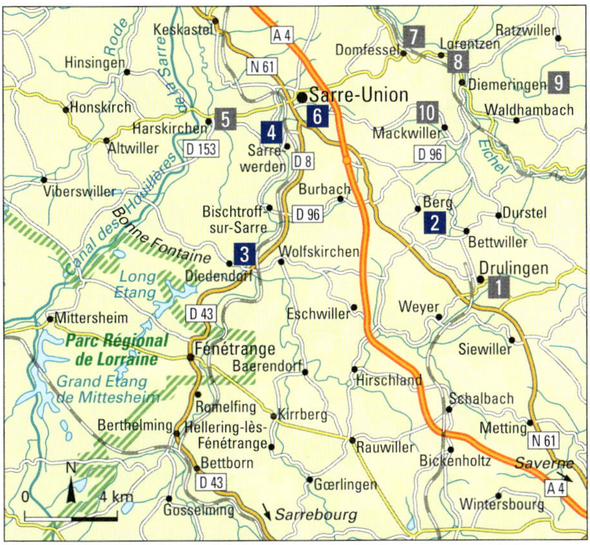


*L'Alsace Bossue*

»Krumme Elsass« unter französische Herrschaft. Erst in der Revolution wechselten die letzten 38 Dörfer der Grafschaft Nassau-Saarbrücken an Frankreich. Woher der seit dem 19. Jh. gebräuchliche Name Alsace Bossue stammt, ist strittig. Vielleicht geht er auf die buckligen Hügel des Landstrichs zurück, vielleicht auch auf seine Form, die sich auf der Landkarte als krummes, vom Elsass abstehendes Horn ausmacht.

**Drulingen** 1 ist ein Großdorf, das nicht typischer für die Gegend sein könnte. Schlicht sind die Fassaden, die als einzigen Schmuck aufwendig gearbeitete klassizistische Fenster- und Türrahmen aus Sandstein tragen. Die Häuser sind ganz aus Stein gebaut und in der Regel geweißelt. Auffällig ist die für das Elsass ungewohnt niedrige Zahl von Restaurants und Kneipen. Fast scheint's, als ob im »Krummen Elsass« weniger gesellig beisammen gesessen und gegessen wird als anderswo. Von der Burg, auf der seit dem 15. Jh. Drulingens Geschicke bestimmt wurden, ist zunächst keine Spur. Man entdeckt sie erst beim zweiten Hinsehen an den beiden Türmen. Im Burghof an der Kreuzung von D 40 (Rue de Weyer) und D 15 hat sich seit langem ein Bauernhof breitgemacht.

Über Landsträßchen gelangt man via Bettwiller nach **Berg** 2. Der Muhlbach gluckert um die hübsche Landpomeranze, über deren Dächern sich das Symbol schlechthin der Alsace Bossue erhebt: Auf dem Kirchberg nördlich von Berg leuchtet der runde, gertenschlanke Turm einer Kapelle aus dem Wald. Das blütenweiße Schmuckstück steht dort, wo früher einmal das ganze Dorf lag. Dann zogen die Bewohner ins Tal. Einsam auf der Höh zurück blieb ihre Kirche, deren runder Turm typisch für die Kirchen in der Region ist. Im Zweiten Weltkrieg wurde das Gotteshaus demoliert, später jedoch wieder instand gesetzt.

Ab Burbach folgt die Route der D 96 längs der Saar. Ein Schlenker nach Süden zum **Château von Diedendorf** 3 lohnt wegen der berückenden Renaissance-Wandmalereien und prächtigen Holzdecken in den Sälen. Zu Füßen der beiden Ecktürme fließt friedlich die Saar. Der Bois de Bonne Fontaine, ein gewaltiger Wald im Westen, gilt als Frankreichs größter Forst in Privatbesitz. Er gehört der elsässischen Unternehmerdynastie Schlumberger.

Die Saar ist auf ihrem Unterlauf ein lauschiger Wasserweg, in dem sich das Dorf **Sarrewerden** 4 mit krummen und schiefen Mauern spiegelt. An der alten Brücke über den Fluss erhebt sich mit der Kirche St-Blaise ein schlanker, gotischer Bau, der noch feudale Spuren aufweist, etwa die spätgotische Balustrade der gräflichen Loge im Innern. Mit dem Brunnen neben der Kirche, letzten Resten der Stadtmauern zum Saarufer macht sich das Dorf malerisch aus. Hinzu kommen Streuobstwiesen auf den über dem Ufer flach ansteigenden Hängen.

Ein Blick zurück von der Anhöhe an der D 96 auf das schöne Ensemble, und weiter geht es nach **Harskirchen** 5. Ganz im Gegensatz zum rumpeligen Sarrewerden wirkt dieses Dorf wie aus einem Guss. Saar und der Canal des Houillières de la Sarre nehmen das spätbarocke Gleichmaß fast identischer Fassaden in die Zange. Eintönig wirkt das Ensemble dabei nicht, was den begabten Architekten des 18. Jh. zuzuschreiben ist. Der berühmteste hieß Friedrich Joachim Stengel, verdingte sich seit 1735 als Hofarchitekt der Fürsten zu Saarbrücken und baute in dieser Funk-

*Im Musée de l'Alsace Bossue in Sarre-Union*

tion ein knappes Dutzend Kirchen im »Krummen Elsass«. Das protestantische Gotteshaus von Harskirchen gilt als das Meisterwerk des Rokokoverfechters. Von außen ist der Bau bis auf das Portal und zwei kokette Erdgeschossfenster eher schlicht. Innen überzeugen die heiteren Maße und das originale Mobiliar. Stengels Name prangt selbstverständlich über dem Portal. Streng und proper wirken die 200 Jahre alten Häuser ringsherum, passend zur schmucklosen katholischen Kirche etwas weiter, deren trutziger Turm aus dem 14. Jh. stammt. Das Dorf ist bekannt für seine leutseligen Obstbauern, die die Traditionen der Alsace Bossue pflegen. Die Wassersport- und Bademöglichkeiten sowie die nahe Seenplatte des Parc Régional de Lorraine, Einkehrmöglichkeiten und Freizeitangebote lassen Besucher sich hier wohlfühlen.

Die Saar legt allmählich an Breite zu. Immer am Ufer lang leiten Straße und Fahrradweg nach **Sarre-Union** **6**, Kantonshauptstadt und größter Ort zugleich des »Krummen Elsass«. Hutmacher und Fabrikanten von im Frankreich des 19. Jh. beliebten, aus Glasperlen und Pappmaché gefertigten Totenkronen, haben der Stadt einst eine frühe industrielle Blüte beschert. Sarre-Union ist heute Sitz etlicher Verwaltungen, darunter die nationale Forstbehörde ONF, zudem schafft die metallverarbeitende Industrie Arbeitsplätze. Die Geburtsstunde der Stadt fällt ins Jahr 1793, als man nach der Annektion durch Frankreich die beiden Orte Bockenheim und Neusaarwerden zu Sarre-Union zusammenschloss. Von Harskirchen kommend durchquert man zuerst den ehemaligen Stadtteil Neusaarwerden am linken Saarufer. Wie in Harskirchen strahlen Straßen und Häuser ein Gleichmaß aus, das dem frühklassizistischen Geschmack des 18. Jh. entspricht. 1706 erfolgte der erste Spatenstich auf Veranlassung der

Richtig Reisen
*Tipp*

# Der Parc Régional de Lorraine

Etang de Gondrexange, du Stock und de Mittersheim: Unzählig scheinen die Gewässer zu sein, die sich zur lothringischen Seenplatte aneinanderfügen. Manche tragen romantische Namen – Mönchssee, Mühlsee –, manche liegen in dichtem Wald wie der Long Etang, andere auf freier Flur wie der Neuf Etang. Sie alle gehören zum über 200 000 ha großen Naturschutzgebiet des Regionalparks Lothringen. Überall gehören Angler zum Bild. Darüber hinaus lässt sich das Angebot sehen: Birdwatching, Rad- und Wanderwege, Sport- und Freizeitanlagen, Tierpark, Bade- und Hausbootfreuden. Immer im Blick, der Canal des Houillières de la Sarre, der in Gondrexange vom Canal de la Marne au Rhin abzweigt. Der »Kohlenkanal«, einst wichtiger Transportweg für die mit lothringischer Kohle schwer beladenen Kähne, fließt auf dem ersten Abschnitt seiner 63 km durch die grün-blau getupfte Seen- und Waldlandschaft. Heute gehört sein Becken immer mehr Freizeitkapitänen und Paddlern. In Tarquimpol an den Ufern des für seinen Vogelreichtum bekannten Etang de Lindre weist die Maison des Lacs in Fauna, Flora und Ökosystem der Wasserflächen ein. Ein weites Feld tut sich auf, denn insgesamt bedecken Seen und Teiche 4000 ha. Allein der Etang du Stock ist 700 ha groß. Das »lothringische Meer« ist auch für Segler geeignet. Informationen: Comité Régional du Tourisme de la Lorraine, 1, place Gabriel Hocquard, F–57036 Metz, ✆ 03 87 37 02 16, Fax 03 87 37 02 19.

*Etang de Gondrexange*

Fürsten von Nassau-Saarbrücken. Die hatten kurz zuvor Bockenheim am gegenüberliegenden Ufer an den Herzog von Lothringen verloren. Ihr Plan sah eine Neustadt wie vom Reißbrett vor, mit Schloss, zwei Kirchen und Rathaus. Bis 1745 wurde das Meiste verwirklicht. Vom Schloss blieb jedoch in der Französischen Revolution kein Stein auf dem anderen. In der evangelischen Kirche, die der schon erwähnte Friedrich Joachim Stengel erbaut hat, präsentiert eine Ausstellung die Entstehungsgeschichte dieses Stadtteils sowie Pläne anderer Kirchen im »Krummen Elsass«. Wesentlich ungeordneter wirkt das ehemalige Bockenheim am rechten Saarufer. Eine Bogenbrücke führt in das heutige Zentrum von Sarre-Union, dessen Straßen sich am Hügel hinaufziehen. Eine erste Siedlung geht auf die Zeit des Römischen Reichs zurück. Stadtrechte erhielt Bockenheim im 14. Jh., ebenso eine Mauer und eine Burg. Die grenznahe Lage machte die Stadt drei Jahrhunderte später zum Fluchtpunkt in Frankreich verfolgter Hugenotten. Mehrmals wechselte Bockenheim vom Besitz saarländischer Grafen zu dem des Herzogs von Lothringen, um 1681 von Ludwig XIV. für ein paar Jahre einverleibt zu werden. Es sollte noch ein weiteres Jahrhundert dauern, bis Frankreich erneut über die Saarstadt herrschte. An der Grand'Rue reihen sich Bauwerke aus fast allen Epochen. Feudale Patrizier- und Bürgerhäuser von der Renaissance bis zum frühen 19. Jh. (das schönste steht vor Kopf am Ende der Straße), das Rathaus von 1684 mit den heute von Fenstern verschlossenen Marktarkaden. Nicht zu vergessen das Musée de l'Alsace Bossue im ehemaligen Jesuitenkolleg: In der Sammlung zu sehen sind Zeugnisse vom Arbeitsalltag der einst renommierten Hutmacher Langenhagen, des Seilfabrikanten Dommel und der Perlensticker Karcher sowie archäologische Funde aus Sarre-Union. Die nahe Pfarrkirche St-Georges vereinigt Bauteile aus Gotik, Renaissance und Barock. Einen Eindruck vom Verlauf der Stadtmauern gewinnt man in der gebogenen Rue des Remparts.

Es gibt keinen Dom, dafür jedoch eine um so ungewöhnlichere gotische Wehrkirche in **Domfessel** 7, einem Straßendorf nordöstlich von Sarre-Union. Wehrhaft behauptet sich das Gotteshaus an der Durchgangs- und Hauptstraße. Eine Mauer schützt den Pfarrbezirk. Wer hinter die Absperrung wollte, musste durch ein Torhäuschen mit gotischem Spitzbogenportal und seitlichem Treppchen in den ersten Stock. Dort logierte der Wächter. War diese Hürde vom Feind genommen, blieb den bedrängten Dörflern als letzte Rettung noch immer die im 14. Jh. gebaute Kirche selbst. Aller-, allerletzte Bastion war der mächtige, vierstöckige Turm mit fast 1,5 m dicken Mauern. Das Wechselspiel der Herrscher in der Alsace Bossue machte die von Heinrich von Saarwerden um 1330 angeregten Sicherheitsvorkehrungen wohl nötig.

Auffällig bleibt wie schon zu Beginn dieser Route durchs »Krumme Elsass«, wie selten Schilder am Straßenrand Touristen zu Souvenirkauf, Besichtigungen oder Einkehr ermuntern. Still fährt man weiter, erinnert sich an Schilderwald und Busreisegruppen etwa an der Route des Vins. In **Lorentzen** 8 am Flüsschen Eichel reihen sich die Häuser brav in Reih und Glied längs der Hauptstraße. Viele stammen aus dem 18. Jh., Fenster und Türen zur Straße verleihen dem Ensemble ein freundliches Aussehen. Zur Rückseite sind die Fassaden dagegen fast ganz vermauert und bilden so eine geschlossene Mauer gegen

eventuelle Angreifer. Die katholische Kirche geht wie so oft auf das Konto Friedrich Joachim Stengels, die protestantische ist älter und hat einen imposanten gotischen Turm. Die eigentliche Attraktion des Bauerndorfs steht etwas versteckt in der zweiten Reihe. Die Rede ist vom ehemaligen Schloss der Grafen von Mörs-Saarwerden, 1328 begonnen, im 16. Jh. umgebaut, im 17. Jh. von den Franzosen lädiert, im 19. Jh. nochmals umgebaut und dann teilweise ausgebrannt, heute wieder bewohnt und recht ramponiert. Das Château de Lorentzen ist schon deshalb etwas Besonderes, weil es als einer der wenigen gräflichen Herrensitze der totalen Zerstörung durch die Franzosen entgangen ist. Zwei mächtige Rundtürme flankieren den überwölbten Zugang zum Hof. An dessen anderer Seite steht das Hauptgebäude. Es bleibt bei diesem Anblick: Die *Propriété privée* ist leider nur von außen zu besichtigen.

Die nächste Stengel-Kirche lässt nicht lang auf sich warten. In **Diemeringen** 9 vollendete Stengel 1767 das Gotteshaus. Die volkstümlich buntbemalten Holzpaneele der Tribüne ergänzen das von Stengel erdachte heitere Gesamtbild.

Wie lange das »Krumme Elsass« schon besiedelt ist, darüber geben schließlich die Ausgrabungsfelder (*Vestiges romains*) bei **Mackwiller** 10 Auskunft. Hier verlief zu Beginn unserer Zeitrechnung eine wichtige römische Fernstraße in Richtung Domfessel. Ein Landgut mit großer Villa inklusive Thermalbad ist durch archäologische Funde für das 1. Jh. n. Chr. belegt. Wie so oft benutzten spätere Generationen die Steine antiker Ruinen als Baumaterial. So ruht die Dorfkirche vermutlich auf den Fundamenten eines römischen Tempels. Unter anderem wurde ein Mausoleum für einen der Herren des Landguts gefunden; im Osten von Mackwiller förderten weitere Grabungen 1995 ein Mithras-Heiligtum am sogenannten Totenberg zutage. Der wichtigste Fund, ein Kopffragment vom Mithras-Tempel, befindet sich im Archäologischen Museum in Straßburg.

# Parc Régional des Vosges du Nord

**Tipps & Adressen**
La Petite-Pierre S. 277, Offwiller S. 276, Lichtenberg S. 265

**Karte** S. 107

**Strecke & Dauer** ca. 160 km, 2–3 Tage

Rot, Grün und Blau sind die Farben der Nordvogesen: Rot ist der Fels, der hier im Gegensatz zu den Südvogesen keine alpinen Höhen erreicht, sondern in bescheidenen Mittelgebirgsmaßen bei maximal 700 m verharrt. Fast 60 % der Region bedecken dichte Wälder, deren undurchdringliches Grün von einem außergewöhnlich gut angelegten Wanderwegnetz durchlichtet wird. Schließlich Blau, die Farbe des Wassers, das hier im Überfluss sprudelt: Falkensteinbach, nördliche Zinsel, Rothbach, Moder, Mittelbach und südliche Zinsel fließen aus den Nordvogesen in die Rheinebene und den Outre-Forêt. Bekanntestes »Produkt« der Region bleibt freilich der rote Buntsandstein. Er ist hart und daher als Baumaterial seit Jahrhunderten beliebt, sowie reich an Eisenoxyd, was die

Nordvogesen

Farbe erklärt. Wetter und Erosion haben den Fels ausgehöhlt und geformt. Wie von Menschenhand geschaffene Monumente tauchen gigantische Blöcke plötzlich im Wald auf.

In ihrer West-Ost-Ausdehnung breiten sich die Nordvogesen kaum mehr als 20 km aus. Im Osten fallen sie zum Kochersberger Land, im Westen zum Krummen Elsass ab. 1975 wurde das Gebiet durch die Schaffung eines Regionalparks unter Naturschutz gestellt, 15 Jahre später folgte die Klassifizierung als Biospärenreservat der UNESCO. Das bewaldete Buntsandsteinmassiv setzt sich in nördlicher Richtung über die deutsch-französische Grenze hinaus in den Pfälzerwald fort. 1992 wurde auch der Naturpark Pfälzerwald als Biosphärenreservat anerkannt. Ein Jahr später begann die Kooperation beider Parks dank einer von der EU finanzierten Förderung. Auf französischer Seite umfasst der Parc Régional des Vosges du Nord 100 Gemeinden. Meistens handelt es sich um kleine Dörfer mit kaum mehr als ein paar Dutzend Seelen: Ganze 76 000 Menschen leben auf den 122 000 ha des Regionalparks.

Eine Ausnahme macht **La Petite-Pierre** **1**, auf 370 m Höhe gelegen, immerhin 700 Einwohner groß, damit einer der größten Orte im Regionalpark und zugleich dessen Verwaltungssitz. Nicht zuletzt ist La Petite Pierre auch der touristische Magnet weit und breit, wofür die zahlreichen Hotels und Restaurants bürgen. Sie liegen fast ausnahmslos in der Neustadt unterhalb des Burgfelsens, auf dem sich die Altstadt eng um das feudale Gemäuer schart. Ganz so jung ist die Neustadt jedoch nicht, wie die »Maison des Paiens« hinter dem Rathaus zeigt. Das schlanke »Heidenhaus« ragt anmutig aus dem Grün der »Jardins de la Mairie«. Sein hübscher Renaissance-Giebel krönt genau genommen kein Haus sondern einen Turm, von dem man den Passweg zur Burg (heute die D 178) überwachen konnte. In den Mauern hat jüngst ein Atelier für Kunsthandwerk eröffnet, das vor allem Lederwaren anbietet. Viele Gebäude der Neustadt stammen aus dem 17.–19. Jh., aus einer Zeit also, als die Festungsmauern auf dem Burgberg zu eng für die expandierende Gemeinde geworden waren. Man logiert heute sehr kommod in den großzügigen ehemaligen Bürgerhäusern längs der Rue Principale, die vor allem einen Vorteil haben: Von den Zimmern auf der Westseite schaut man auf die komplett ummauerte, stolz auf dem Fels thronende Altstadt.

»Staedel« heißt das engmaschige Ensemble im Volksmund. Zwei parallel verlaufende Gassen, Rue du Château und Rue du Rempart, führen zur Burg auf der Felsnase im Westen. Auf dem Weg passiert man zwei Heimatmuseen. Das eine zeigt elsässische Siegel und Wappen in der 700 Jahre alten St-Louis-Kapelle, das andere mit dem schönen Namen »Springerle« (ein Weihnachtsgebäck) Volkskundliches: Backformen und Trachten füllen die Räume eines ehemaligen Pulvermagazins. Es rittertümelt in Maßen in einigen Souvenirläden der kompakten Altstadt. Gleichzeitig knattern noch Traktoren. Und auch ein Misthaufen dampft noch. Vor allem außerhalb der Hochsaison macht La Petite Pierre noch den Eindruck eines besonders schönen Dorfs. Direkt vor der Burg lohnt die gotische Pfarrkirche Notre-Dame-de-l'Assomption den Besuch wegen ihrer herrlichen Chorfresken und der Grablegen derer von Lützelstein. Das Grafengeschlecht bestimmte seit dem 12. Jh. die Geschicke des bereits zu römischer Zeit besiedelten Orts. Zollgelder ermöglichten den Bau der Burg, die ihr heutiges Aussehen jedoch erst unter einem Grafen von Veldenz erhielt. Der ehelichte die schwedische Königstochter Anna-Maria Wasa, gründete das nahe Phalsbourg und gab zuviel Geld für großspurige Projekte wie einen Kanal zwischen Saar und Zorn aus. Letzteres brachte ihm den Ruin, aber auch des Volkes Gunst ein, das ihn bis heute als »Jerri-Hans« verehrt. Kerzengerade scheinen die Außenmauern der Burg aus dem Fels zu erwachsen. Als markan-

*Höhlenwohnung in Graufthal*

ter Fluchtpunkt fehlt heute der Bergfried. Er wurde im 19. Jh. abgetragen. Im imposanten Rest zeigt der Parc Régional des Vosges du Nord seit 1977 eine Ausstellung zu Fauna und Flora sowie einen Abriss der Geschichte von La Petite Pierre. Nicht verpassen darf man den Rundweg zu Füßen der Burg: Man erkennt dabei, wie Burg und Städtchen zum Teil in der Luft hängen und durch Pfeiler abgestützt sind. Sehenswert ist auch das Zisternensystem an der Südflanke mit den »Grotten« und »unterirdischer See« genannten Wasserbecken. Man knipst einen Lichtschalter an, und tastet sich durch feuchte, enge Gänge in die spärlich erhellte Dunkelheit vor. Selbst im Hochsommer konnte sich der Ort dank der um 1570 geschaffenen Becken mit aus dem Fels tröpfelndem, durch die Infiltration gereinigtem Regenwasser versorgen.

Der Weg führt über Lohr und Schoenbourg nach **Graufthal** 2, dessen bunt getünchte Fassaden aus den roten Felshängen des Zinseltals leuchten. Eine im Elsass ansonsten nur von den Burgen in Randlage zur Pfalz bekannte Wohnform hat das Dorf weit über die Nordvogesen hinaus bekannt gemacht. Bis in die späten 1950er Jahre nutzten die Graufthaler die Grotten oberhalb des Flüsschens als Wohnraum. Zur Talsohle setzte man eine gemauerte Fassade vor, fertig war die *maison troglodyte.* Kommod war es in den feuchten Räumen allerdings nicht, doch erst 1958 verließ mit der folkloristisch verklärten »Felsekäth«, bürgerlich Katharina Ottermann genannt, die letzte Bewohnerin die Höhlenhäuser. Einige von ihnen wurden in der Zwischenzeit instand gesetzt und sind als Museum zu besichtigen. Wie gesagt, man liebt es farbenfroh in Graufthal. Der kraftvolle Mischwald im Tal verlockt zu kleinen Wanderungen, und die Fischteiche an Rehbach, südlicher Zinsel und Niederhaechel weisen auf die Spezialitäten der Restaurants in der Umgebung hin – Forelle in allen Variationen.

Platanen beschatten hinter Graufthal die schmale D 133 durchs Tal der südlichen Zinsel. Bei Dossenheim zweigt die Route nach Norden ab. In der romanischen Dorfkirche von **Weiterswiller** 3 lohnen die Grabplatten derer zu Fleckenstein und Fresken aus dem 15. Jh. eine Stippvisite. Um die Kirche blieben zudem einige alte Grabsteine und ein altes Beinhaus erhalten.

Weiterswiller liegt an der Kante von Nordvogesen und Rheinebene. Nach Osten flachen die Hänge deutlich ab. Bis **Ober-** und **Niedersoultzbach** 4 wird die Landschaft zusehends lieblicher. So sind auch die beiden Dörfer keine typischen Vertreter der größtenteils in Stein errichteten Orte der Nordvogesen mehr, sondern klassische Fachwerkidyllen der elsässischen Ebene. Die Dorfgehöfte besitzen weite Innenhöfe mit zur Straße gerichteten Portalen. Ausgesprochen schmuck fallen die im selben Stil wie die Prunkportale gefassten Türen aus. Als Zierde sind gedrechselte Säulen über den Türbogen gesetzt – bäuerlicher Stolz spricht aus jedem Detail.

Das Industriestädtchen **Ingwiller** 5 am Zugang zum Modertal liegt zugleich an Eisenbahnlinie und Fernstraßenkreuz. Im Zweiten Weltkrieg fielen daher etliche Bomben, worüber auch das um die im 12. Jh. begonnene Kirche Ste-Madeleine neu verlegte Kopfsteinpflaster nicht hinwegtäuschen kann. Ingwillers Renommée geht auf die Firma Lutz zurück, die als eine der letzten ihrer Art in Frankreich Kirmeskarrussells baut.

Die Straße folgt der Bruchkante von Nordvogesen und Outre-Forêt über **Rothbach** 6 am gleichnamigen Wasserlauf: Nach Westen rückt Wald an das hübsche Dorf, nach Osten purzeln sanft die Wiesen zur Ebene. Wieder bieten sich zahlreiche Wanderrouten zum Fußevertreten an. Besonders interessant ist der halbstündige Weg auf den 350 m hohen Scheibenberg auf dem nördlichen Ufer des Rothbachs. Oben bezeugen Reste von Wallmauern die Existenz einer frühen Besiedlung.

Weiter nördlich genießt **Offwiller** 7 geradezu eine Balkonlage über der Ebene. In der Woche nach Rosenmontag geht es ans traditionelle Schieweschlaje. Am frühen Abend zieht das ganze Dorf auf den Hang, um brennende, an jungen Ruten befestigte Holzscheiben zunächst effektvoll im Kreis zu schleudern und anschließend möglichst funkensprühend ins Tal zu katapultieren. Vermutlich greift der Brauch auf heidnische Winteraustreibungen zurück.

In Zinswiller stößt die D28 auf das Tal der nördlichen Zinsel. Wir kehren der Ebene den Rücken und schwenken wieder in die Tiefen der Nordvogesen ein. Fast vom Wald verschluckt werden die Weiler Unter- und Obermühlthal. Immer an der Zinsel du Nord lang führt die schmale D 141 durch den Wald bis **Baerenthal** 8, dem touristischen Dreh- und Angelpunkt im Norden der Region. Weniger der Ort selbst, den die vielbefahrene Nationalstraße N 62 durchschneidet, als der nahe See mit Badestrand sowie Burgruine und Wanderwegnetz sprechen für Baerenthal. Im Norden etwa locken die Rochers du Ramstein wegen des Ausblicks über die Vogesen.

Die D 36 führt über 10 km durch dichten Wald, an dessen ersten Lichtungen **Lemberg** 9 erreicht ist. Wieder ist der Unterschied zu den auf Heimeligkeit pochenden Dörfern des Elsass frappierend: Lemberg ist bereits typisch lothringisch, etwas ruppig und karg, und wie die Dörfer ringsherum ganz der Herstellung von Kristallglas verschrieben.

Desgleichen gilt für St-Louis-lès-Bitche mit einer 1767 gegründeten renommierten Cristallerie und für Goetzenburg

Richtig Reisen *Tipp*

## Wanderung vom Château de Hunebourg um den Gruenkopf

Die leichte, ungefähr 2 Stunden lange Wanderung führt ins Tal der Zinsel nördlich von Saverne: Um an den Ausgangspunkt zu gelangen, fährt man von Saverne über die D 219 in Richtung Dossenheim-sur-Zinsel (sehenswert: Festungsring aus Häuschen um die Kirche, mit Torturm, Besichtigung April–Okt. So und Feiertage 14–18 Uhr). Von dort weiter über die D 133 ins Tal der Zinsel, wo auf Höhe des Maibaecheltals ein Waldweg (*Route forestière*) zum Parkplatz an der Maison forestière de Hunebourg (Jagdhaus von 1809 im Empire-Stil) abzweigt. Zu Fuß geht es weiter zum Château de Hunebourg, von wo ein Rundweg um den Gruenkopf leitet (Markierung: blaue Raute). Die Burg wurde erstmals 1125 als Sitz der Herren von Hunebourg erwähnt, geriet in den Besitz der Familie Wasigenstein, wechselte 1362 in die Hände derer von Fleckenstein, um 1378 durch Straßburger Truppen zerstört zu werden. 1809 erstand Maréchal Clarke die Ruine. 1932–37 erfolgte ein Wiederaufbau durch den damaligen Besitzer namens Spiesser, der ein fanatischer Autonomist und Sympathisant der Nazis war. Der in neoromanischer Form rekonstruierte Bau diente während der deutschen Besatzung prompt als Ort obskurer Feierlichkeiten zu Ehren der »neuen Ordnung«. Weiter geht's immer um den 414 m hohen Gruenkopf zur »Grotte d'Amour«, einer natürlichen Felsspalte, und dem Rocher de la Guérite, dessen Felsunterstand wie ein Wachtposten aus dem Wald ragt. Immer an der Ostflanke des Gruenkopfs lang erreicht man durch den Wald wieder das Château de Hunebourg.
Wanderkarte: »Vosges du Nord« vom Club Vosgien



weiter südlich, aber auch für **Meisenthal** 10, wo die Maison du Verre eine sehenswerte Schau zur lothringischen Tradition der Kristallglasherstellung zeigt. Ein Monument der besonderen Art wartet 3 km südlich am Wegrand der D 37: »La Pierre des 12 Apôtres« oder »Menhir du Breitenstein«, die Bezeichnungen wechseln. Das aus dem 3,70 m hohen Buntsandsteinkoloss herausgemeißelte Kreuz erinnert an bretonische Kalvariensteine. Die unter dem Moos erkennbaren zwölf Apostel auf den Seiten zeugen vom Dank eines Holzhändlers, der nach glücklich überstandenem Unfall gelobte, den aus keltischer Zeit stammenden Stein mit frommen Szenen verzieren zu lassen. Daher die Bezeichnung »La Pierre des 12 Apôtres« des 4,30 m Umfang messenden Blocks.

Bei **Wingen** 11 fällt den meisten Franzosen zuerst Lalique ein, denn hier ordert *Monsieur le Président* Kristallgläser für die feierlichen Empfänge im Pariser Elysée-Palast. René Lalique war eigentlich Juwelier. Seine künstlerische Ausbildung erwarb der Gründungsvater der weltberühmten Kristallglasdynastie in den Kunst- und Gewerbehochschulen von London und Paris, bevor er Anfang des 20. Jh. für Frankreichs damals führenden Parfümeur Coty Flakons kreieren durfte. Lalique setzte erfolgreich die Zeichen der Kunst in formvollendetes Kristallglas um. Seine ersten internationalen Erfolge gehen auf wegweisende Entwürfe im Jugendstil zurück. Der Ruf der Kristallhütten von Meisenthal und St-Louis lès Bitche bewog ihn 1921 dazu, in Wingen die »Cristallerie d'Alsace« zu gründen. Vom bescheidenen Städtchen im Modertal gab der geniale Firmenchef entscheidende Anstöße für die Verbreitung des Art Déco in der Welt. Nach dem Zweiten Weltkrieg blieb von Fabrik und Ort nur ein großer Scherbenhaufen übrig. Ab 1945 wurde zügig wieder aufgebaut. Lalique liefert heute die bei 1400°C geformte Ware hauptsächlich nach Amerika und Japan sowie weiterhin in den Elysée-Palast.

Bis **Wimmenau** 12 verläuft die Route durch das Tal der Moder, deren Quelle unweit von Wingen entspringt. Wimmenaus Attraktionen sind schnell aufgezählt: eine romanische Kirche an der Durchgangsstraße D 919, die wie aus dem Bauklotzkasten zu stammen scheint, sowie die mit Sinnsprüchen verzierte Maison suisse, die vom Zuzug Schweizer Bürger im 17. Jh. zeugt.

Am linken Ufer der Moder geht es zurück in den Wald. Auf Saegmühle, einen im tiefen Forst versteckten Weiler, folgt in kurzem Abstand **Reipertswiller** 13. Das Dorf wird von einer trutzigen Wehrkirche beherrscht, die am Waldrand über den Häusern herausragt. Ihren romanischen Turm krönt ein ungewöhnlich spitzes Dach, das dem Bau ein hoheitsvolles Aussehen verleiht. Hier liegt kein Geringerer als Jakob von Lichtenberg begraben, wie sein zertrümmertes, an der Außenwand des Chors zusammengetragenes Grabmal beweist. 1945 legte eine auf den Friedhof gefallene Granate die Bruchstücke des während der Französischen Revolution demolierten und seither verschollenen Grabmals frei. Mit dem Tod Jakobs, den man den Bärtigen nannte, erlosch 1480 die Linie derer von Lichtenberg. Ihm zu Ehren erhielt die Kirche in Reipertswiller ihren gotischen Chor, in dessen Kreuzgewölbe der vollbärtige Jakob als Steinkopf verewigt ist. Der monumentale Stammsitz der Familie Lichtenberg bildet den Schlusspunkt dieser Tour – die Burg Lichtenberg.

Burg und Dorf bilden in **Lichtenberg** 14 ein malerisches Ensemble, das auf 414 m Höhe aus den endlosen Wäldern des Naturparks hervorragt. Wer in Lichtenberg einmal den Ton angab, demonstriert bis heute eindrucksvoll die gewaltige Burg, die sich von einem grünen Laubkranz unterfüttert über den Giebeln des Dorfs erhebt. Die Verhältnisse haben sich längst umgedreht. Seit 1970 gehört das denkmalgeschützte Bauwerk der Kommune, die sich um die Instandsetzung bemüht und ein reges Kulturprogramm im Innenhof organisiert. Über die Rue du Château gelangt man zum Burgberg, einem ovalen Buntsandsteinsockel, mit dem die Anlage festverwachsen zu sein scheint. Der zur Zugbrücke ansteigende Pfad umrundet die Burg. Oben angekommen erlaubt das rasenbegrünte Glacis einen wunderbaren Blick über den undurchdringlichen Vogesenwald. Wie ein dichter Hochflor bedecken die Wipfel alle Hügel. Bereits vor dem Passieren von Zugbrücke, Vorburg und Gewölbegang kann man die Tour carrée ausmachen. Der schmucklose, viereckige Turm zählt zu den ältesten Teilen der Burg. Baubeginn war im

Richtig Reisen *Tipp*

# Wanderfreunde von Bismarcks Gnaden: Der Club Vosgien besteht seit 1872





Ausgerechnet ein gebürtiger Westfale und späterer Richter im flachen Brandenburg ist der Gründer des Club Vosgien. Der preußische Beamten Richard Stieve wurde in Folge des deutsch-französischen Kriegs als Richter ans Gericht von Saverne versetzt. Am 31. Oktober 1872 lancierte der natur- und wanderbegeisterte Jurist seinen Appell zur Schaffung des Vogesenclubs, und noch im selben Jahr wurde er nach dem Muster bereits existierender Wandervereine gegründet. Die erste Sektion gründete sich in Saverne, gefolgt von Colmar, Straßburg, Munster, Ribeauvillé und Sélestat. Auf den monatlichen Versammlungen, deren erste Mitglieder fast ausschließlich aus den Reihen der deutschen Verwaltungsschicht stammten, standen historische und wissenschaftliche Themen im Vordergrund. Ausflüge zu historischen Sehenswürdigkeiten oder Naturdenkmälern kamen am Wochenende hinzu. Zu den Pioniertaten zählten die Erkundung und Markierung von Wanderwegen sowie das Aufstellen von Ruhebänken. Die Vogesen waren damals noch ein quasi unerforschtes, wegloses Gebirgsmassiv. Schon 1873 erschien der erste Führer für das Nordelsass, gefolgt von einer ersten Karte im Maßstab 1/40000 für den Mont Ste-Odile. Bis zur Herausgabe von Trimesterbulletins und einer Jahresschrift war es dann nur noch ein kleiner Schritt.

Das Deutsche Kaiserreich begrüßte das Unterfangen, diente der Club in den Reihen der Berliner Administration

doch einer »wandernden« Kolonisierung der annektierten Reichslande Elsass-Lothringen. Im Dezember 1879 bescheinigte ein kaiserlicher Erlass dem Vogesenclub »öffentliches Interesse«. Jede Sektion erhielt ab 1881 1400 Reichsmark für die Schaffung und Ausschilderung eines Wegnetzes. Nach mühevoller Etappenarbeit konnte 1897 der erste Fernwanderweg von Saverne zum Ballon d'Alsace eröffnet werden. Ein halbes Jahrhundert später erhielt die Strecke die Bezeichnung GR 5.

Bei Ausbruch des Ersten Weltkriegs zählte der Club 8154 Mitglieder, die sich in 60 Sektionen organisierten. 1939 hatte sich die Zahl verdoppelt, um bis 1947 auf ganze 6000 zu sinken. Heute verzeichnet die »Fédération du Club Vosgien« 34 000 Mitglieder, gruppiert in 105 »associations« in den fünf Départements Haut-Rhin, Bas-Rhin (Elsass), sowie Moselle, Vosges, Meurthe-et-Moselle (Lothringen), denen 16 000 zu unterhaltende Kilometer Wanderweg gegenüberstehen. Allein 1996 bedeutete dies sage und schreibe 55 500 Stunden Freiwilligeneinsatz bei der Wegmarkierung und 31 600 Stunden bei der Unterhaltung von Unterkünften, Hütten und Ausschankmöglichkeiten.

Unschlagbar bei der Planung jeder Wanderung sind nach wie vor die diversen Wanderkarten des Club Vosgien. Allen gemein ist die seit 1902 übliche, aber erst seit 1942 verbindliche Zeichenverwendung auf der Basis von Rechteck, Raute, Kreuz, Scheibe, Andreaskreuz, Balken, Rechteck mit weißem Balken, Ring, jeweils in den Farben Rot, Blau, Grün, Gelb. Richard Stieve ist nicht vergessen. Zum 100. Jahrestag des Club gedachte man 1972 des Gründungsvaters: Ein Medaillon an prominenter Stelle, dem Rocher du Haut-Barr, ehrt seitdem den preußischen Beamten.

13. Jh. Bald aber lagen die mächtigen Herren von Lichtenberg mit dem noch mächtigeren Bischof von Metz in blutiger Fehde. Dem Bischof gelang es 1261, die Burg zu zerstören, doch die Herren von Lichtenberg waren noch lange nicht am Ende. Als Konrad von Lichtenberg 1273 Bischof von Straßburg wurde, half er seiner wenig zimperlichen Sippe beim Wiederaufbau. Vermutlich arbeiteten an der Burg diesselben Steinmetze, die die Westfassade des Straßburger Münsters schufen. Als Jakob von Lichtenberg im 16. Jh. ohne direkten Nachfolger starb, gingen Burg und Besitz an die Grafen von Hanau und Deux-Ponts-Bitche. Um 1575 erfolgte eine erste Renovierung der Burg, die im Laufe der Jahrhunderte um eine Kapelle (1530) und prachtvolle Renaissance-Bauten gewachsen war. Weitere Bauten kamen hinzu, so etwa der dreistöckige Bau der Salle des Chevaliers (1585) und Befestigungsanlagen wie Gräben und Glacis, für die der berühmte Festungsexperte Daniel Specklin verantwortlich zeichnete. Das meiste blieb erhalten, trotz der Eroberung durch französische Truppen 1678 und des Beschusses durch württembergische Artillerie 1870. Lange galt Lichtenberg als uneinnehmbar, und obwohl die Geschichte das Gegenteil beweist, kann man es sich beim Besuch der weitläufigen Anlage kaum anders vorstellen. Besondere Aufmerksamkeit verdient das marmorne Grabmal Graf Philipps V. in der Kapelle: Während der Revolution diente es als Altar für einen der damals unumgänglichen »Tempel der Vernunft«. Ganz zum Schluss sollten die Schritte auf den Donjon führen. Von hier oben schaut man mit etwas Glück weit bis in die Rheinebene. Wen jetzt die Wanderlust packt: Direkt an der Burg vorbei verläuft der Fernwanderweg GR 53 nach La Petite-Pierre.

# Saverne und Umgebung

**Tipps & Adressen**
Saverne S. 284, Barr S. 247, Marmoutier S. 267, Arzviller S. 247, St-Jean-les-Saverne S. 283

**Karte** S. 121, Stadtplan Saverne S. 117

**Strecke & Dauer** ca. 130 km, mit allen Touren 4 Tage

Bei Saverne schnürt sich der Vogesenkamm auf ganze 6 km Breite zusammen. Es handelt sich damit um die schmalste Stelle des Mittelgebirges, das gleichwohl seine Rolle als geografische Barriere zweier grundverschiedener Regionen erfüllt. Im Westen breitet sich die lothringische Ebene aus. Im Osten wellen sich die flachen Ackerkuppen des Kochersberger Lands. Ingenieure loteten Mitte des 19. Jh. zwischen Lutzelbourg und Saverne die günstigste Stelle für den Übergang des Canal de la Marne au Rhin durch die Vogesen aus. Ein Weg, den die Zorn durch ihren Lauf vorgab und dem weitere Transportschneisen folgen sollten. Hier stößt auch die Eisenbahn durch, gefolgt von der Autobahn A 4. Schließlich sind die Vogesen oberhalb von Saverne nicht nur schmal, sondern mit 410 m am Col de Saverne auch vergleichsweise flach. »Tor zum Elsass« nennt sich Saverne in Anspielung auf die naturgegebene Einfallschneise. Dass die geografische Schwachstelle im Mittelalter besonders gesichert wurde, versteht sich von selbst. Eine ganze Reihe von Burgen bewachen die Passage durch die Vogesen, allen voran das Château de Haut-Barr, das den Beinamen »Auge des Elsass« führt – eine ausgesprochen schöne Tageswanderung führt von Saverne aus hinauf, und streift dabei die Burgruinen oberhalb der Zorn. Weitere Burgen lassen sich längs der Ferienstraße »La Route des Châteaux« erkunden. Der Rhein-Marne-Kanal ist schließlich ein schöner Vorwand, dem Elsass für einen Ausflug ins lothringische Département Moselle untreu zu werden.

## Saverne

**1** Von Saverne sprechen fast alle Reiseführer in blumigen Worten: »Porte d'Alsace« ist nur ein klingender Beiname der 11 000 Einwohner zählenden Stadt. »Elsässisches Versailles«, »Stadt der Rose« sind zwei weitere, in Anspielung auf das feudale bischöfliche Schloss und das Rosarium kreierte Titel. Saverne ist eine schöne, wenngleich in ihrem Erscheinungsbild wenig »elsässische« Stadt. Der beindruckendste Weg, um sich Saverne zu nähern, ist das Wasser, genauer gesagt der Rhein-Marne-Kanal, der im Stadtzentrum zu einem großen Bassin ausgeweitet wurde. Hier liegen die Hausboote der Hobbykanalschiffer am Quai.

Die Geschichte von Saverne ist die eines Verkehrsknotenpunkts. Die Römer haben »Tres Tabernae« – zu deutsch die drei Wirtshäuser – an der bedeutenden Via Consularis von Straßburg nach Metz gegründet. Mit dem Bau des Château Haut-Barr mischten sich die Bischöfe von Straßburg ab dem 11. Jh. in die Geschicke der Stadt ein. Nachdem die ihres Bischofs überdrüssigen Straßburger den Kirchenfürsten im 13. Jh. verjagt hatten, verlegte dieser seinen Sitz nach

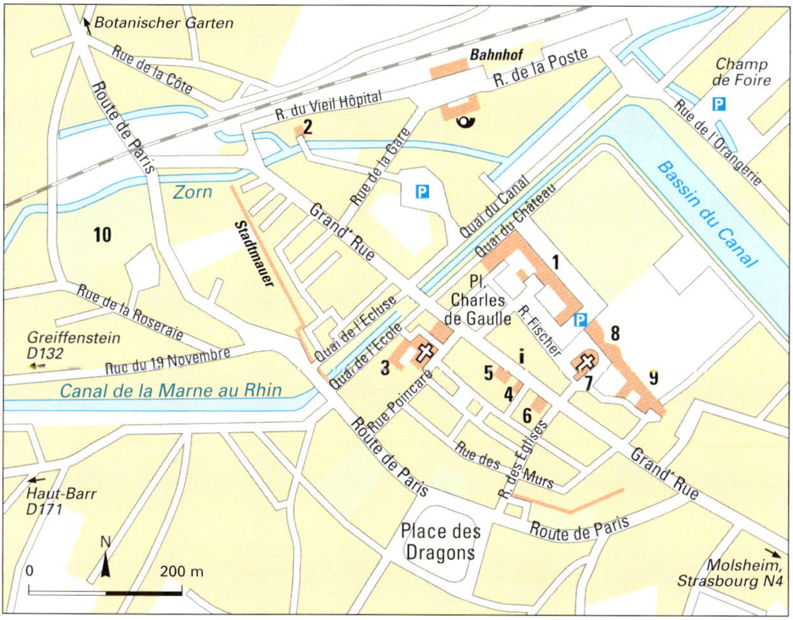


***Saverne*** *1 Château des Rohan 2 Vieil Hôpital 3 Couvent des Recollets 4 Rathaus 5 Maison Katz 6 Winstub »La Carpe d'Or 7 Notre-Dame-de-l'Assomption 8 Oberhof 9 Palais de Justice 10 Rosarium*

Zabern (so der deutsche Name von Saverne). Seine Nachfolger blieben bis zur Französischen Revolution, was der Stadt einige hundert Jahre lang eine bedeutende Rolle für das Elsass bescherte. Unruhe in die Entwicklung von Handel und Gastwirtschaft brachten zwischenzeitlich die im Zeitalter der Reformation entflammten Bauernkriege. 1525 ließ der Herzog von Lothringen die Aufständischen niedermetzeln. Im Laufe der blutigen Kämpfe geriet Zabern zwischen die Fronten und ging in Flammen auf – die Bürger hatten nur allzu freudig die Aufständischen unterstützt. Auch der Dreißigjährige Krieg bedeutete schwere Zerstörungen, doch schlimmer als alle kriegerischen Auseinandersetzungen traf Saverne die Vertreibung des Bischofs in der Französischen Revolution: Die Stadt sank auf den Status einer einfachen Kantonshauptstadt ab. Das Blatt wendete sich 1871 mit dem Einmarsch der Deutschen, die eine Garnison hierher verlegten und die Stadt damit wieder aufwerteten. Seit dem Bau der Autobahn A 4 im Süden donnert der Durchgangsverkehr nicht mehr durchs Zentrum. Saverne ist heute eine unaufgeregte Kleinstadt, deren privilegierte Lage Reisende verschiedenster Interessen anzieht. Kurzum, ein idealer Standort für Wanderer in den Vogesen, Hobbyschiffer auf dem Kanal und Kunstinteressierte auf der Route Romane. Die Nähe zu Straßburg (knapp 40 km über die Autobahn) macht sich für Restaurants und Hotels bezahlt: Wenn in Straßburg die Europa-Parlamentarier tagen oder Messegäste die Stadt überfluten, ziehen viele von ihnen es vor, im stilleren Saverne ein Zimmer zu nehmen.

Der Rundgang beginnt am Champ de Foire, dem fußballfeldgroßem Festplatz, der außer zu Jahrmarktszeiten als Parkplatz dient. Auf der anderen Straßenseite schimmert das Bassin du Canal, ein zum Jachthafen ausgebautes Becken des Canal de la Marne au Rhin, wo sommertags eine nicht unbeträchtliche Flotte von Hausbooten festgemacht ist. Über die Wasserfläche gleitet der Blick zum Quai du Château auf der anderen Seite des Bassins, mit bischöflichem Schloss, Unterpräfektur und Justizpalast.

Attraktivster Blickfang ist das aus rotem Buntsandstein gebaute **Château des Rohan** (1). Begonnen wurde das nüchtern-elegante bischöfliche Schloss 1780, doch schon 1790 setzte die Revolution den Bauarbeiten des Architekten Nicolas Salins de Montfort ein Ende. Bis dahin war die 140 m breite klassizistische Gartenfront vollendet. Korinthische Pilaster und Säulen stecken die Fassade in ein starres, zeremonielles Kleid, dessen Zeit bereits überkommen war. Nach der Revolution diente der unvollendete Bischofspalast als Kaserne, Manufaktur und Gefängnis. Erst Louis Napoleon ließ ihn als Beamten- und Offizierswitwenheim zu Ende bauen. Wenn man die gewaltige Anlage über den Quai du Canal umrundet, sieht man auf der anderen Seite zwei Pavillons auf dem Vorplatz, die aus dieser Bauphase stammen. Die Nutzung als Heim war nur von kurzer Dauer. 1871 wurde das Château des Rohan deutsche, ab 1918 französische Kaserne. Seit die Stadt den Bau 1952 aufkaufen konnte, beherbergen die Mauern eine Jugendherberge, das städtische Museum mit römischen Ausgrabungsfunden, die der Feministin, Weltreisenden und Schriftstellerin gewidmete »Donation Louise Weiss« sowie das Kulturzentrum »Espace Rohan«.

Die Place du Général de Gaulle vor dem Schloss lädt mit Terrassen und Sitzbänken zum Verschnaufen ein. Im westlichen, zum Flüsschen Zorn leicht abschüssigen Abschnitt der Grand'Rue, Savernes lebendiger Hauptachse, überquert man zunächst den Kanal, von dessen Brücke man auf eine Schleuse schaut. Schmucke Fassaden und Läden reihen sich bis zur Rue de la Gare, die rechts abbiegt. Hier liegen die renommiertesten Hotels der Stadt. Wo das Flüsschen Zorn die Grand'Rue unterquert, lohnt ein Abstecher zum **Vieil Hôpital** (2) auf der rechten Straßenseite, einem spätmittelalterlichen Bau mit markantem Rundturm und Holzgalerien.

Beim Zurückschlendern Richtung Schloss merkt man deutlich, wie die Grand'Rue ansteigt – hinter dem Kanal beginnt ganz folgerichtig die Oberstadt. In der von der Grand'Rue auf Höhe des Schlosses abzweigenden Rue Poincaré liegt das ehemalige **Couvent des Récollets** (3), ein mit Kirche und Kreuzgang erhaltenes Kloster aus dem 14. Jh. Den Südflügel des Klosters bedecken Fresken aus dem 17. Jh., mit dem die katholische Kirche gegenreformatorische Propaganda betrieb: Fromme Sprüche und die Verheißung von Pomp sollen vom wahren Glauben überzeugen.

Ab der Rue Poincaré ist die Grand' Rue für ein paar hundert Meter Fußgängerzone. Auf der rechten Straßenseite fällt das wilhelminische **Rathaus** (4) durch den überladenen Fassadenschmuck ins Auge. Ausgewogener wirkt die reich verzierte Fachwerkfassade der benachbarten **Maison Katz** (5) von 1605 (Nr. 80). Eine ganze Heerschar von Ungeheuern, Fratzen und spärlich Bekleideten bevölkert den Erker und die über dem steinernen Erdgeschoss auskragenden

Etagen des Renaissance-Gesamtkunstwerks. Innen bewirtet Savernes populärste Winstub ihre Gäste in einem wilden Sammelsurium von Nippes.

Große Geschichte hat die pastellgelb getünchte **Winstub »La Carpe d'Or«** (6; Nr. 58) gemacht. Ein junger preußischer Offizier namens von Forster hatte 1913 in der in seinem Stand üblichen Dummarroganz die elsässischen Rekruten mit dem beleidigenden Namen »Wackes« bedacht. Der Vorfall erhitzte die Gemüter am Stammtisch der »Carpe d'Or«. Es kam zu Übergriffen auf den Straßen gegen das preußische Militär. Die Sanktionen schossen im Gegenzug völlig über das Ziel hinaus: Verhaftungen, Prügel, Schikanen. Im Reichstag prangerten die Sozialisten die Saverner Offiziere an, in den Zeitungen machten die Vorfälle Schlagzeilen. Von Forster wurde versetzt. Alle Anklagen von ziviler Seite verliefen ansonsten im Sande. Dafür hatten die preußisch-elsässischen Beziehungen dauerhaft Schaden erlitten.

Auf der linken Straßenseite führt eine Sackgasse vor den wuchtigen Glockenturm der Pfarrkirche. **Notre-Dame-de-l'Assomption** (7) stammt ursprünglich aus dem 12. Jh., doch das vom Turm versteckte Schiff entstand erst im späten 15. Jh. im hochgotischen Stil.

Der **Oberhof** (8), ein burgartiger, länglicher Bau mit Rundtürmchen und Renaissance-Portal, den Albert von Bayern 1680 errichten ließ, ist heute Sitz der Unterpräfektur. Das rechts anschließende **Palais de Justice** (9), ein spätbarocker, sehr französischer Bau von 1738, war einst die bischöfliche Kanzlei.

Ein kleines Stück Stadtmauer blieb im Südosten erhalten. In der dahinter verlaufenden Gasse Rue des Murs wohnten im Mittelalter die Mächtigen der Stadt. Das Hôtel de Wangen mit steinernem Erker (heute Presbyterium) und das Hôtel de Flachslanden (heute Banque de France) sind Relikte aus dieser Zeit.



*Das Château des Rohan in Saverne*

*Die Maison Katz in Saverne*

Vorbei an der Place des Dragons mit einer sehr preußischen neogotischen Kirche (1898) gelangt man über die Route de Paris zum Rosarium (10; La Roseraie). Über 7500 Rosenstöcke blühen in allen Farben und Varianten um einen lichten Pavillon – Saverne nennt damit den viertgrößten Rosengarten Frankreichs sein eigen.

Eine weitere Attraktion für Freunde botanischer Raritäten lockt zum Col de Saverne (410 m) an der N 4. Die Straße windet sich durch den kraftvollen Mischwald zum Vogesenkamm hoch. »Zaberner Steige« hieß der steile Anstieg noch, als Goethe hier herauf eilte und den Ort in seinen elsässischen Reisenotizen beschrieb. Kurz vor dem Kamm verblüfft der **Botanische Garten** mit Arboretum, Alpengarten und Hochmoor auf einer 2 ha großen Lichtung: Die einzigartige Pflanzenvielfalt umfasst einheimische Orchideen, fleisch fressende Pflanzen sowie heute nahezu vergessene Getreidesorten.

## Route des Châteaux

Die Ferienstraße Route des Châteaux beginnt in der Ebene im Süden von Saverne mit einem Abstecher nach **Marmoutier** 1. Die Kleinstadt bettet sich in die Hügel des Kochersbergers Lands und wird nach Osten vom Vogesenkamm überragt. Propere Bürgerhäuser mit schmiedeeisernen Balkonen reihen sich um die einladende Place du Général de Gaulle. In der Platzmitte plätschert ein Obeliskenbrunnen, doch das alles verblasst beim Blick auf das gewaltige Westwerk der Abteikirche aus dem 12. Jh., die den Platz nach Osten begrenzt. Zwei achteckige, wie riesige Pfefferbüchsen aussehende Seitentürme flankieren den quadratischen Mittelturm. Zwar lockert der von Goldgelb über Hellrosa bis Tiefrot wechselnde Sandstein die Fassade auf, doch es bleibt der Eindruck einer festgemauerten Burg Gottes. Das Kloster wurde vermutlich Ende des 6. Jh. von irischen Mönchen gegründet. Die wichtigsten Impulse aber gingen ab 724 von Benediktinerabt Maurus aus, dessen Name die Anlage fortan trug: Mauri Monasterium, Maursmünster, französisch Marmoutier. Um 1150 begannen die Arbeiten am karolingisch-ottonisch geprägten Bau. Die drei Bögen der Vorhalle ruhen auf zwei klobigen Säulen mit Kapitellen, deren florale Verzierungen zu den schönsten Beispielen romanischer Kunst im Elsass zählen. Ein knappes Jahrhundert später folgte das gotische Langhaus; erst aus dem 18. Jh. stammt der neogotische Chor. Innen überdauerten die kostbare Silbermann-Orgel und das Rokoko-Chorgestühl Revolution und Säkularisation. In der Krypta ließen sich ab dem 8. Jh. Angehörige betuchter Familien beisetzen, deren Überreste man bei Grabungen in den Jahren 1974–84 fand und die hinter großen Glasscheiben ausgestellt sind.

In der Rue du Général Leclerc zeigt das Musée du Pays de Marmoutier in einem adretten Fachwerkhaus Gegenstände aus dem Alltag vergangener Jahrhunderte, darunter die komplett ausgestattete Werkstatt des ehemaligen Dorfschmieds Gass. Einen Schwerpunkt des Heimatmuseums bildet die jüdische Sammlung. Der Friedhof der früher großen jüdischen Gemeinde versteckt sich außerhalb auf einer Waldlichtung, die man über die Rue Neuve immer dem ausgeschilderten roten Kreuz nach erreicht. Ein anderer, etwa einstündiger Spaziergang endet auf dem 350 m hohen Koppberg im Osten von Marmoutier. Seinen Reiz macht der den Hügel ansteigende Kreuzweg von 1791 aus.

Eine kleine Landstraße (D 229) leitet über Dimbsthal und vorbei am gepflegten Renaissance-Schloss von Birkenwald auf die D 218. Erst hier beginnt die »Route des Châteaux«. Ringsherum breitet sich die dichtbewaldete »Suisse d'Alsace« aus, so der touristische Name des Gebiets zwischen Bruche-Tal im Süden und Mossig-Tal im Norden. Eine Fahrt durch ein wenig besiedeltes, verwunschenes Waldgebiet steht bevor. Der erste Zwischenstopp führt in die Doppelgemeinde **Engenthal-Wangenbourg** **2**. Die beiden Streusiedlungen breiten sich über ein Hochweidental links und rechts der Mossig aus. Um 1810 ließ Napoleon in den Wäldern eine aus dem Baltikum eingeführte Kiefernart anpflanzen. Etliche der mittlerweile bis zu 40 m hohen Bäume stehen in der Umgebung. Man erkennt sie an der rötlichen, stark geschuppten Rinde. Als Ferienort deutlich erschlossener ist Wangenbourg, wie etliche Hotels und Caféterrassen zeigen. Am Ortsrand weist der weithin sichtbare, 24 m hohe Bergfried aus rotem Sandstein den Weg zur 1220 errichteten Burg, die nach der Restaurierung ein getreues

*Die Umgebung von Saverne*

Richtig Reisen *Tipp*

# Die Burgen im Tal der Zorn





Die schönste Möglichkeit, zu den Burgen im Südwesten von Saverne zu gelangen, bietet eine 16 km lange Wanderung beiderseits der Zorn (knapp 5 Stunden). Ausgangspunkt ist die Schleuse des Canal Rhin-Marne in Saverne: Von dort geht man stadtauswärts über den Treidelpfad am rechten Ufer, bis ein Schild über die Straße und die Eisenbahnlinie auf den steil ansteigenden Pfad hoch zu den **Greiffensteiner Burgen** (Châteaux du Greiffenstein) auf 360 m Höhe leitet. Viel blieb nicht von den Burgen, deren Steine ab 1670 als Baumaterial für das Bischofsschloss von Saverne abgetragen wurden. Im dichten Wald ragen aber immerhin noch drei Donjons empor, von denen der eine über eine Leiter bestiegen werden kann. Die Plattform oben erlaubt einen schönen Rundblick.

Weiter geht es über den Hügelkamm parallel zum tief im Tal der Zorn fließenden Rhein-Marne-Kanal zur **Chapelle St-Vit.** Die dem hl. Veit geweihte Kapelle war im 15. und 16. Jh. ein vielbesuchter Wallfahrtsort. Eine Pilgerfahrt zum Heiligen half angeblich gegen den nach ihm benannten Veitstanz. 1518 schickte der Magistrat von Straßburg gleich ein paar hundert von der Krankheit befallene Bürger hierher. Der Heilige half. Die Symtome der kollektiven Hysterie, »dantzen und springen«, gingen durch pausenloses Messelesen zurück. Von der nahen Hangkante schweift der Blick über das Zorn-Tal auf die gegenüberliegende Hangseite.

Noch beeindruckender ist der Blick vom **Rappenfels,** zu dem der Wanderweg längs der Hangkante in Richtung Südwesten führt. Die nackten, von Wind und Wetter glattgescheuerten Buntsandsteinblöcke über dem Abgrund sind ein wunderbarer Picknickplatz in schwindelnder Höhe.

Unten im Tal liegt **Stambach.** Ein steil abfallender Pfad purzelt durch dichten Wald zum Örtchen hinunter. Nur noch der kleine Bahnhof scheint belebt zu sein. Der große, alte Hotelkasten gegenüber und das Restaurant sind dagegen schon seit Jahren geschlossen und verlottern allmählich.

Hinter dem Bahnhof führt der Weg zurück in den Wald. Wieder heißt es, kräftig bergauf zu wandern, bis die **Tour du Brotsch,** ein 18 m hoher Aussichtsturm auf 542 m Höhe erreicht ist.

Von nun an verläuft der Weg immer über den Hügelkamm in Richtung Nordosten auf den Ausgangspunkt Saverne zu. Die nächsten Ziele heißen **Petit** und **Grand Geroldseck,** zwei Burgruinen in Belvederelage über der elsässischen Ebene. An Petit Geroldseck erinnern nur noch ein paar unspektakuläre Ruinen. Von Grand Geroldseck blieben hingegen ein wuchtiger, 22 m hoher Turm und der sogenannte Rittersaal erhalten. Zerstört wurden beide Anlagen 1486, nachdem sich Raubritter in den Buntsandsteinmauern festgesetzt hatten.

Der nächste Turm, 1968 nach dem Modell des Originalbaus von 1798 re-

*Château de Haut-Barr*

konstruiert, ist eine nach ihrem Erfinder Claude Chappe benannte **Tour télégraphique Chappe**. 1798 bis 1852 wurden mit solchen Türmen Nachrichten zwischen Paris und Straßburg übermittelt. Das auf der Turmspitze montierte Gestänge mit zwei flexiblen Armen diente dazu, Zeichen weiterzuleiten. Ein kleines Museum erläutert die Funktionsweise der Technik.

Höhepunkt der Wanderung ist das 5 Min. Fußweg entfernte **Château de Haut-Barr.** Die gewaltige Burganlage auf 457 m Höhe scheint mit drei Buntsandsteinfelsen verwachsen zu sein. Erst beim näheren Hinsehen unterscheidet man Fels und Mauerwerk. Die 1141 begonnene Burg heißt wegen des Fernblicks über die Rheinebene »das Auge des Elsass«. Ludwig XIV. ließ die als uneinnehmbar geltende Festung 1648 schleifen. Ihren Zweck konnte die Burg angesichts neuer Waffentechniken ohnehin nicht mehr erfüllen. Man betritt den Komplex durch ein Renaissance-Portal mit lateinischer Inschrift, die den Bischof von Manderscheid als Erbauer ausweist. Ein freistehender Steinbogen führt kurz darauf vor die romanische Burgkapelle. Im Hintergrund ragt ein Turm empor. Wenn man den ihn flankierenden, gewaltigen Felsblock umrundet, gelangt man auf eine lauschige, von Linden überschattete Terrasse mit herrlichem Blick auf Saverne. Auf den gewaltigen Mittelfels gegenüber der Kapelle führt eine Treppe. Ein Holzsteg verbindet die auf dem Mittelfels erhaltene Ruine eines siebeneckigen Wohnturms mit dem »Markfels«, dem dritten Buntsandsteinkoloss der Burganlage, der die besten Fernblicke über elsässische Ebene, Vogesenkamm und lothringische Hochebene verheißt. Vorsicht beim Herantasten an den Felsrand – vom Abgrund trennt nur eine hüfthohe Hecke! Das »Restaurant du Château du Haut-Barr« am Fuß des Mittelfelsens hat einen der schönsten Speisesäle des Elsass mit Fresken in purer Neogotik. Es bietet leicht überteuerte elsässische Küche ohne Höhenflüge, dafür viel Ausblick, und abends *Tarte flambée.*

Beim Abstieg nach Saverne unterrichtet ein Waldlehrpfad über die Vielfalt des Vogesenwalds. Mit dem Bildstock von 1758 hat man schließlich den Stadtrand von Saverne wieder erreicht.

Bild einer Stauferburg des 13. Jh. abgibt. Nur die Zugbrücke fehlt – man betritt die Burg über einen Steg.

Der Wald wird wieder dichter. Mit dem Col de Pandours (628 m) passiert man den höchsten Punkt der Route. Überall biegen Wanderwege ab. Kurz darauf machen ein Parkplatz und ein uriges Café am Straßenrand auf **Burg Nideck** 3 und den gleichnamigen Wasserfall aufmerksam. Den Weg dorthin erklärt eine verwitterte Wandertafel des Club Vosgien. Die von Birken überwucherten Ruinen der Ober- und Unterburg erlauben einen zauberhaften Blick über das dichtbewaldete Nidecktal. Der Romantiker Adelbert von Chamisso (1781–1838) hat die Burg in der Ballade »Das Riesenspielzeig« literarisch verewigt. Eine halbe Stunde Fußmarsch weiter stürzen die Wassermassen der Cascades du Nideck aus 25 m Höhe dramatisch durch den Spalt einer Felswand.

Die D 218 versinkt bei der Weiterfahrt im dichten Wald des Hasel-Tals. Kurz vor Oberhaslach verbirgt der Forst zwei weitere Burgruinen, die im 14. Jh. zerstörte **Burg Hohenstein** und die hundert Jahre später ebenfalls zerstörte **Burg Ringelstein** 4. Beide sind weniger wegen der spärlichen Überreste als vielmehr wegen der wildromantischen Lage einen Abstecher wert. Ein Wanderweg verbindet beide mit Oberhaslach.

## Ausflug nach Lothringen

Das Bergdorf **Obersteigen** 5 im Tal der Mossig ist eine Etappe der Route Romane. Die Ferienstraße streift das auf einer Lichtung im Wald gelegene Dorf wegen der Kapelle Ste-Marie-de-l'Assomption, deren roter Sandstein sich hübsch vor den tiefgrünen Tannen im Hintergrund macht. Romanisch sind bei Ste-Marie-de-l'Assomption nur Fenster und Portal, während der Bau ansonsten bereits deutlich gotische Stilelemente aufweist. Auftraggeber für das Gotteshaus waren Kanonissen, die im 13. Jh. in die Einöde kamen, jedoch um 1500 nach Saverne abzogen, um Dominikanermönchen den unwirtlichen Platz zu überlassen. Die abgeschiedene Lage im dunklen Forst war früher ein Nachteil. Heute spricht die Stille hingegen für das dünn besiedelte Grenzgebiet zwischen Lothringen und dem Elsass. Der 652 m hohe Col de Valsberg markiert die Grenze.

Die verschlungene D 45 führt durch den dichten Wald allmählich talwärts nach Lothringen. Willkommen also im Land der Kristallglashersteller, deren erste Werkstätten und Läden man in **Dabo** 6 begegnet. Noch vor dem Ort lockt der Rocher de Dabo. Der Sandsteinfels taucht majestätisch aus den Wäldern auf. Auf den Stein gesetzt ist eine dank Turmzinnen wehrhaft wirkende, neoromanische Kapelle, die dem hl. Leo geweiht ist. Dessen Mutter war Helwig von Dagsburg (Dabo), die wiederum mit dem Elsässer Hugo IV. von Eguisheim verheiratet war. Sohn Leo wurde unter dem Namen Leo IX. 1049 zum Papst gekrönt – Grund genug, dass zum Dabo-Felsen die Massen pilgern. Café und Hotel unter der Felskante nehmen die Ankömmlinge in Empfang. Dabo ist ein karger lothringischer Gebirgsort mit weit in den Wäldern und Wiesen verstreuten Weilern. Auffälligster Bau ist neben der romanischen Kirche das neue Office de Tourisme, das wie eine Mischung aus abstrakter Skulptur und bruchgelandetem Raumschiff wirkt.

Über Schaeferhof geht es weiter bis zum Weiler Rehthal, wo man auf die D 97 nach Arzwiller abbiegt. Die Landschaft hat sich inzwischen radikal verändert. Flaches Hochland mit ausufernden

*Das Schiffshebewerk bei Arzviller*

Weiden bestimmt das Bild der lothringischen Ebene. Im Vergleich zum geranienertränkten Elsass sind die Dörfer schmucklos. In **Arzwiller** 7 stößt die Route auf den Rhein-Marne-Kanal. Wenige Kilometer weiter in Richtung Osten (Ausschilderung »Plan incliné« und Lutzelbourg) wartet mit dem Plan incliné d'Arzwiller ein technisches Meisterwerk auf seine Besichtigung. Das Schiffshebewerk funktioniert wie ein gewaltiger Aufzug. Die den Hang 45 m hoch gehievten Schiffe müssen seit der Eröffnung 1969 nicht mehr 17 Schleusen in mühseliger Kleinarbeit überwinden. Früher kostete die Flussschiffer das kurze Stück zwischen Lutzelbourg und Arzwiller bis zu 8 Stunden. Das Funktionsprinzip ist denkbar einfach. Durch das Ein- und Ablassen von Wasser wird der Trog entweder leichter oder schwerer als die Gegengewichte und gleitet mit dem Schiff fast ohne zusätzliche Antriebskraft den Berg hoch und wieder hinunter. Staunende Zuschauer beobachten das Schauspiel – der Plan incliné zählt zu den beliebtesten Ausflugszielen der Umgebung.

Ebenfalls am Kanal liegt **Lutzelbourg** 8. An den Quais ankert die Flotte der Hausbootverleiher, die den malerisch im Tal gelegenen Ort als Basis gewählt haben. »Maritime« Atmosphäre mitten in den Vogesen verbreiten auch eine Kneipe mit den Namen »Bar de la Marine« sowie die nahen Schleusen. Über den Dächern ragt eine Burgruine aus dem grünen Hang. Der Weg hoch zum Gemäuer aus dem 12. Jh. führt über ein kurvenreiches Sträßchen und lohnt sich allein schon wegen des Blicks über den Ort und die weiten Kanalschleifen.

Mit der benachbarten Garnisonsstadt **Phalsbourg** 9 ist bereits die lothringische Hochebene mit ihren weiten Flächen erreicht. Entsprechend großzügig fällt der Hauptplatz, die Place d'Armes, aus. Ein Museum im prachtvollen Barockrathaus zeichnet die Geschichte von Phalsbourg nach. Über Phalsbourg ver-

*Idyllisch: Bootsurlaub auf den Flüssen und Kanälen im Elsass*



lief die strategisch wichtige Fernstraße nach Nancy. Folglich hat Vauban 1683 die Stadt befestigt. Allein im 19. Jh. wurde die »Cité Vauban« dreimal belagert. Von den kolossalen Bollwerken blieben die barocken Stadttore Porte de France und Porte d'Allemagne erhalten.

Mit Phalsbourg verlässt die Route Lothringen – wir kehren zurück ins Elsass. Über die A 4 erreicht man in wenigen Minuten **St-Jean-les-Saverne** **10** an der östlichen Vogesenflanke. Die ehemalige Abteikiche St-Jean, der Schlüsselbau der elsässischen Romanik, hebt das Dorf in die erste Reihe kunstgeschichtlich bedeutender Orte. Vom Benediktinerinnenkloster, das 1127 von seinem Stifter Peter von Lützelburg (Lutzelbourg) dem Kloster St. Georgen im Schwarzwald übereignet wurde, blieb nur die Kirche erhalten. Der einfache romanische Bau liegt in einem Garten. Der Torturm des dreischiffigen Gotteshauses stammt von 1733. Um so mehr überrascht die mit Beschlägen des 12. Jh. ausgestattete Portaltür. Auch das Mobiliar wurde größtenteils im 18. Jh. gefertigt, verträgt sich jedoch trotz des heiteren Rokoko-Zierrats gut mit den romanischen Kapitellen. In einem Seitenbau werden kostbare Wandteppiche aus dem 16. Jh. verwahrt, die auf Anfrage beim Küster neben der Kirche zu besichtigen sind. Vom Friedhof führt ein Wanderweg auf den 374 m hohen Mont St-Michel im Westen. Eine barocke Kapelle krönt den Felsvorsprung. Der Legende nach sollen hier einst Hexen und Druiden Versammlungen abgehalten haben. Wie dem auch sei, von hier oben hat man einen wunderschönen Blick über Saverne und die elsässische Ebene.

Richtig Reisen *Tipp*

# Bootsurlaub auf dem Canal de la Marne au Rhin

Frachtschiffe sind selten auf dem Rhein-Marne-Kanal geworden, seit Eisen- und Autobahn die Flussschiffer zur Aufgabe gezwungen haben. Bis zum Ende der 1970er Jahre zählte die 159 km lange Wasserstraße von Nancy nach Straßburg zu den meistbefahrenen in Frankreich. Kohle, Erz, Baustoffe, Korn, Rüben, aber auch Bier wurden hier befördert. Als man Mitte des 19. Jh. mit dem Bau begann, waren 178 Schleusen geplant. Allein zwischen Arzwiller und Straßburg mussten 130 m Höhenunterschied überwunden werden. Durch das Hebewerk in Arzwiller und die 16 m tiefe Schachtschleuse bei Rechicourt hat sich die Schleusenzahl halbiert. Warten und ins Schleusenbecken einfädeln zählt dennoch weiterhin zum festen Tagesprogramm für die Freizeitkapitäne, deren *Pénichettes* (dt. Kähnchen in Anspielung an die traditionellen Lastkähne) auf dem Kanal immer häufiger werden. Den Rest übernimmt die Technik, seit die meisten Tore computergesteuert sind. Lichtschranken erfassen die Pénichette vor der Einfahrt. Nur noch sehr wenige Schleusen müssen mit der Hand aufgekurbelt werden. Ein weiteres Abenteuer ist der 2306 m lange Schiffstunnel in der Nähe von Arzwiller, wo das Boot quasi durchs Gebirge kriecht. Es tröpfelt im Dunkeln von der Decke, bis am Ende des Tunnels der Laubwald der Vogesen wieder näher rückt. Ansonsten ziehen die trägen Bilder der elsässisch-lothringischen Provinz an der Reling vorbei. Bewaldete Hügel, froschbevölkerte Seen, Pappelallen, Felder, aus denen ein Kirchturm ragt, Spaziergänger auf dem Treidelpfad, Angler im Ufergebüsch. Alles wird langsamer. Wem's zu gemächlich geht, kann immer noch auf's mitgenommene Fahrrad steigen, um die Umgebung zu erkunden oder ein Stück am Ufer lang vorauszufahren. Für die Tour Lutzelbourg-Saverne-Straßburg (114 km, 62 Schleusen) benötigt man eine Woche bei täglich 4,5 Std. am Steuer – Zeit genug also, in Ruhe anzulegen und sich etwa Saverne anzuschauen oder im Kochersberger Land eine *Tarte flambée* essen zu gehen.

Die Saison für den Bootsurlaub beginnt um Ostern und endet im Oktober. Schön ist eine Tour im Frühling, wenn die Wiesen mit Klatschmohn und Kornblumen farbig getupft sind, und im Herbst, wenn die Wälder sich fast ebenso bunt färben. Zu Staus an der Schleuse kann es hingegen im Sommer kommen, wenn die gesamte Bootsflotte auf dem Kanal unterwegs ist.

Der französische Hausbootverleiher Locaboat plaisance unterhält eine Basis in Lutzelbourg. Boote von 2–12 Personen. Ein Führerschein ist nicht nötig! Informationen und Buchung über das deutsche Büro: Ludwigstr. 1, 79104 Freiburg, ✆ 07 61/2 07 37 37, Fax 07 61/ 2 07 37 73. Internet: www.locaboat.com, e-mail: locaboat-freiburg@t-online.de.

# Vogesen

# Mittelvogesen



**Tipps & Adressen**
Mutzig S. 272, Ober- und Niederhaslach S. 274, Schirmeck S. 286, Grandfontaine S. 257, Donon S. 254, Neuviller-la-Roche S. 273, Struthof-Natzwiller S. 297, Waldersbach S. 299, Villé S. 299, Albé S. 245, Andlau S. 246, Le Hohwald S. 260, Mont Ste-Odile S. 269, Klingenthal S. 263, Ste-Marie-aux-Mines S. 283, Lièpvre S. 265

**Karte** S. 131

**Strecke & Dauer** ca. 230 km, 2–3 Tage

Im Norden begrenzt das Tal der Bruche, im Süden das Tal der Liepvrette die Mittelvogesen, zwei der wichtigsten Passagen über die Berge. Längs dieser beiden Achsen haben sich bereits im ausgehenden 18. Jh. die ersten Industriebetriebe angesiedelt. Man grub nach Erz oder Silber und verarbeitete beide Metalle weiter oder aber produzierte Stoffe. Dass das Gebiet zwischen den beiden Tälern und abseits der beiden touristischen Hauptattraktionen Mont Ste-Odile und Haut-Kœnigsburg seine wilde, ländliche Schönheit bewahren konnte, wird bei Streifzügen durch die unbekannteren, kleinen Täler schnell deutlich. In den Tälern um Villé etwa setzen die im Frühjahr blühenden Obstbäume weiß-rosa Tupfer auf die Wiesenhänge. Hier werden die besten Obstwasser des Elsass gebrannt. Eine Etage höher wird es in den majestätischen Tannenwäldern still. Wald, so weit das Auge reicht. Alpin wie in den Südvogesen aber muten die Mittelvogesen allenfalls am kahlen Champ du Feu (1100 m) an; sein Gipfel ist zugleich der höchste Punkt der Mittelvogesen. Die »Vosges moyennes« machen mit mittleren Höhen, die bis auf zwei weitere Ausnahmen (Rocher de Mutzig, 1010 m, Donon, 1009 m) deutlich unter der 1000 m-Marke bleiben, ihrem Namen alle Ehre. Die Winter sind nichtsdestotrotz sehr kalt und schneereich. Unweit des Champ du Feu entstand mit Le Hohwald um die Jahrhundertwende eine mondäne Skistation. Die Pisten sind noch immer geöffnet, doch die internationale Schickeria stellt sich hier schon lange nicht mehr auf die Bretter. Es geht familiär zu, winters wie sommers, wenn Wanderer die Skifahrer ablösen.

◁ *Am Grand Ballon*

## Von Mutzig ins Villé-Tal

Mal nicht weinselig ist der Auftakt der Route in **Mutzig** **1**, steht doch das Städtchen vor allem für Bier. Die alte, 1990 stillgelegte Brauerei ist ein Bau im historisierenden Stil einer Raubritterburg, an der noch die gotischen Blocklettern des Biers prangen, das so heißt wie der Ort – eben Mutzig. Hinter dem alten Stadttor Porte du Bas empfängt ein in den letzten Jahren behutsam restaurierter Ortskern. An der Place de l'Hôtel de Ville reihen sich Caféterrassen mit Blick auf den Buntsandsteinbrunnen und das barocke Rathaus mit einem von Schieferschindeln gedeckten Zwiebelturm. Über der Turmuhr streckt regelmäßig eine Holzfratze die Zunge heraus und wackelt dabei gleichzeitig mit den Ohren – der »Rothüssmann« ist Mutzigs Maskottchen. Etwas im Abseits der engen Ortsdurchfahrt liegt das ehe-

*Mittelvogesen*

malige Schloss der Fürstbischöfe von Straßburg. Leider wurde der Bau mit den beiden ungewöhnlichen, hohlen Türmen an der Zufahrt sehr unglücklich modernisiert. Hinter den großen Glasflächen verbirgt sich ein bescheidenes Museum zur Ortsgeschichte. Auf der Rückseite des Baus fließt die Bruche. Von der Lage am Fluss, der westlich von Mutzig eine Passage durch den Sandstein der Vogesen gegraben hat, konnte Mutzig im Laufe der Jahrhunderte gut profitieren. Früher trieben lothringische Viehzüchter ihre einige tausend Köpfe zählenden Viehherden durch das Bruche-Tal, um von hier weiter zu den großen Jahresmärkten in Deutschland zu ziehen. Nicht schlecht lebte man auch von der in Mutzig bis 1870 ansässigen Waffenfabrikation. Daneben ist Mutzig bis heute Garnisonsstadt. Die wichtigste Hinterlassenschaft der im Nordwesten stationierten Garnison stammt aus deutscher Zeit. Kaiser Wilhelm II. befahl 1893 den Bau einer Feste, die zusammen mit dem Festungsgürtel von Straßburg die elsässische Ebene bei Angriff verteidigen sollte. 21 Jahre dauerte der Bau der 254 ha großen Anlage mit insgesamt 40 000 m² bewohnbarer Fläche. Die erste aus Beton gebaute Feste besteht aus fünf Forts, zwei davon mit dreieckigem Grundriss, für deren Besichtigung man sich warm anziehen sollte: Die Temperaturen in den unterirdischen Gängen, die die Hälfte des 3 km langen Rundgangs ausmachen, betragen das ganze Jahr über 11 °C.

Man lebte früher größtenteils von der Forstwirtschaft, deren Fortbestehen etliche Sägewerke am Wegesrand belegen. Die breite Sohle bestimmt das Bruche-Tal zur wichtigen Passage. Über die großzügig ausgebaute N 420/D 392 donnert der Fernverkehr, doch zumindest bis Schirmeck fährt man von Lastern und Autokolonnen ungestört auf dem alten Stück der N 420 (parallel zur D 392). Wo genügend Abstand zwischen beiden Straßen besteht, wird die Route lauschig. Die Bruche zieht ihre Schleifen durch satte Wiesen und legt ab und zu Kieselbänke frei. Gresswiller und Dinsheim sind zwei unspektakuläre, von etwas zuviel Verbundpflaster versiegelte Dörfer, doch schon Urmatt bietet mit Brunnen und Mariengrotte neben der Kirche ein anderes, urtümliches Bild.

Das Tal der Bruche ist nun deutlich breiter geworden. Die Berge sind von den Flussufern weit abgerückt und machen Streuobstwiesen Platz. Ein Abstecher ins engere Haseltal führt zunächst nach **Niederhaslach** 2. Das Straßendorf steht ganz im Zeichen der gotischen Stiftskirche St-Florent, deren aus dem 13. und 14. Jh. erhaltener Fensterzyklus mit kräftigen Farben gegen den roten Sandstein der Mauern anleuchtet. Die Hasel durchfließt das Straßendorf der Länge nach. Ein Steingeländer begrenzt die Ufer, über die sich vor der Stiftskirche eine Brücke mit Heiligenfiguren spannt. Barock geprägt ist das benachbarte, von dunklen Wäldern gerahmte **Oberhaslach**: das schlossartige Rathaus und die St-Florentin-Kapelle stammen aus dem 18. Jh.

Zurück ins Tal der Bruche. In **Lutzelhouse** 3 siedelten bereits die Kelten, wovon ein Ringwall Zeugnis ablegt. Der Wald rückt wieder näher an die Straße heran. Kapellen und Brunnen säumen die Route. In Wisches zweigt eine *Route forestière* nördlich in Richtung Petit Wisches ab. Die Forststraße führt bis kurz unter den Gipfel des 1010 m hohen **Rocher de Mutzig** 4. Wer den Aufstieg durch die Wälder nicht scheut, kann vom Gipfel den schönsten Blick über das Tal der Bruche genießen.

In **Schirmeck** 5 vereinen sich die D 392 und N 420. Das Städtchen bebt im Durchgangsverkehr. Die wilhelminischen Bauten scheint es nicht zu erschüttern. Rathaus, Gericht, Post und Bahnhof täuschen in ihren Dimensionen eine Größe vor, die mehr als nur 2500 Einwohner erwarten ließe. Am Bahnhof traf dereinst die elegante Welt auf dem Weg zur Skistation Le Hohwald ein. Ab 1942 hielten an den Bahnsteigen die Züge mit den Gefangenen des nahen Konzentrationslagers Struthof. Die damals »Groß

*Der ›Tempel‹ auf dem Donon ist noch keine 150 Jahre alt*

Schirmeck« genannte Gemeinde bekam im Ortsteil La Broque eine Kommandatur. Auf der 1989 renovierten Burg oberhalb der Stadt präsentiert das städtische Museum die Geschichte von Schirmeck.

Am linken Ufer der Bruche steigt die D 392 zum Donon an. Auf dem Weg passiert man das ehemalige Bergarbeiterdorf **Grandfontaine** 6. Seit dem 12. Jh. wurde im engen Tal nach Erzen und Mineralien gegraben. In den 1960er Jahren setzte man alle Hoffung auf die Untersuchungen des Bureau de Recherches Géologiques et Minières, doch als man die erhofften Wolframvorkommen nicht fand, wurden die Minen endgültig stillgelegt. In Framont-Grandfontaine (Les Minières) kann man einige Stollen aus dem 19. Jh. besichtigen.

Die meisten Besucher aber zieht es zum **Donon** 7; der Fernblick über das Elsass und Lothringen ist jedoch nur ein Grund für den Besucherstrom. Der Donon ist ein mythischer Ort, ein heiliger Berg, dessen Kultstätten eine fünftausendjährige Geschichte erzählen. Wo schon die Kelten Kultstätten unterhielten, taten es die Römer ihnen später gleich. Der schlichte, von zwölf eckigen Säulen getragene Tempel auf dem Gipfel stammt freilich von 1869 und war zunächst als Museum gedacht. Mit ihm erwies man den Römern eine Reverenz, die dort, wo heute ein Orientierungstisch das Panorama erklärt, Tempel zu Ehren von Merkur und Jupiter errichteten. Später haben irische Mönche die seit dem Germaneneinfall verfallenen Spuren des »Heidenkults« abgetragen. Im 17. Jh. unternahmen Benediktiner den vorerst letzten Versuch, durch Kapellen dem heiligen Berg Rechnung zu tragen. Ein *Sentier de Découverte* (ausgeschilderter Rundweg) erläutert ab dem Parkplatz bei der *Maison Forestière* (D 993) die wenigen vorhandenen Spuren dreier gallo-römischer Tempel. Zu sehen sind daneben die Reste einer Re-

# KZ im Wald
# Der Struthof

Dem Bau des Struthofs 1940 vorausgegangen ist ein erstes Lager »Vorbruck« in Schirmeck, das nach dem Einmarsch der Deutschen die Opfer der sofort einsetzenden Verhaftungswelle im Elsass aufnahm. Nach dem Besuch von SS-Standartenführer Blumberg beschloss Berlin ein Vernichtungslager in der Nähe der Steinbrüche von Natzwiller. Vernichtung durch Arbeit in den Steingruben und beim Bau der neun Barackenterrassen hieß das erklärte Ziel – vorerst. Im Mai 1941 kamen die ersten aus Deutschland und Österreich deportierten Gefangenen im für 2500 Menschen konzipierten KZ Struthof an – bei der Evakuierung im September 1944 sollten über 7000 Gefangene hier zusammengepfercht leben. Im Juli 1943 trafen die ersten französischen Gefangenen ein. Auf ihrer Häftlingskleidung prangte das berüchtige doppelte N.N. (Nacht und Nebel). Im selben Jahr wurde ein Krematorium gebaut, das dazu diente, die Leichen der bei medizinischen Experimenten umgebrachten Gefangenen zu verbrennen. Vor allem der SS-Mann August Hirt, 1941–44 Ordinarius für Anatomie an der Reichsuniversität Straßburg, steht für das dunkelste Kapitel des Struthofs. Hirt konnte bei den Experimenten mit Senfgas auf die volle Unterstützung durch SS-Reichsführer Himmler bauen. Als der Arzt in SS-Diensten Skelette für eine an der Universität Straßburg geplante Sammlung reklamierte, unterstellte ihm Himmler griechische Juden aus Auschwitz in den Struthof. 86 von ihnen erstickten in der Gaskammer. Hirts Helfer brachten die Leichen nach Straßburg, wo sie in Alkohollösung konserviert wurden – die Lieferung einer von Hirt beantragten Entfleischungsmaschine verzögerte sich kriegsbedingt. Angesichts des alliierten Vormarsches ließ Hirt die Leichen Oktober 1944 verbrennen. Er selbst setzte sich in den Schwarzwald ab und hat sich höchstwahrscheinlich im Juni 1945 erschossen. Endgültige Sicherheit darüber besteht nicht: Im Struthof-Prozess von 1952 verurteilte deshalb ein Militärgericht in Metz August Hirt in Abwesenheit zum Tod. Genaues weiß man hingegen über die Zahl der Gefangenen, die den Struthof durchleiden mussten. Die Bücher der Verwaltung geben exakt Auskunft: Insgesamt waren es 44 623, Russen, Juden, Roma und Sinti, französische Résistants, Homosexuelle, Oppositionelle. 10–12 000 fielen dem Lager zu Opfer. Als die 7. Amerikanische Armee am 23. November das Lager erreichte, standen sowohl die Baracken als auch die Villa des Lagerkommandanten Josef Kramer leer. Zwei Monate zuvor hatte die SS das Lager nach Dachau evakuiert. Vor dem Abtransport wurden 107 französische und 33 elsässische Widerstandskämpfer erschossen.

genzisterne aus vorrömischer Zeit, Kopien antiker Stelen, Votivbilder und ein reitender Jupiter. Außerdem stößt man auf die Zeugnisse zweier Weltkriege – eingeritzte Namen, die deutsche Soldaten im Fels hinterließen, Soldatengräber am Petit Donon und Unterstände. Dass der Donon am Fluchtweg für von den Nazis verfolgte Elsässer lag, dokumentiert das »Monument des Passeurs«. Über den Berg entkamen oppositionelle Elsässer in die nicht besetzte französische Zone, später auch Entflohene des KZ Struthof.

Ein Schlenker über den Weiler Le Quelles führt durch tiefen Wald zur **Burgruine Salm** 8 (30 Min. hin und zurück ab Parkplatz an der *Maison Forestière*). Nach dem Beschuss durch französische Artillerie im Ersten Weltkrieg blieb nur ein halbrunder Turm. Im gleichnamigen Weiler siedelte sich im 18. Jh. eine Mennonitengemeinde aus der deutschsprachigen Schweiz an. Nach deren Weggang in die USA blieben der denkmalgeschützte Friedhof und ein Hof. Von Les Quelles läßt sich der 900 m hohe Chatte pendue (Fernblick) besteigen.

Über La Claquette geht es schließlich zurück nach Schirmeck. In **Rothau** 9 verweist die protestantische Dorfkirche auf den Ban de la Roche, eine protestantische Enklave mit acht Dörfern. Die abenteuerlich schmale Straße in das Dorf **Wildersbach** 10 ist nichts für große Autos und kleinmütige Fahrer – die Kurven sind eng, die Fahrbahn sehr schmal. Dafür entschädigt das Dorf mit einer geradezu himmlischen Lage. Auch **Neuviller-la-Roche** 11 und **Natzwiller** 12 sind zwei Dörfer in zauberhafter Lage hoch am Hang. Die strengen, dem rauen Klima angepassten Häuser erlauben eine Ahnung davon, wie hart der Winter hier oben werden kann.

Wind und Wetter, doch vor allem den Schikanen ihrer Peiniger ausgesetzt waren die Gefangenen des **Struthof** 13 – die Dorfidyllen sind Vorhöfe zur Hölle.



*Eine Gedenkstätte erinnert an das KZ Struthof*

Bei der Anfahrt zum Konzentrationslager, dessen ehemals offizieller Name »Sicherungslager« die grausige Wahrheit verharmloste, mag das Nebeneinander der Schilder »Chambre à gaz« (Gaskammer) und »Restaurant du Struthof« befremden – der Struthof ist heute eben auch ein Besichtigungsziel. Die »Zone de silence« rund um das KZ kümmert die in Bussen aus Lothringen oder dem Schwarzwald angereisten Schulklassen auf dem Parkplatz wenig. Man trinkt Limo und feixt, vielleicht, um so mit dem soeben Gesehenen besser leben zu können. Eine schwere Eisenwalze am Straßenrand lässt erahnen, welche Knochenarbeit die Gefangenen bei jeder Witterung in den Steinbrüchen leisten mussten. Wahrzeichen der Gedenkstätte ist das Mémorial de la Déportation, ein 40,4 m hoch aufgemauerter Turm, den de Gaulle 1960 eingeweiht hat. Die Form einer Flamme symbolisiert die Freiheit. Zum Musée de l'Histoire de la Déportation gehören Galgen, Verbrennungsofen, Kerker und Aschegrube. Fast kein Ausstellungsstück ist original, seit Anschläge von Rechtsradikalen in den 1970er Jahren die erhaltenen Objekte zerstörten. Von den Baracken blieben nur die Fundamente. Die Nécropole nationale hütet 1120 Gräber von Deportierten, deren Identität nicht geklärt werden konnte, oder für die sich kein Angehöriger mehr fand. Die Gaskammer befindet sich etwa 1500 m links vor dem Eingang zum Lager.

Bis zum höchsten Punkt der Mittelvogesen, dem 1100 m hohen **Champ du Feu** 14, steigt die Route nicht mehr wesentlich an. Die Winter sind schneereich in der einsamen Bergwelt, Frühling zieht entsprechend spät hier oben ein. Einige magere Wiesen vermitteln bereits eine Idee von den *hautes chaumes* in den noch raueren Südvogesen. Auch der kahle, mit Heidekraut bewachsene Gipfel des Champ du Feu erinnert an die Südvogesen. Vom neogotischen Aussichtsturm aber schaut man ringsherum auf die typischen Tannenwälder der Mittelvogesen.

*»Über allen Wipfeln« – Col de Charbonnière am Champ du Feu*

Von nun an geht's bergab. Von **Bellefosse** 15 kann man eine kleine Wanderung zur Ruine des Château de la Roche im Süden des Dorfs unternehmen (20 Min). Von der 1469 zerstörten Burg blieb ein Turm mit Aussichtsplattform.

Die D 57 purzelt weiter talwärts nach **Waldersbach** 16, dessen Häuser ihre Dächer ein bisschen wie im Schwarzwald tief in den Wiesengrund herunterziehen. Das Pfarrhaus hat ein schmiedeeisernes Tor, aus dem Brunnen gegenüber sprudelt das Wasser in einen Sandsteintrog. Ob es noch derselbe ist, in den sich der dem Wahnsinn nahe Dichter Lenz eines Januartages 1778 stürzte? Lenz war für drei Wochen zu Gast beim protestantischen Pfarrer Oberlin, der in dieser Idylle wirkte und schrieb. Jean-Frédéric Oberlin (1740–1826) war zugleich Pädagoge und Philanthrop mit ausgesprochen sozialer Gesinnung. Fast das ganze Leben verbrachte der aus guter Straßburger Familie stammende Mann der Kirche im abgeschiedenen Ban de la Roche. Hier gründete er Kindergärten, von hier aus betrieb er die Verlängerung der Schulzeit bis zum 16. Lebensjahr, bewirkte den Bau von Straßen und Kanälen, führte die Kartoffel ein, gründete eine Bibliothek, entwarf das typische Gehöft der westlichen Vogesen, so wie es noch heute mit nach Süden weisendem Vordergiebel zu sehen ist. Es gab viel zu tun: Waldersbach war bei seiner Ankunft 1767 eine

*Oberlins Pfarrhaus in Waldersbach*

der ärmsten Gemeinden im Bas-Rhin. Das in ein Musée Oberlin umgewandelte Pfarrhaus hält die Erinnerung an den Wohltäter mit Exponaten aus seinem Besitz lebendig. Der »Chemin Oberlin« steigt zum La Perheux-Gipfel im Norden an (40 Min.) Gewaltige Linden säumen den Allée Oberlin genannten ersten Abschnitt. Die 200 Jahre alten Bäume haben einst Brautpaare gepflanzt, die der Pfarrer getraut hat.

Abgesehen von ein paar Gaststätten an der N 420 liegt **Fouday** 17 etwas abseits der Verkehrsachse. Neben der romanischen Pfarrkirche fand Jean-Frédéric Oberlin eine letzte Ruhestätte. »Er war 59 Jahre lang der Vater des Ban de la Roche« steht in Französisch auf dem Grabstein.

Es geht ein kurzes Stück über die N 420 in Richtung Südwesten (Ausschilderung St-Dié), doch schon in St-Blaise-la-Roche schwenkt man mit der D 424 wieder in die anmutig schöne Verlorenheit der Mittelvogesen ein. Die Landstraße lenkt uns ins Villé-Tal, das Paradies der elsässischen Obstschnapsbrenner. Im Weiler **Ranrupt** 18 begegnet man den typischen *maisons bloc* dieses Landstrichs, klobigen, aus Stein gebauten Eindachgehöften, deren solides Mauerwerk gegen die harten Winter hier oben schützt. Zwischen den kantigen Häusern wirkt die Pfarrkirche mit einem von Säulen getragenen Vordach geradezu aufgeplustert.

Schilder weisen längs der D 424 immer wieder auf eine Ferme-Auberge hin. Ein Ausflug zu den dampfenden Töpfen der Bauerngasthöfe führt in der Regel tief ins gänzlich unberührte Hinterland und verspricht eine deftige Mahlzeit. Die kann gebrauchen, wer vom **Col de Steige** 19 (534 m) über den Fernwanderweg GR 531 zum Col de la Charbonnière (960 m) wandern möchte. Der Aufstieg ist steil, aber auf dem Rückweg geht es zum Ausgleich immer bergab ins Straßendorf Steige. Wem nicht nach wandern ist, sollte sich zumindest am Col de Steige kurz die Füße vertreten. Ein Gasthof und ein See laden dazu ein.

Bis **Steige** 20 windet sich die D 424 in zum Teil engen Harrnadelkurven hinunter. Die kleine romanische Dorfkapelle scheint aus einem Bauklötzchenkasten gefallen sein. An der Straße deuten die wuchtigen *maisons bloc* erneut auf die rauen Winter hin, denen jedoch ein zumeist herrlicher Sommer folgt. Was auf den Streuobstwiesen ums das Dorf dann geerntet wird, wandert in eine der Destillerien, für die Steige bekannt ist. Die Route du Kirsch, eine Ferienstraße, die von Schnapsbrenner zu Schnapsbenner führt, spart Steige daher selbstverständlich nicht aus.

Das Villé-Tal gilt aber auch wegen seiner köstlichen Wurstwaren und Schinken als ländliches Feinkostgebiet. Überall werben Erzeuger für ihre Produkte, so auch in **Maisonsgoutte** 21, wo man die Qual der Wahl des »richtigen« Schnapsbrenners ausstehen muss. Das Dorf ging in die Medizingeschichte ein. Am 4. Juli 1885 wurde der Steiger Bäckerssohn Joseph Meister von einem tollwütigen Hund gebissen. Der Mutter war kurz zuvor etwas von einem gewissen Louis Pasteur zu Ohren gekommen, der in Paris mit Impfstoffen experimentierte. Man packte eilig die Koffer, und sprach beim Doktor vor. Der willigte nach einigem Zögern ein, erstmals ein bis dahin nicht am Menschen erprobtes Impfverfahren anzuwenden. Die zehntägige Behandlung rettete dem Jungen das Leben. Zum Dank kehrte er 1913 nach Paris zurück und verdingte sich bis an sein Lebensende 1940 als Concierge im Institut Pasteur.

Mit **Villé** 22 ist ein richtiges Städtchen erreicht. Es gibt Plätze, Cafés und stattliche Bürgerhäuser – und natürlich eine Destillerie. Villé breitet sich in einem geschützten Talkessel aus, in dem Urbeis-Tal und Steige-Tal aufeinandertreffen. Von hier aus kann man rund 350 km markierter Wanderwege und 150 km Mountainbike-Pisten der Region Val de Villé gut erkunden. Auch für Touren mit dem Auto gibt es reichlich Möglichkeiten. Ein Abstecher ins Urbeis-Tal lässt sich mit der Fahrt zum **Col de Fouchy** 23 verbinden. Dort ist das eigentliche Ziel die weithin bekannte Ferme-Auberge de Irrkrüt mit hervorragender Landküche. Als Zugabe erhält man einen himmlischen Blick über Berg und Tal sowie stimmungsvolle Landbilder. Hier grunzt das Borstenvieh, blöken die Schafe, döst der Hund.

Ein weiterer Ausflug führt von Villé nach **Albé** 24, wo das Musée des Arts et des Traditions Populaires du Val de Villé den früher beschwerlichen Alltag von Schnapsbrennern und Webern präsentiert. Albé selbst lebte einmal von einer Kohlengrube sowie vom Weinbau, wie die schmucken, typischen Winzerfachwerkhäuser zeigen. Die Gruben sind längst geschlossen, doch der Pinot Noir wird in Albé noch immer gekeltert.

Zurück nach Villé, gelangt man man auf der D 424 über Triembach-au-Val und das für eine Großbrennerei bekannte St-Maurice allmählich in flachere Gefilde. Bei **Thanvillé** 25 hat der Zahn der Zeit am herrschaftlichen Renaissance-Schloss kräftig gewütet. Der Putz fällt von den vier runden Ecktürmen, rieselt vom Prachtportal – wie es innen aussieht, bekommt man nicht zu Gesicht. Die größte erhaltene Festung der elsässischen Ebene ist Privatbesitz einer Industriellenfamilie. Die Tour durchs Villé-Tal endet vor verschlossenen Türen. Das nächste Dorf, Schwerwiller, liegt im Schatten der Burgruinen Ramstein und Ortenburg – und bereits an der Route des Vins (s. S. 202).

## Von Andlau bis Lièpvre

Von Andlau (s. S. 200 f.) folgt man über die D 425 dem gleichnamigen Flüsschen bis **Le Hohwald** 26. Vom einstigen »Zauberberg« des Elsass blieben elefantöse Belle-Epoque-Hotelpaläste und luxuriöse Chalets, in denen früher die High Society einkehrte. Passé. Der morbide Charme des Orts entfaltet sich angesichts der kraftstrotzenden Natur um so stärker. Statt großem Glanz bedeutet Le Hohwald etwas zu schreiende Farben, mit denen Restaurants und Bars auf sich aufmerksam machen. In puncto Natur stimmt dagegen alles. Es blieb auch nach dem Abzug der Prominenz bei der außergewöhnlich sonnenverwöhnten Lage auf 650 m Höhe, den majestätischen Buchen und düsteren Tannen.

6 km südlich erreicht der **Col du Kreuzweg** 27 eine Höhe von 768 m. Die nach dem Pass benannte Ferme-Auberge du Kreuzweg weicht mit eingelegten Entenschenkeln und Stopfleber zur Abwechslung vom üblichen *repas marcaire* der Bauerngasthöfe in den Vogesen ab. Es mundet wunderbar! Man kann die auf dem Hof hergestellten Köstlichkeiten auch kaufen.

Ebenfalls von Le Hohwald schnell zu erreichen ist der **Mont Ste-Odile** 28, der heilige Berg des Elsass schlechthin. Wanderwege führen aus allen Himmelsrichtungen zum 763 m hohen Gipfel. Für die bequeme Anreise per Bus sorgen Zufahrtsstraße und Parkplatz. Über eine Million Besucher kommen pro Jahr: Bibelfeste Gläubige, kaffeedurstige Tagesausflügler, knochenmüde Wanderer. Dass der Ort eine archaische, geheimnisvolle Ausstrahlung bewahren kann, grenzt an ein Wunder. Wunder waren es auch, die man der hl. Odilia zuschrieb. Die Tochter von Herzog Eticho gründete dort, wo ihre Sippe eine Burg unterhielt, das erste elsässische Frauenkloster. Odilia, zu deutsch Tochter des Lichts, kam um 620 blind zur Welt. Eticho wolle die vermeintliche Schande durch die Ermordung des Kinds tilgen. Die Mutter brachte Odilia in ein burgundisches Kloster in Sicherheit. Bei der Taufe in Regensburg konnte Odilia plötzlich sehen – das erste Wunder in einer langen Kette. Als Eticho beschloss, seine Tochter zu verheiraten, floh Odilia erneut, diesmal nach Freiburg, wo sie durch eine sich öffnende Felsspalte ihren Häschern ent-

*Am Col du Kreuzweg*

schwand. Vater Eticho ergab sich in sein Schicksal: Odilia bekam die Burg auf dem Berg zwecks Klostergründung geschenkt. Dass hier lange vor den Etichonenherzögen Kelten siedelten, beweist die Heidenmauer unterhalb des Klosters, ein gewaltiger fast 2 m dicker Steinwall, der eine keltische Fluchtburg schützte. Ebenfalls unterhalb des Klosters sprudelt die Odilienquelle. Ein Pfad führt hinunter (10 Min.). Gläubige benetzen mit dem Wasser ihre Augen, um sich gegen eine Schwächung der Sehkraft zu schützen.

Man betritt den Klosterinnenhof durch das Portal des Bâtiment St-Léon, in dem ein Hotel zum Verweilen einlädt: Die Schwestern vom Heiligen Kreuz halten 130 Gästezimmer bereit. Und abends, wenn die Besucher abgerückt sind, ist es wieder still auf dem Mont St-Odile. Tische und Stühle im Hof gehören zur Pilger-Buvette, einem großen Saal mit Jugendherbergscharme, wo man sich mit Imbissen und Getränken versorgen kann. Um die Ausmaße des Klosters zu erfassen, beginnt man am besten mit einer Umrundung über die äußeren Terrassen. Der Blick über die Rheinebene ist berückend, falls nicht, wie im Winter oft möglich, eine dicke Wolkendecke die Sicht versperrt. Von einem schlanken

Richtig Reisen *Tipp*

## Wanderung um den Mont Ste-Odile

Vom Gipfel des heiligen Bergs des Elsass laden nicht weniger als 110 km Wanderwege ein zur Erkundung von Vogesenwäldern, frühzeitlicher Heidenmauer, drei Klöstern und acht Burgruinen. Die dreistündige Rundwanderung zeigt einen Ausschnitt, der in komprimierter Form alle genannten Attraktionen beinhaltet. Ausgangspunkt ist der untere Parkplatz am Kloster des Mont Ste-Odile (zu erreichen ab Barr über die D 854 und D 426). Von dort folgt man dem mit einem gelben Andreaskreuz markierten Weg zur Heidenmauer (Sentier du Mur paien). Nach ungefähr 20 Min. gemütlichen Laufens muss man nach etwa 100 m immer an der Heidenmauer lang nun den Abstecher in Richtung Château de Dreistein einschlagen (rotes Andreaskreuz). Über die zur Ruine verfallene Burg weiß man nur wenig: Erstmals 1442 erwähnt, wird sie von kaiserlicher Gnade der Familie von Rathsamhausen-Ehenweier übertragen. Es geht zurück auf den mit einem gelben Andreaskreuz markierten Weg. Nach etwa 10 Min. ist mit der Porte de Koeberlé die Heidenmauer erneut erreicht. Weitere 20 Min. folgt man dem Keltenwall. Die nächste Burg lässt nicht mehr lange auf sich warten: Auch das Château de Hagelschloss gehörte dem Geschlecht derer von Rathsamhausen-Ehenweier. Sie wurde 1406 zerstört. Ihre Ruine markiert den nördlichsten Punkt der einst an die 10 km langen Heidenmauer. Bei beiden Burgbauten wurden vermutlich Steine des keltischen Walls benutzt. Durch den Wald kehrt man in südlicher Richtung zurück zum Kloster des Mont Ste-Odile. Wanderkarte: »Ste-Odile Donon Haut-Kœnigsbourg«, 1:25 000, Club Vosgien



Turm auf der Ostseite der Kirche segnet eine Statue der hl. Odilia das Land zu ihren Füßen. Beim Blick in die quadratische Chapelle des Larmes auf einem Felsvorsprung ganz im Osten des roten Felsplateaus schimmert das goldene, erst 1935 angebrachte Mosaik im Dunkeln – eine Münze in den Schlitz der Beleuchtungsanlage lässt die Pracht vollends erstrahlen. Die Kapelle thront über einem merowingischen Grabfeld. Noch aus vorchristlicher Zeit soll die Chapelle des Anges daneben stammen. Unter den Linden der Nordterrasse wird sommers die Messe gehalten. In der ungeschlacht wirkenden Kirche findet sich mit dem Kreuzweg ein Werk des aus dem nahen St-Léonard stammenden Intarsienkünstlers Karl Spindler. Seit 50 Jahren halten Gläubige hier Wache und beten – rund um die Uhr. Durch eine Seitentür gelangt man ins Kloster, wo Eticho und Odilia ihre letzte Ruhestätte haben. Der schlichte Sarkophag des Vaters befindet sich in der romanischen Chapelle de la Croix, dem ältesten Teil des früheren Klosters. Fresken, die sich am Hortus Deliciarum, einem im 12. Jh. unter der Äbtissin Herrad von Landsberg gefertigten, reich bebilderten Codex, inspirieren, schmücken die Wände. Ziel aller Pilgerer aber ist die Chapelle St-Jean: Dort steht Odilias verzierter merowingischer Sarkophag. Eine im Kreuzgang aufbewahrte Buntsandsteinstele aus dem 12. Jh. zeigt auf einer Seite die Schenkungsszene Etichos an seine Tochter.

Wer noch Puste hat, kann sich zu den nahen Resten der Heidenmauer oder auf den »Sentier des Pélerins« nach St-Nabor begeben – vom Pilgerpfad zweigt ein kurzer Abstecher zu dem von tiefen Wagenrillen zerfurchten Teilstück eines römischen Wegs ab.

Der Name sagt's: In **Klingenthal** 29 nördlich des Mont St-Odile schmiedete man früher Schwerter und Messer, dies obendrein für den König. Die königliche Waffenmanufaktur florierte im 18. Jh. dank der erfolgreichen Anwerbeversuche im rheinischen Solingen. Der König stiftete zum Dank für scharfe Bajonette 1760 die katholische St-Louis-Kirche. 1836 wurde der Betrieb privatisiert. Dem Erfolg tat's keinen Abbruch, wie die ehemalige Residenz des Besitzers zeigt. Das schlossartige Anwesen mit Park verschönert bis heute die Ortsmitte.

Die **Ruine Guirbaden** 30 ist der traurige Rest der vermutlich größten mittelalterlichen Burg des Elsass. Unter- und Oberburg bilden eine beeindruckende Ansammlung von Belfried, Palas, Kapitellen und romanischen Fenstern.

*Mosaik in der Chapelle des Larmes auf dem Mont Ste-Odile*

In **Grendelbruch** 31 verbrachte der jugendliche Hans Arp die Sommerfrische. Das Dorf in einer sanften Hangflanke über dem rechten Ufer der Bruche setzt auf Skilanglauf- und Wandertouristen. Im nahen Hohbuhlmassiv warten 50 km beschilderte Loipen und viele Wanderwege auf eine Erkundung. Besonders romantisch ist der Aufstieg zum **Signal de Grendelbruch.** Aus über 800 m Höhe schaut man auf die oft zitierte »blaue Vogesenlinie«, jene blaugrün schimmernde Gipfellinie, deren Farbe so typisch für die Vogesen ist.

*Haut-Kœnigsburg*

## Im Tal der Liepvrette

Der wichtigste Ort im Tal der Liepvrette, **Ste-Marie-aux-Mines** 32, deutet im Namen an, dass hier früher Gruben betrieben wurden. Silber war einer der begehrtesten Bodenschätze, die fast ein Jahrtausend lang abgebaut wurden. Als Tourismusregion nennt sich das Tal daher Val d'Argent – das Silbertal. Nach ungefähr 150 verschiedenen Metallen und Mineralien hat man früher gegraben, darunter Blei, Kupfer, Zink, Nickel und Kobalt. Ste-Marie-aux Mines besaß einmal 382 Gruben mit insgesamt 450 km Stollen. Heute ist nur noch im großen Autotunnel, der den Verkehr am Ortsrand verschluckt und für knapp 7 km unter dem Berg nach St-Dié weiterleitet, etwas los. Das Grubensterben setzte im 17. Jh. ein. An die Vergangenheit als Bergbaustadt erinnert im Juni eine der größten Mineralienbörsen Europas. Ein paar Gruben kann man besichtigen, so etwa die ehemalige Silbermine St-Louis-Eisenthür: bei Führungen in den denkmalgeschützten, niedrigen Gängen wird erklärt, wie im 16. Jh. unter Tage bei lausigen 8 °C geschuftet wurde. Die im März und Oktober abgehaltenen Fêtes du Tissu verweisen auf eine andere, nach wie vor aktive wirtschaftliche Aktivität. Ste-Marie-aux-Mines ist Textilstadt, mit einigen, kleinen, sehr feinen Produzenten. Zu den Kunden gehören die gefeierten Namen der Mailänder

Alta Moda und Pariser Haute Couture. Auf der Fête du Tissu wird verramscht, was zur neuen Kollektion aus dem Lager muss – eine gute Gelegenheit für Schnäppchen. Nach dem Ende der Gruben behalf man sich im Tal erfolgreich mit der Ansiedlung von Webereien. Das alljährliche Patchwork- und Kilt-Festival im September findet daher wie die beiden Fêtes du Tissu nicht zufällig in der 7000 Einwohner zählenden Gemeinde statt. Die Zeiten, als hier 15 000 Textilarbeiter ansässig waren, sind seit dem 19. Jh. freilich passé. Aus der industriellen Blüte jener Jahre blieben das große Jugendstiltheater, das neoklassizistische Rathaus sowie einige Fabrikantenvillen. Mit den Zeugnissen der zweiten wirtschaftlichen Blüte aufnehmen kann es das von zwei Rundtürmen flankierte alte Rathaus (heute Pharmacie de la Tour) aus dem 16. Jh. Die Maison du Pays, ein geschickt in alte Mauern gefügtes Heimatmuseum am Ufer der Liepvrette bewahrt eine Mineraliensammlung auf. Im selben Bau befinden sich das Musée du Textile (alte Webstühle), das Musée de la Mine (Grubenmuseum) und das Office de Tourisme du Val d'Argent.

Entlang der Liepvrette und damit mitten durchs Tal verlief seit 1399 die Grenze zwischen Heiligem Römischen Reich und Lothringen. Hüben sprach man deutsch und gehörte der reformierten Kirche an, drüben parlierte man französisch und war katholisch. Noch heute spricht man in Ste-Marie-aux-Mines von der »Côté Alsace« und der »Côté Lorraine«, der elsässischen und der lothringischen Seite. Der lothringische Einfluss macht sich in den meisten Orten durch die nüchtern wirkende Architektur bemerkbar. Die Vergangenheit des Val d'Argent als Industriestandort hinterließ zudem Spuren: Eine leichte Melancholie liegt über allem. Die verfliegt im Nu bei Abstechern etwa zum **Col de Ribeauvillé** und der Ferme-Auberge du Petit-Haut oder nach **St-Pierre-sur-l'Hâte** mit einer zauberhaften 400 Jahre alten Bergmannskirche. Die viel befahrene N 59 im Tal scheint in den bummeligen Weilern oberhalb der Liepvrette Lichtjahre entfernt zu sein.

Talabwärts trifft man mit **Ste-Croix-aux-Mines** 33 auf den nächsten Grubenort. Für den Bau von Stollen benötigte man vor allem Holz. Forstwirtschaft und Sägewerke florierten entsprechend. Die Scierie-Musée Vincent in der Rue Maurice-Burrus lädt zur Besichtigung eines historischen Sägewerks ein, dessen älteste Maschine sich dank Dampfantrieb seit 1893 dreht.

Auf das Straßendorf folgt **Lièpvre** 34, wo seit altersher französisch gesprochen wurde – das Dorf liegt am linken Flussufer, auf »lothringischer Seite«.

## Haut-Kœnigsbourg

35 Seit Wilhelm II. von Hohenzollern die ursprünglich von den Staufern im 12. Jh. auf einen 757 m hohen Vogesenfels gesetzte Burg 1901–08 mit Glanz und Gloria wiederaufbauen ließ, gilt die Haut-Kœnigsbourg im Elsass als die Burg der Burgen. Die Stadt Sélestat hatte dem Kaiser das zerfallene Gemäuer 1899 geschenkt. Wilhelm sah die Chance gekommen, mit der Rekonstruktion eine wagnerreife Inszenierung der Preußenmacht in den 1870/71 annektierten Reichlanden zu verwirklichen. Gleichzeitig wollte der Hohenzollernkaiser geschichtliche Kontinuität demonstrieren, indem er eine Burg wählte, auf der sowohl das Kaisergeschlecht der Staufer als auch das der Habsburger einmal den Ton angegeben hatten. Mit der Planung beauftragt wurde der recht unbekannte Bodo

Ebhardt. Was der Berliner Architekt bei der Eröffnung präsentierte, sorgte Jahrzehnte für Aufschreie unter Kunsthistorikern. Der Beliebtheit beim großen Publikum tat es keinen Abbruch. Mittlerweile wird das steinerne Symbol »germanischen« Bauens als *monument historique* von der Denkmalschutzbehörde Frankreichs sorgsam gepflegt. Eine Prise Neuschwanstein dämpft zudem die entfesselten wilhelminischen Kräfte. Dass der lang geschmähte Ebhardt sich sehr wohl um historische Vorlagen gekümmert und vorhandene Reste der ersten, romanischen Burg in sein Werk einbezogen hat, erkennt die Fachwelt heute an.

Wie wenig die im Dreißigjährigen Krieg geschleifte Burg mit dem Bau des 20. Jh. gemein hat, zeigt gleichwohl ein Schema am Eingang: Soviel Kemenaten, Rittersäle und Pechnasen haben die einstigen Bewohner nie gekannt. Mit dem Portail d'honneur wird dem Ehre bezeugt, der dies alles orderte: Wilhelm Zwo, »deutscher Kaiser und preußischer König.« Durch eine Torburg betritt man zunächst den weiten Hof der Vorburg. Es rittertümelt nur so drauflos. In der Schänke kann man »nach Ritters Art« speisen. Im Souvenirladen nimmt Wilhelm auf Postkarten Haltung an. Schmiede, Pferdeställe und Mühle gaukeln heiles Mittelalter vor. Über eine Rampe geht es weiter zum Bergfried, dessen kupfergedecktes Dach weithin sichtbar ist. Der viereckige Trutzturm ruht auf dem höchsten Fels des Kegelbergs. Der dreiflügelige Wohntrakt rahmt den Ehrenhof. Die auf Steinkonsolen ruhenden Holzgalerien der Südseite sind ebenso ein Werk von Ebhardt wie der filigrane, neogotische Treppenturm am Bergfried. Zusammen mit dem 62 m tiefen Brunnen arrangieren sich die neuzeitlichen Zufügungen harmonisch mit den aus dem 12.–16. Jh. stammenden Mauern des Nordflügels. In den Küchen des Nordflügels sind zumindest die Kamine original. Das meiste Mobiliar des Wohntrakts stammt zwar aus dem 15.–17. Jh., jedoch nicht von der Burg. Es wurde gezielt zusammengekauft. Vor allem der Südflügel ist mit handverlesenen Stücken möbliert. Die prunkvollsten Säle betritt man im Westflügel: Der Kaiser- oder Festsaal für Wilhelms Empfänge erhielt eine mit historisierenden Malereien versehene Decke sowie neogotische Vertäfelungen. Um wieviel niedriger der Saal einst war, deutet die Sängerempore an. Ihre Höhe entspricht der der originalen Decke. Im mit Hubertusmotiven ausgemalten Jagdsaal hängen Geweihkronleuchter, im Waffensaal mittelalterliche Streitwerkzeuge. Eine Zugbrücke überwindet den Graben zwischen westlichem Wohntrakt und Garten. Nach soviel Ritterherrlichkeit tuen die Schritte durch das von hohen Mauern abgeschirmte Grün gut. »Grand Bastion« heißt die Bastion am westlichen Ende des Gartens. Allein der gewaltige, runde Südturm rechtfertigt den Namen. Uneinnehmbar wirkt die Anlage für jeden Angreifer, der von außen auf das wichtigste Schutzschild der Haut-Kœnigsbourg schaut. Kanonen, die nach Originalen aus dem Berliner Zeughaus gefertigt wurden, nehmen von der Westbastion Angreifer ins Ziel. Dass der Feind dennoch mehrmals die Mauern erstürmen konnte, lehrt die Geschichte. Zuletzt gelang dies 1633 schwedischen Truppen. Von der Höhe des kleineren, wenngleich immer noch mächtigen Nordturms kann man bis zu den nahen Burgruinen Ortenbourg und Frankenbourg hinüberschauen. Schön ist ebenfalls der Blick von der Terrasse an der Buvette zu Füßen der östlichen Bastion. Das Monstrum baut sich im Rücken auf, nach vorn breitet sich die Rheinebene aus.

# Südvogesen

**Tipps & Adressen**
Ste-Marie-aux-Mines S. 283, Lapoutroie S. 264, Orbey S. 276, Gunsbach S. 258, Munster S. 271, Hohrodberg S. 260, Soultzeren S. 290, Le Hohneck S. 260, Grand Ballon S. 257, Murbach S. 271, Lautenbach S. 264, St-Amarin S. 282, Husseren-Wesserling S. 261, Bussang S. 249, Masevaux S. 267

**Karte** S. 148

**Strecke & Dauer** ca. 300 km, 3 Tage

»Ballon« heißen die abgerundeten, kahlen Gipfel der Südvogesen. Jenseits des Rheins nennt man sie Belchen. Belchen heißt auch ein bekannter Gipfel des Schwarzwalds, und wie der Schwarzwald sind die alpin anmutenden Südvogesen ein im Tertiär entstandenes Mittelgebirge aus Gneis und Granit, die wiederum von jüngeren Buntsandsteinschichten und Muschelkalk überlagert werden. Während sich die Südvogesen zum Rheintal im Osten wie eine gewaltige Gebirgsbarriere aufbauen und sich im Westen nach Lothringen fortsetzen, fallen sie nach Süden fallen relativ sanft ab. Endlose Buchen- und Kiefernwälder sind typisch für mittlere Lagen. Hinzu kommen auf den Höhen ab etwa 1200 m die »Hautes Chaumes«, karge Weideflächen, sowie eine ganze Reihe stiller Gebirgsseen an der Grenze zu Lothringen. Der Wind pfeifft kräftig über die Höhen – willkommen in der rauesten Ecke des Elsass. Höchster Vogesengipfel ist der Grand Ballon (1424 m), doch etliche andere Berge liegen ebenfalls oberhalb der 1000-m-Marke: Petit Ballon (1267 m), Brézouard (1228 m), Hohneck (1362 m) und Ballon d'Alsace (1250 m). Bis in den Mai kann auf den Höhen Schnee liegen. Für ein paar kurze Sommermonate grasen dann die graumelierten, zähen Vogesenrinder in den Wiesen. Almhöfe versorgen während der wenigen Monate ihrer Bewirtschaftung Wanderer und Radfahrer mit kalorienschweren Mahlzeiten, manchmal auch mit einem Bett für die Nacht. Die Natur entfaltet sich üppig in der kurzen Vegetationsperiode. Das Reglement des Regionalparks »Ballons des Vosges« sorgt dafür, dass dem so bleibt.

Im Winter locken gut ausgestattete Skistationen in die Südvogesen, so etwa nach La Bresse, wo man allerdings bereits durch lothringischen Schnee wedelt. Die Route des Crêtes, eine spektakuläre Kammstraße, verläuft längs des Hauptkamms der Südvogesen. Die schwindelerregende Route folgt dabei im Groben der Verwaltungsgrenze zwischen dem Elsass und Lothringen. Lieblich machen sich die Hänge im Frühling aus, wenn die Wiesen in unerhörter Pracht erblühn. Die weißen Alpenanemonen, mit denen im Juni ganze Hänge überzogen sind, bilden eine eher blasse Ausnahme im Flickenteppich blauer Vogesenstiefmütterchen und gelber Wildnarzissen. Florival, Blumental, heißt nicht von ungefähr eins der Täler. Im Herbst werden die Vogesenkühe in tiefere Lagen getrieben, so auch ins Vallée de Munster, dem wohl bekanntesten Tal der Südvogesen, in dem der würzige Munster-Käse hergestellt wird. Das kulinarische Erzeugnis der Vogesen schlechthin gehört auf jeder Ferme-Auberge zum *repas marcaire,* der traditionellen Melkermahlzeit.

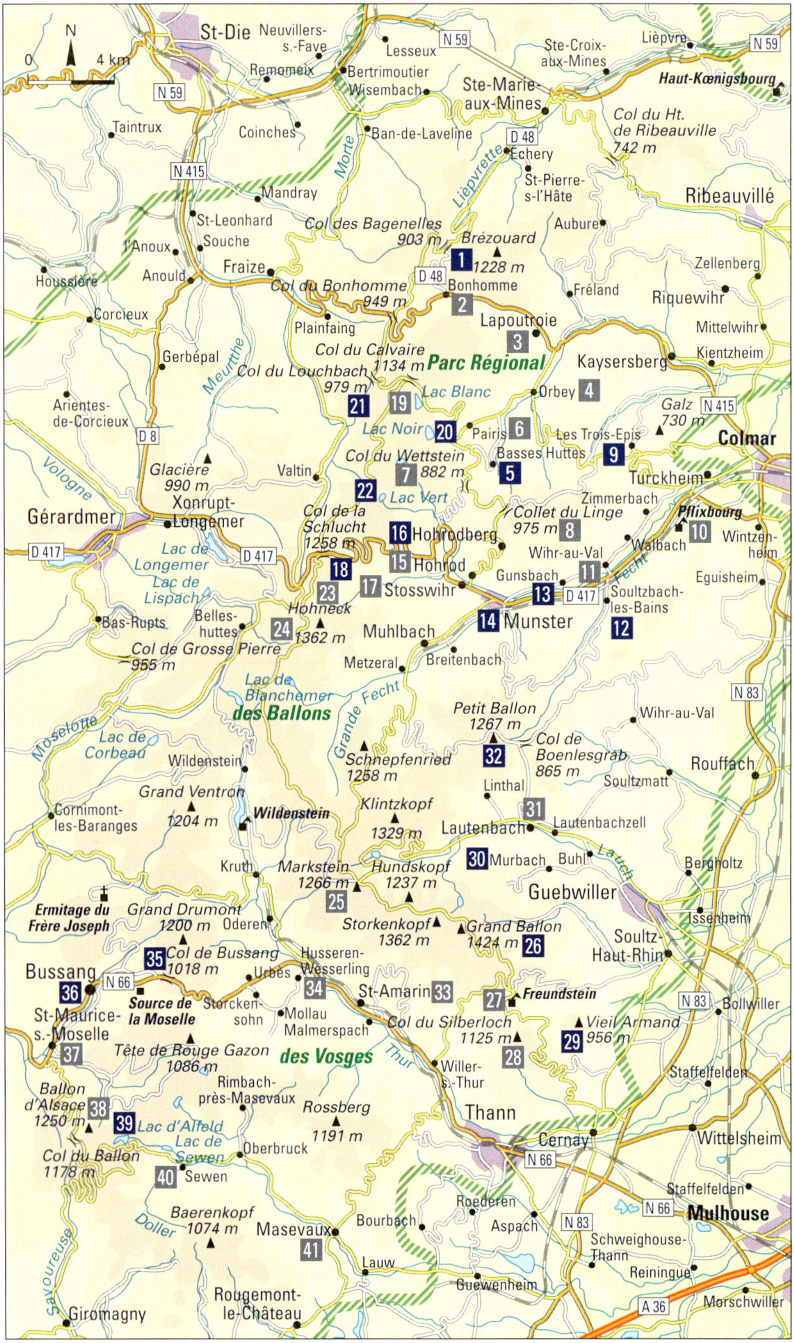
N
0
4 km
St-Die
Neuvillers-s.-Fave
Lesseux
N 59
Ste-Croix-aux-Mines
Lièpvre
N 59
Remomeix
Bertrimoutier
Wisembach
Ste-Marie-aux-Mines
Haut-Kœnigsbourg
N 59
Taintrux
Coinches
Ban-de-Laveline
D 48
Col du Ht. de Ribeauville 742 m
Morte
Liepvrette
Echery
St-Pierre-s-l'Hâte
N 415
Mandray
Ribeauvillé
St-Leonhard
Col des Bagenelles 903 m
Brézouard 1228 m
Aubure
Souche
l'Anoux
1
Zellenberg
Fraize
Houssière
Anould
D 48
Bonhomme
Col du Bonhomme 949 m
2
Fréland
Riquewihr
Corcieux
Plainfaing
Lapoutroie
3
Mittelwihr
Col du Calvaire 1134 m
Parc Régional
Kaysersberg
Kientzheim
Gerbépal
Meurthe
Col du Louchbach 979 m
Lac Blanc
Orbey
4
Arientes-de-Corcieux
21
19
Galz 730 m
N 415
D 8
Lac Noir
20
Pairis
6
Les Trois-Epis
Colmar
Vologne
Basses Huttes
9
Glacière 990 m
Col du Wettstein 882 m
7
5
Valtin
Turckheim
22
Lac Vert
Zimmerbach
Gérardmer
Xonrupt-Longemer
Col de la Schlucht 1258 m
Collet du Linge 975 m
8
Pflixbourg
10
Wintzenheim
16
Hohrodberg
Walbach
D 417
Lac de Longemer
D 417
15
Hohrod
Wihr-au-Val
11
Lac de Lispach
18
Gunsbach
Fecht
Eguisheim
23
17
Stosswihr
13
D 417
Soultzbach-les-Bains
Hohneck
Bas-Rupts
Belles-huttes
24
1362 m
14
Munster
12
Muhlbach
Col de Grosse Pierre 955 m
Metzeral
Breitenbach
Lac de Blanchemer
Grande Fecht
N 83
des Ballons
Petit Ballon 1267 m
Wihr-au-Val
Moselotte
Lac de Corbeau
Col de Boenlesgrab 865 m
Schnepfenried 1258 m
32
Wildenstein
Rouffach
Soultzmatt
Linthal
Grand Ventron 1204 m
Klintzkopf 1329 m
31
Cornimont-les-Baranges
Wildenstein
Lautenbach
Lautenbachzell
30
Murbach
Buhl
Lauch
Kruth
Markstein 1266 m
Hundskopf 1237 m
Bergholtz
Guebwiller
25
Ermitage du Frère Joseph
Grand Drumont 1200 m
Oderen
Storkenkopf 1362 m
Grand Ballon 1424 m
26
Issenheim
Soultz-Haut-Rhin
35
Col de Bussang 1018 m
Husseren-Wesserling
Bussang
Urbes
34
36
N 66
St-Amarin
33
27
Freundstein
N 83
Bollwiller
Source de la Moselle
Storckensohn
Mollau
Malmerspach
St-Maurice-s.-Moselle
Col du Silberloch 1125 m
Vieil Armand 956 m
29
Tête de Rouge Gazon 1086 m
des Vosges
Thur
28
37
Willer-s.-Thur
Staffelfelden
Ballon d'Alsace 1250 m
38
Rimbach-près-Masevaux
Rossberg 1191 m
Thann
39
Lac d'Alfeld
Cernay
Wittelsheim
Col du Ballon 1178 m
Lac de Sewen
Oberbruck
N 66
40
Sewen
Staffelfelden
Roederen
N 66
Mulhouse
Baerenkopf 1074 m
Doller
Masevaux
Bourbach
Aspach
N 83
Schweighouse-Thann
41
Lauw
Reiningue
Savoureuse
Guewenheim
Rougemont-le-Château
A 36
Morschwiller
Giromagny

## Von Ste-Marie-aux-Mines bis Munster

Von Ste-Marie-aux-Mines schlängelt sich die D 48 längs der Liepvrette zum Col de Bagenelles auf 903 m hoch: Willkommen im Land der Ballons. Eindachhöfe sind wie Steinriegel in die Hänge gesetzt. Auf den abschüssigen Wiesen grasen dunkelblaugrau-weiß gescheckte Vogesenrinder. Mit dem 1228 m hohen **Brézouard** 1 lockt der erste Berg. Es geht über ein Sträßchen bis kurz unter den kahlen Granitberg, zunächst vorbei am Weiler Fanrupt, der aus ein paar versprengten Gehöften besteht. Vom Gipfel (Ausschilderung GR 5) steckt der Blick zu den Ballons weiter südlich die Höhenlinie der Südvogesen-Route ab.

Es geht zurück zum Col de Bagenelles, von dessen Höhe die D 48 auf 700 m zum Straßendorf **Bonhomme** 2 abfällt. Große Steinhäuser säumen die stark befahrene Hauptstraße in der Talsohle. Streng wirkt die klassizistische Mairie. Der Gebirgsort liegt an der N 415, einer wichtigen Ost-West-Verbindung vom elsässischen Kaysersberg ins lothringische St-Dié.

**Lapoutroie** 3 hat das Glück, etwas abseits der N 415 zu liegen: Die LKW-Kolonnen fahren außen herum. Originell ist das Büro des Office de Tourisme. Es befindet sich in einem knallorangenen Waggon der stillgelegten »Kaysersberger Talbahn« (KTB). Ansonsten empfängt das Gebirgsstädtchen mit massiven, Wind und Wetter trotzenden Häusern ohne jeglichen Schnickschnack. Nicht ganz so berühmt wie Villé ist Lapoutroie als Heimat exzellenter Obstschnäpse. Dass man sich aber auch hier auf Himbeergeist und Kirsch versteht, beweist das von einer Destillerie betriebene Musée des Eaux-de-Vie. Im Gebäude einer alten Poststation aus dem 18. Jh. sind Sirupkocher und Kupferkessel ausgestellt, mit denen die köstlichen Obstbrände früher hergestellt wurden. Daneben bedecken 300 französische Liköre aus den 1950er Jahren eine gesamte Wand. Im ehemaligen Pferdestall kann man sich durchs hochprozentige Angebot der Destillerie probieren, und selbstverständlich alle Tropfen erstehen.

Kurz hinter Lapoutroie zweigt die Route nach **Orbey** 4 ab. Der etwas zerstückelt wirkende, von zwei Weltkriegen heimgesuchte Ort zieht sich längs der Durchgangsstraße. Das kleine Musée du Val d'Orbey stellt Werkzeuge und Gerätschaften aus, mit denen man früher den harten Bauernalltag im Tal bewältigte.

Hinter Orbey beginnt die Heimat glücklicher Kühe. Der Weiler **Basses Huttes** 5 versammelt inmitten saftiger Wiesen zwei Gasthöfe und zwei Dutzend Gehöfte – so schön ist nicht einmal das Land der lila Kühe aus der Werbung.

Mit **Pairis** 6 verbindet sich der Name einer im 12. Jh. gegründeten Zisterzienserabtei. Die im 19. Jh. neoromanisch neugebaute Kirche und ein barocker Wohnbau dienen heute einem Altersheim. Um das Dorf setzen die als lange Riegel in eine Hangterrasse gestauchten Vogesenhöfe Fluchtpunkte fürs Auge.

In die bäuerliche Idylle bricht am **Col du Wettstein** 7 (882 m) die Erinnerung an die Vogesenschlachten des Ersten Weltkriegs. Der »Cimetière des Chasseurs«, ein französischer Soldatenfriedhof, und ein monumentales Granitkreuz mit der Aufschrift »Pax« (Frieden) sind stumme Zeugen der Kämpfe, die allein auf französischer Seite 10 000 Menschenleben kosteten.

Richtig Reisen
*Tipp*

## Mit dem Heißluftballon übers Munstertal

6 Uhr früh im Munstertal. In der feuchtkühlen Wiese bläht sich ein knallrotes Ungetüm – Fassungsvermögen 5100 m³. Wenige Minuten später steigt der Ballon in die blaue Morgenluft. Von oben betrachtet schrumpfen die beiden Pferde in der Nachbarweide auf Ameisengröße. Ein Gehöft im Seitental – nicht größer als eine Streichholzschachtel. 2500 m Höhe: Wiesen, Äcker und Wälder werden zum kubistischen Gemälde in Grün. Flüsse und Bäche verwandeln sich in schillernde Silberadern.

Vier bis sieben Passagiere finden im Korb Platz. Vom Angebot machten seit der Gründung 1988 bislang 15000 Kunden Gebrauch, die Heimat oder Urlaubsziel einmal aus der Vogelperspektive betrachten wollten. Darunter war auch Tomi Ungerer, der vom Korb mit kleinen Fallschirmen versehene Munsterkäse abwarf. Beim Abstieg streift Pilot André Graff ganz sanft ein paar Äste, legt über einem Maisfeld noch mal ein wenig an Höhe zu, um den Ballon schließlich sicher in einer Hangwiese zu plazieren. Zwei Schwäne, aufgescheucht durch das rote Ungetüm, fliegen auf. Helle Begeisterung unter den Passagieren. Jeder packt nach der Landung mit an. Im Nu ist die Stoffhülle aus Polyamid wieder in einem Sack verstaut. Zur Belohnung öffnet André Graff ein paar Flaschen Crémant d'Alsace, um den Höhenflug noch ein wenig zu verlängern.

Reservierung: Aérovision,
4, rue de Hohrod, 68140 Munster,
✆ 03 89 77 22 81, Fax 03 89 77 25 70.

Am **Collet du Linge** 8 (983 m) das gleiche Bild: Eine der blutigsten deutsch-französischen Schlachten des Ersten Weltkriegs tobte im Sommer 1915 am Pass. Die Wälder sind wieder aufgeforstet, die Schützengräben zugeschüttet, einige Stellungen der Denkmalschutzbehörde unterstellt. Im Musée-Mémorial wird die Schlacht rekapituliert. Am Schlachtfeld selbst mahnt eine »Zone de recueillement« zu stiller Einkehr. Auch ohne große Erklärungen beredt ist das nahe Gräberfeld des – diesmal deutschen – Soldatenfriedhofs.

Ein Abstecher talwärts nach **Les Trois-Epis** 9 entführt in eine gepflegte Sommerfrische. Seit dem 15. Jh. ist der zwischen Tannenwäldern eingetauchte Ort Ziel einer Marienwallfahrt. Die Pilgerkapelle wurde um 1500 gebaut, nachdem die Heilige Jungfrau 1491 mit drei Ähren (frz. *trois épis*) in der Hand hier einem Marschall erschienen war. Im Ort ist der futuristische Betondreispitz der 1968 errichteten Kirche nicht zu übersehen. Dazu kommt ein Hauch Zauberberg mit vornehmen 1900-Villen, grotesken Appartementblocks, die so ebenfalls an der Côte d'Azur stehen

*Im Munstertal*

könnten, und netten, kleinen Hotels – Luftkurort ist Les Trois-Epis nämlich auch noch. Vom nahen Gipfel des Galz segnet seit 1918 eine 7 m hohe Christusstatue aus 730 m Höhe das Elsass.

Die D 11 führt oberhalb von Turckheim ins Munstertal. Seinen Namen verdankt es nicht der Fecht, die das Tal durchfließt, sondern dem größten Ort an ihren Ufern – Munster. Ab Wintzenheim, dessen Bewohner verzweifelt um eine Umgehungsstraße kämpfen, tauchen die Schilder der Verleiher von Skiern und Schlitten auf: Das Munstertal ist eine beliebte Schneise zu den Skiorten westlich der Route des Crêtes, Tanet-Trois Fours (Langlauf), Schnepfenried (Ablaufski) und Le Gaschney (Langlauf). Den Zugang ins Tal bewachte einmal die im 15. Jh. zerstörte **Burg Pflixbourg** 10. Übrig blieben ein runder Bergfried und ein eindrucksvoller Trümmerhaufen.

Die Route wechselt vom rechten Ufer, an dem die D 417, die eigentliche Verkehrsachse des Tals, verläuft, aufs linke Ufer und damit auf die bummelige D 10. Noch zwei hübsche Dörfer, Zimmerbach und Walbach, und man steht vor dem Stadttor von **Wihr-au-Val** 11. Das Tor bot wenig Schutz, als im Juni 1940 die deutsche Artillerie anrückte und das Dorf zerschoss. Dem Desaster folgte ein maßvoller Wiederaufbau: Wihr-au-Val ist wieder ein ansehnliches Winzerdorf, das einzige mit AOC-geadelten Lagen im Munstertal.

Dem Dorf gegenüber am rechten Ufer der Fecht lockt **Soultzbach-les-Bains** 12 mit einem anheimelnden, runden Kern. Viel Fachwerk, mit dem auch das Rathaus gebaut wurde, Kopfsteinpflaster, und das Schloss der Herren von Hattstatt-Schauenburg tragen zum Charme von Soultzbach bei. Den Zusatz »les-Bains« verdankt das Dorf den Quellen außerhalb seiner Mauern. Berühmtester Kurgast war Casanova.

Wieder wird das Ufer gewechselt. Der Grund ist **Gunsbach** 13, ein gutmütiges Dorf, dessen Aura so recht zu Albert Schweitzer (1875–1965) passt. Der kam zwar in Kaysersberg zur Welt, aber Kindheit und Alter verbrachte der Theologe, Arzt und Friedensnobelpreisträger von 1953 in Gunsbach. Schweitzers Vater war hier Pfarrer, und hier baute der im fernen Lambarene praktizierende Sohn sich mit dem Geld des ihm verliehenen Goethe-Preises 1928 ein Haus. Bis ins hohe Alter pendelte er zwischen dem Gabun und Gunsbach. Seit dem Tod des »Urwalddoktors« in Lambarene ist das Haus im Munstertal Schweitzer-Museum und -Archiv. Im Rathaus von 1570 erweist das Musée d'Art africain mit einer kleinen Sammlung afrikanischen Kunsthandwerks dem berühmten Sohn die Ehre. Schweitzers Mitarbeiterin Emma Haussknecht hat die Objekte zusammengetragen. Eine rote Sandsteinstatue über dem Dorf zeigt ihn bei der Arbeit. Die Orgel der von beiden Konfessionen genutzten Pfarrkirche entstand nach seinen Plänen – Gunsbach und Albert Schweitzer sind unzertrennlich.

Mit jedem Kilometer weiter auf Munster zu rückt der hochgereckte Kamm der Südvogesen näher. Dramatisch baut sich die alpine Kulisse hinter Munster auf. Der Hals reckt sich automatisch nach oben zu den Gipfeln, die an Erhabenheit denen der Alpen kaum nachstehen.

## Munster

14 Im Ersten Weltkrieg wurde Munster zu über 80 % zerstört. Der Wiederaufbau in den 1920er Jahren hat mittlerweile Patina angelegt. In der 5000 Einwohner zählenden Stadt sorgt der rege Durchgangsverkehr für Trubel. Die Freude über die im Rahmen einer Neugestaltung der Grand'Rue jüngst sanierten Fassaden bleibt indes getrübt – durch das Nadelöhr der Hauptstraße zwängt Verkehr durchs Tal. Die schmale Nordseite der Place du Marché begrenzt das Renaissance-Rathaus von 1550. Auf dem Platz mit einem Löwenbrunnen von 1575 schaut man nach Westen auf die neoromanische Pfarrkirche der protestantischen Gemeinde. Im Osten bietet die etwa gleich alte katholische Pfarrkirche dem Bundsandsteinbau Paroli. Die Terrasse des alteingesessenen Hôtel de la Cigogne hält trotz des Verkehrs begehrte Aussichtsplätze bereit. Ohnehin recht ist das Treiben den Störchen auf der 1872 gegenüber gebauten Tour de Cigogne. Der Turm an der Südseite der Place du Marché dient ebenso als Nistplatz wie das Dach des benachbarten ehemaligen Bischofspalais. Der Barockbau verstellt den Blick auf die Ruinen eines um 660 gegründeten Benediktinerklosters – Munster leitet sich vom lateinischen Monasterium (Kloster) ab. In

Richtig Reisen *Tipp*

# Munsterkäse

Vorweg: Wer Munsterkäse kauft, sollte für eine dichte Verpackung sorgen. Sonst droht die Rückfahrt zur olfaktorischen Tortur auszuarten. Ein einziger reifer Munster reicht aus, um ein Auto oder wahlweise Eisenbahnabteil gründlich zu verstänkern. Reif ist der Munster, wenn sein Laib cremig ist, aber noch nicht läuft. Gehalten wird die Käsemasse von einer rötlich-gelben Rinde, die man beruhigt mitessen kann. Manche streuen ein wenig Kümmel darüber, andere bevorzugen ihn pur. Klassische Begleitung ist ein Gläschen Gewürztraminer, doch mehren sich in jüngster Zeit die Anhänger von jungem Munster, der dann mit einem Kirschwasser verputzt wird. Der wahrscheinlich von irischen Benediktiner-Mönchen erfundene, vom Typ entschieden bäuerliche Käse heißt nach dem Ort seiner Herkunft, dem Munstertal. Stammt er von benachbarten lothringischen Kühen, wechselt sein Name zu Gérômé. Für Herstellung und Geschmack macht der Name allerdings keinen Unterschied. Die frisch gemolkene Milch wird leicht erwärmt und eingelabt. Die daraus entstandene geronne Milch muss leicht gesalzen und zum Abtropfen in runde Formen verfüllt werden. Nach ein oder zwei Tagen wird der frische, weiße Käseteig aus den Formen geholt und in einem Vorreiferaum gelagert. Dort verliert er binnen 2 bis 3 weiteren Tagen beträchtlich an Flüssigkeit. Anschließend lagert man die Laiber im Keller auf Bretter. Die Reifung dauert mindestens 14 Tage. Regelmäßig wird der Käse mit lauwarmem Wasser gewaschen, wodurch sich die typische Schutzkruste (»Rotschmiere«) entwickelt. Der standardisierte Munster stammt heute aus pasteurisierter Milch – AOC-Label hin oder her. Köstlicher ist ein Munster *fermier* aus Rohmilch. Er wird noch in Handarbeit hergestellt, wiegt annähernd ein Pfund, ist rund und reift mindestens drei Wochen lang. Der Geruch ist kraftvoll bis umwerfend, das Aroma mächtig, der Geschmack deftig. In seinem Heimattal wird er gern mit Pell- oder Bratkartoffeln gereicht. Gute Einkaufsadressen sind die Ferme-Auberges zwischen Orbey, der Route des Crêtes und dem Petit Ballon, aber auch die Caves d'Affinage de Munster, wo seit 1840 die Klassiker »La Vache Favorite«, »Val Martin« und »St-Grégoire« zur Reife gebracht werden (68380 Muhlbach-sur-Munster, ✆ 03 89 77 61 64).

# Wenn Technokraten Skipisten beschließen

27 Skilifte, 42 Pisten, 220 computergesteuerte Schneekanonen – und noch immer ist es Jean-Marie Remy nicht genug. Der Betreiber der Skistation La Bresse will nämlich noch mehr Skilifte, noch mehr Pisten, Flutlichtanlagen und ein neues Hotel mit 400 Betten. Durch drei Sesselliftverbindungen zwischen La Bresse und den Stationen La Schlucht und Le Collet soll der Vogesenski endlich alpine Dimensionen annehmen. Allein in La Bresse bedeuten die hochfliegenden Pläne eine Steigerung von heute 7000 auf 10 000 Skifahrer am Tag. 45 Mio. Mark sind an Investitionen fällig, ein Risiko, das Monsieur Remy bei der Planung nicht scheute, wusste er doch um entsprechende Unterstützung »von oben«. In der lothringischen Präfektur in Nancy war das Projekt von den Technokraten als »neue Touristikeinheit« schon im Vorfeld abgesegnet worden. In unerwarteter Allianz aber taten sich in den Vogesen Jäger, Umweltschützer und Befürworter des sanften Tourismus zusammen, um über den elsässischen Umweltverband »Alsace Nature« Klage beim Pariser Umweltministerium einzureichen. Ziel der 15 in der Interessengemeinschaft »Rééquilibre« zusammengefassten Verbände: Bevor die Umweltverträglichkeit des Megaprojekts nicht geprüft sei, solle der erste Spatenstich nicht erfolgen. Denn schließlich ist das anvisierte Gebiet im Rahmen des europäischen Naturschutzprogramms »Natura 2000« als ökologisch wertvoll eingestuft worden. Gefahr durch die Bagger droht einem 25 ha großen Hochmoor mit entsprechender Fauna und Flora, etwa dem seltenen Auerhahn und Luchs. Doch auch konservative Vertreter der Tourismusbranche sind von Remys Plänen nicht begeistert. Gerade weil die Skistationen der Vogesen sich so angenehm vom Abfahrtszirkus der Alpen unterscheiden, kommen viele Gäste immer wieder. Zu den Gegnern der »neuen Touristikeinheit« zählen auch das betroffene Département Vogesen sowie das Regionalparlament Lothringen, was freilich den nur sich und vielleicht noch Paris verantwortlichen Präfekten nicht davon abhielt, in selbstherrlicher Manier die Baupläne im Februar 1997 zu genehmigen. Dagegen klagen die Gegner nun vor dem Verwaltungsgericht.

der während der Revolution zerstörten Anlage gründete später André Hartmann eine Textilfabrik. Der Grundstein für eine der großen Industriellendynastien des Elsass war gelegt. Die Hartmanns ließen ab 1840 die Passstraße über den Col de la Schlucht bauen, trieben 1868 die Verlegung der Eisenbahn durchs Munstertal voran, wurden Bürgermeister und Abgeordnete des Elsass.

## Von Munster zum Col de la Schlucht

Westlich von Munster klettert die D 5b nach **Hohrod** 15 hoch. Die fliederfarbene *Mairie* ist gleichzeitig Grundschule – das reizvolle Dorf ergäbe eine ideale Heimatfilmkulisse. Immer steiler windet sich die Straße bis **Hohrodberg** 16 hoch. Der Weg lohnt sich wegen des fantastischen Ausblicks auf das Munstertal. Man ist im Ort, der wie eine Panoramaterrasse über dem Tal liegt, gut auf Besucher eingestellt, die den Blick länger genießen wollen.

Wieder unten im Tal folgt mit **Stosswihr** 17 das nächste anheimelnde Dorf. Es liegt im Tal der kleinen Fecht (»Petite Vallée«): In Munster gabelt sich der Fluss in »große« (Richtung Muhlbach) und »kleine« Fecht (Richtung Col de la Schlucht). In beiden Tälern machen Schilder auf das Angebot aufmerksam, sich mit Munsterkäse einzudecken.

In einer scharfen Rechtskurve sitzt die Dorfkirche von Ampfersbach artig in der Wiese. Auch Soultzeren ist ein ansprechendes Dorf in einer Wiesenmulde, dessen saumselige Ländlichkeit der verkehrsreichen D 417 erfolgreich trotzt. Auf den nächsten Kilometern steigt die Straße von knapp 500 m auf über knapp 1200 m am **Col de la Schlucht** 18 an. Neben der Steigung drosseln etliche Windungen die Geschwindigkeit. Links und rechts erlaubt dichter Wald kaum Ausblicke. Am mit 1139 m höchsten Straßenpass des Elsass ändert sich das Bild radikal. Der Col de la Schlucht selbst ist auf den ersten Blick eine ernüchternd banale Straßenkreuzung mit großen Parkplätzen – die Route des Crêtes trifft hier auf die D 417. Die Skipisten sind im Winter hoch beliebt. Skistation ist der Col seit der Belle-Epoque, wie alte Fotografien an den Wänden der Kneipen rund um die Kreuzung zeigen. Wer den Lift zum Hausberg, dem nahen Montabey, nimmt, genießt erste herrliche Blicke auf die Südvogesen. Spektakulärer noch sind die Ausblicke im Norden und Süden des Passes. Ein paar Schritte über den Fernwanderweg GR 5 etwa zum nahen Tanet-Gipfel oder in Richtung Hohneck-Massif garantieren atemberaubende Aussichten über die Südvogesen. Am Pass ist selbst die Kapelle Notre-Dames-des-Chaumes 1960 so gebaut worden, dass man durch ein ausladendes Fenster auf die Berge schaut.

## Route des Crêtes

Zu den schönsten Passstraßen der Welt zählt man die Route des Crêtes. Die überwältigend schöne Panoramastraße vom Col de Bagenelles im Norden bis zum Gipfel des Vieil Armand im Süden verläuft entweder auf dem Scheitelkamm der Südvogesen oder leicht nach Westen verschoben unterhalb der Gipfel. Die französische Armee hat die Straße im Ersten Weltkrieg zur besseren Bewegung ihrer Truppen aus dem Berg geklotzt. Im Winter (Nov. bis März) ist die gut 70 km lange Strecke wegen des Schneefalls gesperrt. Skilangläufer nutzen nun den Parcours. Für viele Pass-

*Lac Noir*

straßen, die die Route des Crêtes kreuzen, gilt dies ebenfalls. Sobald das Eis geschmolzen ist, ermöglicht die Panoramastraße einen bequemen Zugang zur rauen und unwirtlichen Welt der Hochvogesen. Man kann sich für ein paar Minuten am Abgrund die Füße vertreten oder von einem der vielem Parkplätze zu einer Tageswanderung aufbrechen: Der Fernwanderweg GR 5 überwindet die Südvogesen parallel zum Kamm. Oder aber ganz kommod einen Berggasthof ansteuern und vor alpiner Kulisse zu Tisch zu gehen.

Vom nördlichen Ende der Route des Crêtes am Col de Bagenelles geht es anfangs durch kathedralhohen dunklen Tann (D 148) zum Col du Bonhomme (949 m), wo die bereits erkundete Passstraße N 415 durch das Tal der Weiß (Lapoutroie) auf die Route des Crêtes trifft. Das Resultat sind Cafés zu allen vier Seiten einer Straßenkreuzung im Wald. Am nächsten Pass, dem Col du Louschbach (977 m), verfällt ein Vogesengehöft zur Ruine. Ein Stand mit Würsten und Munsterkäse verweist auf die Möglichkeit, beim nun folgenden Col du Calvaire (1145 m) über die D 48 II ins Munstertal abzubiegen. Ganz so weit soll es nicht gehen, doch ein kurzes Stück auf dieser Straße führt bald zum **Lac Blanc** 19. Steile, gräulichblaue Felsen rahmen den 72 m tiefen Gletschersee. Nackter, quarzhaltiger Fels, der den See hell scheinen lässt (daher der Name »weißer See«) unterstreicht die rüde Schönheit. Bedrohlich kippen Geröllfelder zum Wasser ab, in dessen glatter Fläche sich die Berge spiegeln.

Fast lieblich scheint dagegen die Lage des **Lac Noir** 20, eines zweiten Gletschersees ein Stück weiter östlich. Eine kleine Zufahrtsstraße endet am Ufer. Die abgeblätterte, weiße Fassade eines EDF-Elektrizitätswerks spiegelt sich im See, dessen Wasser im Kontrast tatsächlich schwarz erscheint.

*Le Hohneck*

Zurück auf die Route des Crêtes: Die Skistation »Lac Blanc« unterhalb des Col du Calvaire bietet neben Liften und Loipen auch die Möglichkeit, kurz einzukehren. Die Vegetation wird zusehends lichter: Die krautigen Wiesen der Hautes Chaumes bestimmen nun das Bild. Durch ausgedünnte Wälder gelangt man vorbei an der Roche des Fées (1220 m), wo wild aufeinander getürmte Granitblöcke aus der almähnlichen Landschaft hervorbrechen, zum Hochmoor des **Gazon du Faing** **21** (1303 m). Vom Gasthof mit dem wetterfesten Charme einer Hochgebirgsherberge leitet ein 2 km langer, gut beschilderter Lehrpfad bis an die grünlichen Steilklippen des Vogesenkamms. Verkrüppelte Birken, von Wind und Wetter gepeitschtes Heidekraut bedecken den Torfboden, der die Schritte federn lässt. Am Abhang steht ein Orientierungstisch, der den Ausblick auf den Gletschersee Lac Vert und über die Vogesen bis in die Rheinebene Gipfel für Gipfel aufgliedert. Man kann der Klippenkante folgen, doch Vorsicht bei starkem Wind. Eine kräftige Böe kann tödliche Folgen haben, wenn man sich zu nah an die ungesicherte Kante wagt.

Auch der Gazon Martin ist ein Hochmoor. Auf seiner Höhe erlaubt eine Straße die Zufahrt zum **Lac Vert** **22**, der seine einst grüne Farbe seit der künstlichen Erhöhung des Pegels Mitte des 19. Jh. verloren hat. Dunkelgrüne Tannenwälder rahmen den See dafür noch immer. Für Wanderer empfiehlt sich ein Stopp an der Chaume du Tanet, von wo man zum 1293 m hohen Gipfel des Tanet aufsteigen kann.

Hinter dem schon bekannten Col de Schlucht weist ein Schild zum **Jardin d'Altitude du Chitelet** **23**. Der botanische Garten versammelt an die 3000 Gebirgspflanzen im Umfeld eines Hochmoors und der Vologne-Quelle. Kurz darauf erblickt man nach Westen tief im

Tal den 2 km langen Lac de Longemer, der von der Vologne gespeist wird.

Mit dem **Hohneck** 24 (1363 m) streift die Route des Crêtes den ersten Ballon. Rings um die kleine Skistation blühen im Juni bunte Wildblumenteppiche. Auf dem kahlen, abgerundeten Gipfel, an den ein Abzweig nah heranführt, reicht der Blick spielend zu Petit und Grand Ballon. Ihnen allen gemein ist die abgerundete Gipfelkuppe. Über dem südlichen Rheintal zählt man fünf Berge, die offiziell Ballons, zu deutsch Wasen oder auch Belchen heißen: Grand Ballon, Petit Ballon, Ballon d'Alsace im Elsass, Belchen im Schwarzwald und Jurabelchen in der Schweiz. Seit vor ungefähr 20 Jahren das Schlagwort »Belchensystem« gefallen ist, versuchen Astrologen, Geologen, Archäologen und Ethnologen einen Bezug zwischen den Gipfeln herzustellen. Gemeinsam geht man von einem steinzeitlichen Kalendarsystem aus und nimmt an, dass die fünf Berge mit einem Namen keltischen Ursprungs dem Sonnengott Belenus geweiht waren. Nimmt man den Ballon d'Alsace als Standpunkt, geht die Sonne am 21. Juni (Mittsommer) tatsächlich über dem Petit Ballon, am 21. Dezember (Mittwinter) über dem Jurabelchen auf. Hat das etwas zu bedeuten? Versteckt sich ein keltischer Sonnenkalender, ein von Druiden ausgetüfteltes Regelwerk zur Berechnung des Laufs von Sonne, Mond und Sternen, in den Beobachtungen? Darüber debattiert die Fachwelt. Bei einer zünftigen Mahlzeit in einer der umliegenden Ferme-Auberges kann man sich so seine Gedanken über das »Belchensystem« machen. Zuerst verlockt die Ferme-Auberge de Breitzhousen (Ende Mai Fest zum Viehauftrieb, Verkauf von Munster und Bergkas), von der man talwärts zum Lac de Schiessrothried spazieren kann, zur Rast. Dann folgt bald die Ferme-Auberge du Firstmiss (Verkauf von Munster und Bergkas) mit Blick auf den See von Altenweir auf elsässischer und den See von Blanchemer auf lothringischer Seite, schließlich die Ferme-Auberge du Hahnenbrunnen (schöner Blick über die im Juni entfachten Johannisfeuer im Thurtal, Verkauf von Munster, Bergkas, Quark, Butter). Spezialität ist jeweils das *repas marcaire,* die stets reichlich bemessene Melkermahlzeit (s. S. 43). *Bon appétit!*

Die Route des Crêtes mäandert weiter durch die bizarre Einöde der Hautes Chaumes. Kein Dorf, nur ab und zu ein Almhof verweist auf die Anwesenheit des Menschen. Gipfelblicke geben mal die Sicht frei auf die *France intérieure* westlich des Kamms, mal auf das Elsass im Osten. Der 1200 m hohe **Markstein** 25 empfängt mit bravem Logis-de-France-Hotel, Chalets und Skilift – die verkehrsgünstige Lage an der Kreuzung zur D 27 nach Guebwiller und damit an die Weinstraße half dem touristischen Aufschwung nach. Wie die meisten Skiorte der Vogesen hat auch diese Station nichts mit dem High Tech-Zirkus und Betonchaos französischer Alpenskiorte gemein – es wird ein eher familiärer Stil gepflegt.

Den Markstein überragen nach Südosten Hundskopf (1237 m) und Storkenkopf (1362 m). Übertroffen werden sie allesam vom **Grand Ballon** 26 (1424 m). Dem höchsten Vogesengipfel setzt der weiße Dom einer Radarstation eine Clownsnase auf. Ein großer Parkplatz und ein behäbiges Hotelchalet kommen unterhalb der Gneiskuppe hinzu. Es gibt gewiss unberührtere Plätze an der Kammstraße, aber am Grand Ballon muss man einfach anhalten. Immerhin kann man bei günstiger Sicht die Alpen des Berner Oberlands ausmachen. Der Lac du Ballon, dessen alte Staumauer

*Auf dem Weg zum höchsten Vogesengipfel, dem Grand Ballon*

dem Reiz des tiefblauen Gletschersees keinen Abbruch tut, bietet sich für eine kurze Wanderung an. Von der Staumauer braucht man gut 20 Min. bergauf zur Ferme-Auberge du Gustiberg mit herrlichem Blick über das Thur-Tal.

Vom Grand Ballon geht es nun stetig bergab. Bald ist die Baumgrenze wieder unterschritten. Die Straße verschwindet zwischen mächtigen Stämmen. Auf Höhe des Abzweigs nach Goldbach lädt die letzte Ferme-Auberge an der Route des Crêtes zur Einkehr ein. Das Gehöft (Verkauf von Munster, Bergkas, Butter) in einer steilen Weide unweit der **Burgruine Freundstein** 27 (948 m, 15 Min. Wanderung zur am höchsten gelegenen Burg des Elsass) gehört bis heute der Familie Waldner-Freundstein, die die Burg im 13. Jh. errichten ließ.

Das lauschige letzte Teilstück lässt nicht erahnen, wie vernichtet Wälder und Gehöfte nach dem Ersten Weltkrieg darlagen. Am **Col du Silberloch** 28 (908 m) erinnert das ungeschlachte Monument mit Krypta und »vaterländischem Altar« an die blutige Schlacht um den Vieil Armand. Vier Jahre lang kämpften französische »diables rouges« und preußische Gebirgsjäger um jeden Meter am Gipfel. 1918 war der Boden buchstäblich blutgetränkt. Von den Wäldern blieb nicht viel mehr als verkohlte Stämme. Dazwischen Schützengräben und Kanonenstellungen. Seit 1921 steht der symbolträchtige Ort unter Denkmalschutz. Die Gebeine von über 10 000 nicht identifizierbarer Toter sind allein in der Krypta beigesetzt. Auf dem Gräberfeld liegen nach Schätzungen 30 000 weitere französische und deutsche Gefallene unter der Erde. Die genaue Zahl kennt niemand. Friedhof und Gipfel des **Vieil Armand** 29 (956 m) sind durch einen Wanderweg verbunden. Vom 22 m hohen Gipfelkreuz schaut man über die Rheinebene auf den Schwarzwald, ein versöhnlicher Blick zum Abschluss der Route des Crêtes.

*Soldatenfriedhof Vieil Armand*

## Das Blumental

Das »Blumental« (Florival), ein im Vergleich zur Route des Crêtes lieblicher Landstrich, reicht von Guebwiller an der Weinstraße (s. S. 211 f.) bis hoch zur Lauchquelle am Markstein. An der Lauch zeigen sich die Südvogesen von ihrer einladendsten Seite. Über eine Waldstraße oberhalb von Buhl fährt man auf den Chor und die beiden eckigen Vierungstürme der Abteikirche von **Murbach** 30 zu, deren romanische Pracht vorerst darüber hinwegtäuscht, dass der Rest der Kirche dahinter verschwunden ist. Zwei Barockbauten, die ehemaligen Pfortenhäuser der Abtei, rahmen den Zugang ins Dorf. Gemüsegärten, Streuobstwiesen und keine zwei Dutzend Häuser scharen sich um die vorbildlich restaurierten Überreste der 728 von Benediktinern gegründeten Abtei. Um den romanischen, während des Dreißigjährigen Kriegs arg lädierten Bau im Barockstil zu modernisieren, ging der Orden im 18. Jh. daran, das Langhaus abzureißen. Dann ging das Geld aus. Den stehen gebliebenen Chor des 12. Jh. und das Querschiff der Kirche nutzt die Gemeinde seither als Pfarrkirche. Wo einmal des Langhaus stand, legte man den Dorffriedhof an. Was an Fassadenschmuck übrig blieb – das orientalisch anmutende Tympanon am Südportal, die Formspiele der romanischen Scheinempore unter dem Giebelfeld – lässt erahnen, wie reich bebildert der gesamte Bau gewesen sein muss.

Ein Stückchen Straße durchs Murbachtal, dann geht es ab Belchenthal nur noch zu Fuß oder mit dem Fahrrad (Wirtschaftsweg) weiter. Das Ziel ist die Ferme-Auberge Glashütte vor Rimbach. Im wuchtigen Gehöft auf einer Lichtung im Rimbachtal kann man ein *repas marcaire,* ein Kaninchen oder eine Königinpastete bestellen – mit Wald- und Wiesenblick (Verkauf von Munster und Butter).

Auch **Lautenbach** 31 hat eine romanische Klosterkirche, an der offenbar »etwas nicht stimmt«: So fehlt dem Südturm die Spitze. Am frühromanischen Langhaus von St-Gangolf fällt das Mauerwerk aus rohem, unbehauenem Stein auf, das älter noch als das reich geschmückte Westwerk samt Portal (12. Jh.) ist. Vermutlich stammt es aus dem späten 11. Jh. In aller Munde und vor allem Bücherschränke ist Lautenbach durch den Roman »Die Linden von Lautenbach« (s. S. 310), den der hier geborene Journalist Jean Egen 1983 veröffentlicht hat.

In Lautenbachzell schaufelt sich ein gewaltiges Mühlrad durch das Wasser der Lauch. Kurz hinter dem Dorf geht rechts eine schlaglochreiche Piste zum Petit Ballon ab. Auf halber Strecke erlaubt der Col du Boenlesgrab Talblicke. Das letzte Stück zum **Petit Ballon** 32 (1272 m) ist nicht asphaltiert – mehr zu sehen gibt es ohnehin, wenn man den Wagen am Col stehen lässt und weiterwandert. Warum der Petit Ballon auf deutsch »kahler Wasen« heißt, wird bei der Bezwingung des Gipfels klar: Weder Baum noch Strauch wachsen auf der breiten Kuppe.

## Moselquelle und Ballon d'Alsace

Im Süden verlieren die Vogesen merklich an Höhe und Kraft. Im breiten Thurtal, das als wichtige Vogesenpassage mit Eisenbahnlinie und für den Fernverkehr ausgebauter N 66 leben muss, sind alpine Eindrücke rar. Talaufwärts begleiten die neben der Straße ratternden rotgelben Schienenbusse der TER-Regionalzüge die Fahrt nach **St-Amarin** 33. Seit die Umgehungsstraße das Städtchen von Lastwagen befreit hat, ist das

*Auf den Höhen kommt der Sommer spät*

Zentrum zur Fußgängerzone aufgemöbelt worden. Um den barocken Zwiebelturm der Kirche stehen nun türkisfarbene Straßenlaternen, die eher zu einem Einkaufszentrum passen würden.

**Husseren-Wesserling** 34 empfängt mit dem nostalgischen Charme schmucker Arbeiterhäuser und Fabriken des 19. Jh. Der Doppelort in friedlicher Lage etwas abseits der N 66 ist seit über 200 Jahren Standort der Textilproduktion. Die ersten gemusterten Baumwolltücher wurden 1762 im Schloss von Wesserling gefertigt. Wie es weiterging, kann man im neuen Textil- und Kostümmuseum nacherleben. Die Schau in einer Textilfabrik von 1819, an die ein avantgardistischer, mit Holz verkleideter Neubau gefügt ist, vereint Produktionsprozesse und historische Kleiderschau.

Ein Schlenker über Mollau und Storckensohn entführt in zwei hübsche Landpomeranzen, die ihre Besucher als *villages de neige* (Schneedörfer) begrüßen. Der Glockenturm von Urbès taucht

über dem Hang auf: Das Dorf inmitten der saftigen Wiesen am Thur-Ufer ist der letzte Ort vor dem **Col de Bussang** 35 (1068 m). Im Westen baut sich der Gebirgskamm wie eine Mauer auf. Mit dem Pass auf dem Scheitel des Vogesenkamms ist die Grenze zu Lothringen erreicht. Kurz hinter dem Col de Bussang entspringt an der von der N 66 abzweigenden D 89 die Mosel. Ihr Wasser sprudelt durch ein steinernes M. Ein Relief mit dem 550 km langen Verlauf der Mosel zeigt den Fluss bis zur Mündung in den Rhein.

Die D 89 erreicht **Bussang** 36. Weißgekalkte Berghöfe mit einem Giebelfeld aus Holz verweisen auf den nahen Jura. Zu jedem Haus gehören Ställe aus Holz sowie Holzschober: Forstwirtschaft und Sägewerke sichern Bussang ein schmales Auskommen. Man kann an jeder Ecke Vogesenkäse, köstliche lothringische Wurst und natürlich Kaminholz kaufen, doch der Leerstand vieler Häuser zeigt, dass die Einnahmen auch daraus nicht weit reichen. Die Hauptattraktion des Orts ist selbstverständlich komplett aus Holz gebaut. »Théâtre du Peuple« steht in großen Lettern an einem dunkelgebeizten Bau oberhalb der N 66. Ein bisschen sieht's aus wie ein Sägewerk, ein bisschen wie ein Schober. Tatsächlich aber handelt es sich um Frankreichs älteste (und noch bespielte!) Volksbühne, wie die Birkenholzgeländer zu den Tribünen für 1200 Plätze beim näheren Hinschauen erkennen lassen.

Die Mosel gewinnt erstaunlich schnell an Breite. In **St-Maurice-sur-Moselle** 37 sitzt der gallische Hahn stolz auf dem Kriegerdenkmal des kargen Kirchplatzes. Mit Ski- und Wandertourismus versucht der Ort, den Niedergang der Textilindustrie zu kompensieren.

Von hier schraubt sich die D 465 in abenteuerlichen Windungen zum **Ballon d'Alsace** 38 (1250 m) hoch. Der kahle Gipfel liegt auf der Grenze zur Region Franche-Comté. Zu Ferme-Auberge und Jeanne d'Arc-Statue kommt ein Denkmal für die bei Minenräumarbeiten zerfetzten Arbeiter hinzu: Zwischen drei spitzen Nadeln stürzt ein Mensch zu Boden. Vorm Souvenirgeschäft sind Minenhülsen aufgereiht – auch der Ballon d'Alsace war Weltkriegsschauplatz.

Zum **Lac d'Alfeld** 39 geht es über 600 m immer bergab. Waldhänge rahmen den glasklaren Gebirgssee. Um einen Gasthof schnattern Enten. Die Idylle ist perfekt, wenn man ein nettes Plätzchen auf einem der Felsen gefunden hat und talwärts zum Lac de Sewen schaut, der von Feuchtwiesen umgeben ist.

**Sewen** 40 ist eine nette Überraschung. Durchs Dorf mit Bauerngärten rauscht die Doller, derem Lauf die Route jetzt folgt. Ihr kalkarmes Wasser wurde ab dem 19. Jh. bis ins ferne Mulhouse von der Textilindustrie für die Reinigungsbäder der Stoffe benutzt.

Das nächste Ziel, **Masevaux** 41, ist mit verbundsteingepflasterter und musikbeschallter Fußgängerzone sowie schauerlicher neoklassizistischer Kirche nicht gerade ein Landidyll. Im Ort pocht das barocke Rathaus auf die große Zeit der Stadt, als der Hochadel seine Töchter zur Erziehung hierher ins Benediktinerinnenkloster steckte. Auch die spätere Zarin Katharina II. lernte in Masevaux fürs Leben. Heute macht die Stadt als elsässisches Oberammergau von sich reden. Die Karten für die während der Fastenzeit aufgeführten Passionsspiele sind weit über das Tal der Doller hinaus begehrt.

*Vogesenlandschaft am Petit Ballon*

# Großes Ried und Weinstraße

# Sélestat

**Tipps & Adressen** S. 287

**Karte** S. 167

**Dauer** Sélestat 1/2–1 Tag



**1** Die Lage in der fruchtbaren Rheinebene, auf halber Strecke zwischen Straßburg und Colmar, kürte Sélestat früh zum Marktplatz des Elsass: Die Genossenschaft der Gemüsebauern besteht seit dem Mittelalter. Der Markt wird seit 1435 jeden Dienstag abgehalten, als aus dem einst merowingischen »Scladistat« (dt.: Ort in den Sümpfen) längst eine Wiege des rheinischen Humanismus erwachsen war. Ein Höhepunkt in der Stadtgeschichte war zu Weihnachten 775 der Besuch Karls des Großen. Im 11. Jh. förderte das von Hildegard von Egisheim- Dagsburg begründete Kloster Ste-Foy eine erste städtische Blüte. Im 13. Jh. erhielt Schlettstadt Stadtrechte und Schutzwall, im 14. Jh. den prestigeträchtigen Titel einer freien Reichsstadt. Es folgte der Beitritt zum Decapolis-Städtebund. Wer von dem französisch Sélestat genannten 15 000-Einwohner-Städtchen heute redet, nennt an erster Stelle seine Bedeutung im 15. und 16. Jh. als Humanistenhochburg. In den Kriegen des 19. und 20. Jh. blieb Sélestat weitgehend verschont, so auch, als von Dezember 1944 bis Februar 1945 die Front direkt vor der Stadt verlief.

Ausgangspunkt für den Stadtspaziergang ist das Office de Tourisme in einer **Johanniterkomturei** (1) des 15.–16. Jh. Allein für den prachtvollen, von einer herrlichen Holzdecke geschmückten Saal lohnt sich der Gang an den Schalter. Links neben dem Office de Tourisme führt eine Tür am Außenturm in ein steinernes, elegantes Treppenhaus mit Kreuzrippengewölbe – Betreten erlaubt, da die Stufen zu den für die Öffentlichkeit vorgesehenen Bereichen des Rathauses führen.

Über die Rue des Franciscains gelangt man vorbei am barocken Hôtel de Chanlas zur Place du Marché aux Pots. Die Rue des Marchands leitet zur Place d'Armes mit dem klassizistischen **Rathaus** (2) von 1788 weiter. Vier dorische Säulen verleihen dem Bau eine nüchterne Würde.

Weitere Plätze mit Namen, die auf die Bedeutung von Sélestat als Marktplatz verweisen, sind der Place du Marché Vert, gefolgt vom Marché aux Poissons. Hier steht die Kirche **Ste-Foy** (3), ein romanischer Bau mit zwei schlanken Westtürmen und einem wuchtigen Vierungsturm. Massiv wirkt das aus tiefrotem Bundsandstein errichtete, im 11. Jh. begonnene Gotteshaus. Oft umgebaut, im Barock bis zur Unkenntlichkeit verändert, hat der im 19. Jh. durchgeführte Rückbau den romanischen Ursprung nur zum Teil wiederhergestellt. Vieles entspricht dem neoromanischen Geschmack des 19. Jh. Bei den Arbeiten wurde in der Krypta der Leichnam der »unbekannten Dame« entdeckt, von der vermutet wird, dass es sich um die hier beigesetzte Kirchenstifterin Hildegard handelt.

Die **Bibliothèque Humaniste** (4), befindet sich in einem schlichten Bau an der Place Gambetta, der bis zur Einlagerung der kostbaren Humanistenbiblio-

◁ *An der Weinstraße bei Kaysersberg*

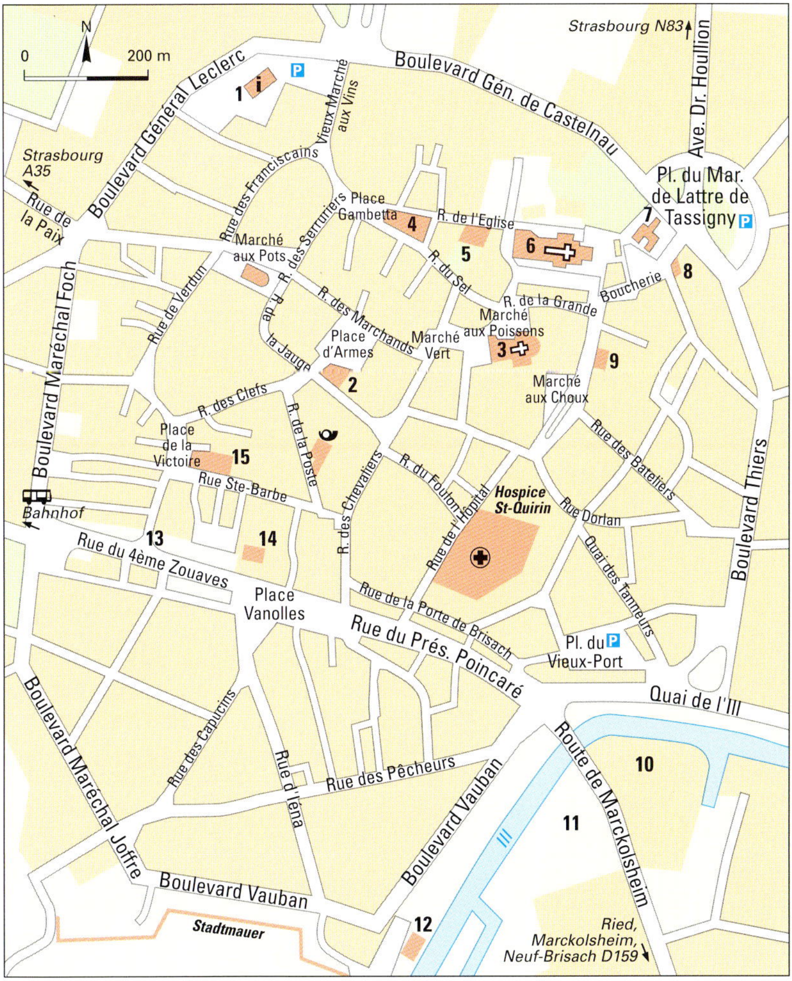


***Sélestat*** *1 Johanniterkomturei 2 Rathaus 3 Ste-Foy 4 Bibliothèque Humaniste 5 Résidence d'Ebersmunster 6 Pfarrkirche St-Georges 7 Porte de Strasbourg 8 Tour des Sorcières 9 Maison Billex 10 Agence de la Culture 11 Médiathèque 12 Le Rêve 13 Tour de l'Horloge*

thek 1889 als Kornhalle diente. Diese älteste öffentliche Bibliothek des Elsass ist einer der wenigen niemals auseinandergerissenen humanistischen Bücherschätze Europas. In den Nischen des Lesesaals im ersten Stock sind die kostbarsten Werke hinter Gitter ausgestellt: die Sammlung der 1452 gegründeten Schlettstädter Lateinschule sowie die des Humanisten Beatus Rhenanus (1485–1547), insgesamt 450 Manuskripte, 530 Inkunabeln sowie 2000 Druckwerke des 16. Jh. Zu den seltesten Stücken zählen ein merowingisches Lektionar des 7. Jh., das Kapitularbuch Karls des Großen (9. Jh.) und das Schulheft von Beatus Rhenanus (1499). Eine Besonderheit sind die Wiegendrucke früher elsässischer Drucker wie etwa das des 1410 in Schlettstadt geborenen Johannes Mentel oder das des in der Stadt tätigen Lazarus Schürer (16. Jh.). Hinzu

Appetitlich: Das Angebot in den elsässischen Delikatessenläden

kommen ein Reliefmodell der Stadt des 16. Jh., Flügelaltäre und Holzskulpturen, allem voran ein Christuskopf des 16. Jh. sowie eine Aposteldoppelbüste.

In der Rue de l'Eglise ist die **Résidence d'Ebersmunster** (5) nicht zu übersehen. Im feudalen Renaissance-Komplex ließen es sich die Benediktinermönche aus Ebersmünster auf ihren Stadtbesuchen gutgehn. Die Straße endet vor der **Pfarrkirche St-Georges** (6). Der Platz vor dem gotischen Meisterwerk ist seit kurzem wie ein kleines Amphitheater umgestaltet worden. An einer Hauswand hängt die Skulptur »La Lame« von Marc Couturier (1998). 200 Jahre dauerte die Bauzeit der im 13. Jh. begonnenen Kirche. Wie bei Ste-Foy verwandte man Granit und roten Bundsandstein, mit denen die grünlasierten Ziegel auf dem Langhaus hübsch kontrastieren. Nur ein Turm im spätgotischen Stil (1490) überragt das Westwerk. Innen sind vor allem die Chorglasfenster des 15. Jh. sehenswert. Auf der Nordseite der Kirche liegt die elegante Stadtresidenz der Kanonissen eines Andlauer Klosters. Hinter St-Georges stehen sich die barorcke **Porte de Strasbourg** (7), ein Stadttor von 1679, und die **Tour des Sorcières** (8) gegenüber: Auch der ungeschlachte »Hexenturm« ist ein Stadttor, allerdings 400 Jahre älter als die Porte de Strasbourg.

Die Place du Marché aux Choux ist ein weites Areal mit einigen herrschaftlichen Fassaden, darunter die der **Maison Billex** (9) von 1615. In ihren Mauern empfing Ludwig XIV. am 15. Oktober 1681 den Magistrat der Stadt, der angesichts der militärischen Stärke Frankreichs klein beigeben musste.

Über die Rue Dorlan gelangt man ins ehemalige Gerberviertel an der Ill, ein durch Abriss und Verfall ramponiertes Kleine-Leute-Quartier. Anheimelnde Kopfsteinpflastergassen wie der Quai des Tanneurs machen den Charme des kleinteilig bebauten Viertels aus. Allmählich greift die Sanierung, wie der Umbau des ehemaligen Hospice St-Quirin zeigt. Hier lag einmal Schlettstadts im 18. Jh. zugeschütteter Flusshafen, an den der Name der Place du Vieux Port erinnert.

Jenseits der Ill enstanden in den 1990er Jahren die **Agence de la Culture** (10) und die **Médiathèque** (11). Mit dem Glas-Beton-Bau auf der einen und dem mit Schiefer und Holz verkleideten Bau auf der anderen Seite bekam Sélestat einen neuen städtbaulichen Pol. Das Stück Avantgarde vor der Stadtmauer wird durch die Ill vom Fachwerk der Altstadt abgetrennt. Zwölf Gemeinden, eine Mediathek – nur im Schulterschluss war der ehrgeizige Neubau in Sélestat finanzierbar. Im Mai 1998 eröffnete Frankreichs einzige interkommunale Mediathek ihre Pforten. Willkommen sind nicht nur die Einwohner der Stadt und elf umliegender Orte von Baldenheim bis Scherwiller, sondern auch Ortsfremde, sprich Touristen. Die können mit Blick auf die Ill im großen, tageslichthellen Lesebereich 41600 Bücher (darunter etliche Bücher zum Elsass), 4500 Comicbände, 8000 CDs, 400 Radiokassetten und 100 Zeitschriften und Zeitungen konsultieren. Gratis, versteht sich. Auch das Wiederkommen lohnt sich. Pro Jahr will die Mediathek ihre Bestände um 7000 Neuerwerbungen aufstocken.

Über das Ufer der Ill erreicht man ganz im Süden der Stadt ein Stück Festungswall aus dem 17. Jh. Zwischen Bollwerk und Ill leuchtet das von der Stadt bei Sarkis in Auftrag gegebene Kunstwerk **Le Rêve** (12), eine Neoninstallation (1993).

In das Viertel um die Place de la Victoire im Westen der Altstadt führt ein breiter Boulevard, die Rue du Président Poincaré. Auf dem Weg streift man die mittelalterliche **Tour de l'Horloge** (13)

*Nicht nur beim Winzer: der Weinkauf im Geschäft lässt eine vielseitige Auswahl zu*

(1280). Rechts hinter dem Tor vermittelt die schmale Rue de la Porte de Brisach Altstadtflair. Bei der etwas von der Rue du Président Poincaré zurückgesetzten neoromanischen **Synagoge** (14) (1890) biegt man durch die Impasse de la Synagogue auf die Rue Ste-Barbe ab. Links ragt die mächtige Seitenfront der **Salle Ste-Barbara** (15) in die geschäftige Straße. Der 1470 als städtisches Lager- und Zollhaus errichtete Bau ist heute Festsaal. Eine Statue der hl. Barbara schaut von der Ecke auf die Place de la Victoire. Noch eine Etage höher sitzen auf den Zacken des spätgotischen Giebels Störche im Nest.

# Grand Ried



**Tipps & Adressen**
Ebersmunster S. 254, Benfeld S. 248, Erstein S. 255, Rhinau S. 279, Muttersholtz S. 272, Marckolsheim S. 266, Artzenheim S. 246, Neuf-Brisach S. 272, Biesheim S. 248, Illhaeusern S. 261

**Karte** S. 171

**Strecke & Dauer** ca. 110 km, 1–2 Tage

»Grand Ried« heißt das von Bächen, Flüssen und Feuchtwiesen geprägte Land zwischen Rheinufer im Osten und Weinbergen im Westen. Selten kommt das Elsass so flach und übersichtlich daher – ein ideales Terrain für gemütliche Fahrradtouren. Schon von weitem sind Kirchtürme, Pappelalleen und Speicher der Großgenossenschaften in den weiten Wiesen und Äckern auszumachen. Tabak, Mais, Zuckerrüben und vor allem Kohl sind die seit Jahrhunderten klassischen Feldfrüchte der landwirtschaftlich intensiv genutzten Böden. Für die Küche bedeutet dies: Sauerkraut steht an erster Stelle auf den Karten der Gasthäuser. Hinzu kommt die *matelote,* ein Fischragout aus Hecht, Aal, Zander und Barsch: Wasser gibt es hier reichlich und Angeln ist Volkssport. Überall gurgelt's. Auch im Wald, der immerhin ein Viertel der ungefähr 200 km$^2$ großen Fläche bedeckt.

Das Wort Ried bedeutet Schilf. Die Pflanze ist hier beheimatet, seit am Ende der letzten Eiszeit das große Schmelzen einsetzte und ein gewaltiges Grundwasservorkommen übrig ließ. Dieser Wasserreichtum tritt in zahlreichen Quellen zutage und speist die sogenannten »Brunnwasser«, Bäche mit direktem Anschluss ans Grundwasser. Wo Landwirtschaft und Besiedlung per Naturschutz Einhalt geboten wird, sprießt das Schilf, so auch an der Ill, die die still fließende Hauptschlagader des »Grand Ried« ist. Von März bis August bevölkert der braun-weiß gesprenkelte Brachvogel die Feuchtwiesen. Man erkennt ihn an seinem nach unten krummen, langen Schnabel. Zu ihm gesellt sich eine Schar anderer Zugvögel, für die das Ried neben dem Rhônetal eine wichtige Zwischenetappe beim Flug gen Süden ist. Im Frühjahr setzen Ill und andere Wasserläufe, die im Gegensatz zum Rhein nicht begradigt und eingedeicht wurden, große Flächen unter Wasser. Die Stimmung über dem Land wird dann ein wenig melancholisch. Ein paar Grad können über Nacht alles ändern. Kommen zum Wasser frostige Temperaturen, gleißt das eisüberzogene große Ried wie eine endlose, heitere Spiegelfläche.

## Die Abtei Ebersmunster

Die Tour durchs Grand Ried beginnt nördlich von Sélestat in **Ebersheim** **1**, einem Fachwerkdorf an der Fernstraße N 83 und unweit der Ill. Zwischen den Gehöften hervor sticht die barocke Pfarrkirche St-Martin.

Keine 2 km weiter setzen die beiden ranken Zwiebeltürme der **Abtei Ebersmunster** **2** barocke Ausrufezeichen in den Himmel, die vor allem Besuchern von der anderen Rheinseite bekannt vorkommen dürften. Der Eindruck kommt nicht von ungefähr, hat doch mit Peter Thumb derselbe Baumeister für die Pracht verantwortlich gezeichnet, der auch für die Kirchen von Birnau am Bodensee und St. Peter im Schwarzwald erbaute. Ihm verdankt das 400 Einwohner zählende, ehemalige Fischer- und Bootsbauerdorf, dass die Abtei zu einer der unumgänglichen Etappen aller kulturinteressierten Elsassreisenden und obligatorisches Busreiseziel wurde: Während des Sommers trappeln die Massen über die Rheinkieselsteine auf der Zufahrt. Wem's zuviel wird, der kann zwischendurch einen hübschen Spaziergang längs der Ill machen. Nur im Winter ist es still ums imposante Gemäuer. Im Gasthof »Aux Deux Clefs« gegenüber kann man wieder ohne Reservierung eine *matelote* genießen. Im nun gottverlassenen Ort fallen ein paar Details auf, die im sommerlichen Ansturm schon mal untergehen, so etwa das Portal zum ehemaligen Abteikomplex neben der majestätischen Westfassade. Über dem Portal prangt ein Wappen mit Wildschwein und dem Bild der Abtei: Die Legende behauptet, ein Wildschweineber (daher der Name Ebersmunster) habe hier den Königssohn Sigebert verletzt. Der hl. Arbogast soll ihn gesund gepflegt haben. Ebenfalls zur Abtei gehörte früher die mächtige barocke Zehntscheune auf der gegenüberliegenden Straßenseite.

*Grand Ried*

Gegründet wurde die Abtei schon viel früher als der von 1719–27 errichtete Komplex glauben macht. Herzog Eticho, der Vater der hl. Odilia, soll sich gegen Ende des 7. Jh. als Stifter der späteren Benediktinerabtei hervorgetan haben. Nachdem die Anlage im Dreißigjährigen Krieg (1632) niedergebrannt worden war, begann man um 1670 mit ersten Neubauten, doch erst 1709 trat der Vorarlberger Peter Thumb mit einem Barockentwurf auf den Plan. Schon 1717 legte ein durch Blitzeinschlag entfachtes Feuer wieder alles in Schutt und Asche. Thumb wurde ein zweites Mal herbeigerufen, baute vollkommener als zuvor, durfte jedoch die Vollendung des Innenraums 1759 nicht mehr erleben.

In der Kirche fällt die kostbare, über dem Eingang plazierte Silbermann-Orgel ins Auge, eins der letzten Werke, die die berühmte Werkstatt verließen. Von ihr schweift der Blick einmal längs durchs Schiff zur Barockkrone über dem Rokoko-Altar, den übrigens Ebersmunsters Partnerstadt St. Peter im Schwarzwald gespendet hat. Zartrosa Buntsandstein, das durch viele Fenster einfal-

lende Licht, cremeweiße Stuckarbeiten und die farbkräftigen Deckenmalereien, allem voran das kreisrunde Bild mit Mariae Himmelfahrt in der Vierung, bestimmen die festlich-heitere Atmosphäre der Kirche. An den Seitenwänden reihen sich barocke Beichtstühle. Die hölzerne Kanzel an der nördlichen Seitenwand trägt ein geschnitzter Samson mit soeben bezwungenem Löwen, der wie das Vorgestühl vermutlich aus dem abgebrannten Vorgängerbau von 1670 stammt. Ebenfalls von diesem nach dem damaligen Abt Roethlin benannten Bau stammt der dritte Turm am Chorabschluss, den Thumb 1719 mit Zwiebelhaube und Balustrade einfach an seinen Entwurf angepasst hat.

## Von Benfeld nach Illhaeusern

**Benfeld** 3 ist eine hübsche Überraschung. Das Städtchen zwischen N 83 und Ill entpuppt sich als eine echte Perle des Rieds, und dies nicht allein wegen seines Rathauses mit den ansehnlichen Arkaden. An der schiefergedeckten Haube des Treppenturms tritt alle Stunde

*Benfeld*

die Holzfigur des »Stubenhansels« hervor, lässt die Kinnlade fallen und zeigt sein Zepter. Eine Etage tiefer flankieren ein Skelett (der Tod) und ein Ritter die Turmuhr. Ersteres winkt mit der Sense, letzterer haut jede Viertelstunde mit dem Hämmerchen auf eine Glocke. Eine kieselsteingespflasterte Gasse hinter dem Rathaus führt zum alten Hospital, einem machtvollen Renaissance-Bau mit Volutengiebeln, Vorhof und beeindruckenden Arkaden. Sehenswert ist auch die Pfarrkirche St-Laurent, um deren Chor sich barocke Grabmäler mit den für die Zeit typischen, lächelnden Totenschädeln ziehen. Der spätmittelalterliche Kornspeicher an der Place de la République hat leider viel Flair verloren, seit eine Bankfiliale der Front den Garaus gemacht hat. Nur der Treppengiebel und die verwitterte Seitenfassade verraten noch sein wahres Alter.

Um **Schaeffersheim** 4 scheint das Klima besonders günstig für Misteln zu sein. An der Chaussee nach Meistratzheim hängen sie in dichten Büschen in den Alleebäumen. Im Dorf begegnet man den typischen Speichern des Grand Ried, hohen, ab der ersten Etage in Holz errichteten Bauten, in denen Tabak zum Trocknen aufgehängt wird. Auf den sandigen Böden werden neben Tabak vor allem Zuckerrüben angebaut.

Silos kündigen Erstein-Gare an, ein für die Landwirtschaft wichtiger Güterbahnhof außerhalb von **Erstein** 5 selbst. Der Ort etwas weiter östlich macht sich durch seine Lage an Eisenbahnlinie, N 83, Canal du Rhône au Rhin und Ill bestens als Kapitale des nördlichen Rieds. Handwerkerbetriebe, Einzelhandelsgeschäfte und Supermärkte florieren dank der 1893 gegründeten Zuckerraffinerie, Eigentum von ungefähr 700 Rübenbauern, die damit den lokalen Markt und die Vermarktung ihrer Ernte selbst kontrollieren. Stattliche Bauten im Zentrum beweisen, dass Erstein nicht erst reich ist, seitdem Zuckerstückchen mit dem Ortsnamen auf allen Caféterrassen des Elsass zu finden sind. Immerhin verfügte man 1715 über genügend Mittel, um den aus Ebersmunster bekannten Architekten Peter Thumb zum Bau des Portalturms an der Pfarrkirche zu verpflichten.

Ein Abstecher nach **Osthouse** 6 lohnt wegen der Wasserburg am Dorfrand. Die Ill umgarnt in engen Schlaufen

*Osthouse*

den Ort. Auf dem Friedhof an der Kirche sind einige Grabsteine (15.–16. Jh.) des lokalen Adelsgeschlechts Zorn von Bullach erhalten. Ebenso alt ist der Stammsitz der Familie. Zwei Rundtürme flankieren die zweiflügelige Anlage. Betreten darf man das mit Park und Wassergräben ausgesprochen romantische Anwesen leider nicht (in Privatbesitz).

Bereits hinter dem Canal du Rhône au Rhin liegt **Krafft** 7. In Richtung Osten prägen weite Riedflächen das Land bis ans nahe Rheinufer. Am Strom erhebt sich machtvoll die Silhouette eines EDF-Elektrizitätswerks. In unmittelbarer Nachbarschaft erstreckt sich der Rheinauenwald »Sommerley«, ein 400 ha großes Naturschutzgebiet, das mit einigen Wäldern an der Donau zu den letzten Ablagerungswäldern Europas zählt. Zahlreiche Bäche durchziehen den üppigen Eichen-, Ulmen- und Eschenforst. Lianen und Efeu verdichten das Grün. Wo Weiden- und Pappelwald vorherrscht, gedeihen Schilfrohr, Riedgras, Springkraut und Schwertlilie. Im undurchdringlichen Dickicht finden Krickente, Blässhuhn, Reiher, Haubentaucher und Schwan sicheren Unterschlupf, wenn im Herbst die Jagdsaison beginnt.

Die pappelgesäumte D 20 am Rheinufer führt über Gerstheim weiter nach **Rhinau** 8, das im Zweiten Weltkrieg restlos zerstört und eher glücklos wieder aufgebaut wurde. Hierher kommt dennoch fast jeder Elsässer einmal im Leben: Hier setzt die Rheinfähre zum Europapark in Rust, einem Vergnügungspark auf deutscher Seite, über.

Wir kehren dem Rhein den Rücken, um über Bindernheim (D 211) durch das von Brunnwassern bewässerte Zembsried zu streifen. In **Hilsenheim** 9 weist eine mächtige Zehntscheune bei der Kirche auf die nahe Abtei von Ebersmunster hin, die hier eine Dependance unterhielt. Das Ziel aber heißt **Muttersholtz** 10. Am Ortsrand rattern die Webstühle der Tissage Gander, dem letzten Betrieb im Elsass, der noch die traditionellen »Kelsch«, ein festes Tuch mit Karomuster, herstellt.

In **Ehnwihr** 11 unterrichtet die Maison de la Nature über Fauna und Flora des

# Die Auberge de l'Ill der Familie Haeberlin

Unter dem Namen »Zum Grünen Baum« eröffnete 1881 ein einfaches Dorfrestaurant in Illhaeusern am Ufer der Ill. Man kochte, was Felder, Flüsse und Hausschlachtung hergaben – Sauerkraut, Schwein, Flusskrebse und *matelote*. Im Zweiten Weltkrieg flog die nahe Ill-Brücke in die Luft, mit ihr auch das Restaurant der Haeberlins. Nach dem großen Kanonendonner begann man mit einer Bretterbude, in der einer der Haeberlin-Söhne namens Paul, der Koch gelernt hatte, nun den Kochlöffel rührte. Ihm zur Seite standen die Frau Mama und Tante Henriette. Der zwei Jahre jüngere Bruder Jean-Pierre hatte eigentlich Maler oder Architekt werden wollen, doch die Familie rief: Jean-Pierre übernahm die Verwaltung des Landgasthofs. Von nun an ging's bergauf. 1952 verlieh Michelin den ersten Stern, 1957 den zweiten, 1967 den dritten, den das längst in »Auberge de l'Ill« umgetaufte Restaurant bis heute hält.

Aus der Bretterbude ist ein soigniertes Haus geworden, das sich dennoch gut in die Fachwerkschlichtheit ringsherum einpasst. Vor dem Haus parkt hingegen eine Autoflotte, deren Zylinderstärke auf Staatsbesuch schließen ließe. Auch die Adresse hat sich geändert. Sie lautet nun Rue de Collonges-au-Mont-d'Or. Mit dem Dorf bei Lyon ist Illhaeusern als Partnerstadt verbunden: Dort kocht Frankreichs medienpräsenter Küchenfürst Paul Bocuse. Die »Auberge de l'Ill« blieb freilich bei allem Ruhm ein Familienbetrieb. Pauls Sohn Marc hat die hohe Schule der Haute Cuisine mit Bravour absolviert. Schwiegersohn Marco, auch er ein gelernter Koch, leitet das kleine, feine »Hotel des Berges«, das aus einem umgebauten Tabakspeicher entstand. Ein Flaggschiff der *Haute Cuisine*, festverankert im Sterne- und Kochlöffelfirmament einschlägiger Gourmetführer, liegt in Illhauesern vor Anker, doch *Haute Cuisine* bedeutet hier immer auch elsässische Küche, verfeinert, verjüngt und dabei unverkennbar regional: Froschschenkel, Zander, Kuttelsalat mit Stopfleber, *Baeckeoffa* aber ruhig mit Trüffel, dazu einige Klassiker wie Bresse-Huhn und Hummer.

Die deutsche Grenze ist nur einen Katzensprung entfernt – über die Rheinbrücke bei Marckolsheim ist man im Nu in Freiburg –; entsprechend stark repräsentiert ist die deutsche Klientel. Wenn man behauptet, die Deutschen hätten im Elsass erst essen gelernt, so gilt allemal, dass sie bei den Haeberlins zu Feinschmeckern heranwuchsen – ohne Angst haben zu müssen, vermeintlich »dumme Fragen« zu stellen. Die Atmosphäre ist hier so ungezwungen wie selten in einem Drei-Sterne-Restaurant. Man sitzt geradezu gemütlich und schaut durchs Fenster auf die Trauerweiden und Nachen am Ufer.

# Sauerkraut für alle: Die Route de la Choucroute



Wie der Kohl nach Europa kam, ist strittig. Einerseits wird angenommen, dass das Gemüse mit den Tartaren und Mongolen auf deren Raubzügen eingeführt wurde, andererseits die These vertreten, Marco Polo habe die Krautpflanze via Italien nach Nordeuropa importiert. Wie auch immer, im 16. Jh. wurde in Deutschland die Kohlgärung in Salzlake erfunden. Erst dann eroberte sich das Sauerkraut auch das Elsass, wo es wie überall wegen seiner Nahrhaftigkeit und langen Haltbarkeit zum Grundnahrungsmittel avancierte – um heute in den Olymp der Haute Cuisine aufzusteigen. Fast 70 % des gesamtfranzösischen Weißkohlanbaus entfällt auf das Elsass. Selbstverständlich sind die dortigen 131 Bauern in einem Verband mit Sitz in Illkirch-Graffenstaden (5, Rue de Provence, ✆ 03 88 67 38 95) organisiert, die wiederum fast alle im fruchtbaren Ehntal, d. h. im Grand Ried zwischen Obernai, Erstein und Benfeld, ihre Felder bestellen. Die Erntezeit liegt zwischen Juli und November (mit Schwerpunkt Oktober/November). Wer bei der Ernte helfen möchte, kann sich an den Verbandspräsidenten Antoine Heintz wenden (7, Rue de la République, 67400 Geispolsheim, ✆ 03 88 68 80 30). Wer einfach nur eine anständige Sauerkrautplatte verspeisen möchte, dazu vielleicht noch ein Sauerkrautwerk besichtigen oder den zur Erntezeit typischen Kohlgeruch in der Nase verspüren will, ist mit der Route de la Choucroute gut beraten. Knapp drei Dutzend Restaurants und Hotels, etliche Bauernhöfe und verarbeitende Betriebe liegen an der Strecke.

Grand Ried. Im Anschluss empfiehlt sich eine Tour mit dem Nachen, die an der Ill-Brücke beginnt (ebenfalls Ausgangspunkt für Wanderwege). Etwa 2 Stunden dauert die Fahrt mit dem *batelier* (Flussschiffer) nach Ebersmunster. Zurück geht es im Kleinbus. Unterwegs stieben Schwalben übers Wasser, das in den stilleren Zonen von Entengrütze bedeckt ist. Hecht, Karpfen und Forelle sind in der Ill zuhaus. Dennoch blieben von den im Mittelalter an der Ill tätigen 1500 Fischern ganze drei übrig. Der Lachs soll wieder eingeführt werden, doch dazu müsste man die sogenannten »Bibernestschleusen« zu den Zuflüssen der Ill öffnen, was den Landwirten nicht sonderlich zusagt – all das, und noch viel mehr erzählt der *batelier,* während man still an Weiden und Wiesen vorbeigleitet.

Über Baldenheim mit Fachwerkrathaus und großbäuerlichen Gehöften geht es nach **Marckolsheim** 12. Wie Rhinau wurde dem Städtchen die Nähe zum Rhein im Zweiten Weltkrieg zum Verhängnis. Der Wiederaufbau nach der fast gänzlichen Zerstörung aber wurde geschickter angegangen. Dem Inferno entgangen sind das klassizistische Rathaus sowie ein paar Bauten in wilhelminischer Trutzburgarchitektur. Fährt man zur nahen Rheinbrücke weiter, stößt man auf eine Kasematte der Maginot-Linie. Im Betonbunker befindet sich das Mémorial-Musée de la Ligne Maginot du Rhin mit Exponaten zu den Schlachten zwischen 1940–45. Vor dem Museum wurde u. a. ein amerikanischer Panzer aus der Division Leclerc aufgestellt. Die Zeiten haben sich deutlich geändert. Aus den einstigen Feinden sind Nachbarn geworden. So machen deutsche Häuslebauer in einigen umliegenden Dörfern 30 % der 600 Bewohner aus.

In **Artzenheim** 13 fällt ein knallblau getünchtes Fachwerkhaus in der Rue du Forgeron auf. André Hagmann, im ganzen Ried bekannter Hobbyrestaurator, hat den Bau Feierabend für Feierabend wieder in Schuss gesetzt.

Nur mühsam kann der nun spärlicher sprießende Auwald die gewaltigen Industrieanlagen längs der Uferstraße kaschieren. Bald ist die Rheinbrücke erreicht; zwischen dem deutschen Breisach und dem französischen Neuf-Brisach verläuft eine wichtige Transitstraße, von der die ortsansässigen Betriebe profitieren. Und wieder haben die staatlichen Elektrizitätswerke EDF ein Wasserkraftwerk in den Strom gesetzt. Die **Usine Hydroélectrique Vogelgrün** 14 ist zu besichtigen. Ihre Mauern schmücken zwei gewaltige Wandbilder, die »Sirène« von Courvègne (1956) und die 40 Jahre später hinzugefügten »Nixes bleues« von Dyminski .

Dass der Rhein früher mehr Grenze als Bindeglied war, zeigt sich in **Neuf-Brisach** 15. Als Ludwig XIV. sich 1697 aus dem rechtsrheinischen Breisach zurückziehen musste, beschloss der Sonnenkönig, am linken Rheinufer eine neue Stadt zu gründen. Als Baumeister für Neuf-Brisach kam nur Frankreichs Festungsbauer Nummer 1, Sébastien le Prestre, Seigneur de Vauban (1633–1707) in Frage. Vauban entwarf mit der achteckigen Festungsstadt sein Meisterwerk. Von 1699 bis 1709 wurde über einen eigens angelegten Stichkanal, den Canal Vauban, der nötige Sandstein aus Guebwiller herangeschafft. Doch die in der Sockelzone 4,50 m dicke und 5 m hohe Mauer schützte Neuf-Brisach nicht vor den Bomben des Zweiten Weltkriegs. Die Garnisonsstadt fiel im Winter 1944/45 in Schutt und Asche.

Auf den Mauern wächst längst wieder Gras, und die Bourbonenlinien in der Mitte der weiten, viereckigen Place d'Armes erstrahlen so golden wie zu Zei-

*Neuf-Brisach*

ten des Sonnenkönigs. Am Platz liegen die nüchtern barocke Garnisonskirche St-Louis und das herrschaftlich wirkende Rathaus. In der im Gleichmaß errichteten Stadt ist bis heute eine Garnison stationiert. Nur wenige Bauwerke durchbrechen die urbane Monotonie, so etwa die Porte de Belfort, in der ein Vauban-Museum das Werk des Festungsbaumeisters sowie ein Modell von Neuf-Brisach zeigt. Prachtvoller noch fällt die barocke Porte de Colmar (1707) aus, für die der berühmte Baumeister Mansart verantwortlich zeichnete. Über beide Stadttore gelangt man auf die Mauern, deren knapp 2,5 km lange Umrundung die schönste Stadterkundung zulässt. Außerhalb der Mauern verhinderte ein Bauverbot, dass der grüne Kranz um die Stadt zerstört wurde. Eine Tour ins Grüne verspricht auch die Fahrt mit der historischen Dampfeisenbahn von Neuf-Brisachs Rheinhafen immer am Rhein entlang Richtung Marckolsheim.

Ein weiterer Abstecher ins nahe **Biesheim** 16 vor allem wegen des Musée Gallo-romain, in dem Fundstücke einer römischen Militärsiedlung ausgestellt sind. Im Sommer 1999 wurde ein deutsch-französisches Archäologenteam erneut fündig. Man legte die Fundamente einer antiken Befestigung frei, die neben Straßburg und Basel zu den wichtigsten militärischen Stationen im Rheintal zählte. Ziegelsteine aus dem 4. Jh. belegen, dass die Ruinen aus spätrömischer Zeit stammen.

Willkommen schließlich in **Illhaeusern** 17, das wie der Name schon sagt, an der Ill liegt. Illhaeusern bietet Bilder aus der Riedprovinz: Auf dem Kirchturm brütet der Storch. Jährlicher Höhepunkt ist das Flussfischerfest. In den Gasthäusern wird elsässisch gekocht – in der »Auberge de l'Ill« an der Illbrücke, in der die Haeberlins bereits in zweiter Generation wirken, auf Haute Cuisine-Niveau. So gelangte das Dorf in aller Munde und wird in einem Atemzug mit den kulinarischen Metropolen wie Lyon, Nizza oder Paris genannt. *Bon appétit!*

## Stadtrundgang

Die Place Unterlinden, in deren Mitte ein Teilstück des Canal du Logelbach sichtbar wird, bietet sich als Ausgangspunkt eines Spaziergangs an: Zum einen liegt hier das Office de Tourisme, das für Ortsunkundige ausgezeichnetes Dokumentationsmaterial bereithält. Zum anderen können Autofahrer ihr Fahrzeug gut an der nahen Place de Lattre de Tassigny abstellen (so benannt nach dem französischen General, der bei der Befreiung 1945 die Order gab, die Altstadt vor Zerstörungen zu schonen). Doch der Hauptgrund liegt unübersehbar an der Westseite des Platzes, das **Musée d'Unterlinden** **1**, dessen Bestände Colmars größte Attraktion sind und das eines der meistbesuchten Museen Frankreichs ist. Grund genug, früh sein Eintrittsbillet zu lösen, um dem im Laufe des Tages folgenden Ansturm auszuweichen. Zunächst umrundet man das gewaltige Ensemble. Im Westen grinsen die steinernen Jugendstilfratzen des Theaters über den Bau, der 1230 als Dominikanerinnenkloster »unter Linden« gegründet wurde. Der prachtvolle Renaissance-Brunnen vor dem Eingang im Ostflügel kam erst an diesen Platz, nachdem das Kloster 1853 von der tatkräftigen Schongauer-Gesellschaft als Museum eröffnet wurde. Im Süden begrenzt die gotische Klosterkirche den Komplex. Kein Turm krönt den Bau, schließlich handelte es sich um einen zur Schlichtheit verpflichteten Bettelorden. Nach der Auflösung des Klosters 1792 wurden im Laufe des 19. Jh. einige Gebäude abgegrissen. So entstand Platz für das später zwischen Neobarock und Jugendstil schwankende Theater an der Westseite und den in wilhelminischem Pomp errichteten Städtischen Bädern an der Nordseite. Die restlichen Bauten nutzte die Kavallerie derweil als Kasernen und Pferdeställe. Erst in letzter Sekunde verhinderte der städtische Archivar Louis Hugot 1847 den kompletten



*Hauptattraktion im Musée d'Unterlinden: Der Isenheimer Altar*

Abriss. Somit blieb auch der gotische Kreuzgang im Innern erhalten.

Die Besichtigung beginnt im Erdgeschoss mit einer Sammlung oberrheinischer Steinplastiken und Holzbildnisse, die einen Bogen von den löwen- und adlergeschmückten Kapitellen der romanischen Klosterkirche Alspach bis hin zu den spätgotischen Madonnen des sogenannten »Schönen Stils« aus dem 15. Jh. spannen. Es folgen etliche Säle, die der Malerei des 15. und 16. Jh. gewidmet sind, eine weltweit einmalige Sammlung sakraler Kunst, aus der die großen Namen Cranach, Dürer, Holbein, Schongauer, Isenmann und Huter hervorstechen.

Sie alle aber werden allein schon durch die Dramaturgie des Parcours zum Vorspiel für den Hauptakt in der ehemaligen Klosterkirche inszeniert. Der erste Teil des Kirchenschiffs ist dem Meister der rheinischen Schule Martin Schongauer vorbehalten, doch selbst sein für den Antoniterabt Jean d'Orlier 1470 gemalter Altar kann mit der magischen Anziehungskraft des eigentlichen Kronstücks der Sammlung nicht konkurrieren. Die Rede ist vom Isenheimer Altar, den Abt Guido Guersi, der Nachfolger Jean d'Orliers im Antoniterkloster von Isenheim, in Auftrag gegeben hat. Das Kloster wurde nach der Französischen Revolution aufgelöst und niedergelegt. Unbeschadet die vergangenen fünf Jahrhunderte überdauert hat dagegen der gewaltige Klappaltar von Mathias Grünewald, dessen Flügel beidseitig bemalt sind, ein Meilenstein der Kunstgeschichte. Für die Gläubigen aufgeklappt wurden die verschiedenen Flügel nach und nach im Verlauf des liturgischen Festkalendars. Im Museum ist der Altar jedoch auseinandergenommen, so dass alle zehn Tafeln betrachtet werden können.

Das gesamte obere Geschoss des Musée d'Unterlinden zeigt kunsthandwerkliche und volkskundliche Kostbarkeiten von der Gotik bis ins 19. Jh. – Waffen, Möbel, Silber, Zinn, Colmarer Ansichten und eine Reihe von Werken des Elsasspatrioten Hansi. Im Untergeschoss kommt die Moderne mit Renoir, Bonnard, Braque und Picasso verhalten zu Geltung. Ebenfalls dort ausgestellt sind archäologische Funde aus Colmar und Umgebung.

In der Rue Kléber fällt das ehemalige **Katharinenkloster** 2 ins Auge: Die barocken Bauten beherbergen heute ein Foschungsinstitut für Önologie (Weinkunde). Die dem Champ de Mars vorgelagerte, kahle Place Rapp ziert ein Frühwerk von Auguste Bartholdi, der 1886 die New Yorker Freiheitsstatue schaffen sollte. Ein weiteres Werk des Colmarer Bildhauers steht inmitten der weitläufigen Grünanlagen des Champ de Mars. Es stellt den aus Colmar stammenden Admiral Bruat dar, der 1855 Polynesien zum französischen Protektorat machte. Rund um die Grünanlagen reihen sich die Repräsentanzbauten von Obrigkeit, Verwaltung und Finanz: Postamt, Gendarmerie, Banque de France, die Banque Nationale de Paris mit Belle-Epoque-Kuppel, die Préfecture im respektheischenden Flügelbau und die Maison du Tourisme de Haute-Alsace – offizieller ist Colmar sonst nirgends.

Preußisch-wilhelminisch wird es, wenn man der Avenue de la République bis zum **Bahnhof** 3 folgt. Der 1906 begonnene Bahnhof hat eine originelle Schauseite, deren Umrisse eine Lokomotive andeuten.

Die unverkennbar wilhelminische **Cour d'Appel** (1902–06) 4 an der Avenue Raymond Poincaré erinnert an die Straßburger Universität. Im angrenzenden Park ragt ein pastellfarbener

# Das Rätsel Grünewald

Eine Explosion des Lichts in geradezu expressionistischer Gewalt und Farbigkeit bricht radikal mit den gesitteten, von statischen Goldhintergründen geprägten Bildwerken eines Martin Schongauer. Ob Lichtkaskaden bei Mariä Verkündigung, schreiende Verzweiflung bei der Kreuzigungsszene, verklärendes Licht bei der Himmelfahrt oder furiose Dämonen anlässlich der Versuchung des hl. Antonius, jede Szene des Isenheimer Altars bricht mit aufgewühlten Gefühlen und entfesselter Dramatik hervor.

Für das zumeist gehetzte Publikum ist die Sache klar. Der Isenheimer Altar im Musée d'Unterlinden stammt von Mathias Grünewald. Dabei lässt sich ein letzter Schleier über die Urheberschaft des Meisterwerks wohl nie mehr ganz lüften, dies, obwohl, oder auch gerade weil mehr als 1000 wissenschaftliche Studien sich mit der Frage beschäftigen. Im 18. Jh. herrschte die Auffassung, dass Albrecht Dürer den Altar vollbracht habe. Um 1866 griff die Meinung um sich, Hans Baldung Grien sei der geniale Schöpfer gewesen. 1934 komponierte Paul Hindemith die Symphonie »Mathis der Maler« als Hommage an die grelle, aufgewühlte Welt des Malers, über dessen Person so wenig bekannt ist. Heute scheint zumindest kein Zweifel mehr an der Pinselführung Grünewalds zu bestehen. Um so mehr steht in Frage, wer Grünewald war. Drei Identifikationen wurden bislang vorgeschlagen. Mathis Gothard Neithart (geboren vermutlich um 1475 in Aschaffenburg, später Maler in Diensten des Erzbischofs von Mainz, gestorben 1528 in Halle und Favorit der Forschung), Mathis Grün (Bildhauer in Frankfurt, gestorben um 1532) oder, wenn auch unwahrscheinlich, ein gewisser Meister Mathis, 1523 in Belfort bezeugt – wer war es nun? Kein zeitgenössisches Dokument gibt Auskunft, keine Signatur klärt das Rätsel. Soviel immerhin weiß man: »übel verheuratet« war er und ein »eingezogenes, melancholisches Leben« habe er geführt. Doch schon über das Entstehungsdatum des Altars herrscht Unklarheit.

Sicher ist nur, dass der Altar zwischen 1510 und 1516 im Auftrag des Antoniterklosters im nahen Isenheim entstanden ist. Die Mönche führten ein Pilgerhospital, in dem auch Schwerkranke, vor allem vom sogenannten Antoniusfeuer (Blattern) Befallene, gepflegt wurden. Die im Mittelalter um sich greifende Pilzerkrankung führte zu grässlichen Qualen, deren bildliche Umsetzung der symbolistische Schriftsteller Joris-Karl Huysmans vor gut 100 Jahren in den apokalyptischen, übernatürlichen Farben des Altars wiederzufinden glaubte. Sicher ist eins: Mit dem Isenheimer Altar war der Schritt in ein neues Zeitalter der Malerei getan. Die Regeln mittelalterlicher Malerei hatten fortan keine Gültigkeit mehr: Grünewald malte willkürlich, subjektiv, ganz Individuum.

Caveau St Pierre
Restaurant

neogotisch-maurischer Turm empor. Es ist der älteste und mit 53 m höchste Wasserturm des Elsass, 1884–86 von dem Baseler Ingenieur Grüner gebaut.

Zurück zum Champ de Mars. Mit jedem Schritt weiter über die Rue Bruat und Rue des Blés verengt sich die Perspektive. An der lauschigen Place des Six Montagnes Noires ist die verwinkelte **Petite Venise** 5 erreicht, das ehemalige Viertel der Fischer und Gemüsebauern an den Ufern der Lauch. Ein Schlenker über die Rue du Manège führt zum Boulevard St-Pierre. Stadtauswärts breitet sich ein nobles Gründerzeit-Villenviertel aus, stadteinwärts aber hat man von der Lauch-Brücke den schönsten Blick auf die Fachwerkheimeligkeit der Petite Venise. Wo früher Flussschiffer zuhaus waren und flache Nachen anlegten, steigen heute Gäste in noblen Herbergen ab, deren Mauern zum Teil aus dem 14. Jh. stammen. Im Hintergrund überragt St-Martin das romantische Viertel. Betreten kann man Colmars meistfotografiertes Postkartenmotiv über einen Zugang neben der Brücke. Ein Stückchen schlendert man direkt an der Lauch entlang, bis es durch eine Gasse zur Rue de Turenne geht. Die weite Straße war einst ein beliebter Bauplatz betuchter Patrizierfamilien, wie eine Reihe prachtvoller Renaissance- und Barockresidenzen bezeugt. Gassenromantik stellt sich dagegen erneut in der krummen, dem Verlauf der Lauch folgenden Rue de la Poissonnerie ein, die zu den **Markthallen** 6 aus den 1860er Jahren führt: Jeden Donnerstag borden zum großen Wochenmarkt, der sich weit über die Halle in die Altstadt erstreckt, die Stände über.

Das ehemalige Gerberviertel erstreckt sich nördlich der Markthalle. Enge Gassen und geduckte Giebel auf der einen, das prachtvolle, von roten und grünen Schindeln in Rautenmuster bedeckte, spätmittelalterliche **Koifhus** 7 auf der anderen Seite. Der Gegensatz zwischen dem Viertel der wegen ihrer übelriechenden Ware ins urbane Abseits gedrängten Gerber und dem steinernen Stolz der Bürgerschaft, Lager-, Markt- und Zollhalle zugleich, könnte nicht größer sein. Die äußere Enge des Gerberviertels jedoch täuscht: Hinter den Fassaden wurden bei den Sanierungsarbeiten vor 30 Jahren etliche Häuser zusammengelegt, um die Wohnungen auf heutige Bedürfnisse auszurichten. Das Koifhus, errichtet 1450–80, entspricht hingegen trotz der Restaurierungen im 19. Jh. weitgehend seiner originalen Substanz. Den Eingang zum wuchtigen, rechteckigen Hauptbau ziert der Doppeladler des Heiligen Römischen Reichs. Im ersten Stock befindet sich der Versammlungssaal des Decapolis-Städtebunds.

An der Ostseite der Place de l'Ancienne Douane plätschert der Schwendibrunnen – der Legende nach soll Feldherr Lazarus von Schwendi, dessen von Bartholdi geschaffenes Standbild den Brunnen ziert, die Tokay-Rebe vom Türkenfeldzug mit in die elsässische Heimat gebracht haben. Erst aus dem 19. Jh. stammt der Arkadenanbau zur Place de l'Ancienne Douane, durch den man auf die Grand'Rue, die geschäftige Nord-Südachse Colmars, gelangt. Auch die Renaissance-Galerie des Koifhus zur Grand'Rue stammt nicht aus der Entstehungszeit, sondern wurde erst im 16. Jh. angefügt. Stattliche Fassaden säumen die Grand'Rue, darunter die der Maison Sandherr mit einem markanten Renaissance-Erker und die der **Maison aux Arcades** 8, eines klobigen, von Steinbögen getragenen Baus. Die benachbarte ehemalige Franziskanerkirche St-Ma-

*Petite Venise, das ›Klein-Venedig‹ Colmars*

thieu ist ein schlichtes, gotisches Gotteshaus, dessen der katholischen Gemeinde vorbehaltener Chor bis 1987 mit einer Mauer vom den Protestanten bestimmten Schiff abgetrennt war.

Das **Musée Animé du Jouet et des Petits Trains** 10 zählt historische Puppen, Spielzeug und 800 m Modelleisenbahnschienen zu seinen Schätzen. Wer sich eher für modernes Spielzeug interessiert, biegt besser direkt von der Grand'Rue in die leicht gebogene Rue des Clefs ein. Kaufhäuser, Discounter, Textilketten und Prêt-à-Porter-Boutiquen säumen Colmars breite Einkaufsstraße, an der auch das ausladende **Rathaus** 11 in französischem Klassizismus auftrumpft.

Gegenüber führt die Rue St-Nicolas, eine schmale Einkaufsmeile mit alteingesessenen Einzelhandelsgeschäften, zurück in die Enge der mittelalterlichen Stadt. Rechts öffnet sich nach wenigen Schritten die Place des Dominicains. Die den Platz beherrschende **Kirche des ehemaligen Dominikanerklosters** 12, ein gotischer Bau aus dem 13.–14. Jh., hütet das Schlüsselwerk Martin Schongauers (1450–91), die berühmte »Madonna im Rosenhag«. Ganz in leuchtendes Rot gewandet sitzt die Madonna versonnen in einem Rosengarten, das Jesuskind im Arm haltend, ein stilles, zärtliches Bild. Der ebenfalls gotische Kreuzgang beherbergt die 1803 gegründete städtische Bibliothek mit mittelalterlichen Handschriften von unschätzbarem Wert.

In der Rue des Têtes liegt Colmars wohl bekanntestes Bürgerpalais, die **Maison des Têtes** 13. 106 skurrile Köpfe bevölkern das Paradebeispiel elsässischer Renaissance-Architektur. Hinzu kommt ein über drei Stockwerke reichender, über und über verzierter Prachterker und der mit Voluten und Obelisken beladene Giebel, auf dessen Spitze seit 1902 eine Figur des »elsässi-



*St-Martin*

schen Fassbinders« thront – schließlich tagt die Colmarer Weinbörse in der Maison des Têtes.

Über die nur Fußgängern vorbehaltenen Rues des Boulangers und des Serruriers gelangt man zur »Kathedrale« **St-Martin** 14. Die Anführungszeichen sind richtig gesetzt, denn Colmar ist keine Bischofsstadt, die Kirche somit keine Kathedrale, auch wenn die Colmarer den gotischen Prachtbau in der Regel so nennen. Obwohl der Nordturm nie über einen Stumpf in Höhe des Dachgestühls über dem Langhaus hinauskam, gilt St-Martin als eine der formvollendetsten gotischen Kirchen des Elsass. Verantwortlich dafür war Baumeister Humbret, der als kleine Steinfigur im Bogenfeld des Nicolas-Portals (Südportal) verewigt ist. Humbrets Vorbilder waren die berühmten Kathedralen Nordfrankreichs. Entsprechend gewaltig fiel seine Planung aus. Den im 14. Jh. vollbrachten, 71 m hohen Südturm krönt eine filigrane Kupferhaube. Rundherum ist St-Martin mit Bauschmuck und Standbildern verziert – deren Originale jedoch fast ausnahmslos im Museum Unterlinden stehen. Duster wirkt die Kirche im Innern. Wie beim Westwerk ging hier vermutlich Humbrets Nachfolger Wilhelm von Marburg ans Werk, vor allem bei der Gestaltung des Kapellenkranzes im Chor mit entsprechendem Umgang. Prunkstücke der Innenausstattung sind die barocke Silbermannorgel und Freskenreste aus dem 15. Jh. an der Nordwand.

Die Place de la Cathédrale erlebt jeden Donnerstag zum Wochenmarkt ihren größten Andrang. Ansonsten ist es merkwürdig still, vor allem abends, wenn sich Touristen und Einheimische eher in die verwinkelten Gassen zurückziehen. Die prachtvoll geschwungene Renaissance-Loggia an der Nordseite des Platzes schmückt das aus dem 13. Jh. stammende Gebäude der alten **Wache** 15. Nebenan fallen Brunnen und gotische Fenster der **Maison Adolphe** 16 ins Auge. Sie gilt als ältestes Wohnhaus der Stadt. Barocke Pracht entfaltet das **Hôtel Griffon** 17 mit einem monumentalen Treppenhaus und noblem Innenhof.

Die quirlige Rue des Marchands ist unbestritten Colmars fotogenste Altstadtmeile. Feine, kleine Läden, Souvenirboutiquen mit dem üblichen Elsassnippes und herrliche Fachwerkfassaden sorgen dafür, dass hier zu Geschäftszeiten immer etwas los ist. Vor allem der Abschnitt zwischen der Rue des Tourneurs und der Grand'Rue ist gespickt mit Sehenswertem. Da wäre zunächst das **Musée Bartholdi** 18 im Geburtshaus des Bildhauers (Nr. 30), dessem Œuvre man in Colmar auf Schritt und Tritt begegnet. Ein Modell seines prominentesten Werks, der New Yorker Freiheitsstatue, ein weiteres vom berühmten »Löwen von Belfort« und Erinnerungstücke beleuchten das Wirken von Auguste Bartholdi (1834–1904). Hinzukommt eine Sammlung jüdischer Kunstwerke – Bartholdi war jedoch Sohn einer betuchten Protestantenfamilie. Gegenüber schaut man auf die Rückseite der alten Wache, die sich zur Rue des Marchands mit gotischen Spitzbögen präsentiert. Ein Salon de thé in purem Jugendstil (Nr. 28), die Fachwerkpracht der **Maison zum Kragen** 19 (1606), schließlich die herrschaftliche **Maison Pfister** 20 mit auskragenden Erker, Arkaden, elegantem Treppenturm, ausladenden Holzgalerien und zauberhaften Wandmalereien. Am 1537 begonnenen Palais des steinreichen Minenbesitzers Ludwig Scherer wurde im Laufe der Jahrhunderte immer weitergebaut, bis ein Renaissance-Ensemble von außer-

*In der Rue des Marchands*

gewöhnlicher Schönheit vollendet war. Ein Blick in die rechts abzweigendene Rue Schongauer lohnt wegen des Huselin zum Schwan (Eckhaus mit Erker), von dem der Volksmund behauptet, es sei das Geburtshaus Martin Schongauers, und des feudalen Barockpalais der Herren von Rappoltsweiler. Der ultimative Fototipp für die Rue des Marchands: Man geht bis zum Koifhus (Grand'Rue), dreht sich um und erblickt nichts als sich biegende Balken, mit Biberschwanzpfannen gedeckte Spitzdächer und Arkaden.

Vorbei mit der elsässischen Gemütlichkeit ist es im südlichen Abschnitt der Grand' Rue. 1769–71 bauten hier die Architekten Chassin und de Rungs das **Palais du Conseil Souverain** 21 (heute Justizpalast) im eleganten, sehr formellen französischen Klassizismus. Bis zur Revolution tagte das Parlament der Region hinter von steinernen Girlanden geschmückten Bundsandsteinfassade. Gegenüber fällt die **Maison Kern** 22, ein 1594 von einem reichen Kaufmann in Auftag gegebener Bau, wegen ihres reich gestalteten Volutengiebels ins Auge. In die von der Grand'Rue abbiegende Rue Berthe Molly verirren sich nur wenige Touristen. So endet der Rundgang in aller Stille vor den Fassaden französisch inspirierter *Hôtels particuliers* des 17.–18. Jh. und *Palais* in elsässischer Spätgotik und Renaissance. In einem Haus der sogenannten **Cour Molly** 23 (Nr. 8–12) logierte Voltaire, als er 1753 nach Colmar kam. Die Brasserie

Molly ist das jüngste Bauwerk in der Cour Molly: 1811 wurde die Brauerei mit Eisenstreben errichtet, eine damals revolutionär neue Bauweise. Die krumme Rue Berthe Molly entspricht in ihrem Verlauf dem der niedergelegten Stadtmauern. Im Mittelalter verlief hier die Judengasse, kein Ghetto, aber ein jüdisch geprägtes Viertel bis zur Vertreibung der Juden 1508. Als man 1863 im »Judenhof« (heute Ecke Rue Corberon/Rue Berthe Molly) ein Haus umbaute, fanden die Arbeiter 350 mittelalterliche Münzen und Schmuckstücke. Der »Schatz von Colmar« wurde vermutlich 1349 von jüdischen Bürgern versteckt, die vom Pogrom desselben Jahrs bedroht waren. 1923 wanderten die Funde in die Bestände des Musée Cluny in Paris. Erst eine Ausstellung im Musée d'Unterlinden erinnerte die Colmarer im Sommer 1999 an ihren »Schatz«.

In jüngster Zeit macht Colmar nicht nur wegen seiner historischen Bausubstanz, sondern auch wegen spektakulärer moderner Bauten von sich reden. Als erster großer Wurf der architektonischen Avantgarde gelang 1988 der im Volksmund »le cube« genannte Bürotrakt von Emmanuel Lenys (Avenue Joffre), in dessen kubistischen Glaswürfel sich der historistische Wasserturm von 1884 spiegelt. Weitere Beispiele radikaler Abkehr vom auf Elsasszitaten beschränkten Bauen sind das Lycée Camille Sée an der Avenue de l'Europe (Architekten Michel Spitz & Michel Jemming), die Villen von Jacques Roques (Rues Balzac, Baudelaire, de Verdun, Musset), die neue Capitanerie am Canal de Colmar (Bruno Gaertner), die neue Eislaufhalle (Albert Delachaux), und, für die meisten am ehesten en passant sichtbar, die neue Großkellerei von Wolfberger am Chemin de la Fecht (Michel Leibengurth). Den geschwungenen, schwarzglänzenden Bau mit den markanten gotischen Lettern des Firmennamens sieht man von der Umgehungsstraße N 83 auf der Höhe von Ingersheim.

*Manche finden's lächerlich, manche praktisch...*

# Die Weinstraße



**Tipps & Adressen**
Marlenheim S. 266, Avolsheim S. 247, Molsheim S. 268, Rosheim S. 282, Obernai S. 275, Boersch S. 248, Ottrott S. 277, Barr S. 247, Gertwiller S. 256, Andlau S. 246, Epfig S. 255, Dambach-la-Ville S. 254, Châtenois S. 250, Kintzheim S. 263, Ribeauvillé S. 279, Hunawihr S. 260, Zellenberg S. 302, Riquewihr S. 280, Kientzheim S. 262, Kaysersberg S. 262, Niedermorschwihr S. 274, Turckheim S. 298, Eguisheim S. 254, Gueberschwihr S. 257, Rouffach S. 282, Soultzmatt S. 291, Guebwiller S. 258, Soultz-Haut-Rhin S. 290, Cernay S. 250, Thann S. 297

**Karte** S. 194 und 205

**Strecke & Dauer** ca. 250 km, 2–3 Tage

Man beachte den Plural: »Route des Vins«, Straße der Weine, heißt die berühmteste Ferienroute des Elsass. So wird schon im Namen Vielfalt signalisiert. Riesling, Gewürztraminer oder Sylvaner ergeben je nach Hanglage, Bodenqualität und Keltertraditionen sehr unterschiedliche Tropfen. Eingeweiht wurde die »Route des Vins« bereits 1951 – die Winzer blicken auf eine lange Tradition bei Kellerbesichtigung und Direktverkauf zurück. Das gilt im Guten wie im Schlechten, denn vor Überkitschung und Nepp ist man gerade hier nicht immer sicher. Als Faustregel beachte man: Je hübscher das Winzerdorf, desto eher läuft man Gefahr, in ein aufgeputztes Freilichtmuseum zu geraten. Je eher man aber bereit ist, nicht gerade zur Weinlese im Herbst oder an Frühsommerwochenden wie Pfingsten anzureisen, desto mehr werden Entdeckungen und Begegnungen gelingen. Geheimtipps direkt an der gutbesuchten Route sind zwangsläufig selten, aber wie so oft genügt nur ein kleiner Schlenker, um plötzlich in einer urigen Weinstube zu sitzen. Das ungefähr 170 km lange Band von Marlenheim im Norden bis Thann im Süden kommt als ausgesprochen heiterer Landstrich daher, mit sanften Hügeln und sonnenverwöhnten Rebhängen. Zauberhafte Städtchen, intakte Befestigungsanlagen, ein gotischer Kellereingang hier, mit Butzenscheiben ausgestattete Winzerseligkeit dort, der Brunnen vor und hinter dem Tore, aber auch der Plastikstorch, der durch die Geranienflut stakst – es wird einem viel geboten. Die traditionellen Feste, angefangen von der nordelsässischen »Kirwe« über die mittelelsässische »Messti« bis zur »Kilbe« des Oberelsass sind mancherorts zu überzuckerten Folkloreveranstaltungen mutiert, aber können schon im nächsten Dorf herzerfrischend bodenständig ausallen. Auf der »Route des Vins« erhält man nicht nur eine Kostprobe durch die Vielfalt elsässischer Weine, sondern erlebt ebenso einen guten Querschnitt elsässischer Mentalitäten und Bräuche.

## Von Marlenheim bis Avolsheim

»Tor zur Weinstraße« nennt sich **Marlenheim** **1** der nördlichste Ort an der »Route des Vins«. Das von zwei Fernstraßen eingeschnürte Städtchen scheint auf den ersten Blick nicht sonderlich pittoresk. Wer jedoch anhält und den Ort

Richtig Reisen *Tipp*

## Alle Jahre wieder: Mitte August heiratet Ami Fritz

Seit seinem ersten Auftritt am Pariser Théâtre Français 1876 ist die Figur des »Ami Fritz« zum populären Inbegriff des Elsässers geworden. Seine Schöpfer, Emile Erckmann und Alexandre Chatrian, haben ihren »Ami Fritz« jedoch schon 1849 erstmals publiziert. Später schrieben sie Folge um Folge der märchenhaften Abenteuer. Der fidele Elsässer durchstand sie mit Leutseligkeit und heiterem Gemüt. 1876 kam dann ein Dreiakter heraus, in den 1930er Jahren auch ein Film. Heute begegnet man der Figur des »Ami Fritz« im gesamten Elsass bei den Namen von Restaurant- und Weinstuben. Seine Hochzeit aber wird ihm alle Jahre wieder in Marlenheim ausgerichtet. Zwei Tage lang, am 14. und 15. August, defi-

lieren die Einwohner in den Kostümen des 19. Jh. Zum Folklorefest gehören selbstverständlich Weinprobe, elsässische Küchenspezialitäten und Handwerksschau.



zu Fuß durchschreitet, stößt schnell auf das gediegene Rathaus, das einst betuchte Straßburger als Landsitz errichten ließen, stattliche Winzerhäuser und einige noch stattlichere Anzahl von Restaurants, die den Ruf Marlenheims als kulinarische Bastion begründen. Straßburg ist nah, und von Städtern, die zum Essen kurz aufs Land wollen, lebt der obere nördliche Abschnitt der »Route des Vins« nicht schlecht. Das Schloss im Ort stammt aus dem 18. Jh. und wird heute als Altersheim genutzt. Auf dem Marlenberg, zu dessen Füßen sich der Ort ausbreitet, unterrichtet ein Weinlehrpfad über Rebsorten und Rebschnitt. Ein schöner Blickpunkt in den Reben ist das barocke Kapellchen. In einem Informationszentrum werden neben den Lagen der »Couronne d'Or« alle Orte der Weinstraße mit ihrem Wappen kurz vorgestellt. Eine Konkurrenz zur Weinstraße ist der »Circuit de la Couronne d'Or«, eine zweite Weinroute, die durch 19 Dörfer längs der Mossig führt. Am dritten Oktoberwochenende feiert man hier ein großes Weinlesefest.

Am rechten Ufer der Mossig, die sich oberhalb von Wasselonne ihren Weg aus den Vogesen bricht, liegt **Wangen** **2**. Einen herrlichen Ausblick über die Lagen der »Couronne d'Or« beiderseits

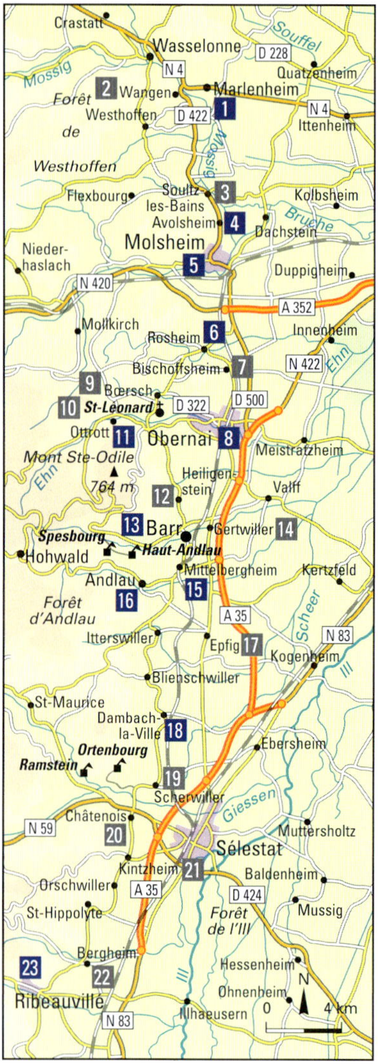


*Der nördliche Teil der Weinstraße*

des Flusses hat man vom 318 m hohen Wangenberg. Von der Wangener Burg blieben nur spärliche Reste, aber das Dorf mitten in den Reben behielt immerhin einen Gutteil der Stadtmauern inklusive zweier Türme. Im wehrhaften, ein bißchen puppenstubenhaften Dorf sprudelt am ersten Julisonntag Wein im schmucken Dorfbrunnen – 1830 fiel der an die Obrigkeit zu leistende Jahreszins in Höhe von 300 hl Wein. Seitdem wird zum Gedenken an die Befreiung einmal im Jahr ordentlich ins Fass geschaut.

Im Heilbad **Soultz-les-Bains** 3 werden die Quellen St-Amand und Renata seit Jahrhunderten wegen ihres Soda-, Kali- und Sulfatgehalts für medizinische Bäder genutzt. Eine erste Blüte als Thermalstation erlebte Soultz-les-Bains im 19. Jh. Ins renommierte Kurhotel Gademann & Baltzer flüchtete sich damals »*tout Strasbourg*« bei Rheuma, Nervosität und jeglichen anderen Zipperleins. 1975 kam das Aus für den hoffnungslos veralteten Kurbetrieb. Richtig schick aber kann man seit neustem wieder im modernen »Sulzbad« in Sprudelbäder tauchen, unter die Strahlendusche gehen oder sich in Algenschlamm einpacken lassen – genau das Richtige für müde Wanderer- und Radlerknochen. In Soultz-les-Bains verabschiedet sich die Mossig, die hier in den Canal de la Bruche mündet. Vauban ließ den Wasserweg ab 1684 anlegen, um so die in den Vogesen für die Straßburger Bollwerke abgebauten Steinblöcke abzutransportieren.

Nach **Avolsheim** 4 locken gleich zwei Kirchen Kulturinteressierte. Die Rede ist nicht von der 1911 erbauten Dorfkirche, sondern von der winzigen St-Ulrich-Kapelle gleich dahinter. In der fast 1000 Jahre alten Taufkapelle wurden 1968 Fresken aus dem 12. Jh. freigelegt. Besonders ausgefallen ist der Grundriss in Form eines Kleeblatts. Das Wahrzeichen von Avolsheim ragt jedoch knapp 500 m außerhalb des Dorfs auf einem Wiesenhügel empor. Es ist der sogenannte Dompeter, dessen Grundstein im 9. Jh. gelegt wurde. Zum Haus des Petrus, lateinisch »domus petri«, woraus sich das heute gebräuchliche Dompeter ableitet, gelangt man über einen gepflasterten Weg. Der Kirche gegenüber breitet eine mächtige, angeblich tausendjährige Linde ihre Zweige aus. Ein Mäuerchen umgibt den Kirchhof. Schon von weitem sichtbar ist der wuchtige, viereckige Turm, auf den ein achteckiges Geschoss mit spitzer Schieferhaube gesetzt wurde. Papst Leo IX. hat den Bau 1049 geweiht, doch schon im 12. Jh. wurde der Dompeter im romanischen Stil neu errichtet und Mitte des 18. Jh. nach einem Blitzeinschlag verändert wieder aufgebaut. Es blieb bei der berückenden Lage in freier Natur, ein wirklich himmlisches Plätzchen, und sei's auch nur für ein Picknick mit Paté und gekühltem Riesling.

## Von Molsheim bis Bergheim

2 km weiter südlich betritt man mit **Molsheim** 5 eine echte Stadt, die, wie könnte es anders sein, in Reben getaucht zu sein scheint. Immer mehr Straßburger lassen sich im 8000-Seelen-Ort nieder, angelockt vom mittelalterlichen Charme einer Kleinstadt, die gleichzeitig groß genug ist, um alle lebensnotwendigen Ansprüche befriedigen zu können. Den schönsten Blick auf Molsheim hat man von Süden. Dort ist die Stadtmauer noch gut erhalten, dort gelangt man auch durch das klobige Schmiedtor ins Zentrum. Ein Schwenker nach rechts, und der Weg führt durch die Rue Notre-Dame zur St-Georges-Kirche. Die zwischen Spätgotik und Renaissance schwankende Pracht kommt einem nicht von ungefähr bayrisch vor. Molsheim war im ausgehenden 16. und frühen 17. Jh. ein Hort der Gegenreform, hinter dessen Stadtmauern aus Straßburg vertriebene Kapuziner, Kartäuser und Jesuiten Zuflucht fanden. 1615 gaben die Molsheimer Jesuiten die gegenreformatorische Jubelarchitektur beim süddeutschen Architekten Christoph Wamser in Auftrag. Nüchtern macht sich dagegen die 1573 erbaute ehemalige Münze in der Rue de la Monnaie aus. Zu den Hinterlassenschaften der Mönche zählt auch eine Kartause des 17. Jh. an der Rue des Chartreux, von der Kirche, Kreuzgang und Zellen erhalten blieben. Das Archäologisch Historische Museum der Stadt zeigt in den Mauern die Geschichte Molsheims von der Vorgeschichte bis in die glorreichen Tage der Bugatti-Werke.

Die schmale Rue Jenner endet auf der Place de l'Hôtel de Ville, Molsheims guter Stube. Nicht das kühl elegante, im klassizistischen Stil gebaute Rathaus beherrscht den dreieckigen Hauptplatz, sondern die Metzig. Die Fleischerzunft hat den schönsten Bau der Stadt 1554 vollenden lassen. Die zum Platz ausgerichtete Breitseite flankieren an den Seiten steinerne Balkone. In der Mitte steigt eine ausladende Doppeltreppe mit spätgotischem Geländer zum Haupteingang am ersten Stockwerk an. Die Tür krönt ein Uhrentürmchen, dessen schwarze Schieferhaube sich von den roten Biberschwanzpfannen des Dachs abhebt. Die Metzig beherbergt heutes ein beliebtes Lokal, das seine Terrasse im Sommer auf den Platz bis zum Löwenbrunnen ausweitet. Wein spielt für Molsheim nicht die erste Rolle. Die Anbaufläche ging auf etwa 50 ha zurück, was einem Viertel der Mitte des 19. Jh. bepflanzten Weingärten entspricht. Man setzt auf mittlere Industriebetriebe, von denen sich etwa zwei Dutzend außerhalb der Stadt angesiedelt haben.

Über Altorf, dessen Kirche heiteren Barock und schlichte Romanik verbin-

# Blaue Wunder – Karossen von Bugatti

Wenn der Firmenchef die umworbene britische Kundschaft zu Jagdpartien nach Molsheim einlud, wurden die Straßen von der Küstenstadt Calais bis ins Elsass kurzerhand abgesperrt. Im (für damalige Verhältnisse) Höllentempo fuhren die rasant gestylten, bildschönen Karossen an den Ort ihrer Herkunft. Hier an der Route des Vins bauten Ettore und Jean Bugatti zwischen 1909 und 1939 schätzungsweise 7500 Renn-, Sport- und Tourenautomobile – genug, um eine Legende zu schaffen. Wichtigstes Insignum der Luxuswagen, die leicht das Fünffache anderer in den 1930er Jahren gängiger Limousinen kosteten, war die Farbe. Blau mussten sie sein, in den frühen Jahren mit festen, männlichen Lederriemen um den schnittigen Leib. Doch am Steuer saßen überdurchschnittlich viele Damen. Bugatti war das Fahrzeug der Garçonne, eines neuen modernen Frauentypus, der zur Zigarette griff und sich im Chiffonkleid aufs Leder des Fahrersitzes zwängte.

Schon mit siebzehn entwarf Ettore Bugatti motorisierte Dreiräder, die 1898 in Mailand auf den Markt kamen. Die Industriellendynastie De Dietrich stellte den talentieren Ingenieur in ihren nordelsässischen Werken ein; später ging Bugatti als Direktor einer Motorenfabrik nach Köln. 1903 hatte Ettore sein erstes Auto in Eigenregie gebastelt. Die 900 km lange Probefahrt von Niederbronn am Fuße der Nordvogesen nach Wien dauerte zweieinhalb Tage. 6 Jahre später beschloss Bugatti, der inzwischen in

*Bugatti im Automobilmuseum in Mulhouse*

einer Mülheimer Villa bei Köln residierte, sich selbstständig zu machen. Seine Standortwahl fiel auf Molsheim. Neben perfekter Technik lag das Erfolgsgeheimnis im Design der Wagen. Den Hang zum Exotischen hatte bereits Ettores Vater Carlo gepflegt: Dessen maurisch-fernöstlich inspirierte Möbelentwürfe zierten die eleganten Salons und Weltausstellungen des Fin de siècle. Ettores Bruder Rembrandt machte sich mit Bronzeplastiken von Jaguar, Leopard und Cobraschlange einen Namen – das Atelier lag im Antwerpener Zoo. Kein Wunder angesichts dieser Prägung, dass Ettores Automobile durch ihre ästhetische Perfektion gekrönte Häupter wie den König von Belgien und Industriekapitäne wie einen Brauereibesitzer aus Wuppertal-Barmen verzückten.

Bei Ausbruch des Zweiten Weltkriegs war Bugatti ein gemachter Mann: Schlossbesitzer, Herr über ausgedehnte Ländereien, Chef von 1600 Angestellten, ein beliebter und gefürchteter Patriarch. Jeden Wagen soll er vor der Auslieferung persönlich abgenommen haben, auch noch, nachdem Sohn Jean ab 1927 gleichberechtigt die Geschäfte führte. In Molsheim entstanden automobile Träume wie die »Atalante« von 1937, die ausnahmsweise schwarz lackiert an die Eleganz eines Panthers erinnert, der mit 225 PS kraftstrotzende »Profile« von 1930 oder das Erfolgsmodell »Brescia« von 1923, mit den unverkennbaren Speichenrädern. Nicht zu vergessen der in über 2000 Rennen siegreiche »Lyon« von 1924, eine blaue Rakete auf vier Rädern. In der 1939 beschlagnahmten Fabrik wurden nach dem Krieg noch bis 1963 Wartungsarbeiten ausgeführt. Es blieb die Erinnerung an rauschende Feste und einen großen Namen.

det, geht es weiter nach Griesheim-prés-Molsheim, das als Spargel- und Ziegenbauerndorf unter Feinschmeckern einen Ruf genießt. Mit **Rosheim** **6** ist eine echte Perle der »Route des Vins« erreicht. Rosheim war seit 1354 Mitglied im mächtigen Städtebund der Decapolis, was seinen Reichtum an mittelalterlichen Bauwerken, darunter die respektheischenden Stadttore, erklärt. Das wunderschöne Winzerstädtchen nennt sich »*cité romane*«: Außer der romanischen Pfarrkirche St-Pierre-et-St-Paul berechtigt ein ebenfalls romanischer Profanbau zu diesem Titel.

Die Rue Général de Gaulle durchzieht den gesamten Ort, den man durch das stadteinwärts von einer Madonna geschmückte Niedertor (Porte Basse) betritt. Ein zweites Stadttor, die Porte de l'Ecole, folgt. Stichgassen erlauben es, links und rechts der Hauptstraße einen Blick hinter die properen Fassaden zu werfen oder zu den Stadtmauern an der Südflanke des langgestreckten Orts zu gelangen.

Rechter Hand baut sich die romanische Fassade von St-Pierre-et-St-Paul auf, aus deren Vierung ein mächtiger, achteckiger Turm aus rotem Sandstein aufragt. Der übrige Bau wurde in beigem Sandstein aus dem nahen Westhoffen errichtet. Das in der Revolution zum Teil zerstörte Südportal sowie der mit Steinmetzarbeiten reich verzierte Chor machen die Kirche zu einem Höhepunkt der »Route Romane«. Innen überrascht St-Pierre-et-St-Paul durch seine nüchternen Proportionen, die so ganz der rheinischen Romanik entsprechen. Die Orgel von 1733 ist das letzte Werk von Andreas Silbermann.

Vor dem nüchtern-eleganten Rathaus von 1760 weitet sich die Rue Général de Gaulle zur adretten Place de la République. Prächtige Fachwerkhäuser, das »Laube« genannte ehemalige Schlachthaus, doch vor allem der bis 1906 benutzte Renaissance-Brunnen mit drei Säulen und sechs Eimern machen den Platz zum vielfotografierten Elsassmotiv. Am Ende des Platzes markiert ein weiteres Stadttor, die Tour de l'Horloge, den engen Kern der inneren Altstadt, steintreppe zur Kirche, der im gotischen Stil gehaltene Brunnen auf der Place St-Rémy. Wesentlich älter ist jedoch der Renaissance-Brunnen von 1550 ein paar Schritt weiter. Der Weg auf den Bischenberg (361 m) lohnt sich nicht nur wegen des Ausblicks über die Rheinebene und den Schwarzwald, sondern auch wegen

*Winzer und Weinberge profitieren vom sonnigen, trockenen semikontinentalen Klima*

deren Grenzen die halbkreisrunde Rue du Lion nachzeichnet. Vorbei an weiteren Renaissance-Fassaden und stolzen Bürgerhäusern des 17.–18. Jh. geht es zur Kirche St-Stéphane, die 1785 in vornehmen Klassizismus entstand. Die Maison romane an der Ecke Rue de l'Hôpital, um 1170 aus rotem Sandstein erbaut, gilt als der älteste Profanbau des Elsass.

2 km südöstlich schmiegt sich **Bischoffsheim** 7 an den Bischenberg. Weinberge und Obstgärten umgeben das nette Fachwerkdorf. Alles wirkt wie aus dem Bilderbuch: die Jeanne d'Arc-Statue am Kriegerdenkmal, die Sand- der nahen Kapelle Notre-Dame-des-Sept-Douleurs, deren gotischer Chor und barockes Schiff von der langen Pilgertradition am Bischenberg zeugen.

Das Städtchen **Obernai** 8 zählt zu den touristischen Knotenpunkten an der Weinstraße. Entsprechend breit gefächert ist das Angebot an Übernachtungs- und Einkehrmöglichkeiten, entsprechend überlaufen ist der 10 000-Einwohner-Ort bisweilen, dessen unwiderstehlicher Charme jedoch jedem Ansturm gewachsen ist. Obernai spielte als freie Reichsstadt und Mitglied der Decapolis eine gewichtige Rolle im Konzert der elsässischen Städte. Wacker behauptet sich die Stadt als Geburtsort der hl. Odilia, deren Vater Eticho hier residiert haben soll. Odilia begegnet man auf der Place du Marché in der Altstadt, wo ihre Statue seit 1903 einen Brunnen ziert. Um den länglichen Platz reihen sich die auf Arkaden gestützte Kornhalle von 1554, gegenüber das Rathaus im Stilmisch von Spätgotik und Renaissance, daneben der mittelalterliche Kappelturm mit auffällig verzierter Balustrade und geducktem Kapellchen zu seinen Füßen. Nicht fehlen darf ein Sechs-Eimer-Brunnen, der am Anfang der Rue du Chanoine Gyss plaziert ist. In Obernai krönt ihn ein von drei Säulen getragenes Kupferdach. Durch die Rue du Chanoine Gyss geht man auf die neogotische Pfarrkirche St-Pierre-et-St-Paul zu; von hier aus kann man einen Spaziergang immer längs der Stadtmauern beginnen, die noch 31 Türme zählt, um anschließend die verschwiegenen Höfe und Stiegen links und rechts der Rue du Général Gouraud zu erkunden.

Über die schmale D 322 ist **Boersch** 9 schnell erreicht. Drei wehrhafte Stadttore hüten das winzige, spätmittelalterliche Städtchen, das im Gegensatz zu Obernai fast als Geheimtipp gelten darf. Überraschend groß fällt das Hôtel de Ville an der Grand'Place aus, ein herrschaftlicher Bau von 1572 mit doppelstöckigem Eckerker und seitlichem Treppenturm mit Zipfelmützenhaube. Wie in Rosheim gehört ein Sechs-Eimer-Brunnen vors Rathaus. In Boersch ist er besonders reich verziert. Neben dem Rathaus liegt etwas vom Platz zurückgezogen die Pfarrkirche St-Médard mit Mariensäule. Wir verlassen Boersch durch das Obertor. Die Route folgt nun der D 35, ein sanftes Landsträßchen, das zwischen Vogesenwald und Rheinebene über die Hänge schwankt.

Im Weiler **St-Léonard** 10 fällt ein lauschiges Ensemble am Straßenrand auf. Der zum Teil von Glyzinien berankte Hof ist der malerische Rest einer barocken Abtei. Seit fast 100 Jahren arbeiten hier die Spindlers, deren Holzmosaike und Intarsienarbeiten an handwerklicher Perfektion nichts zu wünschen übrig lassen. Die aus vielen verschiedenen Hölzern zusammengesetzten Dorfansichten und Landschaften des Elsass sind bis heute hochbegehrte, nicht ganz billige Sammlerobjekte. Ihre große Zeit erlebte die Marqueterie Spindler um die Jahrhundertwende. Damals entstanden die »Salle de Dresde«, ein Jugendstilsalon für die Dresdner Kunstmesse von 1906, und zierliche »Schmetterlingsstühle« für die Kunsthandwerksmesse von 1902 in Turin. Den Salon kann man neben anderen Stücken aus der Ateliergeschichte auf Anfrage besichtigen, die Stühle als originalgetreue Repliken erstehen. Ein Schauraum stellt wieder aufgelegte und neue Spindler-Arbeiten aus. Das Château de Léonardsau ist eigentlich eine Villa, die mit Versatzstücken aus Abrisshäusern vorgibt, Schloss zu sein. In das architektonische Sammelsurium der Belle Epoque kommt man nicht hinein, aber der allein der verwunschene Park mit seinen botanischen Raritäten ist einen Besuch wert.

**Ottrott** 11 bedeutet Rotwein, der als »Rouge d'Ottrott« weit über das Elsass hinaus bekannt ist. Die Pinot Noir-Traube sollen burgundische Benediktinermönche um die erste Jahrtausendwende im Elsass eingeführt haben. In Ottrott blieb man der Tradition treu und lebt mit der roten Alternative zu Riesling und Gewürztraminer sehr gut. Der in Unter- und Oberdorf aufgeteilte Ort in einer bewaldeten Vogesenflanke wirkt wohlhabend, vielleicht auch ein bisschen zu geleckt. Ins Unterdorf lockt die romanische St-Nicolas-Kapelle, während man im Oberdorf ausgesprochen nobel logieren kann, um zu den Châteaux d'Ottrott aufzusteigen (1,5 Std.). Die gut erhaltenen Burgruinen thronen auf einem 485 m hohen Fels. Es handelt sich um die romanische Festung Rathsamhausen, deren Wahrzeichen der rechteckige Wohnturm und ein runder Donjon sind, und um den von dichtem Grün versteckten Koepfel, einen viereckigen Wachturm. Beider roter Sandstein leuchtet im Herbst besonders schön aus dem sich verfärbenden Laub.

Die »Route des Vins« läuft über die D 35 auf Barr zu. In **Heiligenstein** 12 erinnern die Weingüter wegen ihrer Ummauerung an die »Clos« genannten Weingüter der Côte d'Or in Burgund, und genau so heißen sie auch in diesem elsässischen Winzerdorf. In Heiligenstein wird die seltene Klevener-Traube angebaut, die ein reiselustiger Bürgermeister im 18. Jh. aus Italien mitgebracht haben soll. Ehre, wem Ehre gebührt: Seine Statue schaut von der Rathausfassade. Im Dorf gibt es gleich neun Brunnen, von denen die Fontaine de l'Ours der schönste ist. Ein Netz ausgeschilderter Wanderwege führt in den Weinberg und zum kleinen Rosarium am Rosenberg.

Mit **Barr** 13 betritt man den wichtigsten Weinort des gesamten Départements Bas-Rhin. Der ausladende, von breiten Fachwerk- und Steinfassaden gesäumte Marktplatz lässt daran keinen Zweifel aufkommen. Natürlich gibt es einen Brunnen auf dem Platz, und in Barr kommen gleich ein paar gepflegte Blumenrabatten hinzu. Nicht Winzer, sondern Restaurant- und Hotelinhaber scheinen die Weinkapitale zu bevölkern. Zumindestens am Marktplatz ist alles auf Touristen eingestellt. Das lachsrote Hôtel de Ville, Inbegriff bürgerlichen Stolzes, wurde 1640 auf der Ruine einer Burg gebaut. Den über und über verzierten Renaissance-Bau akzentuiert auf der zum Platz errichteten Breitseite ein Volutengiebel. Beim Flanieren durch die Gassen fällt eine prachtvolle Bürgerresidenz nach der anderen ins Auge. Wer wissen möchte, wie nobel die vermögenden Bürger der Stadt ihre Häuser ausstaffiert hatten, sollte das Musée de la Folie-Marco besuchen. Im Palais (1762) des ehemaligen Vogts Louis-Felix Marco sind Geschirr und Möbel aus dem Elsass des 17. und 18. Jh. ausgestellt.

Zur Ebene reicht Barr fast bis an **Gertwiller** 14 heran. Nicht Wein, sondern Gewürzbrot macht den Ruf des Dorfs aus. Neun Betriebe stellten die würzige, an Lebkuchen erinnernde Köstlichkeit früher her. Zwei blieben übrig, von denen der eine (Lips, Place de la Mairie) ein Museum mit vielen alten Formen betreibt. Dass daneben immer noch köstliche *pains d'épices* aus dem Ofen geholt werden, versteht sich von selbst.

In **Mittelbergheim** 15 brütet der Storch. Die Lage des Vorzeigedorfs auf einem Hügel über den Wiesen hat es Meister Adebar sichtlich angetan. Mittelbergheim gehört zum erlauchten Kreis der »100 schönsten Dörfer Frankreichs« und braucht sich deshalb um Besucher keine Sorgen zu machen. Hübsch verschachtelt und gewunden drängen sich die Gassen um die Place de l'Hôtel de Ville. Das Rathaus ist dank Arkaden und steinerner Außentreppe das wohl schönste an der gesamten Weinstraße. Auf den Schieferschlammböden ums Dorf wird in erster Linie Sylvaner angebaut. Einige der renommiertesten Winzer des Elsass stammen aus Mittelbergheim, so etwa die Familie Gilg.

Die Burgen Haut-Andlau und Spesbourg kündigen im Westen das benachbarte **Andlau** 16 an. Beide Ruinen sind außergewöhnlich gut erhalten, dies obwohl beide im 19. Jh. als Steinbruch freigegeben waren. Andlau selbst steht ganz im Zeichen des Bären und seiner Bezwingerin, der hl. Richardis, die hier um 880 ein Kloster gegründet haben soll. Die ihr geweihte Abteikirche, die später zur Pfarrkirche Sts-Pierre-et-Paul wurde, ist ein Nachfolgebau und stammt aus dem 12. Jh. Nur in der Krypta von 1045 sind Steine des allerersten Baus erhalten. Dort befindet sich auch eine romanische Plastik vom Bären der hl. Richardis, deren Sarkophag in einer Kapelle der Kirche gehütet wird. Außen fasziniert der Relieffries um die Vorhalle des Westwerks. Auf 30 m erzählen die Steinmetzarbeiten bildreich von Jagd, Weinpanschen, Hauen und Stechen – Szenen aus dem Alltag eben. Nicht annähernd so spannend sind die Arbeiten über dem Portal, in dessen Tympanon die Schlüsselübergabe von Christus an Petrus dargestellt ist. Der hl. Richardis und ihrem Bären begegnet man erneut gegenüber des Gasthofs »Au Bœuf Rouge«. Diesmal posieren beide über einem Brunnen. Ringsherum trieb die Renaissance mit etlichen herrschaftlichen Höfen kraftvolle Blüten; der gelungenste Bau ist das Hôtel des Nobles d'Andlau an der Place de la Mairie – wo nochmals ein Brunnen mit dem Duo Richardis und Bär plätschert. Den schönsten Blick auf Andlau und die bis an seine Gassen heranreichenden Reben hat man von der gotischen Kirche St-André (D 253) oberhalb des Dorfs. Neben dem Gotteshaus sind die Reste eines mittelalterlichen Friedhofs erhalten.

Itterswiller erfreut sich einer ausgesprochenen Balkonlage über der Rheinebene – eine verlockende Aussicht, um zu Übernachten. Nicht annähernd so bukolisch liegt **Epfig** 17, an dem der Verkehr der vielbefahrenen N 422 vorbeirauscht. Hauptattraktion ist die Maison Kirmann. Paulette und Lucien Kirmann, Restaurantbesitzer und Buchhändler, haben aus Abbruchhäusern des Départements Bas-Rhin gerettet, was zu retten war, um daraus in Epfig eine Art Heimatmuseum zu bauen (6, rue des Alliés). Der Friedhof im Oste des Unterdorfs ist ein Muss für Kunstliebhaber: Die Ste-Marguerite-Kapelle auf dem Gottesacker stammt aus dem frühen 11. Jh.

**Dambach** 18 hätte den Zusatz »la-Ville« eigentlich nicht nötig, da allein Stadtmauer und Tore jedem Fremden klar bedeuten, dass man sich in kein Dorf, sondern eine Stadt einfädelt. Ein halbes Dutzend Mal konnte das 2000 Köpfe zählende Dambach den ersten Preis im nationalen Wettbewerb »*villes et villages fleuris*« erringen, der in Deutschland mit dem Pendant »Unser Dorf soll schöner werden« zu vergleichen wäre. Noch ein Rekord gefällig? Dambach besitzt mit 470 ha den größten Weinberg Frankreichs; 60 Winzer bearbeiten die Weinstöcke! Aber das eigentliche Wunder besteht darin, dass aller Ruhm den Dörflern nicht zu Kopfe stieg. Dambach ist zauberhaft, gerade weil es nicht zu überschnackelt daherkommt, abgesehen vom Touristenbähnchen eines übereifrigen Winzers, der damit die Gassen unsicher macht. Alle Gassen streben unweigerlich zur Place du Marché mit Brunnen, deren Fachwerkensemble altersgebeugter Winzerhäuser kaum zu übertreffen ist. Ein leicht angeschlagenes Fachwerkhotel, das Renaissance-Rathaus und das schmalbrüstige Winzerdomizil »Le Caveau Nartz« sind die baulichen Höhepunkte. Wer sich die Füße etwas vertreten möchte, tut dies am besten auf dem Weinlehrpfad (*Sentier viticole*), der in nur 15 Min. hangauf-

*In Kintzheim*

wärts zur St-Sébastien-Kapelle mitten im Weinberg führt.

Oberhalb von **Schwerwiller** 19 ragen die Ruinen der Ortenburg und der Burg Ramstein imposant aus den Wipfeln der Vogesen. Von hier wurde der Zugang zum Villé-Tal und damit in die Vogesen kontrolliert. Mit seinen Stegen, Geländern und Brücken über den Aubach, der längs der Hauptstraße fließt, weht ein lauer Hauch von Venedig durch Schwerwiller.

Das 3000-Einwohner-Städtchen **Châtenois** 20 ist die Pforte zum für seine Obstgärten bekannten Villé-Tal. Kein Wunder, dass Châtenois' Ruf auf den Obstbränden der lokalen Schnapsdestillen beruht. Das Verkehrskreuz von N 59 und D 35 schnürt den Ort leider arg ein. Längs der Hauptstraße im unteren Dorfteil fallen neben dem Rathaus von 1493 eine ganze Reihe ansehnlicher Fassaden auf. Den Zugang ins höher gelegene alte Burgviertel regelt der Hexenturm, ein Tor mit Fachwerk im oberen Teil, auf dem Störche brüten. Dahinter erstreckt sich der ummauerte Friedhof, einer der letzten des Elsass, hinter dessen gewaltigen Mauern einst der Bischof residierte und die Bewohner bei Gefahr Zuflucht fanden. Wahrzeichen ist der mit buntlasierten Ziegeln bedeckte romanische Kirchturm von St-Georges.

In **Kintzheim** 21 fesselt auf der außerordentlich gut erhaltenen Stauferburg die Greifvogelstation (*volerie des aigles*) die Besuchermassen mit publikumswirksamen Flugvorführungen. Eine Tierschau ganz anderer Art bietet die »Montagne des Singes«, wo über 200 Berberaffen zur Gaudi der Besucher frei durch einen 20 ha großen Wald tollen. Bliebe noch der Storchenpark inklusive Streichelzoo und Hirschgehege, den man im Elektroauto erkunden kann.

Das Erste, was man von **Bergheim** 22 sieht, ist ein Torturm mit buntlasiertem Ziegeldach. Dann folgt der Kirchturm, dann Mauern, zu guter Letzt nur noch Blumen: Bergheim bringt es auf vier

Blüten in der »*village fleuri*«-Hierarchie. Das bedeutet Höchstprämierung. Die fast lückenlos erhaltenen Mauern behüten eine kopfsteingepflasterte Idylle mit gemütlichem Rathausplatz.

## Von Ribeauvillé bis Thann

»Les Perles du Vignoble« heißen bei der Weiterfahrt willkommen. Als solche kündigen sich Ribeauvillé, Hunawihr, Zellenberg und Riquewihr an, mit denen man den am stärksten besuchten Abschnitt der »Route des Vins« angeht. Insgesamt fehlt den »Perlen des Weinbergs« die Bummeligkeit nicht ganz so bekannter Winzerdörfer. Ihre touristische Unschuld haben alle vier lange verloren. Es bleibt die schöne Kulisse, mit der etwa Ribeauvillé ganze Reisebusse anlockt.

**Ribeauvillé** 23 kauert sich in ein schmales Tal, das der Strengbach in die Vogesen getrieben hat. Dem Wasserreichtum verdankt das Städtchen, dass eine ganze Reihe kleiner, feiner Betriebe sich schon im 17. Jh. hier niederließ und bis heute produziert. Wer dem Strengbach vogeseneinwärts folgt, stößt bald auf die Fabrikationshallen und die klassizistische Direktorenvilla (heute Altersheim) der renommierten Stoffdruckmanufaktur, wo die für Ribeauvillé typischen farbkräftigen Muster nach alten Methoden auf Tisch- und Hauswäsche gedruckt werden. Charles Steiner hat das Unternehmen 1838 gegründet und mit dem »Steinerschen Rot« zum Erfolg geführt. Im betriebseigenen Laden kann man nach Schnäppchen Ausschau halten. Der zweite über die Stadt hinaus bekannte Betrieb ist der Mineralwasserabfüller »Carola« im Westen. In Folge der wirtschaftlichen Blüte war Ribeauvillé 1850 mit 8000 Einwohnern die drittgrößte Stadt des Elsass. Heute zählt die Stadt nur noch 5000 Einwohner. Man schaut nach vorn. Der rührige Bürgermeister ist Mitglied der Grünen und damit der einzige Vertreter seiner Partei im Conseil Régional des Départements Haut-Rhin.

In der Altstadt gibt die den ganzen Ort durchziehende Grand' Rue die Besichtigungsroute vor. Die Weinstube »Zum Pfifferhüs« (Nr. 14) erinnert daran, dass die einst über Ribeauvillé herrschenden Herren von Rappoltstein seit 1481 auch über das Wohl und Wehe fahrender Musikanten bestimmten. Einmal im Jahr, am ersten Septembersonntag, erinnert eins der ältesten Volksfeste des Elsass an den Brauch der »Pfeiffer«, ihren Herren nach der Messe mit Musik und Tanz zu huldigen. Zum »Pfifferdaj« birst die in historische Kostüme gesteckte Stadt bis heute über.

Von der Stadtmauer sind drei Türme erhalten, von denen gleich zwei »Tour des Cigognes« heißen, und, wie könnte es anders sein, von einem Stochennest gekrönt werden. Mittelpunkt der schmucken Ansammlung reicher Bürgerhäuser aus dem 16.–19. Jh. ist der Metzgerturm (Tour des Bouchers), ein viereckiger Torturm, der Unter- und Oberstadt voneinander trennt. Vor dem 700 Jahre alten Bau breitet sich mit der Place de l'Hôtel de Ville die gute Stube von Ribeauvillé aus. Wie gewohnt gehört ein Renaissance-Brunnen zum Inventar. Im spätbarocken Rathaus, dessen sehr französische Pracht den Platz beherrscht, wird im sogenannten roten Saal mit Stoffbespannung aus der Manufaktur Steiner ein Schatz verwahrt. Es handelt sich um Silberpokale und Becher aus einer Manufaktur in St-Louis, die die Feudalherren von Ribeauvillé im 18. Jh. zur Begleichung ihrer Schulden der Bürgerschaft übereignen mussten.

Richtig Reisen
*Thema*

# »Carola« und andere elsässische Mineralwasser

Carola, Lisbeth oder Gonzenbach? Geht es nach der Menge, ist die Frage schnell beantwortet. Der Mineralwasserabfüller Carola aus Ribeauvillé macht bei Tisch das Rennen. Seit 1889 werden die Mineralquellen von Ribeauvillé für das beliebte Tafelwasser angezapft. Seine Kennzeichen: Es sprudelt ordentlich (was im übrigen, vorzugsweise stillen Wassern zugetanen Frankreich für wenig Freunde sorgt) und schmeckt deutlich mineralisch. Wer's weniger prickelnd vorzieht: Dem Klassiker »Carola rouge« steht die stille Variante »Carola bleue« zur Seite. Für Unentschlossene wird neuerdings auch »Carola Verte« mit wenig Kohlensäure angeboten. Nur wenige Bläschen prickeln auch bei »Lisbeth«, deren 45 m tiefe Quelle in Soultzbach-les-Bains sprudelt, jedoch ebenfalls dem Carola-Abfüller gehört. Das Wasser schmeckt dezenter als »Carola« und soll verdauungsfördernd sein. Wenig verbreitet ist das »Wattwiller« aus den Vogesen, erkennbar an der bläulich getönten Plastikflasche mit den markanten Griffrillen. Seine Abfüller nehmen in Anspruch, ein Wasser von unvergleichlicher Reinheit zu vertreiben. Aus dem nordelsässischen Niederbronn-les-Bains kommt der größte Carola-Konkurrent, das stille »Celtic«. Während »Carola« im Restaurant den Ton angibt und dort nur in der klassischen Glasflasche auf den Tisch kommt, beherrscht »Celtic« dank Tetrapack die Supermarktregale. Die Besichtigung der Quelle ist möglich (48, Route de Bergheim, ✆ 03 89 73 60 05, mindestens 5 Tage im voraus ankündigen). Die Herstellung von Plastikflaschen und Abfüllung des Wassers in selbige kann allerdings so ernüchternd wirken, dass man geneigt ist, wieder auf die bewährten Grands Crus aus Ribeauvillé zurückzugreifen.



Die Glanzzeit der Herren von Rappoltstein, die das Städtchen über Jahrhunderte fest im Griff hatten, neigte sich damals allmählich ihrem Ende zu. Die gotische Augustinerkirche auf der anderen Platzseite dient den 350 Schwestern der Congrégation de la Divine-Providence, die hier ihren Lebensabend verbringen, als Klosterkirche. Ebenfalls gotisch ist die Pfarrkirche St-Grégoire.

Im Hintergrund tauchen die drei Burgen von Ribeauvillé hoch über dem Ort auf. Es handelt sich um die Stammsitze der Herren von Rappoltstein und ihrer Vasallen (Ribeauvillés deutscher Name lautet Rappoltsweiler), drei Adlerhorste, von denen aus Stadt und Tal leicht zu überwachen waren. Von der Burg Girsberg (oder Petit-Ribeaupierre) blieb ein grauer, wie mit dem schroffen Fels verwachsener Donjon, vom Altenkastel (oder Haut-Ribeaupierre) weiß man, dass schon die Römer an dieser Stelle ein Kastel plaziert hatten. Der eindrucksvollste Bau aber ist die Ulrichsburg (Château St-Ulrich), eine gewaltige Anlage in warmem Buntsandstein. Die Rappoltsteiner gaben den stolzen Sitz im 16. Jh. auf, um komfortabler unten in der Stadt zu wohnen. Besonders schön ist der Rundblick vom romanischen Belfried – spätestens hier sind die Mühen des Aufstiegs vergessen.

Gründerzeitliche Bürgerschlösser und die herrschaftliche, von Störchen als Nistplatz genutzte Sous-Préfecture an der Straße nach Hunawihr (D 1B) zeigen ein letztes Mal, wie betucht Ribeauvillé im ausgehenden 19. Jh. war. Auch in **Hunawihr** 24 brütet der Storch, wenn auch nicht ganz freiwillig. Im »Centre de Réintroduction des Cigognes et des Loutres« (s. S. 18) werden Meister Adebar zu seinem eigenen Schutz die Fittiche gestutzt, um ihm den lebensgefährlichen Wandertrieb abzugewöhnen. Das zweite Tier, um dessen Wiedereinführung man sich kümmert, ist der Fischotter, und wo man schon einmal in Sachen Fauna tätig war, kam auch noch ein Schmetterlingszoo hinzu. Hunawihr bietet darüberhinaus exzellente Weine von den Lagen Muhlforst, Rosacker (Grand Cru), sowie Spätlesen und Auslesen. Mitten aus dem Rebenmeer taucht auf einer leichten Anhöhe das Wahrzeichen Hunawihrs auf, eine trutzige Wehrkirche samt Friedhof, die eine mit sieben Bastionen hochgerüstete Mauer umgibt – was zusammen ein wunderschönes Motiv ausmacht.

**Zellenberg** 25 staffelt sich in den Hang, der gleich zwei Grands Crus-Lagen aufweist, »Froehn« und »Schoenenbourg«. Nach Westen riegelt sich das Dorf mit einer geschlossenen Häuserzeile zum Talgrund ab, an deren Ende einer der beiden erhaltenen, runden Stadttürme steht. Zellenberg, ein hübscher, im Vergleich zu den Nachbarn angenehm unaufgeregter Ort, besteht im Kern aus einer langen Straße, die einem schmalen Hügelkamm folgt. Der Blick über die Weinberge ist hier besonders hübsch.

Vielbesucht, und darum viel gescholten, fährt doch niemand an **Riquewihr**

*Der südliche Teil der Weinstraße*

26 vorbei. Denn das Winzerdorf ist außergewöhnlich schön, fast zu schön, um wahr zu sein, und in seiner gnadenlosen Vermarktung künstlich, woran alte Steine und Balken zuhauf nichts ändern. Wahrzeichen dieser eher an ein Freilichtmuseum als an ein Winzerdorf erinnernden Hochburg des Elsasstourismus ist der Dolder, der 1291 als 25 m hoher Wehr- und Wachturm der inneren Stadtmauer entstanden ist. Riquewihr hat gleich zwei Stadtmauern, die in weiten Teilen erhalten sind und ein einmaliges Ensemble von Gebäuden des 13.–16. Jh. beschützen. Der Fachwerkschmuck an der Innenseite des Dolder stammt aus dem 16. Jh. Ansonsten entspricht der 700 Jahre alte Turm seinem ursprünglichen Zustand. Ein kleines Museum unterrichtet innen über die wechselvolle Geschichte des Weinorts. In der nahen Tour des Voleurs (Rue des Juifs) wartet das nächste Museum. Der Turm auf der nordwestlichen Ecke der Stadtmauer war früher Gefängnis. Zu besichtigen sind die Folterkammer und die Verliese. Fast 500 Jahre haben die Württemberger über die 1094 erstmals urkundlich erwähnte Stadt geherrscht. Sie hinterliessen ein Schloss, in dem heute das Musée d'Histoire des PTT d'Alsace die Geschichte der elsässischen Post dokumentiert. Das Musée de la Voiture postale et des Messageries in den ehemaligen gräflichen Pferdeställen setzt das Postthema mit Kutschen fort. Unter der Herrschaft der aufgeklärten Württemberger erlebte Reichenweiher/Riquewihr glanzvolle Zeiten. Durch den Weinbau kam Wohlstand, der sich in zahlreichen prachtvollen Bürgerhäusern längs der Rue du Général de Gaulle spiegelt: Das Haus »Zum Schwarzen Bären« ziert ein geschnitzter Eckbalken mit Manneken Pis. Zum Truchsesshof mit einer Sonnenuhr auf der Fassade muss man eine Stichgsse betreten (Nr. 38). In Haus Nr. 16, der »Maison au Nid de Cigogne«, setzt ein kleines Museum mit Hansi-Illustrationen der Elsassfolklore noch eins drauf. Wo einmal das Untertor am Ostende der Rue du Général de Gaulle stand, bauten die Bürger sich 1809 ein respektables Rathaus. Arm war Riquewihr nie. Im 17. Jh. rühmte man die Reichenweiher Tropfen als »edelsten wein dises lands«, der in die Schweiz, nach Schweden, Russland und ins Baltikum exportiert wurde. Der »*Sentier viticole des Grands Crus*«, eine Tageswanderung durch die besten Lagen dieses wegen seines sonnigen Klimas »Midi d'Alsace« genannten Landstrichs, beginnt im Norden oberhalb von Riquewihr an einem Holzrahmen, durch den man nochmal auf den Ort schaut.

Mit dem Postkartenmotiv im Kopf geht es weiter nach Mittelwihr und Bennwihr. Beide Dörfer sind im Zweiten Weltkrieg zerschossen worden und leiden zudem darunter, von der D 10 zerteilt zu werden. Auch Sigolsheim wurde zerstört, doch man konnte immerhin die romanische Kirche retten, deren roter Turm über den in Pastelltönen wieder aufgebauten Häusern leuchtet. **Kientzheim** 27 mag es farbenfroh und hat allen Grund, seine spitzen Giebel und *Hôtels particuliers* herauszuputzen. Ein an der D 28 aufgestellter Panzer erinnert zwar an die fürchterliche Schlacht um den Kessel von Colmar, doch das Dorf blieb bis auf die Burg Reichenstein im Westen von der Zerstörung verschont. Im eleganten Schwendi-Schloss neben dem Untertor hat die Confrérie St-Etienne (Stefansbruderschaft) 1973 ein der Weinbruderschaft würdiges Domizil gefunden. Der aktuelle Großmeister Jean Meyer konnte 1997 das 50jährige Jubiläum der Neugründung feiern, zu der alle Mitbrüder in feuerroter Robe mit

*Kaysersberg*

schwarzem Hut und silberner Brustkette erschienen. Seit dem Neuanfang der schon im 14. Jh. bezeugten Confrérie hat sich viel in den elsässischen Weinbergen getan. Die Chasselas-Traube wurde zu Gunsten des Pinot zurückgedrängt, der Tokay Pinot Gris konnte sich einen Platz erobern, 50 Lagen erhielten die Grands Crus-Adelung, und der Crémant ist mit mittlerweile 15 % Marktanteil auf dem Vormarsch. Über all das informiert das ebenfalls im Schloss untergebrachte Musée du Vignoble et des Vins d'Alsace.

**Kaysersberg** 28 zieht sich tief in das Tal der Weiss zurück, an deren Ufern sich die Stadt ausbreitet. Etliche mittelständische Betriebe siedelten sich oberhalb von Kaysersberg an der N 415 an, allen voran der Hygienepapierproduzent Lotus. Dort stören sie nicht und sorgen doch für Arbeitsplätze. In der von Mauern und Türmen umgebenen Altstadt scheinen die Fassaden nochmals anmutiger als alles bisher Gesehene zu sein. Vor allem das Hôtel de Ville bleibt unvergesslich. Es ist ein geradezu majestätischer Renaissance-Bau mit Balustrade, Erker, kostbarer Innenausstattung, neben dem sich allerdings die imposanten Patrizierhäuser ringsherum behaupten können. Die Pfarrkirche Ste-Croix ist im Kern staufisch, wurde jedoch später mehrfach erweitert. Zu den Prunkstücken der Innenausstattung gehören ein spätgotischer Flügelaltar sowie ein etwa ebenso altes, über 4 m großes Kreuz. Eingekeilt von Ste-Croix und Hôtel de Ville liegt die St-Michel-Kapelle auf dem ehemaligen Pestfriedhof. Die Krypta dient als Beinhaus für über 20 000 Knochen. Die beiden Stadtteile links und rechts der Weiss verbindet eine befestigte Brücke mit darauf gesetztem Oratorium von 1514: Pittoresker ist kaum ein Winkel von Kaysersberg. Die Stadt verdankt ihren Aufstieg vor allem der Burg, die der Staufer Friedrich II., Kaiser des Heiligen Römischen Reichs, ab 1227 hier besaß. Ihr zylindrischer Bergfried beherrscht die Gassen von Norden her. Mehr zur Stadtgeschichte ist im Musée Municipal an der Hauptstraße zu erfahren. Über die Brücke kommt man schließlich zum Centre Culturel Albert Schweitzer (Museum): Im alten Pfarrhaus der evangelischen Gemeinde kam der »Urwalddoktor« zur Welt.

**Niedermorschwihr** 29 entpuppt sich trotz der Nähe zu Colmar als Landpomeranze mit romanischem Kirchlein, schmuckem Fachwerk und Brunnen, ist jedoch dank einer tüchtigen Bäckerin unter Feinschmeckern ein Begriff.

Wie Kaysersberg profitierte **Turckheim** 30 immer von seiner Rolle als Tor zu den Vogesen. Die kleine Stadt liegt am Zugang des Munstertals und gleichzeitig in Tuchfühlung mit Colmar. Vom Durchgangsverkehr, der über die D 10 an der Fecht und den Resten der Stadtmauer vorbeirauscht, sollte man sich nicht allzu sehr beeindrucken lassen. Den Störchen auf dem Stadttor Porte de la France macht der rege Verkehr sowieso nichts, und bei einem Glas Riesling auf einer der Terrassen der weiten Place de la République entdeckt man bald, dass Turckheim ein geruhsamer Ort ist. Gleich hinter dem Tor taucht man in die heile Welt elsässischer Platzensembles ein. Die Place de Turenne verfügt mit Stockbrunnen, alter Wache (Corps de Garde, heute Office de Tourisme) und viel Fachwerk über das für die Dörfer an der »Route des Vins« übliche Mobiliar. Geradeaus verläuft die Rue du Conseil in Richtung Norden auf die Weinberge zu. Man schaut der Reihe nach auf das Fachwerkgebälk des Gasthofs »Aux Deux Clefs«, hinter dessen Renaissance-Fassade schon de Gaulle und Albert Schweitzer ihr Haupt betteten. Vor Kopf schiebt sich das blassgelbe Hôtel de Ville ins Bild, mit obeliskengeschmücktem Giebel. Im Hintergrund lugt der rote Sandsteinturm von Ste-Anne über die Dächer. Den klobigen

*Eguisheim*

Richtig Reisen *Tipp*

## Konfitüren aus der Dorfbäckerei von Niedermorschwihr

Die Kundenliste der Epicerie-Pâtisserie Ferber im Winzerdorf Niedermorschwihr (18, Rue des Trois-Epis) liest sich wie ein Who is who des gastronomischen Adels. Die Starköche Ducasse und Troisgros gehören ebenso dazu wie der Pariser Feinkosthändler Fauchon. Nicht nur die französische Hauptstadt hat Christine Ferber mit ihren köstlichen Konfitüren erobert, sondern auch Tokio, wo man das Dorf aus einer hier gedrehten Fernsehserie kennt. Im Laden können Einheimische ihre Tageszeitung oder was sonst so im Haushalt fehlt, noch immer kaufen. Doch seit Madame Ferber mit ihren Konfitüren ins französische Fernsehen kam, müssen die Stammkunden immer öfter Schlange stehen. Von weit angereiste Kunden verharren ehrfürchtig vor den Regalen mit Pfirsichkonfitüre und Himbeergelee. Das Geheimnis des besonderen Geschmacks liegt in den Zutaten: Weiße Pfirsiche mit Tokay, Johannisbeeren mit Thymian und Rosmarin, Himbeeren mit Pinot Noir… Rund 170 süße und süßsaure Mixturen hat die begnadete Einkocherin bereits kreiert. Wie sie es genau macht, bleibt Madame Ferbers süßes Geheimnis.



Turm der Pfarrkirche schließt ein spitzer, mit buntlasierten Pfannen bedeckter Dachhelm ab. Ganz am Ende der Straße erinnert das Musée de la Poche de Colmar an die fürchterliche Kesselschlacht des Winters 1944/45, von der Turckheim gänzlich verschont blieb. Biegt man nach rechts ab, steht man bald vor der Porte de Brand, einem weiteren erhaltenen Stadttor. Hier beginnt ein gut 2 km langer Weinlehrpfad durch die Turckheimer Rebenberge (Grand Cru Brand). Ein drittes Tor, die Porte de Munster, schließt im Osten die Grand'Rue ab. Das Haus mit dem Restaurant »A l'Homme sauvage« stammt aus dem Jahr 1609 und gilt als das schönste auf der Grand'Rue. In Turckheim versehen seit 500 Jahren Nachtwächter ihren Dienst, heute allerdings nur noch im Sommer.

Wo bei **Eguisheim** **31** drei eckige, abstrakten Skulpturen ähnelnde Burgen aus dem Wald lugen, unterhielten bereits die Römer eine Militärbasis. Vom Donjon der Wahlenbourg, dem mittleren der drei Türme, hat man einen fantastischen Panoramablick auf den Ort, dessen runde Anlage sich von hier oben gut erschließt. Den Kern von Eguisheim bildet die gräfliche Burg, die mitsamt einer Wallmauer aus dem 13. Jh. 1894 restauriert wurde. Leider tat man des Guten etwas zuviel: Burg und dazugehörige Kapelle wurden im neoromanischen Stil geschönt. Ganz so bunt und goldfarben war das frühe Mittelalter sicherlich nicht. Hübsch ist der Blick auf den Brunnen an der Place du Château, mit einer Statue von Papst Leo IX.: Der oberste Kirchenfürst kam als Graf von Eguisheim 1049 zur Welt. Unverfälschter als die Burg wirkt die romanische Pfarrkirche St-Pierre-et-St-Paul. Der in des Wortes wahrstem Sinne schönste Rundgang führt immer an der kreisrunden Stadtmauer lang (Rues des Remparts Sud und Nord). Der Spaziergang bietet Gassenromantik pur. Auch alle anderen Gassen in Eguisheim legen sich um den zentralen, achteckigen Burgkomplex – verlaufen kann man sich hier nicht.

**Gueberschwihr** 32 rückt hart an die Vogesen heran. Den mächtigen Linden und Kastanien auf dem Hauptplatz kann die Pfarrkirche mit ihrem 36 m hohen Glockenturm spielend Paroli bieten: Dank der Doppelbogenfenster in den oberen drei Etagen gilt St-Imère als schönster romanischer Kirchturm an der Weinstraße.

Um nach **Rouffach** 33 zu gelangen, geht es wieder runter in die Ebene. Im knapp 5000 Einwohner zählenden Städtchen macht das Fachwerkelsass eine Pause, gelber Sandstein, der direkt am Ort gebrochen wird, gibt den Ton an. Die gewaltige, Romanik und Gotik vereinende Pfarrkirche Notre-Dame-de-l'Assomption droht in ihren Dimensionen die Place de la République beinahe zu sprengen. 800 Jahre wurde an dem Bau gearbeitet, doch bis zur Vollendung der Haupttürme hat es nie gereicht. Ihre Stümpfe dominieren das Westwerk, dessen filigrane Fassade an das Straßburger Münster erinnert. Gegenüber des Westwerks teilen sich die alte Kornhalle aus dem 16. Jh., in der das Musée historique Rouffachs Geschichte von den Römern an vorstellt, und das neue Hôtel de Ville aus dem 19. Jh. An der Südseite des Platzes erhebt sich Rouffachs malerischste Zeile. Sie beginnt mit der Maison de l'Œuvre-Notre-Dame, das unter diesem Namen jedoch kaum jemand kennt. »Caveau de Laxakessel« sagt hingegen jedem etwas, den so heißt das Restaurant im ehemaligen



*Gueberschwihr*

*Hexenfest in Rouffach*

Atelierhaus der Steinmetze, die hier im 15. Jh. für die Kirchenbaustelle Hammer und Meißel schwangen. Etwas vom Platz zurück springen die beiden Renaissance-Giebel des alten Hôtel de Ville. Zum berühmtesten Bauwerk von Rouffach, dem Hexenturm, führt ein Gässchen neben dem »Caveau de Laxakessel«. Oben brütet der Storch, in seinen Mauern schmachteten einst gefolterte Frauen ihrem Prozess entgegen. Rouffach war ein Zentrum der Hexenprozesse. Über vierzigmal loderte hier der Scheiterhaufen. Hinter dem Turm stößt man auf die Promenade des Remparts, eine einladende Grünanlage, die dem Verlauf der bis auf den Hexenturm abgerissenen Stadtmauer folgt. Sanft fallen die Weinberge im Westen in die Ebene ab. Aus den Reben taucht das Château d'Isenbourg auf. Das hochherrschaftliche Schloss aus dem 19. Jh. bewährt sich als Nobelhotel in beneidenswerter Lage.

Sieben Burgen bewachten (oder bedrohten) das reizende Dorf **Soultzmatt** 34 einst. Eine blieb erhalten: Das nach wie vor bewohnte Château de Wangenbourg liegt an der Straße nach Westhalten. Ganz am Ortsende entspringt eine bekannte Mineralwasserquelle. Unter den Weinen des Dorfs sticht der Grand Cru Zinnkoepfle (3 km langer Weinlehrpfad) hervor, dem die äußerst günstigen klimatischen Bedingungen im Ohmbachtal zugute kommen. Um Soultzmatt reifen sogar Mandeln und Zitronen.

Mit dörflicher Beschaulichkeit hat **Guebwiller** 35 nichts am Hut. Die alte Textilstadt am Fuße der Vogesen hat Mühe, nach der Krise der ortansässigen Industrien neue Einkünfte zu finden. Der Charme benachbarter Weinorte geht Guebwiller ab. So orientiert man sich zum Florival, der angrenzenden Vogesenregion. Das Musée du Florival in einem Stiftsgebäude aus dem Ancien Régime belegt die enge Verbindung der

Stadt zur nahen Abtei Murbach und zeigt ansonsten Keramikkunst des aus Guebwiller stammenden Théodore Deck (1823–91). Die benachbarte, spätbarocke Kirche Notre-Dame befremdet nach all den hübschen Dorfkapellen durch ihren ostentativen Protz. An der Place de l'Hôtel de Ville schmälert ein gesichtsloser Supermarktbau die Wirkung des Renaissance-Rathauses. Aller Missmut verfliegt jedoch beim Anblick des Dominikanerklosters, dessen Turmkrone erhaben über den Bausünden der Stadt herausragt. In den Klostergebäuden untergebracht ist eine Musikschule. Einen Kontrast zu den trostlosen Wohnkasernen der Außenbezirke bilden die Villas de Bary am Chemin des Larrons. Beide Industriellenvillen aus dem 19. Jh. wollen mit Türmen und Schieferdach den Eindruck eines Schlosses erwecken.

Wie Guebwiller staucht sich **Soultz-Haut-Rhin** 36 ins Tal der Lauch. Am Hauptplatz liegen die gotische Kirche St-Maurice und das Renaissance-Rathaus. Dazwischen gehört selbstverständlich ein imposanter Brunnen. In der Rue Jean-Jaurès stehen die ehemalige Commanderie St-Jean, früher Sitz des Johanniterordens, und das Château d'Anthès, in dem die gleichnamige Industriellendynastie einst lebte. In die Literaturgeschichte eingegangen ist ein Familienmitglied, das 1837 auf Geschäftsreise in St. Petersburg nichts Besseres zu tun hatte, als Puschkin im Duell zu töten.

Über die D 5 gelangt man vorbei an Wattwiller und Uffholtz nach **Cernay** 37, das gleich beide Weltkriege verheert haben. Vor allem die 1915 erbittert ausgetragene Schlacht am Gipfel des Hartmannswiller (Vieil-Armand) wurde den Städten bis ins Tal zu Verhängnis. Cernays viereckiger Stadtgrundriss blieb beim Wiederaufbau erhalten, das Obertor (Porte de Thann) konnte vorbildlich restauriert werden, aber Cernay wirkt dennoch recht farblos.

*Überall an der Weinstraße kann man den Wein auch gleich probieren*

In **Thann** 38 endet die »Route des Vins«. Der Kleinstadt zur Ebene vorgelagert ist Vieux-Thann, ein Vorort mit Fabriken und vielbefahrener Zufahrtsstraße ins Thur-Tal (D 35). In der Kirche St-Dominique kamen früher die Weber der Gutsherrschaft Thann zusammen. Von der Außenfassade blickt die hochgotische »Jungfrau mit dem Kind« herunter. Innen lohnen eine Heilig-Grab-Plastik aus dem 15. Jh. und die spätgotischen, farbkräftigen Chorfenster den Zwischenstopp. Der dichte Wald der Südvogesen umgibt Thann im Norden und Westen. Nach Süden und Osten kündigt sich hingegen bereits der Sundgau mit sanften Hügeln an. Im Zentrum beherrscht unübersehbar die Collégiale St-Thiébaut das Treiben zwischen Bahnlinie und Fluss. Der gewaltige Bau setzt der Weinstraße einen prächtigen Schlusspunkt. Seine Masse verliert sich freilich im filiganen Fassadenschmuck, der St-Thiébaut zum wichtigsten Vertreter spätgotischer Kirchenarchitektur im Elsass macht. Ganze Völkerscharen aus Stein beleben das turmlose Westwerk, das im Wechsel von beigem und rotem Sandstein um so lebendiger wirkt. Direkt am Ufer der Thur steht der Hexenturm (Tour des Sorcières), unter dessen putziger Zwiebelhaube ein kleines Winzermuseum die »Route des Vins« gebührend abschließt. Das Musée d'Art et d'Histoire ein Stück weiter das Ufer hoch fand in der ehemaligem Kornhalle von 1519 Unterschlupf. Das von den »Amis de Thann«, einem rührigen Freiwilligenverein, betriebene Museum widmet sich ganz der Lokalgeschichte, allem voran der der Collégiale St-Thiébaut. Gegenüber steht die Fontaine des Vignerons, ein Renaissance-Brunnen. Eine Brücke über die Thur leitet zum Château de l'Engelbourg. Von der ehemaligen Burg der Grafen von Pfirt im

*In Thann*

Sundgau (Ferrette) blieb nach der Zerstörung durch den Sonnenkönig Ludwig XIV. nicht mehr als eine romantische Ruine. Von hier schaut man über das Tal zum 514 m hohen Staufen, auf dessen Gipfel ein Denkmal für die Widerstandskämpfer des Zweiten Weltkriegs steht. Einen Steinwurf vom Château de l'Engelbourg entfernt breiten sich im Osten die ersten Reben des Grand Cru Rangen aus. Die Sonne scheint gnädig über die von kleinen Mauern gehaltenen, sehr steilen Vulkanhängen, der Morgennebel über der Thur verleiht den Reben Feuchtigkeit, beides zusammen ergibt einen exzellenten Tropfen.

# Sundgau und Jura

# Mulhouse

**Tipps & Adressen** S. 269

**Karte** S. 218

**Dauer** 1–2 Tage

Mulhouse ist das Stiefkind im florierenden elsässischen Städtetourismus. An der unter Einberechnung sämtlicher Außenbezirke knapp eine Viertelmillion Einwohner zählenden Stadt fuhren lange Zeit fast alle Touristen vorbei. Bezüglich Fachwerkidylle hat das »französische Manchester« in der Tat wenig zu bieten. Viele Besucher tun sich schwer mit der Industriemetropole im Südosten, der der Ruf als »ville moderne« vorauseilt. Vernichtender kann kein Urteil auf der Suche nach diesseits des Rheins verlorener Fachwerkvergangenheit ausfallen. Also hopp und weiter nach Colmar oder Straßburg? Keineswegs. Schon seit den 1970er Jahren schickt Mulhouse seine industrielle Vergangenheit ins Museum. Aus dem Textil- und Chemiestandort wurde eine Dienstleistungsmetropole und die Museumsstadt schlechthin im Elsass. Ohnehin sah die Wahrheit über Mulhouse immer schon anders aus, als qualmende Fabrikschlote glauben machten. Über weite Viertel wirkt die Innenstadt gut- bis großbürgerlich mit gründerzeitlichen Villen, vornehmen Hotels und artigen Bürgerpalais. Nur Fachwerk gibt es eben wenig, was zur Abwechslung auch mal ganz schön ist. *Vive la différence!*

◁ *Auch im Sundgau gibt's noch Fachwerk*

## Stadtgeschichte

Eine Mühle oberhalb vom Zusammenfluss von Doller und Ill gab der Stadt ihren Namen: Mulinhuson, das Mühlhaus, ist erstmals zu Anfang des 9. Jh. erwähnt. Der Staufer Friedrich I. genannt Barbarossa besuchte Mulhouse im 12. Jh. gleich zweimal und unterstützte die Bürgerschaft damit in ihrer Widerwehr gegen den Straßburger Bischof, der zugleich Lehnsherr von Mulhouse war. 1308 erhielt Mulhouse unter den nun herrschenden Habsburgern den begehrten Status einer freien Reichsstadt mit weitgehender Unabhängigkeit. Die so gestärkte Stadt trat 1354 der Decapolis bei. Dank ihrer Bündnispolitik mit den Schweizer Kantonen Basel, Bern und Soleure erfolgte 1515 die Anerkennung als Schweizer Bündniskanton. Politisch wandelte sich Mulhouse endgültig zur Bürgerrepublik, deren Zwölferrat 1523 selbstbewusst für die Einführung der Reformation stimmte. Der Dreißigjährige Krieg ging fast spurlos an der Stadt vorbei. Am Ende aber geriet die Stadt laut Westfälischem Frieden unter die französische Vorherrschaft, behielt jedoch eine Reihe von Unabhängigkeitsrechten sowie einen Sonderstatus im Verhältnis zur Schweizer Konföderation.

Die industrielle Entwicklung nahm 1746 mit der Gründung einer Manufaktur für Stoffdruck (s. S. 222) ihren fulminanten Verlauf. Als die junge französische Republik Mulhouse 1792 mit einer Zollblockade belegte, beschloss die Bürgerschaft von Mulhouse unter Führung der tonangebenden Unternehmer am 15. März 1798 die freiwillige Einverlei-

*Die Kirche St-Etienne in Mulhouse*





bung nach Frankreich. Wirtschaftlich erlebte die Stadt im 19. Jh. einen einzigartigen Boom. Von 9000 Menschen im Jahr 1815 stieg die Einwohnerzahl auf 65 000 im Jahr 1870. Mulhouse hieß bald die »Stadt der hundert Schlote«. 1834 gelang durch den Bau des Canal du Rhône au Rhin der Anschluss an den Handelsweg Rhein, fünf Jahre später der an die Eisenbahn, 1877 der ans Telefonnetz. Mulhouse war seinen Schwesterstädten Colmar und Straßburg in der technischen Entwicklung lange Zeit weit voraus.

Bei der Befreiung von der deutschen Besatzung erlitt Mulhouse im Zweiten Weltkrieg schwere alliierte Bombardements. Als Paradestücke des Wiederaufbaus entstanden die Place de l'Europe mit der Tour de l'Europe, einem Hochhaus, das vorübergehend zum Wahrzeichen der Stadt avancierte. Der internationale Flughafen Basel-Mulhouse entstand zwar vor den Toren Basels, aber immerhin im Dreiländereck auf französischer Seite. Bedingt durch die Krise der alten Industrien warb Mulhouse in jüngster Zeit erfolgreich um neue Investoren: Peugeot schuf die meisten Arbeitsplätze; mehr als die Hälfte aller gebauten Autos des Erfolgsmodells »205« lief hier vom Band. Der große Coup im Tourismussektor gelang der Stadt durch die Schaffung einer Reihe hervorragender Technikmuseen. Eine halbe Million Eintritte werden jährlich in den zwölf Mu-

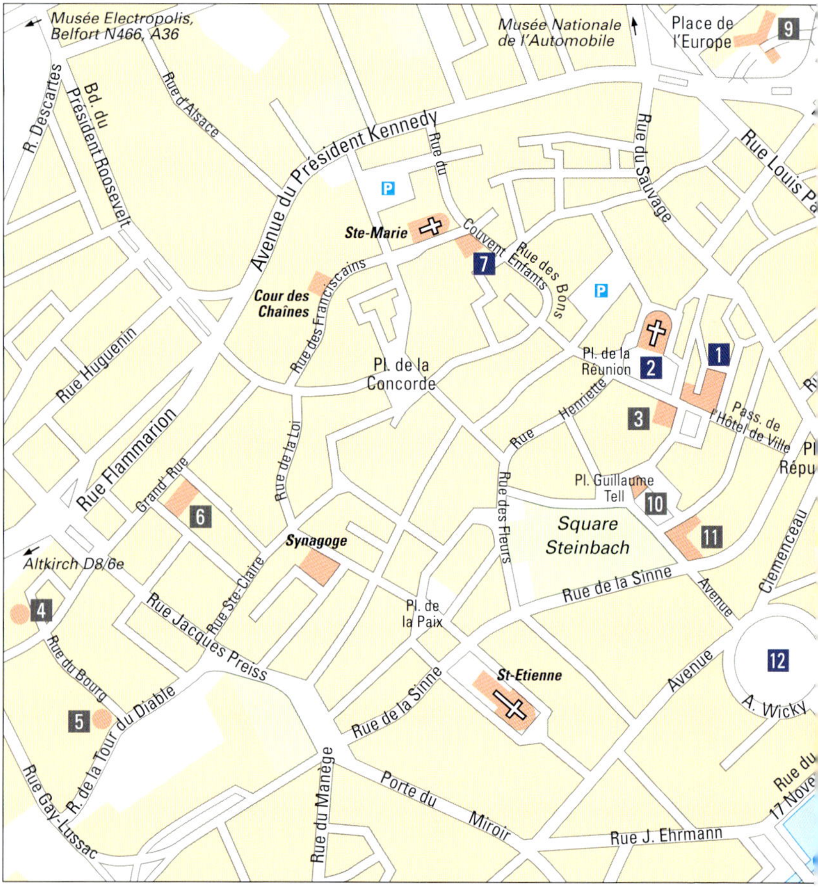


seen verzeichnet. Damit liegt Mulhouse direkt hinter Paris auf Platz zwei beim Besucheraufkommen in den Museumsstädten Frankreichs.

## Stadtrundgang

Die Altstadt von Mulhouse zählt zu den schönsten Überraschungen einer Elsassreise. Jeder Besuch führt obligatorisch auf die weite Place de la Réunion, so benannt, seit hier 1798 der Zusammenschluss mit Frankreich gefeiert wurde. Das städtebauliche Schmuckstück besticht durch seine architektonische Geschlossenheit. Oft fotografiert, immer wieder zitiert: das zauberhafte **Hôtel de Ville** 1, dessen Renaissance-Fassade der größte Blickfang an der Place de la Réunion ist. Goldfarbene Trompe-l'Œil-Malereien überziehen den Putz. Der prachtvolle Doppeltreppenaufgang gestaltet jeden Besuch zum großen Entree. Vor Kopf zeigt der 1552 errichtete Bau jeweils einen schmucken Volutengiebel mit weiteren Illusionsmalereien in Gold. Im ersten Stock lohnen der Ratssaal und ein mit Renaissance-Möbeln ausgestattetes Vorzimmer die

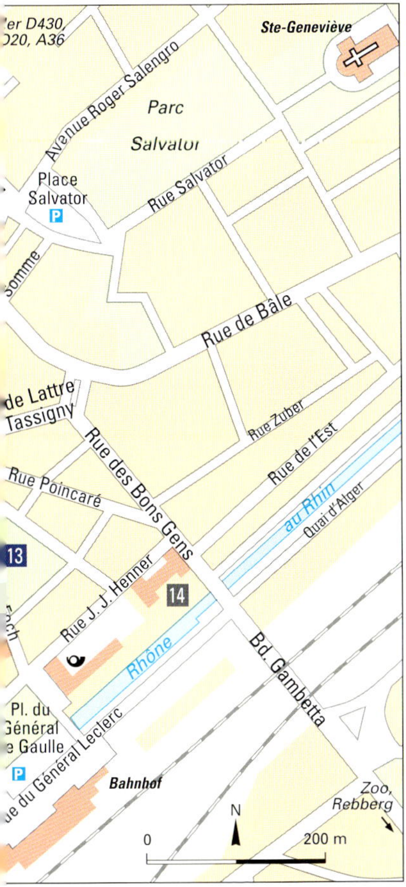


***Mulhouse*** *1 Hôtel de Ville 2 Kirche St-Etienne 3 Maison Mieg/ Pharmacie du Lys 4 Tour Nessel 5 Tour du Diable 6 Musée lapidaire 7 Maison Lœwenfels 8 Tour du Bollwerk 9 Tour de l'Europe 10 Musée des Beaux-Arts 11 Theater 12 Bâtiment Annulaire 13 Square de la Bourse*

Innenbesichtigung. Im Rathaus und seinem Hinterbau, dem ehemaligen städtischen Speicher, untergekommen ist das Historische Museum der Stadt. Trachten, archäologische Funde aus galloromischer Zeit, bürgerliche Intérieurs prominenter Mulhouser bilden Schwerpunkte, doch wirklich einmalig sind die Münzen aus der Periode, als Mulhouse eine freie Stadtrepublik war.

Zurück auf den Platz. Seit der Verkehrsberuhigung erobern Caféterrassen das Areal. Ein Holzpferdkarussel dreht sich vor dem neogotischen Zierrat der evangelischen **St-Etienne-Kirche** 2. Innen erinnern die Glasfenster des 14. Jh. an den romanischen Vorgängerbau, der 1851 für das heutige Gotteshaus weichen musste. Damals entstanden auch die französischen Bürgerhäuser an der Place de la Réunion. Erst 1992 nach dem Modell eines 1572 geschaffenen Brunnens wiedererstanden ist die kolossale Brunnenanlage auf dem Platz, die ein lanzentragender Ritter ziert. Viele ältere Fassaden erinnern mit ihrer einheitlichen Breite von 5 m an die von Friedrich Barbarossa festgelegte Parzellierung der ehemaligen Unterstadt. Die über und über bemalte **Maison Mieg** 3 von 1560, deren Wahrzeichen der himmelblau getünchte, spitze Erkerturm ist, überschreitet das Maß allerdings. Auch die benachbarte **Pharmacie du Lys**, deren 1649 errichtete Fassade fast so hübsch bemalt ist wie die des Rathauses, sprengt den einst verbindlichen Rahmen mit ihrer breiten, von drei Arkaden getragenen Schauseite.

Auffallend prächtig unter den ansonsten verhaltenen Renaissance-Fassaden der Rue Henriette ist Haus Nummer 30 mit dem poetischen Namen »Poêle des Vignerons«. Zwei stark modernisierte Festungstürme, die **Tour Nessel** 4 und die **Tour du Diable** 5, erinnern im Südwestzipfel der Altstadt an die im 19. Jh. niedergelegten Stadtmauern. Erinnerungsstücke ebenfalls aus Stein, aber in museumsgerechter Größe, versammelt das **Musée lapidaire** 6 in der St-Jean-Kapelle. Seit 1893 steht das 1269 vom Johanniterorden gebaute Kirchlein unter

Denkmalschutz. Ein kleiner grüner Hof mit Brunnen und Säulen aus der Mulhouser Gegend umgibt St-Jean. Ein romanisches Taufbecken aus Gildwiller gilt als krönendes Stück der auf romanische Baukunst konzentrierten Sammlung.

Oberstadt heißt das Gebiet im Westen und Norden der Place de la République. Die schönste Meile ist die von Adelspalais, szenigen Kneipen und Restaurants gesäumte Rue des Franciscains. Wo einst der Adel residierte, entstanden im 18. Jh. die ersten Manufakturen und Bürgerhäuser. Wie viele andere Ensembles in den angrenzenden Straßen Rue de la Loi, Rue Ste-Claire und Grand'Rue beherbergte das sogenannte Schloessle in Nummer 28 sowohl Unternehmerwohnung als auch Arbeiterwerkstätten. Feudaler macht sich im Vergleich die **Maison Löwenfels** 7 in Nummer 42 aus: Das 1764–70 errichtete Rokokopalais gehörte Jean-Jacques Feer, einem der vier Begründer der ersten Stoffdruckmanufaktur (s. S. 222). Dann sprengen Baulücken und Betonkästen das harmonische Straßenbild: Zur Bilderbuchidylle eignet sich die herbe Schönheit von Mulhouse eben nicht.

Über die Rue du Sauvage und angenehm belebte Rue de la Justice gelangt man zum dritten und schönsten der von der Ringmauer übrig gebliebenen Türme. 1893 wurde die **Tour du Bollwerk** 8 im Geschmack der Belle Epoque vergrößert.

In der Sichtachse zur Place de l'Europe errichtete der »Futurist« François Spoerry 1966 die **Tour de l'Europe** 9. Die damalige Euphorie für den Koloss und seine markanten, konkaven Fassaden ist jedoch längst passé.

*Place de la Réunion in Mulhouse*

Neustadt heißt das Viertel zwischen Place de la Réunion, Bahnhof und Square Steinbach. Das **Musée des Beaux-Arts** 10 in einem Palais des 18. Jh. verdankt die meisten seiner Gemälde den der Stadt vermachten Sammlungen aus Industriellenbesitz. Ebenfalls mit Blick auf die Parkanlage des Square Steinbach liegt das benachbarte **Theater** 11, ein typischer Bau des Second Empire. Die Rue de la Sinne stammt größtenteils aus der deutschen Gründerzeit: Großbürgerliche Villen und vornehme Hotels zeichnen sie als damaliges Viertel der sogenannten besseren Kreise aus. In Richtung Bahnhof stößt man auf weitere Industriellenschlösser, so etwa die Villa Mantz (14, Av. Clémenceau) oder die Villa Laucher-Lacroix (10bis, Porte du Miroir), deren Erker, Simse und Portale sich an Loire-Schlössern und Rheinburgen inspirieren. Gelungen ist die kreisrunde Wohnanlage **Bâtiment Annulaire** 12 an der Avenue Clémenceau, die 1955 den Architekturpreis von Rom einheimste. Durch den grünen Innenhof des Ensembles gelangt man zum Bahnhof, einem wilhelminischen, im Krieg zerschossenen und später wiederaufgebauten Monstrum.

Ein weiteres bevorzugtes Wohngebiet des wohlhabenden Bürgertums lag im vergangenen Jahrhundert an den Hängen des Rebberg hinter dem Bahnhof. Neomaurischer Stil wie bei der Villa in der Rue du Ventron 16, elsässischer Heimatstil wie bei der Villa la Boudonnière in der Rue Elisabeth 11 oder Neo-Renaissance wie bei der Villa Ermitage am Boulevard Léon Gambetta, jeder Stil war erlaubt. Früher wuchs hier Wein, daher der Name »Rebberg«. In der Rue Breitwieser erinnert das Schauweingut Le Clos du Klettenberg mit alten Rebsorten an diese Vergangenheit.

Es geht zurück in die Innenstadt. Eine dreieckige Parkanlage zwischen Avenue Foch und Avenue Joffre lässt einen glauben, plötzlich ins Piemont geraten zu sein. Rund um den **Square de la Bourse** 13 breiten sich neoklassizistische Arkadengänge aus, für die norditalienische Städte das Modell geliefert haben könnten. Mit den herrschaftlichen Fassaden, allem voran der des Sitzes der Société Industrielle de Mulhouse, demonstrierte die Unternehmerschaft in den 1820er Jahren Aufbruchstimmung. »Petite Rue de Rivoli« nennen die Mulhouser das elegante Ensemble in Anspielung auf die Bögen der Rue der Rivoli in Paris. Hier begann ab 1826 die Erschließung des »Nouveau Quartier«, der Neustadt.

# Stoffdrucke aus Mulhouse

Als im Jahre 1746 die vier Jungunternehmer Samuel Koechlin, Jean-Jacques Schmaltzer, Jean-Jacques Feer und Jean-Henri Dollfus in Mulhouse eine Manufaktur für Stoffdrucke gründeten, legten sie gleichzeitig den Grundstein für einen Industriezweig, der prägend für die wirtschaftliche Entwicklung der Stadt im 19. und 20. Jh. sein sollte. Noch im Entstehungsjahr gingen die ersten »Indiennes« auf den Markt. Die in Indien seit vermutlich mehr als 3000 Jahren bekannte Technik, Baumwollstoffe mit Hilfe chemischer Substanzen farbkräftig zu bedrucken, wurde in Europa im Laufe des 17. Jh. bekannt. Vorerst riss man sich auf den europäischen Märkten die von portugiesischen Händlern importierten, im Vergleich zu Seiden- und Wollstoffen viel leichteren und dank ihrer kräftigen Indigoblau- und Rottöne deutlich farbfroheren Baumwollstoffe aus den Händen. Um 1640 aber führten armenische Händler die geheimnisvolle Technik der nach ihrem Ursprungsland »Indiennes« benannten Stoffe in Marseille ein. England zog 1670, die Niederlande 1678 mit eigenen Manufakturen nach.

Bis ins 19. Jh. nannte man in Frankreich Stoffdrucker ganz allgemein »*Indienneurs*«. Zu deren erklärten Gegnern wurden die Seidenstoffproduzenten und Wollweber. Zum Schutz ihrer Interessen bewirkten sie 1686 ein königliches Verbot der Herstellung und des Vertriebs aller bemalten und bedruckten Stoffe. Bis 1759 folgten zwei weitere königliche Edikte und 80 Erlässe des Staatsrats, die jedoch den Publikumsgeschmack und damit den heimlichen Import von Indiennes nicht zu beeinflussen vermochten. Mulhouse, das erst 1798 französisch wurde, war davon nicht betroffen. Als sich nach Lockerung der Verbote auch Nantes, Lyon oder Rouen auf den Stoffdruck stürzten, konnte man in Mulhouse bereits auf eine fünfzehnjährige Erfahrung mit sich daraus ergebendem Marktvorsprung zurückblicken. Die Französische Revolution beschleunigte die Verteilung der Stoffdrucker über das gesamte Elsass: Mulhouse litt seit 1793 unter der von den alten Mächten verhängten Zollblockade. Prompt verlagerten einige pfiffige Unternehmen ihre Manufakturen aus der Stadt: Bevorzugte Objekte für die Neugründungen waren kurz zuvor aufgelöste und nun als »Nationalbesitz« verkaufte Kirchen und Klöster. 1811 arbeiteten 3500 Menschen in der Textilbranche.

Mit Beginn des 19. Jh. kam zum Baumwollstoffdruck im Elsass die Produktion bedruckter Kaschmirtücher aus feiner Wolle hinzu, deren bis zum Fin de Siècle anhaltende Mode die Kassen füllte. Ein besonderes Geschäft waren Taschentücher, deren Motive je nach Zeitgeschmack wechselten. Von der Jakobinermütze über den Freiheitsbaum bis zur Weltausstellung kam als Stofffdruck aus Mulhouse in die Tasche, was gerade gefiel.

## Die Museen

Nur einen Steinwurf entfernt beginnt in der Rue Jean-Jacques Henner mit dem **Musée de l'Impression sur Etoffe** 1 der Mulhouser Museumsmarathon. Die Geschichte des Stoffdruckmuseums reicht ins Jahr 1833 zurück, als die Société Industrielle beschloss, Designentwürfe aus aller Welt zu sammeln. In knapp 170 Jahren wurden mehr als drei Millionen Stoffmuster zusammengetragen, ein einmaliger Fundus, in dem Modemacher und Forscher aus aller Welt gerne stöbern. Bereits 1857 erwuchs aus der Sammlung das Musée du Dessin Industriel, das bis 1939 nur der Fachwelt zugänglich blieb. 1955 zog das Museum an seinen heutigen Standort, in einen pompösen, neobarocken Bau von 1880. Die mit allen technischen Raffinessen und nach modernen museumspädagogischen Ansprüchen präsentierte Sammlung verfolgt die Geschichte des Stoffdrucks vom 18. Jh. bis in die Gegenwart. Zu sehen sind eine breite Auswahl von »Indiennes« und bedruckter Kaschmirstoffe, sowie die technische Entwicklung vom Holzdruck bis zur computergesteuerten Fotogravur.

Ganz im Norden der Innenstadt liegt an der Ausfallstraße Avenue de Colmar das **Musée National de l'Automobile** 1, ein unfreiwilliges »Geschenk« der Textilbarone Fritz und Hans Schlumpf. Begonnen hatte alles in den frühen 1950er Jahren, als Fritz seinen ersten Bugatti erwarb, der freilich nicht sein erster Wagen war: Ein halbes Dutzend Oldtimer stand schon damals in der Garage des größten Mulhouser Textilproduzenten. 1960 besaß Monsieur Schlumpf bereits zehn Bugattis und 30 weitere Sammlerautos. Deren Zahl stieg nun schwindelerregend schnell, schneller jedenfalls, als die Maschinen in den Fabriken sich drehen konnten. Die Zahlen des Jahres 1967: 500 Oldtimer, davon 105 Bugattis. Gut zwei Dutzend Fachkräfte waren allein dazu angestellt, poröse Bleche zu löten und brüchiges Leder zu ersetzen. Ungefähr zur selben Zeit plante Fritz das »schönste Automobilmuseum aller Zeiten«; als Ort bestimmte er eine stillgelegte Spinnerei, die er in zehnjähriger, kostspieliger Bauzeit zum Automobiltempel ausbauen ließ. Derweil geriet das Schlumpfsche Textilimperium trotz der wackeren Geschäftspolitik seines Bruders Hans ins Wanken. 1976 blies die von Pleite und Arbeitslosigkeit bedrohte Belegschaft zum Sturm: Während die Gebrüder Schlumpf unter Polizeischutz nach Basel flohen, wurde die alte Spinnerei eingenommen. Zwei Jahre hielten die Arbeiter die Sammlung als »Musée des travailleurs« besetzt. Eine Dreiviertelmillion Besucher besichtigten in dieser Zeit den Faustpfand für nichtgezahlte Löhne. Nach zähen Verhandlungen und einer veritablen Prozesslawine wandelte sich die vom Auktionshaus Christie auf 327 Mio. Francs taxierte Sammlung 1982 zum Nationalen Automobilmuseum. Gezeigt werden in den von 845 pompösen Straßenlaternen beleuchteten Hallen 500 Traumautos: Ferrari, Porsche, Mercedes, Isotta-Fraschini, Panhard, Hispano-Suiza, Gordini, Maserti, doch die Krönung bleibt die Bugatti-Abteilung mit dem Flaggschiff Bugatti Royale Coupé Napoléon von 1930, das muntere 50 l Benzin auf 100 km verbraucht und der Privatwagen von Firmengründer Ettore Bugatti war.

Ebenfalls der Fortbewegung verschrieben ist das **Musée Français du Chemin de Fer** 1 im Quartier de la Mer Rouge westlich der Innenstadt. Auf zwölf Gleisen passiert in den Hallen die Geschichte der Eisenbahn Revue. Passenderweise steht das Eisenbahnmuseum an der Fernbahnlinie Straßburg-Basel und verfügt selbstverständlich über eine eigene Haltestelle »Mulhouse Musées«. Die Sammlung gilt mit über hundert Lokomotiven als das bedeutendste Eisenbahnmuseum Europas. Sehenswert sind etwa die grasgrün, schwarz und rot lackierte Buddicom-Lokomotive von 1844, die einmal zwischen Rouen und Paris verkehrte, und der Autorail Bugatti Présidentiel, ein windschnittiger, von vier Royale-Motoren angetriebener Staatszug, der die Blockbuchstaben »ETAT« auf der roten Außenwand trägt. Wie elegant das Reisen auf der Schiene einmal war, zeigen Salonwaggons wie der der Großherzogin von Luxemburg, dessen Fauteuils und Wandverkleidungen an die Lobby eines Grandhotels denken lassen. Wie nobel französische Staatsoberhäupter früher reisten, zeigen Schmuckstücke wie der mit großem »N« beschriftete Adjutantenwaggon Napoleons III. oder der Präsidentenzug von Charles de Gaulle. Filmvorführungen, Miniatureisenbahnen, eine Bahnhofsbuchhandlung der 1920er Jahre, eine Vielzahl von Schildern, Signalen und Objekten aus dem Eisenbahnalltag der vergangenen 150 Jahre runden den Besuch ab.

Auf dem selben Gelände schließt sich ein weiteres Museum an: Das freilich bescheidenere **Musée des Sapeurs-Pompiers** widmet sich der Feuerwehr von ihren Anfängen im 18. Jh. bis zu modernen Löschzügen.

Nicht weit entfernt von Eisenbahn- und Feuerwehrmuseum beendet der futuristische Bau des **Musée Electropolis** die Techniktour durch die Außenbezirke von Mulhouse. Im jüngsten Museum der Stadt, das das Geheimnis der Elektrizität lüftet, kann man sich in des Wortes wahrstem Sinne bei publikumswirksamen Vorführungen die Haare durch elektrische Aufladung zu Berge stehen lassen. Beeindruckend ist auch die tägliche Inbetriebnahme eines Wechselstromgenerators mit einem Durchmesser von 6 m, den eine Dampfmaschine antreibt. Hauptattraktion ist die Grande Machine, ein stählerner Gigant, der ab 1901 die Mulhouser DMC-Werke mit der nötigen elektrischen Energie versorgte. Hinzu kommen Stadtmodelle, an denen die Probleme der Stromversorgung verdeutlicht werden, und ein Exkurs in die Welt von Telegraphie und drahtloser Nachrichtenübermittlung.

## Umgebung von Mulhouse

**Tipps & Adressen**
Riedisheim S. 280, Ottmarsheim S. 277

**Karte** S. 225

**Dauer & Strecke** ca. 65 km, 1–2 Tage

**Ensisheim** 1, 12 km nördlich von Mulhouse an der Ill gelegen, ist die Nähe zum Ecomusée d'Alsace etwas zu Kopf gestiegen, was sich vor allem für den Magen bemerkbar macht: Snack-Bars und Pizzerien werben um die vielen, vielen Besucher des Freilichtmuseums, die das Städtchen passieren. Ensisheim ist der bedeutendste Ort im »Pays de la Potasse«, dem Land der Kali-Gruben, wie das Gebiet zwischen dem Unterlauf der Thur und der Ill genannt wird. Die Blütezeit der Stadt fällt in die Herrschaft des Hauses Habsburg, die mit dem Westfälischen Frieden 1648 endete. Eine Reihe auffallend prächtiger Bauten erinnert an diese Zeit, allen voran das steinerne Rathaus von 1535, ein früher Renaissance-Bau, der auf einer spätgotischen Arkadenhalle ruht. Im Erdgeschoss zeigt ein bescheidenes Museum eine Sammlung zum Kali-Abbau in der Umgebung. Gegenüber entfaltet sich am 1609 begonnenen Hôtel de la Couronne die Formenverliebtheit der Renaissance im Volutengiebel und dem zweigeschossigen Erker deutlicher als beim Rathaus. Rund um die gotische Pfarrkirche fallen weitere Renaissance-Erker ins Auge. Wer nicht eilig zum Ecomusée weiter möchte, kann sich bei einem Spaziergang über die Promenade des Remparts noch ein erhaltenes Stück Stadtmauer anschauen.

Im Osten von Ensisheim beginnt die ausgeräumte, 200 km$^2$ weite Kali-Ebene. Der Nonnenbrucher Forst schiebt sich zwischen die öde Grubenlandschaft und den Stadtrand von Mulhouse. Der Kali-Abbau begann 1904 auf Initiative von Amélie Zurcher, deren Versuche als Großbäuerin auf den trockenen Böden der Kali-Ebene zuvor gescheitert waren. Die beherzte Industriellentochter ließ in der Hoffnung auf Kohleflöze oder Ölvorkommen Bohrungen durchführen, stieß jedoch auf das damals größte Kali-Vorkommen der Welt. Die »Gewerbeschaft Amélie«, aus der später die »Mines de Potasse d'Alsace« erwachsen sollten, entstand. An die 100 verschiedene Gruben folgten, von denen die letzten mit Ablauf der auf 100 Jahre erteilten Konzession im Jahre 2004 geschlossen werden sollen. Die Zeichen in diesem Ruhrgebiet des Elsass stehen auf Strukturwandel. Bis zu 13 000 Arbeitsplätze stellten die Unternehmen in ihrer Hochzeit. Nur wenige Fördertürme prägen heute nach das »Pays de la Potasse«. So ist jede Initiative, die neue Impulse in den Landstrich bringt, hochwillkommen. Dass auf den ausgeweideten Böden einer der größten Tourismusmagneten weit und breit erwachsen sollte, hätte

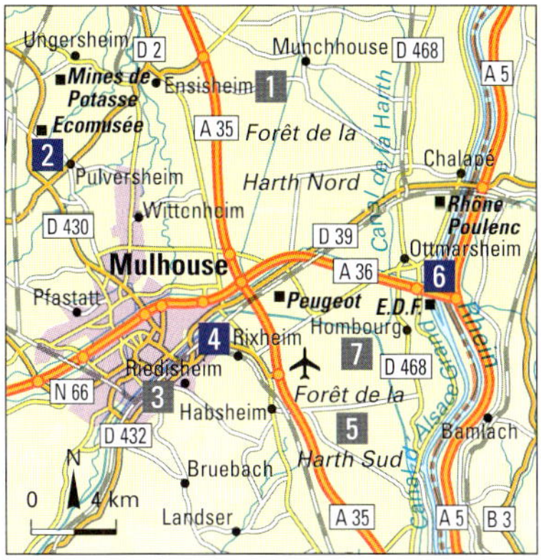


*Die Umgebung von Mulhouse*

vor 20 Jahren freilich niemand für möglich gehalten. Als die Association Maisons Paysans d'Alsace Ende der 1970er Jahre ein geeignetes Terrain suchte, um vor dem Verlust gerettete traditionelle Häuser aus allen Regionen des Elsass nach dem sorgfältigen Abbau neu zu errichten, dachte man zuerst an die Weinstraße. Dort lagen die Grundstückspreise jedoch zu hoch. Der Ungersheimer Bürgermeister Gilbert Frickert machte ein Angebot. Im Sommer 1980 überließ er dem Verein das 100 ha große Areal einer aufgelassenen Kali-Grube. Die Geschichte des **Ecomusée d'Alsace** 2, des heute in Frankreich erfolgreichsten Freilichtmuseums, nahm ihren Lauf.

Anfang der 1980er Jahre schlugen die freiwilligen Helfer der Association Maisons Paysans d'Alsace unter der Leitung ihres Vorsitzenden Marc Grodwohl das Balkenwerk der beiden ersten Bauernhäuser zusammen. Schon mit dem dritten sogenannten »Muespacher Haus« sicherte sich der Verein die Unterstützung des Départements Haut-Rhin und des Pariser Kulturministeriums. Viele elsässische Firmen halfen und helfen noch immer unentgeltlich beim Aufbau, indem sie Baumaschinen, Transporter oder Fachkräfte zur Verfügung stellen. Nur sieben Jahre nach der Eröffnung im Jahre 1982 standen bereits 50 Bauten. Heute zählt man über 70. Vom Hanauer Land in den Nordvogesen bis zum Sundgau sind nahezu alle elsässischen Landschaften mit den für sie typischen Bauten vertreten. Ein Hotel, verschiedene Restaurants wie die Auberge de Gommersdorf, ein Festsaal, die im Elsass gefertigte Belle-Epoque-Salonmanege Eden-Palladium, traditionelle Werkstätten mit Vorführungen vom Schmieden bis zum Guglhupfbacken, Bootstouren, Ausfahrten im Ochsenkarren, Geschenkboutiquen, Storchenaufzucht und, und, und – der Besuch im Ecomusée bedeutet volles Programm, für das man sich einen Tag Zeit lassen sollte. Anstrengend wird es dennoch nicht. Das Ecomusée setzt auf Unterhaltung und Erholung am Wegesrand. Ausgestattet mit dem Lageplan geht man vom farbenfroh gepunkteten Taubenhaus aus Oberhergheim zu den Eindachhöfen des Sundgauer Viertels und den wehrhaften Höfen des Grand Ried. Vielleicht stößt man unversehens auf eine Delegation des Vereins »Vie rurale«, die an die vierzigmal pro Jahr ins Museum kommt, um je nach Saison Äpfel zu pflücken, die »große« Sommerwäsche mit Bleichen auf der Wiese zu veranstalten oder mit der Dampfmaschine das Korn zu dreschen. Hinzu kommen die klassischen Feste im elsässischen Kalender: Karneval, Nikolaus, Ostern, jeweils mit ihren Bräuchen. Nicht zu vergessen, diverse Einkehrmöglichkeiten vom Gartenlokal bis zur gemütlichen Stube. Die Inszenierungen sind perfekt. Wasserläufe wechseln je nach Themenschwerpunkt ihre Bestimmung als Dorfbach, Ill oder Rhein – an den Ufern erzählen Gänsemägde vom Los, die gefiederte Herde zusammenzuhalten, oder Fischer vom harten Alltag auf dem großen Strom. Längst »sammelt« man nicht mehr nur Häuser allein,

*Im Ecomusée*

sondern auch seltenes Obst (allein 270 verschiedene Apfelsorten) oder vergessene Getreidesorten (70 verschiedene). Der Europarat würdigte das Ecomusée 1989 mit dem »Europapreis für das Museum des Jahres«. Damals kamen 360 000 Besucher pro Jahr, heute liegt die Zahl deutlich höher.

Im Osten von Mulhouse verwandelte sich **Riedisheim** 3 fast vollständig zu einem Vorort der Großstadt. Eine Besonderheit stellt das sogenannte Naas-Ensemble dar. Es besteht aus acht unterschiedlichen Gebäuden, die zwischen 1688 und der Belle Epoque entstanden sind und wie im Zeitraffer den Werdegang Riedisheims vom Bauerndorf zum Unternehmersitz dokumentieren.

Im Südosten von Mulhouse fand in **Rixheim** 4 das Musée du Papier Peint ein würdiges Domizil in einer ehemaligen Komturei der Deutschordensritter aus dem Jahr 1735. Noch vor der Wende zum 19. Jh. zog die Tapetenmanufaktur von Jean Zuber in die barocke Anlage. Die Firma Zuber produziert nach wie vor im linken Flügel, der rechte Flügel beherbert das Tapetenmuseum, während im mittleren Teil das Rixheimer Rathaus eingezogen ist. Ein von Kastanien beschatteter Innenhof betont den feudalen Charakter des Ensembles. In die Technik des Tapetendrucks führt zunächst der Maschinensaal ein. Zwei stählerne Ungetüme aus dem letzten Drittel des 19. Jh. sind die beeindruckendsten Exponate dieser Abteilung. Heiter und leicht wird es im Stockwerk darüber, wo immer nur eine Auswahl der 160 000 Stücke umfassenden Sammlung (darunter auch das Zubersche Firmenarchiv) gezeigt werden kann. Seit im späten 18. Jh. die Panoramatapete in Mode kam, öffneten sich in den Salons des Adels und der betuchten bürgerlichen Schichten die Wände. Aus der Enge des Biedermeier und der Restauration flohen kurze Zeit später ganze Generationen in verträumte, noch vom Rokoko inspirierte Grisaillen. Sehr en vogue waren Tapeten mit aktuellem Bezug zur Landesgeschichte: Napoleons Agyptenfeldzug ging mit Pyramiden, Obelisken und Palmen auf der Wohnzimmerwand weiter, ebenso wie sich die geheimnisvolle, soeben kolonisierte Welt Schwarzafrikas beim Kaffeetrinken entschlüsselte. Paradiesvögel bevölkerten chinesische Landschaften in einer Pracht, neben der unsere heute vorzugsweise weißen Wänden wie eine Kapitulation vor der Farbe wirken – der Besuch in Rixheim ist auch ein Ausflug in ein verlorenes Pardies süßer Fernwehillusionen.

Östlich der Autobahn A35 erscheint auf der Landkarte ein länglicher grüner Fleck, der **Forêt de la Harth** 5. Der fast 20 000 ha große Wald musste am Autobahnkreuz A 35 und A 36 für den Bau der Peugeot-Werke und eines kleinen Flughafens bei Habsheim Federn lassen. Letzterer ist seit 1910 in Betrieb und erlebte 1988 seine schwärzeste Stunde, als ein Airbus der Air France beim Anflug in den Bäumen zerschellte. Die A 36 zerschneidet den Forst der Breite nach zwischen Mulhouse und deutscher Grenze. Im Norden wurde ein weiter Teil zum militärischen Sperrgebiet erklärt: Hier patrouilliert die Gendarmerie, um Radfahrer nicht ins Feuer eines Übungsplatzes der Armee radeln zu lassen. Dennoch, für Radfahrer ist die flache, grüne Lunge von Mulhouse ein ideales, gut ausgeschildertes Terrain, um vom größtenteils ausgesperrten Autoverkehr unbehelligt einen Ausflug zu unternehmen. Das Netz schnurgerader Wege geht noch auf die Zeit zurück, als der Wald königliches Jagdrevier war. An die tausend Grenzsteine mit königlichen Emblemen markierten gegen Ende des

Ancien Régime die Grenzen des Forêt de la Harth. Einige blieben erhalten. Als reiches Jagdgebiet ist der größtenteils aus Laubbäumen bestehende Wald noch immer beliebt. Für Wildschwein und Reh wurden eigens Passagen über die A 36 angelegt sowie in den 1970er Jahren geschaffene Wassergräben aus Beton, die sich als tödliche Fallen für das Wild erwiesen, überdeckelt. Im Parc à gibier de la Gruenhutte päppelt die *Maison forestière* Hirsche auf. In jedem Herbst tummelt sich ganz Mulhouse im Forst beim Pilzesuchen. Für viel mehr reicht die Bodenqualität nicht. Der wenig fruchtbare Kiesboden hat den Forst über die Jahrhunderte vor einer Umwandlung in Äcker bewahrt, und vom Holz für den Ofen und den Fachwerkbau lebten die Anwohner ebenfalls nicht schlecht.

Das hübsche Rheindorf **Ottmarsheim** 6 liegt jenseits des Waldes. Am Strom bestimmt der Chemie-Riese Rhône-Poulenc mit seinen gewaltigen Anlagen die Szenerie. Auch die staatlichen Elektrizitätswerke EDF sind seit Jahrzehnten mit einer Wasserkraftanlage zur Stromgewinnung am Ufer vertreten. Entsprechend gut ausgerüstet ist der Hafen Mulhouse-Ottmarsheim, der von seiner Nähe zum deutschen und französischen Autobahnnetz profitiert. Davon so gut wie nichts zu verspüren ist im Dorf selbst. Stille Straßen, geordnete Vorgärten, ein paar Gaststätten. Das Ganze reichte gewiss nicht aus, um auf der touristischen Karte des Elsass eingetragen zu werden. Dazu berechtigt um so mehr die spektakuläre Dorfkirche. Ihr achteckiger Zentralbau erinnert an die Aachener Pfalzkapelle. Lange glaubte man, das archaische, wie aus der Antike herübergerettete Gebäude sei ein heidnischer Kulttempel gewesen. Man weiß es längst besser: Kein Geringerer als Bernard von Clairvaux hat die Kirche 1046 für die kurz zuvor eingewanderten Benediktinermönche geweiht. Erst 1792 setzte die Französische Revolution der Benediktinerabtei ein Ende. Zur Katastrophe wäre 1991 beinahe ein Brand ausgeartet. Als das Feuer gelöscht war, blieb von der Barockorgel nur ein schwelender Haufen. Auch die 500 alten Fresken litten beträchtlich, konnten jedoch inzwischen restauriert werden. Der Innenraum erstaunt durch seine Höhe sowie das Farbspiel eierschalfarbener Wände und roter Sandsteinsäulen. Wieviel Kaiser und Könige ihn durchschritten haben, weiß niemand. Daß es viele waren, ist hingegen sicher, da die Abtei am wichtigen Überlandweg von Straßburg nach Basel lag.

Die D 468 führt zwischen dem Canal de Huningue und dem Grand Canal du Rhin entlang, der wiederum Seite an Seite mit dem Rhein verläuft. Von den Kiesgruben und Industrieanlagen, die näher zum Rheinufer hin die Landschaft verschandeln, ist wenig zu sehen. Hinter **Hombourg** 7 taucht ein Spukschloss über den flachen Äckern auf. Es handelt sich um einen erst nach dem Ersten Weltkrieg gebauten Gutshof. Seine Formen spielen auf eine 1592 zerstörte Burg an gleicher Stelle an. Die Ecktürme der »Ritterburg« sind nichts anderes als Silos. Eine Kapelle am Wegrand, die Stille endloser Äcker, eine Melancholie, die an den Niederrhein erinnert, so vergehen die kurzen Kilometer bis zur Mündung des Canal du Rhône au Marne in den Grand Canal d'Alsace. Dank der Zusammenführung öffnete sich für die Industrie von Mulhouse die europäische Wasserstraße Rhein. Mit einem Monument des Industriezeitalters endet die Route: Le Corbusier hat einige der Schleusenbauten wie die Zollstation und den Wachturm geschaffen.

# Herrgottswinkel: Der Sundgau

**Tipps & Adressen**
Kembs S. 262, Huningue S. 261, Village Neuf S. 299, St-Louis S. 283, Folgensbourg S. 256, Seppois-le-Bas S. 289, Altkirch S. 245

**Karte** S. 229

**Strecke & Dauer** ca. 120 km, 1–2 Tage

Der Herrgott schaut von so manchem Kreuz auf die Straße. Viel passiert nicht auf dem Asphalt. Der Sundgau, südlichster Zipfel des Elsass, ist eine stille, etwas spröde Landschaft. Helle Äcker, sanfte Weiden, dazwischen immer wieder ein Bach, ein Teich – es regnet im Sundgau öfter als sonstwo im Elsass. Dörfer, in denen das Rathaus zugleich Schule ist, links *Filles*, rechts *Garçons*, und die Kirche im Dorf bleibt. In touristischer Hinsicht ist der Sundgau wahrscheinlich der am wenigsten besuchte Teil des Elsass, ein bummeliger Landstrich, der unkompliziert erkundet werden kann. Freundlich kommen einem die Sundgauer entgegen, honett wie in der nahen Schweiz, die sich mit der Großstadt Basel im Südosten des Sundgaus

*Sundgau und elsässischer Jura*

*Auf dem Canal du Rhône au Rhin in Dannemarie*



zu Wort meldet. Dort betrachtet man den Sundgauer als rückständiges Landei: Eine der traditionellen Figuren der Basler Fasnacht ist der Waeggis, eine Ableitung des elsässischen Wackes, der in Holzschuhen und blauem Bauernkittel auftritt. Nach Süden begrenzen die Höhen des Jura die Region, im Osten fließt der Rhein, im Norden liegt Mulhouse, während im Westen die benachbarte Franche-Comté bereits eine andere Welt ist. Kurzum, der Sundgau liegt im Abseits.

Historisch geht die Region auf den Südgau des ehemaligen Herzogstums Elsass zurück. Gut 300 Jahre österreichische Herrschaft, die erst mit dem Westfälischen Frieden 1648 endete, trugen später zu seiner Abgeschiedenheit bei. Ein wenig blieb der Sundgau im reichen Elsass der arme Verwandte vom Land. Noch heute erzählt man sich in Mulhouse mit großem Vergnügen eine Anekdote, die sich 1911 anlässlich der Einweihung eines Denkmals für den in Altkirch geborenen Maler Jean-Jacques Henner zugetragen hat: Damals mussten die verzweifelten Honoratioren des Kantons die Mulhouser Bourgeoisie um ihre Kutschen und Limousinen bitten, um überhaupt zur Feierlichkeit gelangen zu können. 90 Jahre später ist der Sundgau zwar mit Autos versorgt, doch bei ganzen 100 000 Einwohnern hält sich das Verkehrsaufkommen in Maßen. Kein Wunder, dass Radprofis hier gern trainieren und Reiturlauber ungestört über Land traben können. Nur eine Stadt, Altkirch, zählt mehr als 5000 Einwohner. So spärlich die Besiedlung, so dünn sind die Sehenswürdigkeiten im klassischen Sinne gesät. Wer hierher fährt, bekommt dafür Stille im Überfluss.

Die unzähligen Weiher und Teiche vor allem im westlichen Sundgau sind ideale Reviere zur Zucht von Karpfen, der traditionell als *carpe frite* auf den Tisch kommt. Gleich mehrere »Routes de la carpe frite« leiten den Sundgaubesucher zielsicher von Restaurant zu Restaurant. Hochsaison ist im Herbst, wenn die Fischzüchter ihre Teiche abernten. Die kapitalen Karpfen reisen dann bis Straßburg, Zürich und Paris. Und wer Karpfen nicht mag, kann immer noch Forelle bestellen, zu Preisen, von denen man im restlichen Elsass nur träumen kann.

Die Rundtour beginnt nur einen Steinwurf vom Rheinufer entfernt in **Kembs** 1. Schon zu Zeiten der Römer gab es hier eine Brücke über den Strom. Das ehemalige Fischerdorf hat sich mit einem Jachthafen und dem wunderschönen Deichweg immer längs am Canal de Hunnigue zu einem im nahen Basel beliebten Wochenendziel gemausert. Größte Attraktion ist die »Petite Camargue«, ein gut 100 ha großes Feuchtgebiet, das 1982 zum Naturschutzgebiet erklärt wurde. Die amphibische Landschaft aus Tümpeln, Feuchtwiesen und Bächen vermittelt ein Bild vom unmittelbaren Hinterlands des Rheins, das sich sonst nirgendwo mehr am Strom erhalten hat. Den besten Zugang hat man in St-Louis-la-Chaussée an der N 66. Zusammen mit der vor Kembs gelegenen Rheininsel bietet die Petite Camargue Zigtausenden von Zugvögeln alljährlich Brut- und Ruheplätze. Einige Wege im gut ausgeschilderten Gebiet sind deshalb saisonweise gesperrt. Am besten erkundet man die Schilf- und Röhrichtwiesen ohnehin mit einem Führer des Centre d'Initiation à la nature de l'Au, der jedes Gras und jeden Vogel zu benennen weiß. Die Vereinigung hat ihren Sitz in einem schmucken Schweizer Chalet – der Maison de la Nature –, das um 1860 für die erste Lachszucht Europas errichtet wurde. Die beiden Vogesenfischer Josèphe Rémy und André Géhin hatten kurz zuvor die Methode zur künstlichen Befruchtung von Fischlaich entwickelt.

**Huningue** 2, eingequetscht zwischen dem internationalen Flughafen Bâle-Mulhouse und dem Rhein, wurde von Festungsbauer Vauban ab 1679 zum Bollwerk am Strom ausgebaut. Seine Bewohner mussten umziehen und gründeten weiter östlich **Village-Neuf** 3, das neue Dorf, auf dessen Feldern Spargel angebaut wird. Huningue selbst führt den Exerzierplatz mit Obelisk und kleinem Vaubanmuseum als Attraktion an, bekennt sich jedoch mit dem jüngst eröffneten Parc des Eaux vives zu seiner Vergangenheit als Stadt am Wasser. Durch den Freizeitpark rauscht ein künstlicher Wildbach, auf sich Kajak- und Schlauchbootfahrer an Stromschnellen und Slalombarrieren üben.

**St-Louis** 4 trägt die Bourbonenlilie im Logo und nennt sich stolz »das Tor Frankreichs«. Nichtsdestotrotz hat Basel sich den um eine große Kreuzung zerfaserten Ort allmählich einverleibt – die Orts- und Staatsgrenzen sind fließend, so wie es sich für eine Stadt im Dreiländereck gehört.

Mit Kurs auf Hésingue geht es aus den Niederungen der Rheinebene bergan. Wälder und Wiesen schwingen sich auf mittlere Höhen um die 450 m auf. Typisch für die Orte ist die Aufteilung in Unter- und Oberdörfer, Michelsbach-le-Haut, Michelsbach-le-Bas, Ranspach-le-Haut, Ranspach-le-Bas, wobei die Vereinnahmung durch betuchte Schweizer, die sich mit Blick auf die Schweiz ihre Villen im Dreiländereck bauen, weder vor den Höhen noch den Talgründen Halt macht. Mit **Folgensbourg** 5 ist das höchstgelegene Dorf des östlichen Sundgaus erreicht. Fachwerkhäuser und spätbarocke Kirche liegen hübsch auf einer Kuppe. Ringsherum breiten sich milchkaffeebraune Äcker aus. Die D 473 in Richtung Werentzhouse kriecht über die Hügel. Einsame Gehöfte und abgeschiedene Dörfer machen den Landstrich zum weitgesteckten Terrain für Briefträger auf der Mobylette und den Lieferwagen mit Verkaufsklappe, mit dem der Bäcker über Land rollt. In den Streuobstwiesen stehen knorrige Apfelbäume, deren Name an längst vergangene, von Brüsseler Agrarnormen beendete Zeiten erinnern: Renetten, Boskop, Klarapfel. Bisweilen harken Bäuerinnen das Gras noch mit dem langen Rechen auf der Wiese zusammen.

Die Strecke verwandelt sich mit jedem Kilometer mehr zur Aussichtsstrasse auf die Gipfel des Jura. In **Werentzhouse** 6 tragen die Häuser ein Ziergewand aus hölzernem Klöppelwerk, das an den Fassaden- und Balkonschmuck Schweizer Chalets erinnert. Mit dem Dorf ist das breite Tal der Ill erreicht, die zusammen mit der Largue und dem Thalbach die Landschaft des Sundgau bestimmt. Diesen und vielen anderen Wasserläufen verdankt der elsässische Süden sein zu fast jeder Jahreszeit grünes Gesicht.

Für ein paar Kilometer folgt die Route der Ill. In Durmenach lohnt der Herrensitz derer zu Flaxlanden einen (Außen)-Blick, bevor es in westlicher Richtung über Waldighoffen, den Geburtsort des jüdischen Mundartdichters Nathan Katz, und Riespach nach **Feldbach** 7 weitergeht. Das Dorf an der Kreuzung zweier mittelalterlicher Fernwege (heute D 432 und D 463) überrascht mit der wohl interessantesten Kirche des Sundgaus. St-Jacques-de-Compostelle geht auf eine Stiftung von Graf Friedrich I. von Pfirt (Ferrette) zurück, der den dreischiffigen romanischen Bau 1144 wahrscheinlich als Grablege seiner Familie finanzierte. Die Basilika war das Herz einer Abtei, in die der Sundgauer Adel jahrhundertelang seine Töchter entsandte. Nach der kriegsbedingten Flucht der Nonnen 1525 begann der schleichende Niedergang. Erst 1966 griff eine Bürgerinitiative tatkräftig ein. Seither ist der Bau in seine originale archaische Schönheit zurückversetzt worden. Deutlich auszumachen sind die den Nonnen und die den Laien vorbehaltenen Joche. Im östlichen Teil teilen Mauern für die Nonnen Mittel- und Seitenschiffe, während im westlichen Teil die Bögen offen sind. Ebenfalls saniert wurde das Schlössle, der Sitz des Priors bei der Kirche, dessen markantes Erkennungszeichen ein halbrunder Treppenturm an der Außenseite ist.

Malerisch verläuft die D 463 über Bisel weiter nach **Seppois-le-Haut** und **Seppois-le-Bas** 8, verträumte Dörfer mit schmucken Fassaden und den obligatorischen Hinweisschildern auf das nächste Restaurant, in dem *carpes frites* serviert werden. Frösche, Reiher, Grasmücken, Milane und Eisvögel sind die eigentlichen Herren im Tal der Largue, durch dessen liebliche Ackerlandschaft sich die Route schlängelt.

In **Ueberstrass** 9 bleibt die Kirche im Dorf, doch eine Kapelle steht auf dem Wiesenhügel über der Dorfstraße. Ein auf die Mauer gepinseltes Großbild mit Winzer lockt zum Traditionsgasthof Wadele: Auch hier gibt's Karpfen, in daumendicken Scheiben und gebraten. Man folgt weiter dem heiteren Wechsel von kleinen Dörfern und großen Teichen. Friesen, Strueth, Altenach, allein die Dorfnamen scheinen nichts als Landpartie zu heißen.

In **Manspach** 10 fallen die adretten Fachwerkfassaden ins Auge, hinter denen sich die für den Sundgau typischen »alemannischen« Höfe verbergen: Stuben und Scheunen reihen sich unter einem Dach. Der eigentliche Blickfang aber sind die steinernen Arkaden des alten Eisenbahnviadukts, dessen

Pfeiler kathedralhoch in der Landschaft emporragen. Sie stützen die 1858 eröffnete Linie Mulhouse-Belfort und sind längst zu einem Wahrzeichen der Gegend geworden.

In **Dannemarie** 11 stößt die Route erneut auf den Canal du Rhône au Rhin, an dessen Ufer in Kembs die Tour begann.

mauert. Insgesamt haben die 77 Arkaden beider Viadukte stolze 66 000 $m^3$ Ziegel verschlungen – kein Wunder, dass es den örtlichen Fabrikanten bestens ging.

**Altkirch** 13 ist bereits in der Ferne auszumachen. Die 7000 Einwohner zählende Hauptstadt des Sundgaus thront

*Im Musée Sundgauvien in Altkirch*



Die Südvogesen sind deutlich näher herangerückt. Nach all den Dörfern fällt der Kranz gründerzeitlicher Villen um Dannemarie um so mehr ins Auge, Zeichen eines Wohlstands, der mit den Ziegelfabriken im 19. Jh. über das Städtchen kam. Im nahen Wolfersheim entstand in den vergangenen Jahren ein reger Flussboothafen, der Leben in den Ort bringt.

Beim hübschen Fachwerkdorf **Ballersdorf** 12 taucht das Pendant zum Eisenbahnviadukt von Manspach über den Feldern auf. Beide wurden mit Ziegelsteinen aus Dannemarie aufge-

auf einem Felsgrat über der Ill. Oben drängeln sich schmale Häuser in den drei, vier Straßen, die auf der begrenzten Fläche Platz finden. Hinter dem Chor der neogotischen Kirche blickt man ins Tal, wo sich Neustadt und Zementfabriken breit machen. Soweit der erste Eindruck. Für den Besuch der Oberstadt bleiben Auto oder Fahrrad am besten auf der weiten Place Xavier Jourdain gegenüber der ehemaligen Kornhalle zurück. Bis auf die Tour Bloch und ein paar unscheinbare Reste wurde die mittelalterliche Stadtmauer im 19. Jh. restlos abgetragen. In die Stadt gelangt man

*Altkirch*

über die Rue Charles de Gaulle, die Haupt- und Geschäftsachse von Altkirch. Brave Einzelhandelsläden, keine spektakulären Bauten, dafür ein stimmiges Ortsbild und ein Hauch städtischen Lebens nach all den Landeindrücken.

Auf der zentralen Place de la République stand bis 1845 die mittelalterliche Pfarrkirche, an die heute allein eine aus dem Gotteshaus stammende Madonnenstatue erinnert. Das 400 Jahre alte Standbild ziert den neogotischen Brunnen mitten auf dem Platz. Prachtvollstes Gebäude ist das klassizistische Rathaus, dessen Entwurf auf Jean-Baptiste Kléber zurückgeht, der sich unter Napoleon als Held des französischen Ägyptenfeldzugs verdingen sollte. Direkt nebenan wird die Geschichte des Feldzugs noch einmal lebendig. Im Renaissance-Bau des Musée Sundgauvien, einem der ältesten, bereits 1877 gegründeten Museen des Elsass, ist neben Devontionalia aus dem Ersten Weltkrieg auch eine Mumie ausgestellt, die aus dem Sundgau nach Ägypten rekrutierte Solaten mit in die Heimat gebracht haben sollen. Daneben gibt es eine bunte Sammlung von Trachten, Mobiliar und Fayencen zu bestaunen. Auch einige Werke des aus Altkirch stammenden Malers Jean-Jacques Henner sind ausgestellt. Interessant sind ebenfalls die Modelle von Altkirch, die die einstige Burg zeigen.

An der Westseite des Platzes beginnt die Rue du Château. Sie endet nach nur wenigen Metern dort, wo einmal die Burg stand. Seit Mitte des 19. Jh. nimmt die neue Pfarrkirche aus hellem Sandstein den Platz über dem Abhang ein. Der Stadtname Altkirch verweist jedoch auf eine ältere Kirche, deren Reste auf dem Gelände des Hospitals im Tal liegen. Hier lag 1105 die Keimzelle der

Stadt, die jedoch schon 1191 zerstört wurde: Die Stadt verlagerte sich in der Folge auf den sicheren Burgfels. Vom Mittelalter bis zum Jahr 1877 aber ließen sich die Altkircher weiterhin neben der alten Kirche beisetzen. Der erhaltene Friedhof liest sich wie ein steinernes Familienstammbuch. Die romanische Kirche selbst wurde 1885 abgerissen, um einem nicht sonderlich ansprechenden Nachfolgebau in burgundisch-rheinischer Neoromanik Platz zu machen. Innen ruht der von Löwen getragene Sarkophag des hl. Morandus, unter dessen Leitung im 12. Jh. die aus Cluny entsandte Mission in Altkirch begann.

Einen Besuch lohnt der Altkircher Samstagsmarkt. Im reichhaltigen Angebot stehen Käse, Wurst, Kougelhopf, Tourtes und Mirabellenkuchen, vieles davon von Ökobauern, die mit 20 Vertretern die größte Anbieterfraktion stellen.

Nach **Hirtzbach** 14 schwenkt der Weg zurück ins Tal der Ill und in die tiefe Sundgauer Provinz. Das zauberhafte Dorf Hirtzbach-le-Bas am lindengesäumten, von Steinquais eingefassten Bach wurde mehrfach beim nationalen Wettbewerb »village fleuri« ausgezeichnet. Das klassizistische Schloss wirkt ein wenig vernachlässigt. Es gehört den Baronen Reinach, die vermutlich längst in Paris leben, nachdem sie die Geschicke des Ill-Tals nicht mehr bestimmen dürfen. In der Pfarrkirche St-Maurice halten die Gebeine des Fürstbischofs von Basel, der der prominenten Sippe entstammte, derweil die Stellung. Besichtigen darf man nur den englischen Park des Schlosses mit ebenfalls leicht ramponierten, heiteren Lusthäuschen, an deren Stirnseiten die Uhren längst stehengeblieben sind. Im oberen Dorf Hirtzbach-le-Haut, das den Beinamen »Montagne« trägt, sprudelt die Heilquelle der hl. Afra. Afra war ein leichtes Mädchen, das es im 4. Jh. vom Heimatort Augsburg ausgerechnet nach Hirtzbach verschlagen hat, wo man sie bis heute als Patronin der Prostituierten verehrt.

Das Nachbardorf **Hirsingue** 15 empfängt mit schmucken, quer zur Straße plazierten Fachwerkhäusern. Proper wie das ganze Dorf ist auch die Mairie, deren Säulenportikus aus Sandstein den Bau um so respektabler wirken lässt.

Die Straßendörfer Bettendorf und Henflingen gehen fast nahtlos ineinander über, träge Landpomeranzen, die seit dem Verschwinden der über die Hauptstraße ratternden Eisenbahn Altkirch-Ferrette vor sich hindümpeln.

Wir verlassen das Ill-Tal über die Weiler Willer und Hundsbach, überqueren die stark befahrene D 419 und tauchen bei Emlingen erneut in das Feld-, Wald- und Wiesenelsass ein. Bei klarer Sicht baut sich am Horizont die dustere Silhouette des Schwarzwalds auf. Wuchtige romanische Wehrkirchen sind das erste, was in den idyllischen Dörfern ins Auge fällt. In **Steinbrunn-le-Bas** 16 kommen die barocke Chapelle Ste-Appoline hinzu und der Moulin du Kaegi, eine Mühle, in der heute zur Freude der Wochenendausflügler aus dem nahen Mulhouse ein feines Restaurant empfängt. **Landser** 17, kaum größer als die vorherigen Dörfer, überrascht mit Renaissance-Rathaus und -Bürgerhäusern.

Ein letzter Schlenker endet in **Koetzingue** 18. Inmitten der Fachwerkgehöfte liegt die ehemalige Zehntscheune. Seit 1978 beherbergt der steinerne Bau das »Dorfhus«, ein Gemeinde- und Kulturzentrum, in dem eine ganze Reihe von Vereinen die Traditionen und Bräuche des Sundgaus pflegt.

# Elsässischer Jura

**Tipps & Adressen**
Hagenthal-le-Bas S. 258, Leymen S. 265, Oltingue S. 276, Ferrette S. 255, Ligsdorf S. 265, Lucelle S. 265, Moernach S. 268

**Karte** S. 229

**Strecke & Dauer** ca. 75 km, 1 Tag

Ein kleines Stück Schweiz scheint sich ganz im Süden des Sundgaus ins Elsass verirrt zu haben. Im Autoradio dominiert Schwitzerditsch. Die Basler Vorortbahn pritscht bis nach Leymen und Rodersdorf vor, wo am Bahnhof Schweizer Gendarmerie patrouilliert. Südlich der D 473 kündigt sich die benachbarte Alpenrepublik zunächst mit weißgrauen Bergen an, deren mit bis zu 800 m stattliche Höhen auf die sanften Hügel des Sundgaus herabschauen. Dichte Tannen-, Eichen- und Buchenwälder bedecken etliche Bergflanken. Im elsässischen Jura hat die Fachwerkbeschaulichkeit ein Ende, nun folgen behäbige Gehöfte aus Stein. Vor allem Touristen aus dem Basler Land, dem Kreis Lörrach und der Industriestadt Montbéliard schätzen die aussichtsreiche und verträumte Region. Landesherren waren einst die Grafen von Pfirt (Ferrette), deren Stammbaum sich auf Karl den Großen zurückführen lässt. Johanna, letzte Gräfin von Pfirt, verehelichte sich im 14. Jh. mit dem Herzog von Österreich, womit die Geburtstunde des Hauses Habsburg schlug. Heute untersteht die Grafschaft in dynastischer Hinsicht dem Fürsten von Monaco: Die Grimaldi führen gleichzeitig den Titel der Grafen von Ferrette, was jedoch allenfalls anekdotischen Charakter hat. Ein Tipp: Man sollte seinen Pass nicht vergessen, um eventuell auf die Schweizer Seite zu wechseln.

**Hagenthal-le-Bas** 19 liegt in einer Talmulde, hat ein bescheidenes Schloss und ansonsten im Vergleich mit dem Ortsteil Hagenthal-le-Haut das Nachsehen. Dort auf die Höhen zog es viele Schweizer, die hier ihre stattlichen Anwesen in nur 4 km Entfernung zur Staatsgrenze hingepflanzt haben.

Über ein kurvenreiches Landsträßchen steigt der Weg zügig nach **Leymen** 20 an. Das adrette Dorf liegt quasi auf der Grenze. Am Gründerzeitbahnhof hält die Linie 10 der Basler Nahverkehrsbahn und spuckt am Wochenende Radfahrer und Wanderer aus. Die meisten machen sich gleich auf den Weg zur Burg Landskron oberhalb des Dorfs. Die rumpelige Zufahrtsstraße ist freilich steil, so dass sich das Tempo schnell abmildert. Über einem Weiler mit einem halben Dutzend Häusern scheint die Burg geradezu aus dem Fels zu wachsen. Vom restaurierten viereckigen Bergfried der grandiosen Ruine schaut man weit über elsässischen und Schweizer Jura, bei klarer Sicht auch bis Basel. Ende des 13. Jh. veranlassten die Grafen von Pfirt (Ferrette) den Bau. Gut 200 Jahre später wurde die Anlage mit Kanonen nachgerüstet, weitere zwei Jahrhunderte später unter mittlerweile französischer Herrschaft von Vauban zur modernen Festung ausgebaut. Mit dem Niedergang der Napoleonischen Herrschaft kam das Ende: 1814 zerstörten österreichische Truppen das Ensemble. Wie so oft rettete ein Bürgerverein schließlich, was zu retten war. Seit Mitte der 1980er Jahre wurden Renaissance-Fassade des Wohntrakts, Gänge und Belfried wieder instandgesetzt.

Die D 9 bis purzelt von der Grenze zurück ins Tal nach **Oltingue** 21. Die Ill

*Ferrette*

fließt durchs Dorf, eine der diversen Routes des Carpes frites führt ebenfalls hindurch. Ansonsten erblickt man viel stattliche Häuser, am Dorfrand sprießen Weinreben, doch zahlreicher als die Weinfässer im Keller der wenigen Winzer ist allemal das schwarzbunte Vieh auf den fetten Weiden. Die Dorfkirche hütet eine originale Orgel der Gebrüder Callinet; die Orgelbauerdynastie versorgte im 19. Jh. fast den gesamten Sundgau und Ostfrankreich mit anspruchsvollen Instrumenten. Hauptanziehungspunkt von Oltingue aber bleibt das Musée Paysan in einem 300 Jahre alten Dorfgehöft. Hier lässt der letzte Holzschuhmacher des elsässischen Jura die Späne fliegen. Herzstück des Bauernmuseums ist die komplett eingerichtete Bauernküche. »Chunst« heißt die Kunst des Kachelofenbaus, die in Oltingue noch beherrscht wird. Einige prächtige Exemplare gehören zur Sammlung. Zu bestimmten Terminen demonstrieren Ofenbauer ihr selten gewordenes Handwerk. Ein kleiner Abstecher zum etwas außerhalb im Südwesten gelegenen Friedhof lohnt wegen der romanischen St-Martin-Kapelle. Vor einigen Jahren veranlasste die Gemeinde Ausgrabungen im Kirchenschiff, bei denen Steingräber aus dem 7. und 8. Jh. zum Vorschein kamen. Man kann sie in situ mit ebenso sehenswerten spätmittelalterlichen Fresken besichtigen. Ein weiterer Spaziergang führt durch bewaldete Hänge im Nordosten zur St-Brice-Kapelle, das sich hübsch in das Gras einer Waldlichtung bettet. Im Innern lohnt der polychrome Barockaltar einen Blick.

Fislis und Bouxwiller liegen ebenfalls an der Route des Carpes frites. Entsprechend gut versorgt ist die Route mit Einkehrmöglichkeiten. Die sollten vor allem Radwanderer zur Stärkung nutzen: Von nun an geht's hart bergauf. **Ferrette** 22, »das Tor zum Jura«, auf 600 m gelegen, ist nicht nur in geographischer Hinsicht ein Höhepunkt der Route. Kein Ort im elsässischen Jura kann es mit der Berg- und Burgstadt an malerischer Lage und berückendem Ortsbild aufnehmen. Hier liegt auch das touristische Zentrum der Region, wie die zahlreichen Einkehrmöglichkeiten beweisen. Die schmucke Unterstadt schart sich mit wuchtigen Bürgerhäusern um den bewaldeten Fels- hügel, aus dessen Gipfeln die Burgruine der Grafen von Pfirt lugt. Herz der Unterstadt ist die geschäftige Place Mazarin, um deren Brunnen sich eine ganze Reihe von Läden gruppieren. Oberhalb in den Hang gebaut ist die Pfarrkirche St-Nicolas, hinter der sich die kleine Lourdes-Grotte verbirgt.

Spitze Giebel adretter Bürgerhäuser staffeln sich die zur Burg ansteigende Rue du Château hoch. Ganz am Anfang fällt die 1789 niedergebrannte, vom Lokalpoeten und Architekten Philippe Xavier Desgrandschamps später wiederaufgebaute Vogtei ins Auge. Selbiger schuf im vergangenen Jahrhundert die seltsame dreiarmige Marienstatue im Hof.

Unter den restaurierten Fassaden fällt als nächste die ochsenblutrote Pracht des Hôtel de Ville auf, das 1572 im Stil der rheinischen Renaissance errichtet wurde. Betritt man das Rathaus, um vorbei am Amtszimmer des Bürgermeisters das Office du Tourisme aufzusuchen, scheint im knarzenden Treppenhaus die Zeit stehengeblieben zu sein.

Die Rue du Château endet unter den beiden Linden der Place des Comtes, die anlässlich der Revolutionen von 1830 und 1848 als Freiheitsbäume angepflanzt worden sind. Noch ein paar Meter bergan und man tritt durch ein Bogentor in die gewaltige Burganlage. Es folgt ein zweites Tor mit Schießscharte und einem Turm, der vom Festungswall des 16. Jh. stammt und Einlass in die Untere Burg gewährt. Gut erhalten sind drei Ecktürme, die die Fugger, im 16. Jh. Herren von Pfirt, errichten ließen. Wie die Südfassade der Unterburg lassen sich die Türme am besten vom Wanderpfad um die Anlage besichtigen. Vorbei an den Trümmerhaufen von Kapelle und Donjon gelangt man in die höher gelegene Oberburg, deren eigentliche Attraktion eine Plattform auf 612 m Höhe ist. Der Club Vosgien hat sie 1975 errichtet, um Besuchern einen Eindruck von Ferrettes strategischer Bedeutung zu vermitteln. Von hier oben reicht der Blick über Schwarzwald, Rhein, Sundgau und Jura. Die Oberburg ragte allerdings noch zwei weitere Stockwerke höher empor. Sie fiel während des Dreißigjährigen Kriegs dem Ansturm schwedischer Truppen zu Opfer, während die Unterburg erst 1789 von aufständischen Bauern in Schutt und Asche gelegt wurde.

Unterhalb von Ferrette klafft mit der Gorge aux Loups eine typische Juraklamm. In ihren Tiefen lockt die Grotte des Nains Wanderer und Spaziergänger an. Die Pfirter Zwerge sind fester Bestandteil des elsässischen Sagenschatzes: Die »Ardwiebele«, ein fleißiges Feenvölkchen, hausten in der Grotte, und halfen den Menschen der umliegenden Dörfer bei der täglichen Arbeit. Sie kleideten sich in bodenlange Gewänder, die Anlass zu allerlei Spekulationen über ihre körperliche Beschaffenheit gaben. Ein paar vorwitzige Mädchen streuten schließlich Sand vor die Höhle. Als die Ardwiebele hinaustraten, hinterließen sie je nach Version der Sage die Abdrücke von Geiß- oder Froschfüßen. Darüber konnten freilich nur die Mädchen in ihrem Gebüschversteck lachen – die Ardwiebele zogen sich auf Nimmerwiedersehen in die Grotte des Nains zurück, wo sie auch mit der

Richtig Reisen *Tipp*

## Les Routes de la Carpe frite

Thalbach, Ill und Largue bilden die Schlagadern der »Straßen des gebackenen Karpfens«. Stolze 33 Gastwirte haben sich längs dieser drei Wasserläufe dazu verpflichtet, das Nationalgericht des Sundgaus und des Jura so auf den Tisch zu bringen, wie es der verwöhnte elsässische Gaumen erwartet: Frisch »g'metzgt«, also gerade geschlachtet, entgrätet, in dicke Scheiben geschnitten, anschließend in Bierteig gewendet. Beidseitig wird der Fisch nun in siedendem Fett gebadet. Man serviert ihn noch brutzelnd, knusprig und mit einer hausgemachten Mayonnaise. Als Beilagen kommen traditionell höchstens gekochte Kartoffeln, eine Zitronenscheibe und ein grüner Salat in Frage. Bon Appetit! Das Logo der Routes des Carpes frites ist, wie könnte es anders sein, ein Fischkopf, dem sich eine Gabel nähert. Die Tradition der Karpfenzucht ist im Sundgau uralt. Am Anfang standen die tonhaltigen Böden, auf denen sich ideal Zuchtteiche anlegen ließen. Das Wasser ist so sauber, daß man gleichzeitig Forellen darin halten kann. Bis zu 10 kg schwer und einen Meter lang werden die Karpfen dank dieser optimalen Zuchtbedingungen. Informationen: Association Le Sundgau, Routes de la Carpe frite, 17, Rue de Zillisheim, 68100 Mulhouse, ✆ 03 89 46 18 29.



stärksten Taschenlampe nicht mehr ausfindig gemacht werden können.

Es geht wieder steil bergauf, zurück in Richtung Schweizer Grenze. **Ligsdorf** 23 ist bekannt für seine zauberhafte Mühle, in der man vorzüglich speisen und himmlisch schlummern kann. Das nächste Dorf heißt **Winkel** 24 und liegt tatsächlich in einem Winkel fast an der Grenze. Linden bilden am Ortseingang einen schattigen Tunnel. Hier entspringt fast unbemerkt die Ill aus den Rochers du Glaserberg, der Fluss, in dem sich etwa 200 km weiter nördlich Straßburgs Fachwerkfassaden spiegeln. Kunstliebhaber machen in Winkel wegen der beiden Altäre in der Dorfkirche halt, die aus der ausgelösten Abtei von Lucelle an der Schweizer Grenze stammen.

Ein Schlenker über einen Wirtschaftweg führt zum **Petit Kohlberg** 25. Die steilen Routen des elsässischen Jura sind ein ideales Trainingsgebiet für die französischen Teilnehmer der Tour de France, die regelmäßig im herrlich abgeschieden liegenden Hotel-Restaurant Le Petit Kohlberg einkehren. Ihre Trikots, darunter das von Virenque, hängen im Frühstücksraum – der Wirt Jean-Pierre Meister zeigt sie gern.

Nirgendwo ist dieser Landstrich zauberhafter als hier auf dem Weg nach Lucelle. Dramatisch bauen sich die Gipfel des Schweizer Jura am Horizont auf. Jedes Dorf besitzt unwiderstehlich gestrigen Charme. Ungestört brüten seltene Vögel wie der Rotrückenwürger im französisch-schweizerischen Grenzland.

Frühlingsenzian oder Trollblume zählen zu den botanischen Raritäten, mit denen der Landstrich aufwarten kann.

**Lucelle** 25 duckt sich in ein Bachtal an der Grenze. Von der 1123 gegründeten, in der Revolution aufgehobenen Zisterzienserabtei blieben zahlreiche Spuren erhalten, so etwa beeindruckend große Stallungen, Scheunen und Verwaltungsgebäude. Nur die spätmittelalterliche Kirche ist 1800 abgerissen worden, um Baumaterial zu gewinnen. Nachdem der gesamte Besitz an die Industriellenfamilie Parviccini versteigert worden war, benötigten diese die Abbruchsteine, um eine Hütte nebst Hochofen einzurichten. Heute ist Lucelle ist ein stilles Örtchen, wo die Zollbeamten sich an der hochgezogenen Schranke langweilen. Wer will, kann ihnen die Zeit ein wenig vertreiben, um auf der Schweizer Seite Essen zu gehen. Gleich hinter der Schranke liegt ein Gasthof.

Zurück nach Winkel, diesmal ohne Umwege über die gut ausgebaute D 452. In Winkel zweigt die D 41 in Richtung Oberlarg ab. Es plätschert auf Schritt und Tritt. Doppelbrunnen mit tiefen Trögen säumen die Dorfstraße. Ein paar Kilometer weiter zweigt ein Feldweg zur Ruine von **Burg Morimont** 26 und der gleichnamigen Auberge ab. Die im Dreißigjährigen Krieg zerstörte Burg liegt im Niemandsland zwischen Frankreich und der Schweiz. Fuchs und Hase scheinen sich bei der Ruine Gute Nacht zu sagen. Ein paar hundert Meter davor lockt ein schmucker Landsitz mit Glockenturm zu Einkehr in das beliebte Ausflugslokal.

Die Bauerndörfer Levoncourt und Courtavent liegen in der Ebene des Largue-Tals. Die meisten Häuser sind in für das Jura typischer Bauweise aus hellem Kalkstein gebaut. Der Plan d'Eau von **Courtavent** 27, ein künstlich geschaffener Badesee, lädt zum Abkühlen im Wasser ein.

In **Moernach** 28, dessen Restaurants für die große Kunst des Karpfenbratens landauf, landab gelobt werden, wechselt Fachwerk allmählich den Stein der oberen Juradörfer ab. **Koestlach** 29, das schon zu Römerzeiten besiedelt war, wie eine ausgegrabene antike Villa beweist, steht ganz im Zeichen seines klobigen romanischen Kirchturms. Abweisend wie ein Silo sieht der Bau von außen aus. Um so überraschender ist der heitere, spätbarocke Hochaltar in der Kirche, der freilich wie viele seiner Art in dieser Gegend aus der ehemaligen Abtei von Lucelle stammt.

**Vieux-Ferrette** 30 heißt das Dorf, über das es nach Ferrette zurückgeht. Mit den Attraktionen der benachbarten Burgstadt kann »Alt-Pfirt« nicht mithalten. Dafür reicht der Ruhm des örtlichen Käsehändlers und *maître-affineur* Antony weit über das bescheidene Dorf hinaus.

Verkehr

Information

Unterkunft

Restaurant

Sehenswert

Museen

Aktivitäten

Unterhaltung

Nachtleben

Einkauf

Feste

# Tipps & Adressen

# Inhalt



**Tipps & Adressen von Ort zu Ort**

**Reiseinformationen von A bis Z**

**Bitte schreiben Sie uns, wenn sich etwas geändert hat!**
Alle in diesem Buch enthaltenen Angaben wurden vom Autor nach bestem Wissen erstellt und von ihm und dem Verlag mit größtmöglicher Sorgfalt überprüft. Gleichwohl sind – wie wir im Sinne des Produkthaftungsrechts betonen müssen – inhaltliche Fehler nicht vollständig auszuschließen. Daher erfolgen die Angaben ohne jegliche Verpflichtung oder Garantie des Verlages oder des Autors. Beide übernehmen keinerlei Verantwortung und Haftung für etwaige inhaltliche Unstimmigkeiten. Wir bitten daher um Verständnis und werden Korrekturhinweise gerne aufgreifen:
DuMont Buchverlag, Postfach 10 10 45, 50450 Köln
E-mail: reise@dumontverlag.de
www.dumont.verlag.de

Richtig Reisen *Service*

# Tipps & Adressen von Ort zu Ort

**Preiskategorien Hotels**
preiswert: bis 250 FF/bis ca. 80 DM
günstig: 250–350 FF/bis ca. 115 DM
moderat: 350–600 FF/bis ca. 200 DM
teuer: 600–1500 FF/bis ca. 500 DM
Luxus: über 1500 FF/über 500 DM
(für zwei Personen im Doppelzimmer ohne Frühstück)

**Preiskategorien Restaurants**
günstig: bis 100 FF
moderat: bis 180 FF
teuer: ab 180 FF
(jeweils für ein Menü ohne Getränke)

**Zurechtfinden/Orientierung**
Bei Städten sind Touristeninformation, Sehenswürdigkeiten sowie Bahnhöfe im jeweiligen Stadtplan im Reiseteil eingetragen.

**Karten**
In der der vorderen Umschlagklappe befindet sich eine Übersichtskarte des Nordelsass, in der hinteren eine Übersichtskarte des Südelsass. Die Koordinatenangaben in den Adressen von Ort zu Ort beziehen sich auf diese beiden Karten.



## Albé

*Lage: vordere Umschlagkarte C 10*
*PLZ 67220*

**Musée des Arts et Traditions Populaires du Val de Villé**
Place du Tilleul
April–Sept. So 14.30–18 Uhr

**Obstbrände:** Adrian Frères
1, Rue Maedersbach
Tel. 03 88 57 12 87
Himbeer-, Kirsch-, Williamsbirnengeist...

## Altenstadt

*Lage: vordere Umschlagkarte F 19*
*PLZ 67160*

**St-Ulrich**
Tgl. 8–12, 14–18 Uhr
Romanische Kirche.

## Altkirch

*Lage: hintere Umschlagkarte D 2*
*PLZ 68130*

**Office de Tourisme**
Tour Bloch, Place X. Jourdain
Tel. 03 89 40 02 90

**Hôtel-Restaurant Ottié Baur**
17, Rue du Général de Lattre Tassigny
68118 Hirtzbach
Tel. 03 89 40 93 22, Fax 03 89 08 85 19
Mo, Di geschl.

Preiswert
Einfache Dorfherberge 4 km südlich von Altkirch (Fahrradweg). Freundliche Atmosphäre. In der Küche Ausgefallenes wie die Terrine mit Artischocken und *Foie gras* oder ein Löwenzahnsalat.

**Auberge Sundgovienne**
Route de Belfort
(3 km außerhalb im Ortsteil Carspach)
Tel. 03 89 40 97 18, Fax 03 89 40 67 73
Restaurant Mo und Di mittags geschl.
Preiswert
Hotel im Châlet-Stil mit großem Anbau. Propere Zimmer, die nach hinten sind ruhig. Wirt Robert Keller bietet ordentliche Sundgauer Küche.

**Restaurant de la Victoire**
10, Rue des Alliés
Tel. 03 89 40 90 65
Mi und Sa mittags geschl.
Das Restaurant von Fernand Miesch ist ein wenig überdekoriert – oben sieht's geradezu aus wie in einer Puppenstube. Die Küche kennt keinen Firlefanz, dafür raffinierte Klassiker wie Hase in Pinot Noir und frittierten Karpfen.

**Musée Sundgauvien**
Place de la République
Juli–Aug. Di–So 14.30–17.30 Uhr, sonst So 15–17.30 Uhr
Archäologie, Möbel, Trachten und Malerei aus dem Sundgau.

## Andlau

*Lage: vordere Umschlagkarte D 11*
*PLZ 67140*

**Office de Tourisme**
5, Rue du Général de Gaulle
Tel. 03 88 08 22 57

**Au Bœuf Rouge**
6, Rue du Docteur Stoltz
Tel. 03 88 08 96 26
Tradition im Hause Kieffer: Restaurant und Winstub (Blätterteigpastete, Kartoffelsalat mit Rettich, *Confit de Canard).*

**Sts-Pierre-et-Paul**
Cours de l´Abbaye
Tgl. 9–18 Uhr
Romanischer Skulpturenfries (12. Jh.) an der Fassade der im 18. Jh. barock umgebauten Abteikirche. Schlichter Innenraum mit doppelter kreuzrippengewölbter Krypta.

**St-André**
Kirche (15. Jh., Fresken) mit ältestem Friedhof von Andlau.

**Wein:** Domaine Gresser
2, Rue de l'Ecole
Tel. 03 88 08 95 88
Mo–Sa 9–12, 14–18 Uhr
Rémy Gresser war einer der ersten Winzer, die sich auf »Vieilles Vignes« spezialisierten: hochkonzentrierte, volle Tropfen. Die Reben auf dem Wiebelsberg werden ohne Insektizide oder Pestizide gepflegt. Weinkeller von 1667.

## Artzenheim

*Lage: hintere Umschlagkarte E 8*
*PLZ 68320*

**Auberge d'Artzenheim**
30, Rue du Sponeck
Tel. 03 89 71 60 51, Fax 03 89 71 68 21
Restaurant Mo, Di abends geschl.
Preiswert (Restaurant moderat)
Zehn hübsche Zimmer im alten Gasthof des Rieddorfs, 2 km vom Rhein entfernt. Ruhig. Madame Husser-Schmitt kocht Außergewöhnliches: Kabeljau mit Linsen, Rindernierchen in Senfsoße mit

Spätzle, Zanderfilet mit Krebsen. Exzellente Kirschmousse.

**Eldorado**
Rue du 42e R.I.F.
April–Okt. Mi–So 14–19 Uhr
Park mit seltenen Pflanzen und Kleintieren vom Bauernhof (Ziegen, Gänse, Enten, Hasen, Hühner, Tauben), interessant für Kinder.

## Arzviller

*Lage: vordere Umschlagkarte A 14*
*PLZ 57820*

**Schiffshebewerk** mit Schrägaufzug für Kähne
März–Okt. nur nach Bedarf,
Juli–Aug. 10–18 Uhr

**Bootsfahrten** auf dem Rhein-Marne-Kanal: Canal Tour
Tel. 03 88 62 54 98
April–Okt.
3 Stunden Lutzelbourg-Arzviller und umgekehrt an Bord des Restaurant-Schiffs Le Rohan, mit Essen 235 FF, ohne 95 FF.

## Avolsheim

*Lage: vordere Umschlagkarte D 13*
*PLZ 67120*

**Dompeter**
Romanische Kirche des 10. Jh.
Taufkapelle (9. Jh.) mit Fresken.

## Barr

*Lage: vordere Umschlagkarte D 11*
*PLZ 67140*

**Züge** u. a. nach Straßburg, Obernai, Sélestat, Molsheim.
Auskunft Tel. 08 36 35 35 35 (2,23 FF pro Min.)

**Office de Tourisme**
Rue des Bouchers
Tel. 03 88 08 66 65

**Maison Rouge**
1, Avenue de la Gare
Tel. 03 88 08 90 40, Fax 03 88 08 90 85
Preiswert
Großes, über Eck gebautes Fachwerkhaus. Schlicht, außerhalb des Zentrums. Außenterrasse. Im Restaurant Lachs auf Linsen, mit Cognac flambierte Kalbsnierchen.

**Le Brochet**
9, Place de l'Hôtel de Ville
Tel. 03 88 08 92 42, Fax 03 88 08 48 15
Preiswert
Großer Fachwerkbau, zentral beim Rathaus, einige Zimmer mit Blick auf den Platz. Aus der Küche: Gratinierte Hechtklößchen, Frikassee aus Kalbsbries und Nierchen mit Rettich.

**Domaine St-Ulrich**
106, Rue de la Vallée
Tel. 03 88 08 54 40, Fax 03 88 08 57 55
Preiswert
Still am Waldrand gelegener Neubau. Geräumige Duplex-Zimmer für Familien. Außenpool im Sommer.

**Chambre d'hôte Reine et Jean-Louis Bachert**
35, Rue du Docteur Sultzer
Tel. 03 88 08 95 89
Preiswert
Winzerhof auf einem Hügel. Ringsherum Reben und Blick auf umliegende Kirchtürme. Bei gutem Wetter Frühstück draußen. Netter Empfang.
Zwei Gästezimmer, Campingplätze von Ostern–Okt., Schlafsaal mit zehn Betten für Wanderer.

**Musée de la Folie Marco**
30, Rue Sultzer
Juli–Sept. Mi–Mo 10–12, 14–18 Uhr
Prachtvoller Louis XV.-Bau mit Möbeln der Epoche.

**14. Juli:** Weinmarkt
**1. Okt.-Wochenende:** Weinfest

## Benfeld

*Lage: vordere Umschlagkarte E 11*
*PLZ 67230*

**Office de Tourisme**
10, Place de la République
Tel. 0388740402

## Betschdorf

*Lage: vordere Umschlagkarte F 17*
*PLZ 67660*

**Syndicat d'Initiative**
Rue de Kuhlendorf
Tel. 0388544800

**Chambre d'hôte Christian Krumeich**
29, Rue des Potiers
Tel. 0388544056
Preiswert
Etwas überkandideltes Fachwerkhaus an der Töpfermeile. Sieben Zimmer, ruhig, da im hinteren Gebäude.

**Musée de la Poterie**
2, Rue Kuhlendorf
Ostern–1. Nov. tgl. 10–12, 13–17 Uhr
Betschdorfer Krüge vom 17. Jh. bis in die Gegenwart.

**1. Sept.-Wochenende:**
Töpferfest

## Bettlach

*Lage: hintere Umschlagkarte F 1*
*PLZ 68480*

**Studerhof**
9, Rue de Bâle
Tel. 0389407149, Fax 0389407151
Preiswert
Urtypische Gartenwirtschaft, herzhafte Küche, fantastischer Ausblick. Fünf schlichte Zimmer mit Dusche im Flur.

## Biesheim

*Lage: hintere Umschlagkarte E 7*
*PLZ 68600*

**Musée Gallo-Romain**
Le Capitole
Mi, Fr–So 14–18, Do 9–13 Uhr
Ausgrabungsfunde römischer Siedlungen in der Rheinebene.
**Musée de l'Optique**
Le Capitole
Mi, Fr–So 14–18, Do 9–13 Uhr
300 optische Geräte: Nautik, Landvermessung, Astronomie ...

## Bischwiller

*Lage: vordere Umschlagkarte F 16*
*PLZ 67240*

**Musée de la Laub**
altes Rathaus
1. und 3. So des Monats 14–18 Uhr
Lokale, hugenottische Tuchindustrie.

## Boersch

*Lage: vordere Umschlagkarte D 12*
*PLZ 67530*

**Office de Tourisme**
Rathaus
Tel. 03 88 95 82 43

## Bouxwiller (Bas-Rhin)

*Lage: vordere Umschlagkarte C 16*
*PLZ 67330*

**Marius**
Grand'Rue
Tel. 03 88 70 71 04
Mo–Fr
Mittagstisch beim Metzger: Die Garküche neben dem Laden dampft, es gibt Gulasch mit Spätzle an der Theke, zu Preisen, die unschlagbar sind.

**Musée du Pays de Hanau**
Place du Château
Jan.–April Mo–Fr 8–12, 14–18,
So 14–18, Mai–Dez. auch Sa 14–18 Uhr
Heimatkundliches zum Hanauer Land.

## Bouxwiller (Haut-Rhin)

*Lage: hintere Umschlagkarte F 1*
*PLZ 684580*

**Besuch auf dem Bauernhof:** Le Luppachhoff
Tel. 03 89 40 39 87
Ganzer oder halber Tag mit Mittagessen, Kutschfahrt, Hofbesichtigung, Erklärungen zum Landwirtschaftsalltag.

## Breitenbach

*Lage: vordere Umschlagkarte C 10*
*PLZ 67220*

**Ferme-Auberge Lameysberg**
Tel. 03 89 77 35 30
Mo abends, Di und Dez./Jan. geschl.
Deftige Fleischgerichte. Der Munsterkäse stammt vom Hof. Im Sommer gibt es bei Familie Kempf Blaubeerkuchen.

**Gleitschirmfliegen:**
Association Grand Vol
Tel. 03 88 57 11 42, 03 88 65 12 91
Mai–Okt.
Lehrgänge und Einführungen im Villé-Tal auf 250–1100 m Höhe.

## Brumath

*Lage: vordere Umschlagkarte E 15*
*PLZ 67170*

**L'Ecrevisse**
4, Avenue Strasbourg
Tel. 03 88 51 11 08, Fax 03 88 51 89 02
Moderat
Schmuckes Traditionshaus an leider lauter Straße, aber mit ruhigen Zimmern nach hinten. Sehr komfortabel (Fitness-Raum, Sauna, Garten, Terrasse). Edle Küche: *Foie gras,* Zander mit Spargelspitzen.

**Musée Archéologique**
Place du Château
Mai–Sept. 1. So des Monats 14–18 Uhr
Römische Ausgrabungsfunde im Gewölbe des Schlosses.

## Bussang

*Lage: hintere Umschlagkarte A 4*
*PLZ 88540*

**Ferme-Auberge La Tête du Loup**
Tel. 03 29 25 20 94
88160 Le Thillot (von Le Thillot Richtung Géradmer auf der D 486 halten)

Kleines Gehöft in ländlicher Abgeschiedenheit, schlicht, aber ergreifend – *Poulet au Riesling*, Perlhuhn mit Kohl, Käse aus eigener Herstellung.

**Théâtre du Peuple de Bussang**
Rue du Théâtre
Information Tel. 03 29 61 50 48
Juli, Aug. So
Vorhang auf im ganz aus Holz gebauten und ersten freien Theater Frankreichs (gegründet 1895).

## Cernay

*Lage: hintere Umschlagkarte C 4*
*PLZ 68700*

**Office de Tourisme**
1, Rue Latouche
Tel. 03 89 75 50 35

**Musée National**
Silberloch-Wattwiller
April–Okt. tgl. 8.30–12, 14–18.30 Uhr
Gruft und Totengedenkstätte der Schlacht am Hartmannswillerkopf/Vieil Armand im Ersten Weltkrieg.

**1. So Juli:** Gedenkfeier für Gefallene am Vieil Armand

## Châtenois

*Lage: hintere Umschlagkarte D 9*
*PLZ 67730*

**Office de Tourisme**
2, Rue Clémenceau
Tel. 03 88 82 75 00

**Dontenville**
95, Rue du Maréchal Foch
Tel. 03 88 92 54, Fax 03 88 82 57 54
Preiswert
Verwinkeltes Fachwerkhaus. Auf der Speisekarte: Lachs in Rettichsoße, gewürzte Entenbrust, Hähnchen in Pinot Noir.

**Distillerie Legoll**
Route de Villé
Mo–Fr 9–11.30, 13.30–17 Uhr
Feinste Obstbrände und Trester, für die es bereits zahlreiche Gold-, Silber- und Bronzemedaillen gab. Hausmarke ist M. Legolls Kirschwasser. Madame kocht zudem Konfitüren ein. Im Verkauf: Apfelgelee mit Zimt und Walnüssen.

## Cleebourg

*Lage: vordere Umschlagkarte E 19*
*PLZ 67160*

**Chambre d'hôte Klein**
59, Rue Principale
Tel. 03 88 94 50 95
Preiswert
Drei Zimmer im liebevoll restaurierten Fachwerkhaus. Mit *Table d'hôte:* Wer will, kann bei Madame Klein essen – das günstige Hausmenü ist es wert.

**Au Tilleul**
94, Rue Principale
Tel. 03 88 94 52 15, Fax 03 88 94 52 63
Preiswert
Lindgrünes Dorfhotel mit bodenständigem Charme und ebensolchem Restaurant.

**Cave Vinicole**
Route du Vin
Tel. 03 88 94 50 33
Mo–Sa 8–12, 14–18,
So 10–12, 14–18 Uhr

Gemeinschaftskeller der Winzer der »kleinen« Weinstraße. Crémant und Riesling zum Probieren und Mitnehmen. Besichtigung auf Anmeldung.

**1. Aug.-Wochenende:** Fête du Crémant, Schaumweinfest
**Letztes Sept.-Wochenende:** Fête du Vin nouveau, Federweißerfest

## Colmar

*Lage: hintere Umschlagkarte D 7*
*PLZ 68000*

**Office de Tourisme**
4, Rue Unterlinden
Tel. 0389206892

**Auberge de Jeunesse Mittelhardt**
2, Rue Pasteur
Tel. 03 89 80 57 39, Fax 03 89 80 76 16
Bus: Linie 4
Im Sommer durchgehend, im Winter 7–9 und 17–23 Uhr geöffnet
Preiswert
Jugendherberge in Zentrumsnähe mit sieben Zwei-, zwei Vier- und elf Sieben-Bettzimmern. Fahrradgarage.

**La Chaumière**
74, Avenue de la République
Tel. 03 89 41 08 99
Preiswert
18 einfache Zimmer gegenüber der Hauptpost, die meisten mit eigenem Bad. Nette Besitzer, zentrale Lage. Zum Hof ruhig.

**Hôtel Turenne**
10, Route de Bâle
Tel. 03 89 41 12 26, Fax 03 89 41 27 64
Günstig–moderat
Familiäres, verschachteltes Haus hinter der Petite Venise. Renovierte Zimmer mit gutem Preis-Leistungs-Verhältnis.

**Hôtel St-Martin**
38, Grand'Rue
Tel. 0389241151, Fax 0389234778
Moderat–teuer
Mitten in der Altstadt, schmuckes Haus im Louis XVI-Stil. Ruhige, komfortable Zimmer.

**Le Colombier**
7, Rue de Turenne
Tel. 0389239600, Fax 0389239727
Moderat
Palais in der Petite Venise. Obligatorisch: Fachwerkbalken. Frisch: zeitgenössisches französisches Design.

**La Maison des Têtes**
19, Rue des Têtes
Tel. 0389244343, Fax 0389245834
Moderat–teuer
Zauberhaftes Haus neben dem Sitz der Winzer. In einer Mischung aus *cosy* und luxuriös eingerichtet. Mit Innenhof.

**Hostellerie Le Maréchal**
4–6, Place des Six-Montagnes-Noires
Tel. 0389416032, Fax 0389245940
Teuer
Romantische Adresse in der Petite Venise, errichtet im 15. Jh., mit viel Komfort. In einigen Zimmern Baldachinbetten. Terrasse zum Fluss.

**Au Fer Rouge**
52, Grand'Rue
Tel. 0389414317
Ein neuer Stern geht auf: Patrick Fulgraff heimst eine Auszeichnung nach der anderen ein. *Grande Cuisine,* versteht sich.

**Schillinger**
16, Rue Stanislas
Tel. 0389414317
Vater und Sohn Schillinger zaubern exquisite Gourmetküche auf den noblen Tisch.

**Schwendi**
23, Grand'Rue
Tel. 0389236626

Bier- und Weinstube mit Herzhaftem im Angebot: Rösti, *Tarte flambée,* Munsterkäse. Viele deutsche Biersorten, dazu eine Bretzel.

**Le Caveau St-Pierre**
24, Rue de la Herse
Tel. 03 89 41 99 33
So abends und Mo geschl.
Malerisches Restaurant in der Petite Venise; elsässische Spezialitäten und Fisch kommen gleichermaßen gut auf den Tisch.

**Le Garbo**
15, Rue Berthe-Molly
Tel. 03 89 24 48 55
Sa mittags, So geschl.
Colmars Adresse für Meeresfrüchte und Fisch. Die Inhaber Francine und Roger Bollecker sind bekennende Garbo-Verehrer: Die Göttliche schaut von der lachsfarbenen Wand. Sehr günstiges Mittagsmenü (60 FF).



**Collégiale St-Martin**
Place de la Cathédrale
Tgl. 8–19, So 13–19 Uhr
Gotische Kirche aus gelbem Rouffacher Sandstein (13.–14. Jh.). Dach mit buntlasierten Ziegeln. Restaurierte Silbermann-Orgel (1755).

**Couvent des Dominicains**
Place des Dominicains
Mitte März–Okt. Mo–Sa 10–18, So 10–13, 15–18, Nov.–Dez. So–Fr 10–13, 15–18, Sa 10–18 Uhr
Gotischer, schlichter Bau. Besuchermagnet ist die Madonna im Rosenhag, 1473 von Martin Schongauer gemalt.

**Temple St-Mathieu**
Place du 2 Février
Mitte Juni–Mitte Okt. und in den Osterferien tgl. 10–12, 14–17 Uhr
Gotische Franziskanerkirche mit Silbermann-Orgel. Nur der Chor ist zugänglich.

**La Maison des Têtes**
19, Rue des Têtes
Prachtvoller Renaissance-Bau von 1608. An der Fassade 106 Köpfe, Masken und Fratzen.

**La Maison Pfister**
Ecke Rue des Marchands/Rue Mercière
Renaissance-Bau (1537) mit hölzernem Balkon, Fassadenmalerei und Erker.

**Koifhus**
Place de l´Ancienne Douane
(Besichtigung über Office de Tourisme)
Alter Zoll, spätgotisch/Renaissance. Innen Versammlungssaal der Decapolis. Heute Kongresszentrum.

**Quartier des Tanneurs**
Altes Gerberviertel zwischen Place du Marché aux Fruits und der Lauch 1968–74 vorbildlich saniert. Typisch: Steinsockel, Fachwerketagen, Trockenböden mit Dachluken.

**Petite Venise**
Altes Fischerviertel um den Quai de la Poissonnerie. Mit Anlegern und Gärten zur Lauch.

**Musée d´Unterlinden**
1, Rue d'Unterlinden
April–Okt. Mi–Mo 9–18,
Nov.– März Mi–Mo 9–12, 14–17 Uhr
Weltweit bedeutende Sammlung rheinischer Kunst vom Mittelalter bis zur Renaissance. Besuchermagnet ist Grünewalds Isenheimer Altar (um 1515). Weitere Sammlungsschwerpunkte sind Archäologie, Heimatkunde, zeitgenössische Kunst.

**Musée Bartholdi**
30, Rue des Marchands
Mi–Mo tgl. 10–12, 14–18 Uhr
Jan./Feb. geschl.
Geburtshaus des Bildhauers Bartholdi, der die New Yorker Freiheitsstatue schuf. Modelle und Entwürfe, Möbel und persönlicher Besitz aus dem Nachlass.

**Musée Animé du Jouet et des Petits Trains**
40, Rue Vauban
Mi– Mo 10–12, 14–18 Uhr
Automatisches Spielzeug, Puppen, Flugzeugmodelle und Züge auf drei Etagen. Szenische Darstellungen aus den Fabeln von La Fontaine und den Märchen von Perrault.

**Musée d'Histoire Naturelle**
11, Rue Turenne
März–Dez. Mi–Sa, Mo 10–12, 14–17 Uhr, So nur 14–18 Uhr
Naturkundemuseum mit den thematischen Schwerpunkten elsässische Tierwelt, Geologie, Wälder sowie ägyptischer Sammlung und Stücken aus der koptischen Kultur.

**Fahrradverleih: Cycles Geiswiller**
6, Boulevard du Champ de Mars
Tel. 03 89 41 30 59
Di–Fr 8.30, 14–18.30, Sa nur bis 18 Uhr
Zentral. Tourenräder, nur zwei Mountainbikes. 30 DM pro Tag. Wochentarif auf Anfrage.

**La Cyclothèque**
31, Route d'Ingersheim
Tel. 03 89 79 14 18
Mo 14–18, Di–Fr 8–12, 14–18.30, Sa nur bis 18 Uhr
Etwas außerhalb. Wenige Tourenräder, hauptsächlich Mountainbikes. Wochentarif 85–95 DM.

**Sporting Box**
25, Route de Colmar
68040 Ingersheim
Tel. 03 89 27 41 13
Di–Sa 8.30–12, 14.30–19 Uhr
Mountainbikes und Stadträder. 24–28 DM pro Tag. Wochentarif auf Anfrage.

**La Krutenau**
1, Rue de la Poissonnerie
Bierstub im Herzen der Petite Venise, französische und internationale Biersorten.

**Le Rock Café**
6, Rue des Trois-Epis
Dart und Billard, Reklamespots für Bier – alle 14 Tage Konzerte.

**Le Slibar**
Cour Wolkner
Tgl. 9–1.30 Uhr
Studententreffpunkt, Alternativlektüre und Zeitungen.

**Le Poisson Rouge**
Im westlichen Ortsteil Wintzenheim
Fr, Sa 21–Morgengrauen
Seit 20 Jahren die In-Diskothek von Pierrot Ostermann. Drei Bars und ständig wechselnde Inszenierungen.

**Metzgerei Glasser**
18, Rue des Boulangers
Kasseler im Blätterteig, Gänseleber, Wildterrine.

**Maison Pfister** (René Muré)
11, Rue des Marchands
Hochkarätige Auswahl elsässischer und anderer französischer Weine, präsentiert unter prachtvollem Gebälk.

**Quesnot**
18, Rue St-Nicolas
So, Mo geschl.
»*Tout Colmar*« kauft im Käseladen Munster ein.

**1. Juli-Hälfte:** Festival International de Colmar, hochkarätiges Festival klassischer Musik
**Aug.–Sept.:** Klassikkonzerte in St-Martin (Di) und St-Pierre (Do)
**2. Aug.-Hälfte:** Foire aux Vins, großes Winzerfest mit viel Musik – Johnny Halliday und Mireille Mathieu haben hier schon getingelt.
**Mitte Sept.:** Flussschifferfest
**Mitte Okt.:** Sauerkrautfest

## Colroy-la-Roche

*Lage: vordere Umschlagkarte B 10*
*PLZ 67420*

**Hostellerie La Cheneaudière**
Tel. 03 88 97 61 64,
Fax 03 88 47 21 73
Teuer
Elegantes Haus in Traumlage: am Hang, von Bäumen beschattet und von Wiesen umgeben. Sauna, Solarium, Pool mit Kristalllüster. Auch Appartements. Ein nobles Relais & Châteaux.

## Dambach-la-Ville

*Lage: vordere Umschlagkarte D 10*
*PLZ 67650*

**Office de Tourisme**
Place du Marché
Tel. 03 88 92 61 00

## Donon

*Lage: vordere Umschlagkarte A 12*
*PLZ 67560*

**Auberge le Kiboki**
Turquestein, Route du Donon
Tel. 03 87 08 60 65, Fax 03 87 08 65 26
Moderat–teuer
Ehemaliges Försterhaus in himmlischer Waldesruh.

## Ebersmunster

*Lage: vordere Umschlagkarte E 10*
*PLZ 67600*

**Abteikirche St-Maurice**
Mo–Sa 9–12, 14–18,
So 11–12, 14–18 Uhr
Barockkirche mit Silbermann-Orgel.

## Eguisheim

*Lage: hintere Umschlagkarte D 7*
*PLZ 68420*

**Office de Tourisme**
22a, Grand'Rue
Tel. 03 88 23 40 33

**Auberge Alsacienne**
12, Grand'Rue
Tel. 03 89 41 50 20, Fax 03 89 23 89 32
Preiswert
Schmucker, taubenblauer Gasthof im Zentrum. Ordentliche Zimmer, Terrasse. Aus der Küche: Sauerkraut mit Fisch, Kaninchen in Weißbiersoße.

**Hostellerie du Pape**
10, Grand'Rue
Tel. 03 89 41 41 21, Fax 03 89 41 41 31
Moderat
Komfortables Haus im Zentrum mit schöner Terrasse (Wandmalereien). Seele des Hauses ist die Küchenchefin Annie Huber. Besondes zu empfehlen: *Duo Foie gras,* Forelle in Crémant-Soße und glacierter Kougelhopf.

**Hostellerie du Château et Caveau d'Eguisheim**
2, Rue du Château
Tel. 03 89 41 08 89, Fax 03 89 23 79 99
Moderat–teuer
Nobles Hotel mit Zimmern in gelungener Mischung aus modernem Design und altem Stein. Gepflegte Küche: Sauerkraut nach Art des Hauses, Gänseleber mit Heidehonig, knuspriges Spanferkel.

**Château**
Besichtigung über Office de Tourisme

Mittelalterlicher Grafensitz, im 19. Jh. neoromanisch verkitscht. Dazu gehört die im selben Stil gebaute Chapelle St-Léon IX, die Kapelle zu Ehren des in Eguisheim geborenen Papstes mit ihren auffällig bunten Glasfenstern.
**Les Châteaux de Haut-Eguisheim,** Drei Burgruinen auf dem Schlossberg über dem Dorf.

**Wein:** Bruno Sorg
8, Rue Monseigneur Stumpf
Tel. 03 89 41 80 85
Mo–Fr 9–17 Uhr
Eine Idylle mit Schindeldach, 300 Jahre altem Fachwerk und Geranien. Kräftige, eigenwillige Weine: Riesling vom Pfersigberg und Gewürztraminer-Spätlese sind in ganz Europa begehrt.

**1. Aug.-Wochenende:**
Storchenfest mit Ball

## Ehnwihr

*Lage: hintere Umschlagkarte E 10*
*PLZ 67600*

**Bootsfahrten auf der III:**
Le Batelier du Ried
Tel. 03 88 85 10 48, Fax 03 88 85 17 02
April–Okt.
Mindestens vier, maximal zwölf Personen gondelt die Frohnatur Patrick Unterstock flussabwärts. Mit im Programm: Diashow über das Ried, Fahrt bis Ebersmunster mit Klosterbesichtigung, Rückfahrt im Kleinbus, 90 FF pro Person (bei acht Teilnehmern).

**Bernard Stinner,** No 6
Tel. 03 88 85 16 65
Wetterhähne, Zunftzeichen in allen Formen aus Schmiedeeisen.

## Epfig

*Lage: vordere Umschlagkarte D 11*
*PLZ 67680*

**Ste-Marguerite**
April–Okt. 8–19 Uhr
Romanische Kapelle.

## Erstein

*Lage: vordere Umschlagkarte E 12*
*PLZ 67150*

**Office de Tourisme**
2, Rue du Couvent
Tel. 03 88 98 14 33

## Ferrette

*Lage: hintere Umschlagkarte E 1*
*PLZ 68480*

**Syndicat d'Initiative du Jura Alsacien**
Rathaus, Tel. 03 89 40 40 01

**Le Felseneck**
42, Rue du Château
Tel. 03 89 40 41 54, Fax 02 89 70 70 87
Preiswert
Schmuckes 8-Zimmer-Hotel oberhalb des Orts. Schlichte Einrichtung, stille Lage am Wald, gute Küche – frittierter Karpfen, *Coq au Riesling.*
**Collin**
4, Rue du Château
Tel. 03 78 40 40 72, Fax 03 89 40 38 26
Preiswert
Gutbürgerliches Haus im Ortskern. Die Zimmer hinter der altrosa Fassade sind gepflegt. Im Restaurant: Karpfen frittiert, Zander auf Matrosenart, Kaninchenkeule mit Steinpilzen.

**La Grotte aux Nains**
Frei zugänglich
Felsgrotte außerhalb Ferrette.

**Sundgaüer Kässtuba**
17, Rue de la Montagne
Tel. 03 89 40 42 22
Mo–Fr 13.30–18.30, Sa 9–12 Uhr
Große Probe auf Anmeldung Do–Sa 19.30, So 17 Uhr
Verkauf im »Käskaller« in Vieux-Ferrette (Nähe Kirche). Exzellente Auswahl.

**6. Dez.:** Nikolausmarkt

## Fessenheim

*Lage: hintere Umschlagkarte F 6*
*PLZ 68740*

**EDF Centrale Nucléaire**
Tel. 03 89 83 51 23
Führungen Mo–Sa 9–12, 14–18 Uhr
Voranmeldung 14 Tage im voraus
Atomkraftwerk mit Informationszentrum. Reisepass erforderlich!

## Folgensbourg

*Lage: hintere Umschlagkarte F 1*
*PLZ 68220*

**L'Aigle**
Tel. 03 89 68 61 11
Der beste Zwiebelkuchen der Umgebung. Intellektuelle und Künstler aus Basel wissen darum.

## Fouday

*Lage: vordere Umschlagkarte B 11*
*PLZ 67130*

**Chez Julien**
12, Rue Nationale
Tel. 03 88 97 30 09, Fax 03 88 97 36 73
Preiswert–moderat
Moderner Bau, der sich mit Giebel und Balkonen um traditionelle Vorlagen bemüht. Lichte, angenehme, bis 60 $m^2$ große Zimmer im neorustikalen Stil. Blick auf die Bruche, das Dorf und die Bimmelbahn. Küche mit Anspruch: farcierte Schweinsfüße, glacierter Vacherin.

## Fréland

*Lage: hintere Umschlagkarte B/C 8*
*PLZ 68240*

**Musée de la Forge**
Grand'Rue
Tel. 03 89 47 58 30
Auf Ankündigung
Hydraulikschmiede vom Ende des 19. Jh.
**Maison du Pays Welche**
2, Rue de la Rochette
Juni–Sept. Führungen Do–Di 10, 15, 16.30 Uhr
Volkskundliche Sammlung aus dem Welschland.
**Musée des Arts Religieux**
Grand'Rue
Tel. 03 89 71 90 52
Auf Ankündigung
Sammlung sakraler Gegenstände aus den Pfarreien der Region.

## Gertwiller

*Lage: vordere Umschlagkarte D 11*
*PLZ 67140*

**Lips**
110, Place de la Mairie

Museum: Juli–Mitte Sept. Mo–Fr 14–18, Mitte März–Dez. nur So, in den Schulferien Mo–Fr 9–11.30, 14–17.30, So 14–17.30 Uhr
*Pains d'épice* (lebkuchenartiges Gewürzbrot) in allen Variationen. M. Lips betreibt ein kleines Museum mit 7000 Formen und Utensilien für Kuchen, Schokolade, Weihnachtsgebäck. Werktags darf man ihm beim Backen zuschauen.

## Grandfontaine

*Lage: vordere Umschlagkarte A 12*
*PLZ 67130*

**Mine de Framont**
Les Minières
Juli, Aug. 14–18 Uhr, sonst auf Anfrage
Ehemaliges Eisenbergwerk mit mineralogischer Sammlung.

## Grand Ballon

*Lage: hintere Umschlagkarte C 5*
*PLZ 68760*

**Le Grand Ballon**
Tel. 03 89 76 83 35, Fax 03 89 10 63
Preiswert–moderat
Familienhotel im Chalet-Stil auf dem höchsten Berg des Elsass, geführt vom Traditionswanderverein Club Vosgien.

## Graufthal

*Lage: vordere Umschlagkarte A 15*
*PLZ 67320*

**Höhlenhäuser**
April–Okt. Besichtigung auf Voranküdigung beim Office de Tourisme von La Petite Pierre, Tel. 03 88 70 42 30
»Felsekäth« zog 1958 als Letzte aus: Museumswohnung im Sandstein.

**2. So im Aug.:**
Felswohnungenfest

## Griesbach-au-Val

*Lage: hintere Umschlagkarte C 6*
*PLZ 68140*

**3. Sept.-Wochenende:**
Fête de la Tarte Flambée

## Gueberschwihr

*Lage: hintere Umschlagkarte D 6*
*PLZ 68420*

**Au Relais du Vignoble**
12, Rue des Forgerons
Tel. 03 89 49 22 22, Fax 03 89 49 27 82
Preiswert–moderat
Der Name sagt's: Reben reichen bis ans Hotel. Angenehme Zimmer in erholsamer Atmosphäre. Reichhaltiges Frühstück mit Wurst- und Käsespezialitäten. Im Restaurant: herzhafter Grillteller, ausgefallenes *Panaché de poisson aux petits légumes* (mehrere Fischsorten).

**Radwandern, organisierte Ausflüge und Verleih:**
La Bicyclette Gourmande
12, Rue Pfaffenheim
Tel. 03 89 49 28 67
Kulinarische Fahrradtouren à la carte: »Week-End délicieux«, 2–3 Tage ab 360 DM. »Voyage Gourmet«, 5–8 Tage, je nach Hotel-/Restaurantkategorie und Dauer 1780–3200 DM. Im Preis: Abholung von Bahnhof/Flughafen (Wochentouren), Übernachtung, HP, Fahrradver-

leih mit Ausrüstung, Gepäcktransport, Eintritte, Begleiter (»Voyage Gourmet«). April–Okt., Minimum zwei Personen.

## Guebwiller

*Lage: hintere Umschlagkarte C 5*
*PLZ 68500*

**Office de Tourisme**
Rathaus
Tel. 03 88 97 47 50

**Château de la Prairie**
Allée des Marronniers
Tel. 03 89 74 28 57, Fax 03 89 74 71 88
Moderat
Schloss aus dem 19. Jh. in 2 ha großem Park, am Fuße der Weinberge. Große Zimmer mit neuen Bädern, zum Teil mit Kamin.

**Dominikanerkloster**
Rue de la République
Juni–Sept. Di–Fr 10–12, 14–18.30, Sa, So 14–18.30 Uhr, Okt.–Mai Di–Fr 14–17 Uhr
Gotischer Bau mit Fresken des 14. Jh.

**Musée du Florival**
1, Rue du 4 Février
Mo, Mi–Fr 14–18, Sa, So 10–12, 14–18 Uhr
Werke des berühmten Töpfers Deck und Volkskundliches.

## Gunsbach

*Lage: hintere Umschlagkarte C 6*
*PLZ 68140*

**Maison Albert Schweitzer**
8, Rue de Munster
Di–So 9–11.30, 14–16.30 Uhr
Leben und Werk des berühmten Elsässers.

**Musée d'Art Africain**
Rathaus
Juli/Aug. Mo–Sa 14–17 Uhr
Afrikanische Kunst aus dem Gabun.

## Hagenthal-le-Bas

*Lage: hintere Umschlagkarte F 1*
*PLZ 68220*

**Hôtel-Restaurant Jenny**
84, Rue de Hegenheim
Tel. 03 89 68 50 09, Fax 03 89 68 58 64
Moderat
Behäbiger Kasten von der Wende zum 20. Jh. mit Neubautrakt. Schwimmbad, Sauna, Solarium für die müden Knochen. Kalbsfilet und gebratene Gänseleber auf Sauerkraut für den großen Hunger.

## Haguenau

*Lage: vordere Umschlagkarte E 16*
*PLZ 67500*

**Zug:** Bahnhof Place D. Brumbt
Tel. 03 88 22 50 50
Linie Straßburg-Haguenau-Wissembourg, Bitche via Niederbronn.

**Office de Tourisme**
Place de la Gare
Tel. 03 88 93 70 00, Fax 03 88 93 69 89

**Les Augustins**
6a, Rue de l'Etoile
Tel. 03 88 73 51 52, Fax 03 88 73 41 32
Preiswert
Nüchterne, geräumige Zimmer in einem ehemaligen Hospital. Zentral.

**Le Kaiserhof**
119, Grand'Rue
Tel. 0388734343, Fax 0388732891
Moderat
Zentral, schöne Zimmer, manche mit Balkon; das Restaurant war früher ein Kino.

**S'Buerehiesel**
13, Rue Meyer
Tel. 0388933090
Moniques Weinstube neben dem Theator ist preiswert, familiär-elsässisch: *Waedele* und Sauerkraut!
**Les Pins**
112, Route de Strasbourg
Tel. 0388936840, Fax 0388933414
Restaurant des gleichnamigen Hotels. Mit alpenländischer Note, da rundum holzvertäfelt. Gute Fischgerichte.

**Musée Alsacien**
1, Place Joseph Thierry
Mo, Mi–Fr 9–12, 14–18, Di 14–18, Sa, So 14–17 Uhr
Große volkskundliche Sammlung (komplette Küche, Töpferwaren, Ofenplatten, Stiche, Hinterglasmalerei) in der ehemaligen Chancellerie.
**Musée Historique**
9, Rue du Maréchal Foch
Mo, Mi–Fr 9–12, 14–18, Sa, So 15.30–17.30 Uhr
Neo-Renaissance-Koloss, in dem archäologische Funde vom Bronzezeitalter bis zum Barock und die lokale jüdische Geschichte gezeigt werden.

## Handschuheim

*Lage: vordere Umschlagkarte D 14*
*PLZ 67117*

**L'Espérance**
5, Rue Principale
Tel. 0388690052
Fachwerkgehöft mit lauschigem Innenhof, eine Institution für Straßburger, die wegen des Flammkueche (Mi–So) kommen – es wird solange nachgereicht, bis man abwinkt. Exzellente Weinkarte.

## Hatten

*Lage: vordere Umschlagkarte F 18*
*PLZ 67690*

**Casemate d'Infanterie Esch**
Juli, Aug. tgl. 10–12, 14–18 Uhr, März–11. Nov. Do–Sa, Feiertage 10–12, 14–18, So 10–18 Uhr
Das Musée de l'Abri de Hatten in den Kasematten rekapituliert die vernichtende Schlacht im Januar 1945.

## Hoerdt

*Lage: vordere Umschlagkarte E 15*
*PLZ 67720*

**Spargelverkauf** von April bis Juni.

**Mitte Mai:** Spargelfest

## Hoffen

*Lage: vordere Umschlagkarte F 18*
*PLZ 67250*

**Au Soleil**
27, Rue du Tilleul
Tel. 0388804014
*Baeckeoffe,* Kesselfleisch und Saumagen: deftige Landküche zu bodenständigen Preisen.

## Le Hohneck

*Lage: hintere Umschlagkarte B 6*
*PLZ 88400*

**Ferme-Auberge Breitzhausen**
Route des Crêtes
Tel. 03 29 63 22 92
Dez. geschl.
Hof am Col de la Schlucht. Munsterkäse aus Rohmilch, Besichtigung und Verkauf. Zünftige Melkermahlzeit.

**Jardin d'Altitude du Haut-Chitelet**
An der Route des Crêtes in Richtung Col de la Schlucht
Juni–Okt. 9–17 Uhr
10 ha großer botanischer Garten auf 1228 m Höhe. In Europa einmalig: die Flora aus allen Gebirgsregionen der Welt.

## Hohrodberg

*Lage: hintere Umschlagkarte B 7*
*PLZ 68140*

**Le Haut Panorama**
3, Route du Linge
Tel. 03 89 77 36 53, Fax 03 89 77 03 93
Preiswert–moderat
Komfortables Logis-de-France-Hotel oberhalb von Munster. Mit Blick über das Tal, Panoramaschwimmbad, Sauna. Patron Gilbert Mahler waltet am Herd: *Feuilleté* von jungem Munsterkäse mit Walnüssen, hausgeräuchertes Lamm und Wild, *Foie gras*.

## Le Hohwald

*Lage: vordere Umschlagkarte C 11*
*PLZ 67140*

**Ferme-Auberge du Kreuzweg**
An der D 425
Tel. 03 88 08 35 00
Die aus Natzwiller stammenden Besitzer sind Stopfleberspezialisten. Ente steht auch ansonsten auf dem Speiseplan: als *Confit de Canard, Magret de Canard* und *Tourte de Canard.* Ein Munster mit Kümmelschnaps aus der Pfanne und hauseigene Beerenweine runden das Vergnügen ab. Der Clou: Viele Spezialitäten kann man eingemacht auch kaufen. Terrasse.

## Hunawihr

*Lage: hintere Umschlagkarte C 8*
*PLZ 68150*

**Winstub Suzel**
2, Rue de l'Eglise
Tel. 03 89 73 30 35
Mo geschl.
Zwiebelkuchen, Bratkartoffeln, hausgemachtes Sauerkraut in unverdorbenem Rahmen – schlicht und ergreifend.

**Centre de Réintroduction des Cigognes en Alsace**
Außerhalb Richtung Ribeauvillé
Tel. 03 89 73 72 62
Juli, Aug. 10–12, 14–19, Vorführungen 15, 16, 17, 18 Uhr, April–Juni, Sept. bis 18. Okt. nur bis 17 Uhr
Zucht- und Pflegestation für Störche. Neben Meister Adebar sind Kormorane, Gänse, Enten und Schwäne zu bestaunen.

**Letztes Juli-Wochenende:**
Fête de l'Ami Fritz, Folklorefest zu Ehren der legendären Romangestalt.

## Huningue

*Lage: hintere Umschlagkarte G 2*
*PLZ 68330*

**Rheinfahrten:**
Office de Tourisme
6, Rue des Boulangers
Tel. 03 89 67 36 74
Ganzjährig Touren nach Basel, Rheinfelden. Im August Rheinkreuzfahrten.

## Hunspach

*Lage: vordere Umschlagkarte F 18*
*PLZ 67250*

**Maison du Tourisme**
siehe Übernachtung

**Maison Ungerer**
3, Route de Hoffen
Tel. 03 88 80 59 39, Fax 03 88 80 41 46
Preiswert
Zauberhaftes Gehöft mit Ferienwohnungen. Gleichzeitig Fahrradverleih, Fremdenverkehrsamt ... man ist in guten Händen!

## Husseren-Wesserling

*Lage: hintere Umschlagkarte B 4*
*PLZ 68470*

**Musée du Textile de Haute-Alsace**
Parc de Wesserling
Mi–Mo, April–Sept. 10–18, Okt.–März, 10–12, 14–17 Uhr, Jan. geschl.
Textilgeschichte in ehemaliger Fabrik. Dazu Sammlung von Kleidungsstücken 1850–1930.

## Illhaeusern

*Lage: hintere Umschlagkarte D 8/9*
*PLZ 68970*

**Les Hirondelles**
33, Rue du 25 Janvier
Tel. 03 89 71 83 76, Fax 03 89 71 86 40
Preiswert
Bodenständiger Familienbetrieb. Geranienumrankter Innenhof, Fachwerk.

**La Clairière**
50, Route d'Illhaeusern
Tel. 03 89 71 80 80, Fax 03 89 71 86 22
Teuer
Vornehmes »Neo«-Fachwerkhaus auf einer Lichtung des Ill-Waldes. Ringsherum absolute Stille. Tennis, Pool.

**Hôtel des Berges**
2, Rue de Collonges-au-Mont-d´Or
Tel. 03 89 71 87 87, Fax 03 89 71 82 83
Teuer–Luxus
Die Haeberlin-Dependenz der legendären Auberge de l'Ill. Elf Zimmer in einem luxussanierten ehemaligen Tabakspeicher, gemütlich und ohne übertakelt zu sein.

**Auberge de l'Ill**
2, Rue de Collonges-au-Mont-d'Or
Tel. 03 89 71 89 00
Die Küche von Marc Haeberlin ist absolutes Top-Niveau – zu Spitzenpreisen, versteht sich.

**Kajak- und Kanuexkursionen:** Itinerair' Alsace
84, Rue du Général Leclerc
67540 Ostwald,
Tel. 03 88 29 56 62
Von Illhaeusern bis Rathsamhausen. Nach dem Mittagessen über die Ill bis Ebersmunster: Besichtigung der Abteikirche.

**1. Juli-Wochenende:** Flussschifferfest

## Kaysersberg

*Lage: hintere Umschlagkarte C 8*
*PLZ 68240*

**Office de Tourisme**
37, Rue du Général de Gaulle
Tel. 0389782278

**Musée d'Histoire Locale**
64, Rue du Général de Gaulle
Juli–Sept. 10–12, 14–18 Uhr
Lokalgeschichtliche Sammlung in einem Patrizierhaus von 1521.

**Musée Albert Schweitzer**
126, Rue du Général de Gaulle
Mai–Okt. 9–12, 14–18 Uhr
Das Wirken des Urwalddoktors von 1913 an.

**Wein:** Domaine Weinbach
Tel. 0389471321
Mo–Fr 10–12, 14–18 Uhr
Colette Faller ist die Doyenne unter den elsässischen Winzern. Die Weine von mineralstarken Böden sind sinnlich pralle Tropfen mit großem Aroma.

## Kembs

*Lage: hintere Umschlagkarte F 3*
*PLZ 68680*

**Rheinfahrten an Bord der Cigogne:**
Sonal, Kembs-Loechle
22, Rue du Ruisseau
Tel. 0389483336
Diverse Programme. Ganzjährig auf Bestellung (beheizbares Schiff, max. 120 Pers.).

## Kientzheim

*Lage: hintere Umschlagkarte C 8*
*PLZ 68240*

**L'Abbaye d'Alspach**
2–4, Rue Foch
Tel. 0389471600, Fax 0389782973
Moderat
Das Hotel ist im Kern einer Abtei des 13. Jh. untergebracht. Sehr schönes Steintreppenhaus. Gemütliche Zimmer, opulentes Frühstück.

**Hostellerie Schwendi**
2, Place Schwendi
Tel. 0378473050, Fax 0389490449
Moderat
Historischer Bau mitten im Dorf, Terrasse. Anspruchsvolle Speisekarte: Schneckenravioli mit Pilzen, gebratene Forelle *au Riesling*.

**Musée du Vignoble et des Vins d'Alsace**
Château Schwendi
Juni–Okt. 10–12, 14–18 Uhr
Weinmuseum. Alles über elsässische Rebensäfte im Schloss der Confrérie St-Etienne (Stefansbruderschaft).

**Wein:** Domaine Blanck
29, Grand'Rue
Tel. 0389782356
Mo–Sa, 10–12, 14–18 Uhr
Hocheleganter, raffinierter Riesling (Grands Crus Schlossberg und Fürstentum) vom ehemaligem Weingut der Grafen zu Lupfen. Feiner Pinot Blanc, harmonisch runder Gewürztraminer.

**25./26. Juli:** Fête du Terroir et de la Gastronomie, Weinprobe, Ball, Folkloretänze.

## Kintzheim

*Lage: hintere Umschlagkarte D 9*
*PLZ 67600*

**Office de Tourisme**
Route de Sélestat
Tel. 0388820990

**Château de Haut-Kœnigsbourg**
Juni–Sept. tgl. 9–18.15, April–Mai tgl. 9–11.45, 13–18.15, März und 1. Okt. Hälfte tgl. 9–11.45, 13–17.45, Mitte Okt.–Ende Feb. tgl. 9–11.45, 13–16 Uhr
Die elsässische Burg der Burgen, ein gewaltiger Bau, im 12. Jh. begonnen, unter Wilhelm II. zum deutschtümelnden Monstrum restauriert – was die Besucherscharen bis heute anlockt.

**Volerie des Aigles**
Château Kintzheim
April–Okt. tgl. ab 14 Uhr, Vorführungen Mo–Sa 15, 16, So auch 17 Uhr
Dressurflüge von Raubvögeln auf der Burg.

**Montagne des Singes**
Oberhalb von Kintzheim
April–Okt. tgl., sonst Mi, Sa, So
April, Nov., Okt. 10–12, 13–17,
Mai, Juni, Sept. 10–12, 13–18,
Juli, Aug. durchgehend 10–18 Uhr
Affenfelsen: 200 Tiere im 20 ha großen Freigehege.

**Parc des Cigognes et des Loisirs**
Route de Sélestat
April–Sept. bei gutem Wetter 10–19 Uhr, März, Okt., Nov. Mi, Sa, So nachmittags
Storchengehege, Kleintierpark, Mini-Eisenbahn.

**3. So im Okt.:** großer Aufstieg (Wanderung) zur Haut-Kœnigsburg.

## Kirrwiller

*Lage: vordere Umschlagkarte C 16*
*PLZ 67330*

**Royal Palace Music Hall**
20, Rue de Hochfelden
Tel. 0388707181, Fax 0388713195
Mitte Juli–Ende Aug. geschl.
Glitzerndes Revue-Theater mit Cabaret-Show zum *Repas dansant* (180–290 FF, ohne Essen 95–160 FF).

## Klingenthal

*Lage: vordere Umschlagkarte C 12*
*PLZ 67530*

**Maison de la Manufacture d´Armes blanches**
2, Rue de l´Ecole
Mai–Okt. So und Feiertage 14–18 Uhr
Geschichte der lokalen Schwerter- und Degenmanufaktur. Mit Schmiede und etlichen Modellen.

## Krautergersheim

*Lage: vordere Umschlagkarte D 12*
*PLZ 67880*

**Letztes Wochenende im Sept.:** Sauerkrautfest

## Kutzenhausen

*Lage: vordere Umschlagkarte E 18*
*PLZ 67250*

**Maison Rurale de l'Outre-Forêt**
1, Rue de l'Eglise

Ostern–Allerheiligen Di, Fr, Sa 10–12, 14–17, So 14–18 Uhr,
Feb./März, Nov./Dez. Sa, So 14–18 Uhr
Volkskunst, Handwerk und Bauernalltag in einem 300 Jahre alten Gehöft.

## Lapoutroie

*Lage: hintere Umschlagkarte B 8*
*PLZ 68650*

**Hôtel du Bouton d'Or**
31, Bermont
Tel. 03 89 47 50 95
Preiswert
Schlichter Landgasthof 5 km außerhalb auf 750 m Höhe. Deftige Küche: Zwiebeltorte, Sauerkrautplatte, Entenfilet.
**Hôtel du Faudé**
28, Rue du Général Dufieux
Tel. 03 89 47 50 35, Fax 03 89 47 24 82
Moderat
Großer, dabei angenehmer Familienbetrieb in schmuckem Altbau. Renovierte Zimmer, freundlicher Service. Lobenswerte Küche, vor allem das Zanderfilet, und die Forelle in Riesling.

**Musée des Eaux-de-Vie**
85, Rue du Général Dufieux
Tgl. 9–12, 14–18 Uhr
Obstler- und Likörmuseum. Flaschen- und Etikettensammlung.

**Käserei Jacques Haxaire**
(Tel. 03 89 47 50 76) oder
**Bergbauernhof Pierrevelcin**
(Tel. 03 89 47 50 89), beide Munsterkäse.

**5./6. Dez.:** Nikolausmarkt

## Lautenbach

*Lage: hintere Umschlagkarte C 5*
*PLZ 68610*

**Auberge de Jeunesse Dynamo**
La Schellimatt
Nur zu Fuß zu erreichen!
(Vom Col de Boenlesgrath 30 m)
Tel. 03 89 74 26 81
Sehr preiswert
Jugendherberge im Chalet-Stil, im Winter Kachelofen. Schlafsaal.

**Ferme-Auberge Gustiberg**
Lautenbach-Zell
Tel. 03 89 74 05 01
Di und Mitte Dez.–Mitte Feb. geschl.
Herzhaft Speisen am Ende der Welt. Nette Betreiber, im Sommer stehen die Bänke draußen.

## Lembach

*Lage: vordere Umschlagkarte E 18*
*PLZ 67510*

**Office de Tourisme**
23, Route de Bitche
Tel. 03 88 94 43 16

**Gimbelhof**
8 km außerhalb
Tel. 03 88 94 43 58, Fax 03 88 94 23 30
Sehr preiswert
Ideal für Wanderer, idyllisch mitten in der Natur gelegenes Gehöft. Günstig mit Vollpension.
**Auberge du Cheval Blanc**
4, Route de Wissembourg
Tel. 03 88 94 41 86, Fax 03 88 94 20 74
Moderat–teuer
Ehemalige Poststation mit sterneprämierter Küche: Farandole von vier

Gänselebern, Hirschrückenmedaillons mit Fruchtsenf.

**Four à Chaux**
Tgl. März–Okt.
Führungen auch in deutsch
4 km unterirdisches Gängesystem der Maginot-Linie.

**Burg Fleckenstein**
7 km nördlich über die D3
Mai–Sept. 9.30–18,
März–April, Okt.–Nov. 10–17 Uhr
Ruine der in den Fels gehauenen Burg, 12.–17. Jh.

## Leymen

*Lage: hintere Umschlagkarte G 1*
*PLZ 68220*

**Couronne d'Or**
Rue Principale
Tel. 03 89 68 58 04
Jugendstil-Speisesaal und Wintergarten. Straßenbahnlinie 10 fährt von Basel aus vor – dementsprechend viele Schweizer genießen die leckere Küche.

**Burg Landskron**
Freie Besichtigung
Belfried 16. Jh.

## Lichtenberg

*Lage: vordere Umschlagkarte C 17*
*PLZ 67340*

**Château**
April, Mai, Sept., Okt. Di–So 10–12, 13.30–18 Uhr,
Juni–Aug. Mo mittags–So 10–18
Burgruine des 13.–17. Jh.

## Lièpvre

*Lage: hintere Umschlagkarte C 9*
*PLZ 68660*

**Domaine d'Estary**
1, Vallée du Frarupt
Tel. 03 89 58 92 63, Fax 03 89 58 44 38
Preiswert
Weißgetünchter Gutshof mit Turm, mitten im Grünen. Zwölf einfache Zimmer, davon nicht alle mit Dusche und WC.

**Auberge aux deux Clefs**
9, Rue de la Gare
Tel. 03 89 58 93 29, Fax 03 89 58 44 54
Preiswert–moderat
Traditionelles Landhotel mit gemütlichen Zimmern. Gartenterrasse. Guter Standort in der Nähe der Haut-Kœnigsbourg und der Route des Crêtes.

## Ligsdorf

*Lage: hintere Umschlagkarte südlich E 1*
*PLZ 68480*

**Le Moulin Bas**
Tel. 03 89 40 31 25,
Fax 03 89 40 37 15
Moderat
Man speist entweder in der schlichten Stube oder im nobleren Restaurant, im Sommer auch im Garten. Und wohnt in einer umgebauten Mühle am Waldrand.

## Lucelle

*Lage: hintere Umschlagkarte südlich E 1*
*PLZ 68480*

**Le Petit Kohlberg**
La Verrerie
Tel. 03 89 40 85 30, Fax 03 89 40 89 40
Preiswert

Etwas über das Maß hinausgeschossener Neubau mit Blick auf die Schweiz. Herrliche Umgebung. Ordentliche Zimmer, schmackhafte Küche: Schinken aus dem Ofen, Filet mit Morcheln, Knoepfles nach Art des Hauses.

## Lutter

*Lage: hintere Umschlagkarte südlich E 1*
*PLZ 68480*

**Auberge et Hostellerie Paysanne**
24, Rue de Wolschwiller
Tel. 03 89 40 71 67, Fax 03 89 07 33 38
Preiswert–moderat
Schniekes Gasthaus in aufgeputztem Fachwerk, mit noch feinerer Dependance am Dorfrand. Wunderschön.

## Marckolsheim

*Lage: hintere Umschlagkarte E 9*
*PLZ 67390*

**Office de Tourisme**
13, Rue du Maréchal Foch
Tel. 03 88 92 56 98

**Mémorial de la Ligne Maginot**
Route du Rhin
Mitte Juni–Mitte Sept. tgl. 9–12, 14–18, Mitte März–Mitte Juni, Mitte Sept.–Mitte Nov. So 9–12, 14–18 Uhr
Kasematten des Zweiten Weltkriegs mit Ausstellung zur Verteidigungslinie.

## Marienthal

*Lage: vordere Umschlagkarte E 16*
*PLZ 67500*

**1., 21. und jeden So im Mai, 15. Aug., 8., 13. Sept., 4. Okt., 8. Dez.:** Prozessionen im Wallfahrtsort

## Le Markstein

*Lage: hintere Umschlagkarte B 5*
*PLZ 68610*

**Delta- und Gleitschirmfliegen**
Ecole Professionnelle de Vol Libre
Chalet Le Point
Tel. 03 89 82 68 54
Lehrgänge und Einführungen.

## Marlenheim

*Lage: vordere Umschlagkarte D 14*
*PLZ 67520*

**Office de Tourisme**
Place du Kaufhaus
Tel. 03 88 87 75 80

**Hostellerie Reeb**
2, Rue Albert Schweitzer,
Tel. 03 88 87 52 70, Fax 03 88 87 69 73
Preiswert
Am Ortseingang, Zimmer im Elsässer Stil, gutes Preis-Leistungs-Verhältnis. Auf der Speisekarte von Freddy Reeb Ochsenschwanzterrine mit *Foie gras.*

**Ferme-Auberge du Cabri**
Rue de la Chapelle, Ortsteil Nordheim
Tel. 03 88 87 56 87, Mi–So
Speisen beim größten Ziegenbauern des Elsass: Zickleinschulter, Zickleinbraten mit Spätzle, Ziegenkäse. Großer Hof, großer Saal – 180 Plätze stehen bereit. Mit Führungen und Verkauf von 25 verschiedenen Käsespezialitäten, Würsten, *Rillettes...*

**14./15. Aug.:** Alle Jahre wieder heiratet l'Ami Fritz (Buntes Folklorefest).
**3. So im Okt.:** Weinfest

## Marmoutier

*Lage: vordere Umschlagkarte B/C 14*
*PLZ 67440*

**Office de Tourisme**
6, Place du Général de Gaulle
Tel. 0388714684

**Abteikirche**
Place du Général de Gaulle
Tgl. 9–20 Uhr
Kunstgeschichtlich bedeutender Bau: Romanisches Westwerk, gotisches Schiff, archäologische Krypta.

**Musée du Pays de Marmoutier**
6, Rue Général de Gaulle
Mai–Okt. So 10–12, 14–18 Uhr Uhr
In einem Fachwerkhaus des 16. Jh.: Küche, Stube, polychrome Decke, Backformen, Dokumente der jüdischen Gemeinde.

**Aug.:** Son et Lumière um Abteikirche und Burg Geroldseck.

## Masevaux

*Lage: hintere Umschlagkarte B 3*
*PLZ 68290*

**Office de Tourisme** de Masevaux et de la Vallée de la Doller
36, Fossé des Flagellants
Tel. 0389824199

**Hostellerie Alsacienne**
Rue Maréchal Foch
Tel. 0389824525
Sehr preiswert
Kleine Zimmer mit viel Holz – so urig ist das Elsass selten noch.

**An den fünf So vor Ostern:** Passionsspiele in deutsch, 200 Akteure im fünf-stündigen Spektakel.

## Meisenthal

*Lage: vordere Umschlagkarte A 17*
*PLZ 57960*

**Maison du Verre et du Cristal**
Place Robert Schuman
Tel. 0387969151
Mo, Mi, Fr 14–17 Uhr, Ostern–Allerheiligen Mi–Mo 14–17 Uhr und nach Vereinbarung
Geschichte der lokalen Kristallglasherstellung.

## Merkwiller-Pechelbronn

*Lage: vordere Umschlagkarte E 18*
*PLZ 67250*

**Office de Tourisme**
1, Route de Lobsann
Tel. 0388807236

**Musée du Pétrole**
4, Rue de l'Ecole
April–Okt. So 14.30–18 Uhr,
Juli, Aug. ebenfalls Do
Geschichte des Petroleums von 1498 bis zur Stilllegung der Raffinerie 1970.

## Metzeral

*Lage: hintere Umschlagkarte B 6*
*PLZ 68380*

**Ferme-Auberge de Salzbach**
Route des Crêtes
Tel. 03 89 77 63 66
Tgl. Ende Mai–Mitte Okt.
Versteckt gelegener Hof an der Höhenstraße. Zünftige Adresse in Balkonlage über dem Tal. Melkermahlzeit. Käse und Butter zum Einkaufen.

**Ferme-Auberge du Schnepfenried**
Tel. 03 89 77 61 61
Ganzjährig auf Reservierung
Gehöft am Waldrand mit phantastischem Vogesenblick. Wanderer sind bei Jeanne und Fernand Deybach besonders willkommen.

**Hôtel du Pont**
1, Rue de Muhlbach
Tel. 03 89 77 60 84, Fax 03 89 77 63 88
Preiswert
Klobiger Altbau mit zum Teil etwas angestaubten Zimmern. Zum Ausgleich im Restaurant frische Gänseleber süßsauer und *Vacherin à la nougatine.*

**Ausritte** auf Islandponeys: Ferme-Auberge du Hinterberg
Tel. 03 89 77 68 62
1 Std. bis ganzer Tag.

## Moernach

*Lage: hintere Umschlagkarte E 1*
*PLZ 68480*

**Aux deux Clefs**
218, Rue H. Blenner
Tel. 03 89 80 56, Fax 03 89 10 47
Restaurant Do geschl.
Preiswert
Zimmer in gelungener Mischung aus Alt und Neu. Eine der besten Adressen des Jura, dank Küchenchef Patrick Ispa: *Carpe frite* und Wild.

## Molsheim

*Lage: vordere Umschlagkarte D 13*
*PLZ 67120*

**Office de Tourisme**
17, Place de l'Hôtel de Ville
Tel. 03 88 38 11 61

**Musée de la Chartreuse et de la Fondation Bugatti**
4, Cour des Chartreux
Mai–Mitte Juni, Mitte Sept.–Mitte Okt. Mi–Mo 14–17, Mitte Juni–Mitte Sept. Mo–Fr 10–12, 14–18, Sa, So 14–17 Uhr
Museum zur Stadtgeschichte in der Kartause (1598–1792). Die in Molsheim gebauten Bugatti-Automobile bieten einen Sonderschwerpunkt.

**Kutschfahrten:** Alphonse Kaes und Pierre Hoerter
12, Place de la Liberté
Tel. 03 88 38 55 47
Durch die Weinberge, Hopfenfelder, oder malerischen Dörfer um Molsheim. Gruppenpreis pro Pers. je nach Tour 60–220 FF.

**Radwandern, organisierte Ausflüge und Verleih:** Locacycles
2a, Rue des Roses
67870 Griesheim-près-Molsheim (Nachbardorf im Südosten)
Tel. 03 88 38 71 31

**Mitte Sept.:** Internationales Bugatti-Treffen

## Mont Ste-Odile

*Lage: vordere Umschlagkarte C 11*
*PLZ 67530*

**Herberge du Mont Ste-Odile**
Tel. 0388958053, Fax 0388958296
Sehr preiswert
Großbetrieb mit 136 Zimmern, davon knapp die Hälfte mit Dusche. Schlicht bis spartanisch. Die Küche hebt sich im Niveau deutlich ab.

**Klosterkomplex**
Tgl. 8–21 Uhr
9.–22. Jan., 17–30. Nov. geschl.
Romanische Kapelle, Kirche des 17. Jh., neoromanische Erweiterungsbauten, Odilienquelle und Panoramaterrasse.

**Tageswanderung** um den heiligen Berg des Elsass: Von der Heidenmauer über die Burg Dreistern und Burg Hagelschloss auf den Mont Ste-Odile.

## Muhlbach

*Lage: hintere Umschlagkarte B 6*
*PLZ 68380*

**Musée de la Schlitte**
11, Rue de la Gare
Juli, Aug. 10–12, 15–18 Uhr, sonst auf Anfrage
Aus dem Alltag der Holzfäller, allen voran der Transport talabwärts auf einer Holzrutsche.

## Mulhouse

*Lage: hintere Umschlagkarte E 3/4*
*PLZ 68100*

**Zug:** Tgl. Verbindungen nach Straßburg, Colmar, Thann, Basel… Bahnhof: 10, Avenue du Général Leclerc, Tel. 0389465050.
**Flugzeug:** Tgl. Flüge nach Paris, mehrmals pro Woche Avignon, Bordeaux, Lorient, Marseille, Nizza…
Aéroport de Bâle-Mulhouse, 30 km südwestl. an der Schweizer Grenze, Tel. 0389903111
**Busshuttle** ab Bahnhof, Tel. 0389421704.

**Office de Tourisme**
9, Avenue Foch
Tel. 0389354848

**Hôtel Central**
15–17, Passage Central
Tel. 0389461884, Fax 0389563166
Sehr preiswert–preiswert
Großer 1900-Bau im Zentrum, Zimmer passabel, immerhin ein Logis de France mit zwei Sternen. Im Restaurant: gegrillte Haxe mit Dunkelbiersoße.
**Au Cheval Blanc**
6 km nördlich in Baldersheim
Tel. 0389454544, Fax 0389562893
Preiswert–moderat
Komfortables Hotel mit allem Nötigen wie Telefon und TV. Respektable Küche – hausgemachte *Foie gras*, schmackhafte Sauerkrautplatte.
**Hôtel du Parc**
26, Rue de la Sinne
Tel. 0389661222, Fax 0389664244
Teuer
Größter Luxus, der in der Präsidentensuite gipfelt. Zentral, Park gegenüber.

**Zum Saüwadala**
13, Rue de l'Arsenal
Tel. 0389451819
So, Mo mittags geschl.
In Mulhouse geht man schlicht zur »Sau«. Die beliebte Winstub serviert

Bibelkäs, Küken in Biersoße, Baeckeoffe.

**Le Petit Zinc**
15, Rue des Bons-Enfants
Tel. 03 89 46 36 78
So geschl.
Intellektuellen- und Künstlerbistro, in dem bis 23.15 Uhr Ochsenbrust, Salate und Haxe bestellt werden können.

**Winstub Henriette**
9, Rue Henriette
Tel. 03 89 46 27 83
So geschl.
Altgediente Weinstube in der Fußgängerzone unweit vom Rathaus. Gelungen: Forelle auf Sauerkraut, Rinderfilet mit Munsterkäse.

**Hôtel de Ville**
Place de la Réunion
Renaissance-Bau von 1551 am zentralen Platz. Mit Figuren bemalte Fassade, innen Musée Historique (s. u.).

**Temple St-Etienne**
Neben dem Hôtel de Ville
Mai–Sept. Mi–Mo 10–12, 14–18,
Sa nur bis 17 Uhr
Protestantische Kirche von 1851. Glasfenster aus dem 14. Jh., Renaissance-Gestühl, Silbermann-Orgel.

**Rue des Franciscains**
Altstadtgasse mit zahlreichen Adelspalais, darunter die spätbarocke Maison Löwenfels und die Cour des Chaînes aus dem 16. Jh.

**Tour Nessel, Tour du Diable, Tour du Bollwerk**
Im 19. Jh. veränderte, letzte Reste der mittelalterlichen Stadtmauer.

**Tour de l'Europe**
Das Hochhaus mit den konkaven Fassaden wurde von François Spoerri 1972 fertig gestellt. Oben drehbares Aussichtsrestaurant.

**Musée Historique**
Hôtel de Ville (s.o.)
Mi–Mo 10–12, 14–18,
Okt.–Juni nur bis 17 Uhr
Ausstellung zur Stadtgeschichte vom 16. Jh. bis zum 19. Jh. (Bürgersalons, Renaissance-Mobiliar) und volkskundliche Sammlung aus dem Sundgau.

**Musée de l'Impression sur Etoffes,**
14, Rue Jean-Jacques Henner
Mai–Sept. tgl. 9–18, sonst 10–18 Uhr
Das Museum zum Stoffdruck entstand auf Initiative örtlicher Textilproduzenten. Im pompösen Belle-Epoque-Bau die Geschichte des Textildrucks, Vorführungen, Sonderausstellungen zu Stoffdesignern.

**Musée National de l'Automobile,**
192, Avenue de Colmar
Mi–Mo 10–18 Uhr
500 Traumkarossen aus der ehemaligen Automobilsammlung der Industriellengebrüder Schlumpf, in einer Wollspinnerei des 19. Jh. Pädagogische Werkstatt für Jung und Alt.

**Musée Français du Chemin de Fer**
2, Rue Alfred de Glehn
Okt.–März tgl. 9–17, sonst bis 18 Uhr
Das wichtigste Eisenbahnmuseum des europäischen Kontinents. 100 Lokomotiven und Waggons aller Epochen. Für jede Altersstufe.

**Musée Français du Sapeur-Pompier**
2, Rue Alfred de Glehn
Okt.–März tgl. 9–17, sonst bis 18 Uhr
Feuerwehrmuseum. Exponate von 1780 (Handpumpen) bis zur Gegenwart, aus verschiedenen Ländern.

**Musée Electropolis**
55, Rue du Pâturage
Juli, Aug. tgl. 10–18 Uhr,
Sept.–Juni nur Di–So
Ausstellungen zu Schwerpunktthemen von der Erzeugung bis zur Anwendung von Elektrizität (Kommunikationswesen, Elektronik, Informatik, Musik…)

**Musée des Beaux-Arts**
4, Place Guillaume-Tell
Mitte Juni–Sept. Mi, Fr–Mo 10–12, 14–18, Do 10–18 Uhr,
Okt.–Juni nur bis 17 Uhr

**Markthalle** am Canal Couvert. Di, Do nur vormittags, Sa bis in den Nachmittag.

**Feb./März:** Alemannischer Karneval

## Munster

*Lage: hintere Umschlagkarte B 6*
*PLZ 68140*

**Office de Tourisme / Maison du Parc**
1, Rue du Couvent
Tel. 03 89 77 31 80
Beim Sitz des Regionalparks Ballons des Vosges kann man sich mit Infomaterial zum Naturschutzpark und Wanderkarten des Club Vosgien ausstatten.

**Hôtel de la Cygogne**
4, Place du Marché aux Fruits
Tel. 03 89 77 32 27, Fax 03 89 77 54 50
Preiswert
Schmuckes altes Hotel an schöner Häuserzeile. Sprossenfenster, Terrasse. Solider Familienbetrieb. Im Restaurant gegrillter, im Dampf nachgezogener Zander, Sauerkraut.

**A la Verte Vallée**
10, Rue Alfred Hartmann
Tel. 03 89 77 15 15, 03 89 77 17 40
Moderat
Modernes Hotel mit großem Garten, das auf den Wellness-Trend setzt: Pool, Sauna, Hammam, Sprudelbäder, Fitnessraum. Die Küche macht die Anstrengungen wieder wett: Schollenroulade mit Langustinen, Kalbshaxe mit Spargel aus der Pfanne.

**Maison du Parc Régional des Ballons des Vosges**
1, Cour de l'Abbaye
Mai–Sept. Mo mittag–So 9.30–12.30, 14–18.30, Okt–April Mo–Fr 10–12, 14–18 Uhr
Auf 600 m² Diaramen, Modelle, Schautafeln etc. zu den Biotopen des Parks.

**Paragliding, Mountainbiking, Wandern, Klettern...**
Informationen über Office de Tourisme.
**Heißluftballonfahrten:**
Aérovision
4, Rue de Hohrod
Tel. 03 89 77 22 81, Fax 03 89 77 25 70
Nacht- oder Sonnenaufgangsflüge übers Munstertal, den Sundgau oder die Nordvogesen. Brunch mit Crémant d'Alsace. Ganzjährig.
**Mountainbiketouren:**
Centre UCCA-VTT
20, Rue Sébastopol
Tel. 03 89 77 29 41
Organisierte Touren durchs Munstertal und in die Vogesen sowie Verleih.

**Im Mai:** Marche Populaire (Volkswanderung)

## Murbach

*Lage: hintere Umschlagkarte C 5*
*PLZ 68530*

**Ferme-Auberge Glashütte**
68500 Rimbach, Tel. 03 89 76 99 04
Mai–Oktober
Sehr preiswert
Wuchtiges Gehöft auf einer Lichtung im Rimbachtal südlich von Murbach

(Wanderweg). Zimmer mit Wald- und Wiesenblick. Im Dauerangebot: »Repas marcaire«. Kaninchen, Königspastete auf Vorbestellung. Einkaufsmöglichkeit in der Käserei des Hofs: Munster-Käse, Butter.

**Les Saint-Barnabé**
53, Rue de Murbach
Tel. 0389769215, Fax 89766780
Moderat
Blumengeschmückte, idyllische Adresse mit viel Wald rundherum und angenehmen Zimmern. Terrasse.

**Domaine Langmatt**
Langmatt
Tel. 0389762112, Fax 0389748877
Moderat–teuer
Großes ländliches Anwesen mit einer gehörigen Portion Luxus. Aus der Küche: Forelle mit Mandeln, Hasenragout, Rinderbraten mit Morcheln, auch dies nicht gerade billig.

**Abteikirche**
Tgl. 8–19 Uhr
Romanischer Bau des 12. Jh.

## Muttersholtz

*Lage: hintere Umschlagkarte E 10*
*PLZ 67600*

**Tissage Gander**
Rue de l'Etang
Mo–Sa nachmittags
Die letzte Kelsch-Weberei des Elsass. Seit 250 Jahren webt der Einmannbetrieb die traditionellen Leinenstoffe im Karomuster.

## Mutzig

*Lage: vordere Umschlagkarte C 13*
*PLZ 67190*

**Château des Rohan**
Mi–Sa 14–17.30, So 14–18 Uhr
17. Jh., später als Waffenmanufaktur genutzt. Innen Waffenmuseum, Exponate der Waffenmanufakturen Klingenthal und Mutzig, darunter das »Chassepot«-Gewehr von 1833.

**Citadelle Kaiser Wilhelm II.,**
Mai–Okt. am 1. So des Monats
1893 erbaute Festung, wichtigster Stützpunkt des Deutschen Reichs vor dem Ersten Weltkrieg.

## Neuf-Brisach

*Lage: hintere Umschlagkarte E/F 7*
*PLZ 68600*

**Office de Tourisme**
6, Place des Armes
Tel. 0389725666

**Hôtel de France**
17, Rue de Bâle
Tel. 0389725606, Fax 0389729926
Sehr preiswert
Das weinberankte Haus der Beckers ist eine schlichte Adresse. Auf den Tisch kommt traditionelle elsässische Küche – natürlich Baeckeoffe und Sauerkraut.

**Aux deux Roses**
11, Route de Strasbourg
Tel. 0389725603, Fax 0389729029
Sehr preiswert
Die zweite schlichte Adresse, immerhin Zimmer mit Dusche und WC. In der Nähe der Festungsmauern. Mit ordentlicher Winstub.

**La Petite Palette**
16, Rue de Bâle
Tel. 0389727350
Mo, Di abends geschl.
Küchenchef Bruno Soufflot errang 1993 den renommierten Veuve-Cliquot-Nach-

wuchspreis. Das Restaurant in der Altstadt überzeugt mit Jakobsmuscheln in Trüffelsud, Gänseragout mit hausgemachten Nudeln und *Tarte Tatin* – zu halbwegs moderaten Preisen.

**Festungsmauern von Vauban**
Porte de Colmar
2,4 km lang, ausgeschilderter Rundgang.
**Roue Scénique et Chemin des Etoiles**: Reservierung über Studio A
1, Rue du Maréchal Foch
Tel. 0389726423 oder das Verkehrsamt
8m hohe Radbühne mit Klangspiel in einer Kasematte und mobile Vorrichtung aus Klangkörpern mit Tonfigur in der Mitte, das Ganze als Klangskulptur gedacht. Zu besonderen Gelegenheiten Tänzer und rezitierende Künstler.

**Musée Vauban**
7, Place de la Porte de Belfort
April–Okt. Mi–Mo. 10–12, 14–17 Uhr
Alles über das Werk des Festungsbauers Vauban.

**Chemin de Fer Touristique du Rhin-CFTR**
26, Rue des Cordeliers
Tel. 0389715142
Pfingsten–Sept. Sa, So, Feiertage
11km lange Eisenbahnstrecke in Rheinnähe. Dampflokomotive, Salonwagen. In Verbindung mit Fährüberfahrt nach Alt-Brisach (D) möglich.

**1. Mai:**
Maiglöckchenfest

## Neuviller-la-Roche

*Lage: vordere Umschlagkarte B 11*
*PLZ 67130*

**Auberge Metzger**
55, Rue Principale
67130 Natzviller
Tel. 0388970242, Fax 0388979359
Preiswert
Landgasthof im 2km entfernten Nachbardorf. Geräumige Zimmer, mit viel Komfort fürs Geld. Im Restaurant Pilzpfanne, Zander in Riesling, Täubchen auf Sauerkraut. Preisgünstiges »Menu du Terroir«, so wie es die Logis-de-France-Charta vorschreibt.

**Musée du Patrimoine**
19, Rue Principale
Juni–Sept. Sa, So 14–18 Uhr
In einem typischen Haus des Bruche-Tals: Bauernalltag der vergangenen Jahrhundertwende.

## Niederbronn-les-Bains

*Lage: vordere Umschlagkarte D 18*
*PLZ 67110*

**Office de Tourisme**
2, Place de l'Hôtel de Ville
Tel. 0388808970

**Hôtel Bristol**
4, Place de l'Hôtel de Ville
Tel. 0388096144, Fax 0388090120
Preiswert–moderat
Die Eltern des Starkochs Dominique le Stanc führen die familiäre Pension ohne Allüren.
**Muller**
15, Avenue de la Libération
Tel. 0388633838, Fax 0388090279
Preiswert–moderat
Modernes, großes Haus mit Schwimmbad, Garten, Terrasse und gepflegtem Tisch: geräuchertes Wildschweinfilet, gegrillte Jungente mit Honig und Thymian.

**Les Acacias**
35, Rue des Acacias
Tel. 03 88 09 00 47
Nebensaison Fr, Sa mittags geschl.
Gehobenes Haus oberhalb des Orts, am Waldrand, Blick auf Niederbronn, Terrasse. Zander-Papillotte mit *Foie gras*, Kalbsbries mit Banyuls-Soße, Ente mit Grünkohl... Stolze Preise.

**Deutscher Soldatenfriedhof**
östlich auf einer Anhöhe
Gräberfeld für 15 148 Gefallene des Zweiten Weltkriegs.

**Maison de l'Archéologie des Vosges du Nord**
44, Avenue Foch
April–Okt. Mi–Mo 14–18,
Nov–März So 14–17 Uhr
Etwas krude Sammlung von der Prähistorie bis zu den ersten Haushaltsgeräten Marke »de Dietrich«.




## Niedermorschwihr

*Lage: hintere Umschlagkarte C 7*
*PLZ 68230*

**Winstub Adam**
Route du Vin
Tel. 03 89 78 27 97
Juli, Aug. tgl., April–Okt. Do, Fr, Sa abends, So ganztägig
Weinstube der Winzerfamilie Adam. Lachs auf Sauerkraut, Flammkuechle und die exzellenten Tokayer und Gewürztraminer vom eigenen Weinberg.

**Pâtisserie Christine Ferber**
18, Rue des Trois-Epis
Madame versüßt den Franzosen bis Paris das Leben: Ihre Konfitüren sind weit über das Elsass hinaus bekannt.

## Niedersteinbach

*Lage: vordere Umschlagkarte D 19*
*PLZ 67510*

**Au Cheval Blanc**
11, Rue Principale
Tel. 03 88 09 55 31, Fax 03 88 09 50 24
Preiswert–moderat
Schöner alter Kasten mit anständigen Zimmern und sehr gutem Preis-Leistungsverhältnis im Restaurant. Eine Institution im Steinbachtal.

## Ober- und Niederhaslach

*Lage: vordere Umschlagkarte B/C 12*
*PLZ 67280*

**Office de Tourisme**
Rathaus in Oberhaslach
22, Rue du Nideck
Tel. 03 88 50 90 15

**La Pomme d'Or**
36, Rue Principale
Tel. 03 88 50 90 21, Fax 03 88 50 95 17
Sehr preiswert
Stattlicher Altbau im Zentrum von Niederhaslach. Einfaches Logis de France.
**Relais Equestre du Neufeld**
Marguérite et Marcel André
Oberhaslach (Richtung Balbronn über die D 75), Tel. 03 88 50 91 48
Preiswert
Gästezimmer in ehemaligem Jagdhaus, heute Reiterhof (Pferdeverleih), mitten auf dem Land. Schlicht und zünftig: Fayence-Ofen im Zimmer. *Table d'hôte* nur für Gäste: gegrilltes Rindersteak mit Zwiebeln! Im Herbst Wildspezialitäten.

**Collégiale St-Florent**
Kirche (13. Jh.) aus Buntsandstein. Fenster 13./14. Jh.

**Burg Nideck und Wasserfall**
Zwischen Wangenbourg und Oberhaslach, 20 Min. Fußweg vom Parkplatz
Freie Besichtigung
Ruine des 13.–14. Jh. Der Wasserfall stürzt 25 m in die Tiefe.

**7. Nov.:** St-Florent-Prozession

## Obernai

*Lage: vordere Umschlagkarte D 12*
*PLZ 67210*

**Office de Tourisme**
Place du Beffroi
Tel. 03 88 95 64 13

**La Diligence-Résidence Bel Air**
23, Place de la Mairie
Tel. 03 88 95 55 69, Fax 03 88 95 42 46
Sehr preiswert–moderat
Höchst zentral. Großer Fachwerkbau mit renovierten, dabei recht unterschiedlichen Zimmern.
**Hôtel de la Cloche**
90, Rue du Général Gouraud
Tel. 03 88 95 52 89, Fax 03 88 95 07 63
Preiswert
Aufgeputzter Fachwerkbau am Rathaus. Helle, moderne Zimmer mit Blick auf den Platz. Empfehlenswertes Restaurant.
**Le Parc**
169, Route d'Ottrott
Tel. 03 88 95 50 08, Fax 03 88 95 37 29
Moderat–teuer
Außerhalb gelegenes, schniekes Haus mit allen Schikanen: Sauna, Außen- und Innenpool, Tennis, Solarium… die erste Adresse am Platze.

**La Halle aux Blés**
Place du Marché
Tel. 03 88 95 56 09
Im historischen Kornspeicher der Stadt von 1554, durchschnittliche Küche, aber schöne Terrasse zum Platz.
**L'Agneau d'Or**
99, Rue du Général Gouraud
Tel. 03 88 95 28 22
An den Wänden die wohlmeinend-satirischen Werke des von hier stammenden Malers Charlie Barat, auf dem Tisch honette Regionalküche: Munster-Käsekrapfen mit Kümmel, Zander auf Sauerkraut.

**Sechs-Eimer-Brunnen**
Beim Hôtel de Ville
**Hôtel de Ville**
Renaissance, 14.–19. Jh. Nordfassade im Stil von Gotik bis Renaissance, Balkon von 1596. Fassade mit Trompe-l'œil-Malereien.
**Kapellturm**
Belfried mit gotischer Galerie, auf die Ruine eines Kirchturms gesetzt.
**Ste-Odile-Brunnen**
Auf der Place du Marché
**Cour Fastinger**
Stichgasse von der Rue du Général Gouraud
Schönster der vielen Zehnthöfe, mit Holzgalerien und Schnitzwerk.
**Stadtmauern**
Vor allem Rempart Foch mit Rundturm und Tour de Swal.

**Obstbrände:**
J. et M. Lehmann
Chemin des Peupliers
Tel. 03 88 50 22 93
Gebrannt wird in der 5. Generation, verkauft daheim. Spezialität sind Marc de Gewürz- und Wildbeerenobstler.

**18./19. Juni:** Folklorefest »Hans em Schnokeloch«
**3. Okt.-Wochenende:** Weinlesefest

## Obersteinbach

*Lage: vordere Umschlagkarte D 19*
*PLZ 67510*

**Alsace-Villages**
49, Rue Principale
Tel. 03 88 09 50 59, Fax 03 88 09 53 56
Preiswert
Zehn Zimmer in einem ganz aus Holz neugebauten Hotel. Ausgesprochen gemütliche Zimmer mit Küchenzeile. Großer Garten, netter Empfang.

**Anton**
40, Rue Principale
Tel. 03 88 09 55 01
Renommierter Tisch zu entsprechendem Preis. Sehr gut: Wildspezialitäten im Herbst. Aber auch die Barbarie-Ente aus dem Ofen und die Kalbsmedaillons in Portwein munden köstlich.

**Maison des Châteaux Forts**
42, Rue Principale
Juli–Okt. Mi 14–17, Sa, So 15–18, März–Juni Sa, So 14–17 Uhr
Profunde Erläuterungen zum Burgenbau in den Nordvogesen.

## Oderen

*Lage: hintere Umschlagkarte B 4*
*PLZ 68830*

**Delta- und Gleitschirmfliegen:** Ecole Européenne Vol Libre, Tel. 03 89 82 17 16
Lehrgänge und Einführungen, Jungfernflug 300 FF, März–Okt.

## Offwiller

*Lage: vordere Umschlagkarte C 17*
*PLZ 67330*

**1. So der Fastenzeit:** Schieweschlaje, nächtlicher Umzug bergabwärts mit brennenden Holzscheiben.

## Oltingue

*Lage: hintere Umschlagkarte F 1*
*PLZ 68480*

**Maison Paysan**
10, Rue Principale
Mitte Juni–Sept. Di, Do, Sa 15–18, So 11–12, 15–18, Okt.–Dez., März–Mitte Juni So 14–17 Uhr
Sammlung zum Bauernalltag im Sundgau, präsentiert in einem typischen Haus der Region.

## Orbey

*Lage: hintere Umschlagkarte B 7*
*PLZ 68370*

**Office de Tourisme**
Rathaus
Tel. 03 89 71 30 11

**Hôtel Wetterer**
Im Ortsteil Basses Huttes
Tel. 03 89 71 20 28, Fax 03 89 71 36 50
Preiswert
Kleines Hotel in einem abgelegenen Weiler 5 km südlich von Orbey. Im Herbst: Rehkeule nach Förster Art. Ansonsten: Forelle Blau.
**Le Saut de la Truite**
Außerhalb in Remomont
Tel. 03 89 71 20 04, Fax 03 89 71 31 52

Preiswert
Banaler Neubau, funktionale Zimmer, aber hübsch im Grünen der Haute Vallée de la Weiss gelegen. Die Küche überzeugt mit Schneckenpfanne sowie frischer Gänseleber mit Pflaumen.

**Mémorial du Linge**
Am Col du Wettstein
10. April–2. Nov. 9–12.30, 14–18 Uhr
Schlachtfeld von 1914–18 mit Schützengräben und Museum. In der Nähe liegt ein französischer Soldatenfriedhof mit Kapelle und Gefallenendenkmal.

**Musée du Val d'Orbey**
97, Rue Charles de Gaulle
Tgl. 9–12, 14–17 Uhr
Volkskunst- und Folkloresammlung.

**Mountainbikes:**
Centre VTT/FFC
344b Le Blancrupt,
Tel. 0389712711
Organisierte Touren und Verleih.

## Ottmarsheim

*Lage: hintere Umschlagkarte F 4*
*PLZ 68490*

**Office de Tourisme**
Porte de Bienvenue
Tel. 0389260026

## Ottrott

*Lage: vordere Umschlagkarte C 12*
*PLZ 67530*

**Office de Tourisme**
46, Rue Principale
Tel. 0388958384

**L'Ami Fritz**
8, Rue des Châteaux
Tel. 0388958081, Fax 0388958485
Preiswert–moderat
Sehr schönes Haus mit viel Buntsandstein, weniger attraktive Dependance 600 m weiter. Hübsch gelegen im oberen Ortsteil. Liebevoll eingerichtete Zimmer, komfortable Bäder. Winstub mit offenem Kamin, Natursteinwände, und bemerkenswerte Küche: lauwarmer Spanferkelsalat, Sauerkraut mit Ente. Gerechtfertigt: die gehobenen Preise.

**Le Beau Site**
Place de l'Eglise
Tel. 0388958061, Fax 0388958641
Moderat–teuer
Aufgeputzter, mitten im Dorf gelegener Fachwerkbau. Nobel und gediegen, Landhausstil. Das Restaurant ist selbstverständlich ein feines, die Winstub auch nicht gerade billig.

**Châteaux**
Ostern–Mitte Juli, Sept., Okt. So 14–18, Mitte Juli, Aug. tgl. 9–18 Uhr
30 Min. Fußweg zu den Burgruinen Lutzelbourg und Rathsamhausen aus dem 12. Jh.

## La Petite-Pierre

*Lage: vordere Umschlagkarte B 16*
*PLZ 67290*

**Office de Tourisme**
Maison du Frasey
Tel. 0388705230

**Au Lion d'Or**
15, Rue Principale
Tel. 0388704506, Fax 0388704556
Preiswert–moderat
Logis-de-France-Haus. Hinter der pro-

peren rosa Fassade mit den hellblauen Fensterläden je nach Preis sehr unterschiedliche Zimmer. Sauna, Schwimmbad. Aus der Küche: *Foie gras* im Briocheteig, drei Sorten Filet mit Morcheln, im Herbst Wild »aus dem Unterholz«.

**Auberge d'Imstahl**
3,5 km südwestl. an der D 178
Tel. 03 88 70 45 21, Fax 03 88 70 40 26
Preiswert–moderat
Gut geführtes Haus an einem romantischen See. Ländlich still. Zimmer mit Terrasse, rustikales Restaurant.

**Aux Trois Roses**
19, Rue Principale
Tel. 03 88 89 89 00, Fax 03 88 70 41 28
Moderat
Unterhalb des Burgdorfs mit Blick auf Tal (vom Zimmer und vom Restaurant) samt Stadtmauern und Burg. Zum Frühstück hausgemachte Marmelade von Madame Sophie, frische Milch, mit Wein- und Lorbeermarinade verfeinerter Schinken! Schwimmbad, Tennis.



**Château**
Tgl. 10–12, 14–18 Uhr
Jan. geschl.
Burg des 13. Jh., unter Vauban im 17. Jh. umgebaut. Sitz des Parc Naturel Régional des Vosges du Nord, in sechs Räumen Dauerausstellung zum Naturpark.

**Kirche**
Vor dem Eingang zur Burg
1418 im Stil der Flamboyant-Gotik errichtet, stark verändert bis auf den Chor (Fresken). Davor Grabmäler der Kirchenstifter Burckhardt von Lützelstein nebst Gattin Gilga.

**Musée du Sceau**
Chapelle St-Louis
Juli–Sept. sowie Schulferien Di–So 10–12, 14–18 Uhr, Okt.–Juni nur Sa, So
Siegel-, Banner- und Wappenkunde in einer ehemaligen St-Louis-Kapelle, darunter die Siegel der Straßburger Bischöfe seit 950 n. Chr.

**Musée des Arts et Traditions Populaires**
11, Rue des Remparts
Juli–Sept. sowie Schulferien Di–So 10–12, 14–18 Uhr, Okt.–Juni nur Sa, So
Sammlung elsässischer Kuchenformen (»Springerle«) vom 15.–19. Jh.

## Pfaffenhoffen

*Lage: vordere Umschlagkarte D 16*
*PLZ 67350*

**Musée de l'Imagerie Peinte et Populaire**
38, Rue du Docteur Schweitzer
Mi, Sa, So 14–17 Uhr
Gemalte Tauf-, Hochzeits-, Jubiläumsbilder mit volkstümlichem Charakter.

## Phalsbourg

*Lage: vordere Umschlagkarte A 15*
*PLZ 57370*

**Musée Militaire**
Mairie, Place d'Armes
Tgl. 10–12, 14–17 Uhr
Militärische Geschichte der Stadt, Vauban-Pläne.

## Reichshoffen

*Lage: vordere Umschlagkarte D 17*
*PLZ 67110*

**Musée du Fer**
9, Rue Jeanne d'Arc
April–Okt. Mi–Mo 14–18 Uhr

Die industrielle Entwicklung vom Hochofen bis zum TGV im ehemaligen barocken Pfarrhaus. Immer mit dabei: die Industriellendynastie de Dietrich.

## Rhinau

*Lage: vordere Umschlagkarte F 10/11*
*PLZ 67860*

**Barrage**
Südlich an der D 20 (Route du Rhin)
Gigantisches Schleusenwerk mit Zentrale der Elektrizitätswerke (EDF).

## Ribeauvillé

*Lage: hintere Umschlagkarte C 8*
*PLZ 68150*

**Zug:** Bahnhof in Ribeauvillé-Gare, 3,5 km in Richtung Sélestat (D 106).
Verbindungen nach Colmar, Sélestat.
**Bus:** Abfahrt Place Général de Gaulle 6 mal tgl. nach Colmar.

**Maison du Tourisme** du Pays de Ribeauvillé et de Riquewihr
1, Grand'Rue
Tel. 0389736222

**La Pépinière**
40, Route de Ste-Marie-aux-Mines
Tel. 0389736414, Fax 0389738878
Moderat
Anheimelnde Zimmer in einem Waldhaus. Das Restaurant bietet verfeinerte elsässische Spezialitäten.
**Hôtel Le Ménestrel**
27, Avenue du Général de Gaulle
Tel. 0389738052, Fax 0389733239
Moderat
Moderner Bau im lokaltypischen Stil mit sehr komfortablen Zimmern.
Etwas außerhalb an Ausfallstraße.
Sehr freundlicher Empfang.
**Hôtel de la Tour**
1, Rue de la Mairie
Tel. 0389737273, Fax 0389733874
Moderat
Behäbiges Bürgerhaus in schöner, zentraler Lage. Ordentliche Zimmer. Das Manko: Der Patron, dem Service am Gast ein Fremdwort zu sein scheint.
**Hostellerie Les Seigneurs de Ribeaupierre**
11, Rue du Château
Tel. 0389897031, Fax 0389737121
Teuer
Zum Frühstück bimmelt ein Kirchenglöckchen. Lauschige Atmosphäre mit viel Gebälk und gemütlichen Zimmern.

**Au Relais des Ménétriers**
10, Avenue du Général de Gaulle
Tel. 0389736452
Etwas außerhalb der touristischen Bannmeile, dafür um so honetter. Spezialität des Hauses ist Baeckeoffe mit Entenfleisch.

**Musée Municipal**
Place de la Mairie
Tel. 0389732000
Mai–Okt. Di–Fr, So 10–12, 14–15 Uhr, sonst auf Anfrage
Der Schatz der Herren von Rappoltsheim im roten Salon des Rathauses: Silberbecher, Pokale...

**Le Saint Ulrich**
3, Place de la République
Gut sortierte Bierstube, ausgerechnet in der Weinhochburg Ribeauvillé! Neben Gerstensaft reichhaltige Auswahl an schottischen Wiskeys.

**Jean-Paul Metté**
9, Rue des Tanneurs
Tel. 03 89 73 65 88
Obstbrände von Williamsbirne, Quitte, Sauerkirsche, Brom- und Eisbeere, verfeinert mit Zimt, Pfeffer oder gar Trüffeln – dem Meisterbrenner gelingt alles.

**Gilbert Holl**
Rue de Ste-Marie-aux-Mines
Tel. 03 89 73 70 34
Besichtigung und Probe März–Dez., auch auf deutsch
An die 50 verschiedene Obstbrände. Nicht so klein und fein wie Metté, aber ordentlich.

**Boulangerie-Pâtisserie John**
58, Grand'Rue
Der beste Bäcker in der Stadt für alles, was süß ist – »Brie« au Kirsch, Kougelhopf.

**Beauvillé**
19, Route de Ste-Marie-aux-Mines
Mo–Fr 8–12, 14–18 Uhr,
April–Okt. auch Sa
Tischdecken, Stoffe aus der Traditionsstoffdruckerei. Schöner Direktverkaufsladen der seit 1839 gefertigten Qualitätsware.

**Anfang Sept.:** Fête des Ménétriers (Pfifferdaj), riesiges, buntes Mittelalterfest.

## Riedisheim

*Lage: hintere Umschlagkarte E 3*
*PLZ 68400*

**Auberge de la Tonnelle**
61, Rue du Maréchal Joffre
Tel. 03 89 54 25 77
So abends, Mi geschl.
Moderner Bau, anspruchsvolle, leichte Kost.

**La Poste**
7, Rue du Général de Gaulle
Tel. 03 89 44 07 71
So abends, Mo geschl.
Familienbetrieb, in dem feines Ambiente gepflegt wird. Sundgauer Schnecken oder gedünsteter Butt! Exzellente Weinkarte.

## Riquewihr

*Lage: hintere Umschlagkarte C 8*
*PLZ 68340*

**Maison du Tourisme** du Pays de Ribeauvillé et de Riquewihr
2, Rue de la Première Armée
Tel. 03 89 49 08 40

**Chambre d'hôte M. et Mme Arno Meyer**
7, Rue du 5 Décembre
Tel. 03 89 47 92 12
Sehr preiswert
Zum Weinberg sind es nur drei Schritte, ins Dorf keine 5 Min. Stattliches Haus, sehr ordentliche Zimmer, kurz hinter der Stadtmauer, am Wanderweg durch die Weinberge. Ruhig.

**Hôtel de la Couronne**
5, Rue de la Couronne
Tel. 03 89 49 03 03, Fax 03 89 49 01
Preiswert–moderat
Anwesen aus dem 15./16. Jh. mitten im Dorf. Zimmer mit modernem Komfort.

**Winstub Cric**
50, Rue du Général de Gaulle
Tel. 03 89 47 92 24
Do geschl.
Gepflegte Weinstube, touristisch und nicht gerade billig, so wie Riquewihr eben ist.

**Winstub au Tire-Bouchon**
29, Rue du Général de Gaulle

Tel. 03 89 47 91 61
Weinstube, ebenfalls an der Hauptstraße, ebenfalls touristisch, etwas günstiger. Gemütliches Interieur.

**Tour des Voleurs**
Rue des Juifs
10. April–11. Nov. tgl. 9.15–12, 13.30–18.15 Uhr
Nordwestlicher Mauerturm mit Verlies, Wachraum, Folterkammer, in dem sich die Wachrundgänge treffen.
**Porte Supérieure**
Imposantestes Außentor der Stadtmauern (von 1500), mit Fallgatter und Schießscharten.
**Hôtel de Ville**
Klassizistisches Rathaus von 1804.

**Musée d'Histoire des P.T.T. Alsace**
Château des Princes de Wurttemberg-Montbéliard
April–11. Nov. Mi–Mo 10–12, 14–18 Uhr
2000 Jahre Postgeschichte mit Schwerpunkt auf dem Elsass.
**Musée de la Diligence**
6, Rue des Ecuries Seigneuriales
April–11. Nov. Mi–Mo 10–12, 14–18 Uhr
Eintritt in Verbindung mit Musée d'Histoire des P.T.T. Alsace
Postkutschen vom 18.–20. Jh.
**Musée Hansi**
16, Rue du Général de Gaulle
(Haus Nid de Cigogne von 1535)
April–Dez. Di–So 10.30–18,
Jan. Sa, So 14–18,
Feb., März Di–So 14–18 Uhr
150 Werke des elsässischen Malers und Illustrators Jean-Jacques Waltz (1873–1951), genannt Hansi.
**Musée du Dolder**
Rue du Général de Gaulle
Juli, Aug. tgl., 10. April–Juni, Sept.–Mitte Okt. nur Sa, So 9.15–12, 13.30–18.15 Uhr
Lokalgeschichtliche Schau im 1291 erbauten Torturm.

**Sentier Viticole des Grands Crus:** Bequeme Tageswanderung über Hunawihr, Zellenberg, Bennwihr, Mittelwihr, fast immer durch Weinberge. Etliche Schilder, die Weinbau und Keltertradition erklären (Prospekt mit Karte im Office de Tourisme).

**Wein:** Hugel et Fils,
3, Rue de la Première Armée
Tel. 03 89 47 92 55
Mo–Do 8–12, 13–17.30, Fr 8–11 Uhr
Im Keller liegt das berühmteste Weinfass des Elsass, »*le foudre Catherine*«, mit Schnitzarbeiten von 1715. Hugel ist ein Markenzeichen, das in den besten Restaurants von Tokio bis San Francisco zum Ausschank kommt. Hervorragende Spätlesen.

**Vorletztes Aug.-Wochenende:** Weinproben und Musik
**12.Juni–11.Sept.:** Fr 22 Uhr, *Son et Lumière*-Vorführungen am Dolder

## Rixheim

*Lage: hintere Umschlagkarte E 3*
*PLZ 68170*

**Musée du Papier Peint**
28, Rue Zuber
Juni–Sept. Mo–Fr 9–12, 14–18, Sa, So 10–12, 14–18, Jan.–Mai, Okt.–Dez. Mi–Mo 10–12, 14–18 Uhr
Juni–Sept. Di, Do, Sa Tapetendruck im Maschinenraum, 15 Uhr
Das Museum in einer 1797 zur Tapetenfabrik umgebauten Komturei des Deutschen Ordens zeigt eine einzigartige Sammlung von Tapeten seit dem 18. Jh.

**Boulangerie Muller**
Nicht zu verfehlen im Dorf
Tel. 03 89 54 34 38
Schmackhaft: dunkler Kougelhopf mit Speck und Walnüssen.

## Rosheim

*Lage: hintere Umschlagkarte D 12*
*PLZ 67560*

**Office de Tourisme**
Place de la République
Tel. 03 88 50 75 38

**St-Pierre-et-St-Paul**
Rue du Général de Gaulle
Tgl. 9–19 Uhr
Besterhaltene romanische Kirche des Elsass mit bemerkenswertem Figurenprogramm.
**Maison Romane**
Ältester Steinbau des Elsass von 1170.

**2. Wochenende im Juli:**
Schneckenfest
**2. So im Sept.:** Blumenkorso

## Rouffach

*Lage: hintere Umschlagkarte D 6*
*PLZ 68250*

**Office de Tourisme**
Place de la République
Tel. 03 89 78 53 15
Mit Fahrradverleih.

**Château d'Isenbourg,**
Tel. 03 89 49 63 53,
Fax 03 89 78 53 70
Teuer
Feudales Schloss im Weinberg, mit Erkern und Belvedere in Leuchtturmformat. Restaurant im Gewölbekeller. Pool.

**Caveau du Laxakessel**
7, Place de la République
Tel. 03 89 49 76 76
Krötenelixir, Sauerkraut nach Hexenart – man reitet auf der Hexenwelle. Wer's bodenständiger wünscht: *Tarte flambée.*

**Notre-Dame**
Place de la République
Tgl. 8–19 Uhr
Gotische Kirche mit romanischen Bauelementen. Schöner Taufstein des 15. Jh. und Collinet-Orgel.

## St-Amarin

*Lage: hintere Umschlagkarte B 4*
*PLZ 68550*

**Auberge du Mehrbaechel**
Route de Geishouse
Tel. 03 89 82 60 68, Fax 03 89 82 66 05
Fr geschl.
Preiswert
An das auf einer Waldlichtung am Hang gelegene Gehöft wurde ein im Stil übereinstimmender Bau mit Zimmern gesetzt. Blick aufs Tal des Thur. Auf der Karte *Surlawerla,* mit Waldpilzen gefüllte Forelle, Apfelstrudel – sehr gute Küche.

**Musée Serret**
7 Rue Clémenceau
Mai–Sept. Mi–Mo 14–18 Uhr
Militaria von der Vogesenfront des Ersten Weltkriegs, Sakralkunsthandwerk seit dem 15. Jh., numismatische und heraldische Sammlung.

## St-Jean-les-Saverne

*Lage: vordere Umschlagkarte B 15*
*PLZ 67700*

**Hôtel Kleiber**
37, Grande Rue
Tel. 03 88 91 11 82, Fax 03 88 71 09 64
So abends geschl.
Preiswert
Schmucker Eckbau, an Kreuzung mit nicht ganz leisen Zimmern. Bodenständige Wirtshausküche: *Coq à la bière,* Apfelstrudel.

**St-Jean-Baptiste**
Tgl. 9–18 Uhr
Romanische Abteikirche, Rokokomobiliar, Tapisserien des 16. Jh.

## St-Louis

*Lage: hintere Umschlagkarte G 2*
*PLZ 68300*

**Centre d'Initiation à la Nature de l'Au**
(La Petite Camargue)
Ortsteil La Chaussée
Rue de la Pisciculture (an der D 468)
Tel. 03 89 69 08 47 (So 13.30–17.30 Uhr)
15 Min. Fußweg ab Parkplatz Stade de l'Au in St-Louis-Neuweg zum Besucherzentrum des Feuchtbiotops »Kleine Camargue«.

## Ste-Marie-aux-Mines

*Lage: hintere Umschlagkarte B 9*
*PLZ 68160*

**Office de Tourisme** du Val d'Argent
Place Prensureux
Tel. 03 89 58 80 50, Fax 03 89 58 67 92
Es hält eine Reihe sehr informativer Broschüren zu verschiedenen thematischen Routen bereit (»Kirchen, Kapellen und Kalvarienberge«, »Gruben im Val d'Argent«...) und arrangiert Grubenführungen.

**Aux Mines d'Argent**
8, Rue du Dr. Weisberger
Tel. 03 89 58 55 75
Preiswert
Schönes Haus des 16. Jh., gleich bei der ehemaligen St-Barthélemy-Grube. Nur fünf Zimmer, offene Balken, moderner Komfort. Auf der Karte *Baeckeoffa, Matelote* auf Vorbestellung, im Winter Meeresfrüchte.

**Auberge La Canardrière**
29, La Petite-Lièpvre
(3 km südwestl., D 48)
Tel. 03 89 58 76 13
Preiswert
Einsam gelegen im engen Bergtal der Liepvrette. Einfache Zimmer. Unverfälschte Regionalküche: Enten vom Segerthal-Gehöft aus dem Bruche-Tal, *Foie gras, Magret de Canard,* Presskopf, Kartoffelgratin mit Munsterkäse in üppigen Portionen.

**Ferme-Auberge du Petit-Haut**
56, Petit-Haut
Tel. 03 89 58 72 15, Fax 03 89 58 77 31
Preiswert
2- und 4-Bettzimmer auf Bauernhof unterhalb des Col du Haut Ribeauvillé. Zünftige Mahlzeiten: Kasseler auf Sauerkraut, Mirabellenkuchen.

**Silberminen: Mine St-Barthélemy**
Chemin de la Sermonette
Juli, Aug. sowie die letzten beiden So im Juni 9.30–12, 14–18 Uhr
Grube aus dem 16. Jh. mit Naturkundemuseum.

**Mine St-Louis-Eisenthür**
Auf Anfrage
Grube aus dem 16. Jh., Übersicht über Bergbautechniken.

**Scierie-Musée Vincent**
2, Rue Maurice-Burrus
Ste-Croix-aux-Mines
Tel. 03 89 58 78 18
Juni–Sept. tgl. 9–19 Uhr,
Okt.–Mai auf Anfrage
Historisches Sägewerk.

**Maison du Pays**
Place Prensureux
Juni–Sept. 10–12, 14–18 Uhr
Drei Schwerpunkte: Mineralogie, Textil (mit Webervorführung), Silberabbau (rekonstruierte Grube aus 16. Jh.).

**Musée de l'Ecole**
8, Rue Echery
Auf Anfrage
Klassenzimmer von 1930. Sammlung von Exponaten des Schulalltags im Tal von Ste-Marie-aux-Mines.

**Tissage des Chaumes de France**
Am Theater
Di, Mi, Do 14–18 Uhr
Die Weberei im Besitz der Familie Picard beliefert seit Generationen Dior, St-Laurent, Valentino... Im Werksverkauf elegante Stoffe, Schals, Accessoires mit kleinen Mängeln oder in Restmengen.

**Jeweils letztes Wochenende im März und Sept.:** Grande Fête du Tissu, Ausverkauf aller lokalen Webereien: feinste Tücher und Stoffe. Mit Modenschau, Modelwettbewerb.
**Ende Juni:** Mineralienbörse, eine der größten ihrer Art.
**Mitte Sept.:** Carrefour Européen du Patchwork, die größte Ausstellung von Kilts weltweit.

## Sarre-Union

*Lage: vordere Umschlagkarte westlich A 16*
*PLZ 67260*

**La Grange du Paysan**
8, Rue Principale
67260 Hinsingen
(7 km westlich über Harskirchen)
Tel. 03 88 00 91 83, Mo geschl.
Stattlicher Bau mit schönen Sälen. Die Tische biegen sich unter den Fleisch- und Wurstspezialitäten der Gebrüder Riegert (eigene Schweine und Rinder). Gut: Saumagen (auch Konserven zum Kaufen), *Boudin maison*, Spanferkel vom Holzkohlegrill.

**Temple Réformé**
Rue des Eglises
Tel. 03 88 00 36 15
Auf Anfrage
Evangelische Kirche des 18. Jh. Ausstellung über Kirchenarchitektur des Krummen Elsass und die barocke Neustadt von Sarre-Union.

**Musée Régional de l'Alsace Bossue**
Collège des Jésuites
Juli, Aug. Mi–Mo 14–18 Uhr
Ausstellung zu Burgen und Geschichte des Krummen Elsass.

## Saverne

*Lage: vordere Umschlagkarte B 15*
*PLZ 67700*

**Zug:** Bahnhof, Place de la Gare, Verbindungen nach Straßburg, Saarebourg, Metz, Thionville, Nancy, Luxemburg. Info-Tel. 08 36 35 35 35 (2,23 FF/Min.).

**Bus:** Haltestellen der SNCF-Busse Rue de la Gare, Verbindungen nach Haguenau, Bouxwiller, Marmoutier, Molsheim, Info-Tel. 0388018947.

**Office de Tourisme**
37, Grand'Rue
Tel. 0388918047

**Jugendherberge**
Im Château des Rohan
Tel. 0388911484, Fax 0388711597
Preiswert
6-Bett-Säle, Doppel- und Einzelzimmer. Zentraler geht's nicht.

**Hôtel Geiswiller**
17, Rue de la Côte
Tel. 0388911851, Fax 0388711536
Preiswert–moderat
Imposanter weißer Bau mit Geranien vor den Fenstern. Hinter der Roseraie, in Fußnähe zum Zentrum.

**Hôtel Chez Jean**
3, Rue de la Gare
Tel. 0388911019, Fax 0388912745
Moderat
Zentral, komfortabel, frisch renoviert. Zum Familienbetrieb gehört die Winstub S'Rostiebel (s. u.).

**Hôtel Europe**
7, Rue de la Gare
Tel. 0388711207, Fax 0388711143
Moderat
Gepflegtes Haus, das erste am Platze, beliebt bei Euro-Parlamentariern und betuchten deutschen Touristen.

**Winstub S'Rostiebel**
Im Hôtel Chez Jean
Außer Juli, Aug. So abends, Mo geschl.
Zanderfilet auf Kohl, *Foie gras* im Briochemantel, alles eine besondere Empfehlung wert. Mit Terrasse.

**Taverne Katz**
80, Grand'Rue
Tel. 0388711656
Okt.–April Di abends, Mi geschl.
Speisen im schönsten Haus der Altstadt von 1605. Schnecken auf Großmutters Art, *Leverknepfle* mit Speck, *Schiefele* in Riesling, Grillhaxe mit Spätzle. Nicht ganz billig. Mit Terrasse.

**Le Staeffele**
1, Rue Poincaré
Tel. 0388916394
Sa mittags, Di abends, Mo geschl.
Edel-Weinstube mit entsprechenden Preisen. Dafür gibt es Ausgefallenes wie Olliventartar, Kalbsfilet mit durch *Foie gras* geadeltem Gemüseeintopf und eingelegter Zitrone.

**In der Stadt:**
**Château des Rohan**
(siehe Museen)

**Notre-Dame**
Place de l'Eglise
12.–18. Jh., markanter romanischer Buntsandsteinturm, gotisches Schiff.

**Maison Katz**
Renaissance-Fassade mit herrlichem Schnitzwerk.

**Couvent des Récollets**
Rue Poincaré
Tgl. 8–18 Uhr
Ursprünglich Augustinerkloster. Kreuzgang in Flamboyant-Gotik, an der Kirchseite mit barocken Fresken.

**Roseraie**
Route de Paris
Juni–Sept. je nach Blüteperiode (meist 9–18 Uhr)
1,5 ha großer Rosengarten mit 7500 Stöcken.

**Außerhalb:**
**Jardin Botanique du Col de Saverne**
3 km westl., an der N 4
Mai–Sept. Mo–Sa 9–17, So 14–18, Juli, Aug. So bis 19 Uhr
Arboretum, Alpinum, Moor mit Fleisch

fressenden Pflanzen auf 335 m Höhe. Größte Schau einheimischer Orchideen und Farne Frankreichs.

**Château de Haut-Barr**
Ganzjährig tgl. 9–19 Uhr
Romanische Ruinen von Burg und Kapelle mit Blick über Rheinebene und Nordelsass (457 m). Restaurant.

**Chappe-Turm**
200 m vom Château de Haut-Barr
Juni–Mitte Sept. Di–So 12–18 Uhr
Teil eines Fernmeldenetzes, Telegrafenturm, der ab 1798 Straßburg mit Paris verband.

**Burg Greiffenstein**
Ruine, 30 Min. zu Fuß vom Wanderparkplatz an der D 132.
Wahrzeichen sind die beiden quadratischen Belfriede.

**Grand Geroldseck**
20 Min. zu Fuß ab Burg Haut-Barr
Burgruine, Donjon aus Buntsandstein, 12. Jh. (370 m)
Weitere 20 Min. dauert der Weg zur Burgruine **Petit Geroldseck.**



**Musée de la Ville**
Château des Rohan
März–Mitte Juni, Mitte Sept.–Nov. Mi–Mo 14–17, Mitte Juni–Mitte Sept. 10–12, 14–18, sonst So 14–18 Uhr
Kunst- und historische Sammlung im Schloss aus dem 18. Jh.: Mobiliar, Gemälde, gallo-römische Funde.

**Fahrradweg** längs des Kanals Rhin-Marne, bis Straßburg.

**Markt:** Do vormittags, Place du Général de Gaulle

**Ca. 2 Wochen nach Rosenmontag:** großer Karnevalsumzug
**2. Juni-Hälfte:** Rosenfest

## Schirmeck

*Lage: vordere Umschlagkarte B 11*
*PLZ 67130*

**Office de Tourisme**
Rathaus
Tel. 0388496380

**Hôtel Neuhauser**
Ortsteil Les Quelles
Tel. 0388970681, Fax 0388971429
Preiswert–moderat
Mitten auf dem Land, in einem Winzdorf eine Oase der Stille mit allen Bequemlichkeiten sowie beheiztem Sommerpool. Ebenfalls drei separate Chalets. Auf der Speisekarte: Wildterrine mit Stopfleber, marinierter Lachstartar, Kaninchen.

**Château de Barembach**
5, Rue du Maréchal-de-Lattre-de-Tassigny
Tel. 0388979750, Fax 0388471719
Moderat–teuer
Zauberhaftes Renaissance-Schlösschen mit 13 sehr unterschiedlichen Zimmern. Kostbare Möbel. Kamin, Sommerterrasse. Ruhig.

**Auberge de la Schlitte**
26, Route de Fréconrupt
67570 La Broque (2,5 km südl., N 420)
Tel. 0388970607
Di abends, Mi geschl.
Regionale Küche zu günstigen Preisen: *Planchette du Schlitteur* mit Schinken, Käse, Wurst, Spiegelei, *Bœuf Gros Sel* mit Rettich, Kartoffeln und Salat. Fr, Sa, So *Tarte flambée*.

**Château**
Juli–Mitte Sept.
So 14.30–18.30 Uhr
Burg des 13. Jh. mit Museum zur Lokalgeschichte.

**Mine de Grandfontaine**
An der D 392 Richtung Col de Donon, 5 km nordwestl.
Sept.–Juni Sa, So 14–18 Uhr, Juli, Aug. tgl.
Eisengrube, 13.–19. Jh. Mehrere »Säle« der alten Hauptmine zu besichtigen.
**Château de Salm**
5,5 km südwestl. beim Weiler Salm (Richtung Les Quelles, Le Haut Forneau) Ruine der Grafenburg des 12. Jh. (809 m).

**Allerheiligen bis 15. Dez.:** Schlachtfeste im Bruche-Hochtal (Groupement Touristique Haute-Bruche, 147, Grand'Rue, Tel. 03 88 47 18 51).

## Schoenenbourg

*Lage: vordere Umschlagkarte F 18*
*PLZ 67250*

**Ouvrage de Schoenenbourg**
Route du Commandant Reynier
März–Juni, Sept.–Okt. 1. So des Monats, Juli, Aug. tgl. 9–16 Uhr
Bollwerk der Maginot-Linie für 650 Soldaten, mit Stollen.

## Seebach

*Lage: vordere Umschlagkarte F 18*
*PLZ 67160*

**Mairie**
Tel. 03 88 94 74 06

**Chambre d'hôte Woehl**
124, Rue des Eglises
Tel. 03 88 94 74 16
Preiswert
Hinter dem Haupthaus Nebenbau mit drei Zimmern.

**Wein:** Maison Jülg
116, Rue des Eglises
Tel. 03 88 94 79 98
Mo–Sa 9–11, 14–17.30 Uhr, So nur auf Anmeldung
Weinprobe und Verkauf.

**So nach dem 14. Juli:** Mariage au Bouquet (Streisselhochzeit), Volksfest mit Trachten.

## Sélestat

*Lage: hintere Umschlagkarte D 9*
*PLZ 67600*

**Zug:** Bahnhof, Place de la République, Verbindungen nach Straßburg, Colmar, Mulhouse, Basel, Barr, Obernai... Info-Tel. 08 36 35 35 35 (2,23 FF/Min.)
**Bus:** Haltestellen Boulevard Vauban, Verbindungen nach St-Dié, Châtenois, Ste-Marie-aux-Mines.

**Office de Tourisme**
Boulevard du Géneral Leclerc
Tel. 03 88 58 87 20

**Auberge des Alliés**
39, Rue des Chevaliers
Tel. 03 88 92 09 34, Fax 03 88 92 12 88
Preiswert–moderat
Bau von 1372, 2-Sterne und Logis de France, kurzum solide und ohne Firlefanz. Auf der Karte des dank Butzenglasscheiben, Wandmalerei, zentralem Kachelofen heimeligen Restaurants: Sauerkraut mit Riesling, *Tourte* nach Winzerinnen Art.
**Abbaye la Pommeraie**
8, Avenue du Maréchal Foch
Tel. 03 88 92 07 84, Fax 03 88 92 08 71
Teuer
Vornehme Residenz mit Renaissance-

Treppenturm. Intérieur im Stil des Ancien Régime.

**La Vieille Tour**
8, Rue de la Jauge
Tel. 0388921502
Elsässisches Spezialitätenrestaurant mit kulinarischen Ambitionen. Viele Stuben. Zu den schönsten geht es durch einen mittelalterlichen Turm in die erste Etage.

**Edel**
7, Rue des Serruriers
Tel. 0388928655
So, Di abends, Mi geschl.
Jean-Frédéric Edel kocht auf Haute Cuisine-Niveau (das kostet was): Fleischnacka mit Feldsalat, Ochsenschwanzterrine, Schneckenragout mit Erbsen-Knoblauch-Crème, Kirschmousse. Hübscher Innenhof mit Sommerterrasse.

**Bibliothèque Humaniste**
1, Rue de la Bibliothèque
Mo–Fr 9–12, 14–18, Sa 9–12,
Juli, Aug. zusätzlich Sa, So 14–17 Uhr
Die älteste öffentliche Bibliothek des Elsass, gegründet 1452. Noch immer in Betrieb. Die größten Kostbarkeiten, etwa Handschriften vom 7.–15. Jh., natürlich unter Glas.

**Ste-Foy**
Place du Marché aux Poissons
Mo–Fr 8–18, Sa 8–19, So 8–18.30 Uhr
Romanische Benediktinerkirche mit rheinischen und burgundischen Stilelementen.

**St-Georges**
Place St-Georges
Mo–Fr 8–18, Sa 8–19, So 8–18.30 Uhr
Gotisch. 60 m hoher Turm. Innen Renaissance-Chorgestühl, Chorfenster 15., Fresken 14. Jh.

**Commanderie St-Jean**
(Zeiten beim Office de Tourisme)
Johanniterkommende vom 13.–15. Jh., schöner spätgotischer Treppenturm.

**Tour Neuve**
Turm (1280) mit Tordurchfahrt und Uhr.

**Stadtmauern**
Boulevard Vauban
17. Jh. Zum Ill-Ufer gelegen die Neon-Installation »Mon Rêve« von Sarkis (nachts beleuchtet).

**Médiathèque**
Am Ill-Ufer
Di 16–21, Mi 10–12, 14–18,
Do, Fr 12–18, Sa 10–12, 14–18 Uhr.
Frankreichs einzige interkommunale Mediathek ist für Touristen zugänglich.

**Markt:** Di morgens in der gesamten Altstadt
Bekannt für seine Gemüsevielfalt.

**Boulangerie Léopold Lucien**
Rue de Verdun
Im Geburtshaus von Martin Bucer knetet M. Lucien zur Straße hin sichtbar Teig für seine wunderbaren Brote.

**Atelier de la Pierre**
20, Rue des Chevaliers
Tel. 0388921290
Kamine, Konsolen, Wappen, Türbögen vom auf alte Stilformen spezialisierten Steinmetz.

## Seltz

*Lage: vordere Umschlagkarte G 18*
*PLZ 67470*

**Office de Tourisme**
Place de la Gare
Tel. 0388865264

## Sentheim

*Lage: hintere Umschlagkarte C 3*
*PLZ 68780*

**Maison de la Géologie et Sentier Géologique**
Place de l'Eglise
Tel. 03 89 82 55 55
Juni–Sept, Sa, So 14–18 Uhr, sonst auf Anfrage
Gruppenführungen auf dem geologischen Pfad, Juli, Aug. Mi 14 Uhr.

**Chemin de Fer Touristique de la Vallée de la Doller**
10, Rue de la Gare
Tel. 03 89 82 88 48
Juni–Sept. So, Juli, Aug. Mi–So
14 km lange Eisenbahnstrecke nach Cernay mit Dampf- oder Dieselloks, hin und zurück 2,5 Std.

## Seppois-le-Bas

*Lage: hintere Umschlagkarte D 1*
*PLZ 68580*

**Hôtel-Restaurant Boutilly**
6, Rue du R.I.C.M.
Tel. 03 89 25 60 05, Fax 03 89 07 64 93
Mo geschl.
Preiswert
Renovierte Zimmer hinter ochsenblutroter Fassade. Gutbürgerliche Sundgauer Küche: *Marmite du Pêcheur* (Fischtopf), *Foie blond »façon chef«.*

**Ferme-Auberge Paradis**
1, Route de Mertzen
68580 Strueth
Tel. 03 89 07 21 46, Fax 03 89 08 05 60
Mi abends, Do geschl.
Preiswert
Schlummern und Schlemmen (Baeckeoffe) in einem Sundgauer Fachwerkhaus von 1810. Was macht's schon, dass der Bau ursprünglich nicht auf dem Hof der Embergers stand, sondern hier fein säuberlich wieder aufgebaut wurde?

## Sessenheim

*Lage: vordere Umschlagkarte G 16/17*
*PLZ 67770*

**Rathaus**
Place de la Mairie
Tel. 03 88 86 97 04

**Auberge au Bœuf**
1, Rue de l'Eglise
Tel. 03 88 86 97 14
Gänseleberpastete, lauwarmer Flussfischsalat, Zanderfilet – gehobene Küche im Traditionshaus, das auch ein Musée Goethe beherbergt.

**Mémorial Goethe**
Rue Frédérique Brion
Tgl. 9–18 Uhr
Neoklassizistische Gedenkstätte mit kleiner Ausstellung.

**Sentier Frédérique Brion-J. Wolfgang Goethe**: Rundgang auf den Spuren der elsässischen Liebschaft. Prospekt im Rathaus.

## Sewen

*Lage: hintere Umschlagkarte A 3*
*PLZ 68290*

**Ferme-Auberge du Gresson**
Nur über einstündige Wanderung ab Ermensbach zu erreichen!
Tel. 03 89 82 00 21
Nov.–April Fr geschl.
Preiswert
Acht Zimmer und 32 Plätze im Schlafsaal. Schlicht, einsam, still.

**Führungen um die Seen von Sewen und Alfeld:**

Louis Binder
15, Rue Foerstel
Tel. 03 89 82 01 03
2–4 Std. inkl. Wasserfälle, Biberburgen.

## Soufflenheim

*Lage: vordere Umschlagkarte F 17*
*PLZ 67620*

**Office de Tourisme**
20b, Grand'Rue
Tel. 03 88 86 74 90, Fax 03 88 86 60 69

**Au Bœuf**
48, Grand'Rue
Tel. 03 88 86 68 84
Patrick Jambois Restaurant liegt an der Hauptstraße, die Küche propagiert Winstub-Spezialitäten: *Choucroute gourmande,* Nierchen in Senf, Zander in Weißwein.

Eine **Töpferwerkstatt** folgt im Zentrum auf die Nächste. Zehn davon sind zur Zunft zusammengefasst. Nur als Beispiel:
Poterie Robert Hausser,
24, Grand'Rue
Familienbetrieb, dessen Gänsedekor mit dem Logo HR für Authentizität bürgt.

## Soultz

*Lage: vordere Umschlagkarte E 18*
*PLZ 68360*

**Office de Tourisme**
14, Place de la République
Tel. 03 89 76 83 60

**Belle Vue**
28, Route de Wuensheim
Tel. 03 89 76 95 82, Fax 03 89 83 06 09
Preiswert
6-Zimmer-Hotelchen, turmflankiertes Bürgerhaus. Auf der Speisekarte Froschschenkel auf Elsässer Art, Apfelstrudel.

**Musée du Bucheneck**
Rue Kageneck
Mai–Sept. Mi–Mo 14–18 Uhr
Festung mit Gräben, innen Familienporträts derer von Soultz und Lokalgeschichtliches.
**La Nef des Jouets**
12, Rue Jean-Jaurès, Mi–Mo 14–18, Juli, Aug. auch 10–12 Uhr
Spielzeugsammlung in einer ehemaligen Malteserorden-Komturei.

## Soultzeren

*Lage: hintere Umschlagkarte B 6*
*PLZ 68140*

**Villa Canaan**
8, Chemin du Buchteren
Tel./Fax 03 89 77 05 64
Preiswert
Außerhalb des Dorfs, auf einem Felsvorsprung mit Blick über das Munstertal. Ruhig. Inhaberin Léopoldine ist überzeugte Öko-Frau: Hier wird aus biologisch-dynamischen Anbau gekocht. Wegen der Lage gute Adresse für Wanderer.

## Soultz-Haut-Rhin

*Lage: hintere Umschlagkarte D 5*
*PLZ 68500*

**Résidence Les Violettes**
Im Ortsteil Thierenbach
Tel. 03 89 76 91 19, Fax 03 89 74 29 12

Moderat
Das schmucke Hotel von M. und Mme Munsch liegt mitten im Fichtenwald, den man von der Veranda betrachtet. Natursteinbau mit Sauna, Solarium und jeglichem Komfort.

## Soultzmatt

*Lage: hintere Umschlagkarte C 6*
*PLZ 68570*

**Hôtel Klein**
44, Rue de la Vallée
Tel. 03 89 47 00 10, Fax 03 89 47 65 03
Preiswert
Behäbiger Bau mit schönem Glockengiebel. Familiäre Atmosphäre, komfortable Zimmer in Weinbergnähe. Warme elsässische Terrine (Kaninchen und Reh), *Foie gras* mit Gewürztraminer, Lachs mit Munsterkäse.

**Weingut Seppi Landmann**
20, Rue de la Vallée
Tel. 03 89 47 09 33
Tgl. 9–20 Uhr
Große Auslesen und ein eleganter Crémant ergänzen die Skala gehaltvoller Rieslinge und frischer Gewürztraminer.

## Straßburg

*Lage: vordere Umschlagkarte E/F 14*
*PLZ 67000*

**Fernverkehr:**
**Zug:** 13 Verbindungen tgl. nach Paris, 12 nach Mulhouse, etliche nach Colmar und Basel.
Über die Rheinschiene nach Offenburg, Karlsruhe, Mainz, Köln.
Auskunft: Tel. 08 36 35 35 35.
**Bus:** Die CTS-Busse fahren alle größeren Orte der Umgebung an,
Auskunft: Tel. 03 88 77 70 11.
**Flugzeug:** 2 Möglichkeiten:
- Flughafen Strasbourg-Entzheim: Air France-Flüge von Berlin, Hamburg, München. Bus-/Straßenbahntransfer bis in die Innenstadt (30 Min.), Tel. 03 88 64 67 67. Ebenfalls Busse nach Kehl und Offenburg.
- Flughafen Basel-Mulhouse-Freiburg (bedeutender als der von Straßburg): Air France-Flüge ab verschiedenen deutschen Städten. Bustransfer in die Innenstadt von Mulhouse (30 Min.), Tel. 03 89 90 31 11.

**Nahverkehr:**
**Straßenbahn:** Von Hautepierre bis Illkirch (30 Min.), 4.30–0.30 Uhr im 5–10-Minutentakt. Etliche Haltestellen in der Innenstadt.
**Bus:** Dichtes Netz der CTS-Busse, Informationen: Tel. 03 88 77 70 70.
**Fahrrad:** Straßburgs Fahrradwegnetz ist gut ausgebaut. Kostengünstiger Radverleih »Vélo-Tram« an der Place du Château (Münster), Place de l'Etoile und Place Ste-Aurélie (Bahnhof).

**Office de Tourisme**
17, Place de la Cathédrale
Tel. 03 88 52 28 22
Dort gibt es den »Strasbourg Pass« (56 FF), der ein Museum, eine Schiffsrundfahrt und den Aufstieg zur Plattform des Münsters sowie 50% auf etliche Eintritte umfasst.

**Au Cerf d'Or**
6, Place de l'Hôpital
Tel. 03 88 36 20 05, Fax 03 88 36 68 67
Preiswert
Herrlich altmodischer Betrieb an schmuckem Platz abseits üblicher Straßburg-Rundgänge. Im 400 Jahre alten Haus fühlt sich wohl, wer Ge-

schmack am leichten abgewetzten Charme einer anderen Zeit findet.

**Hôtel La Cruche d'Or**
6, Rue des Tonneliers
Tel. 03 88 32 11 23, Fax 03 88 21 94 78
Preiswert
Eine erschwingliche und zugleich nette Adresse ganz nah beim Münster. Dementsprechend lange muss vorgebucht werden – es gibt nur elf Zimmer. Auch das Restaurant verdient ein deutliches Lob.

**Hôtel Gutenberg**
31, Rue des Serruriers
Tel. 03 88 32 17 15, Fax 03 88 75 76 67
Preiswert–moderat
Der Bau aus dem 17. Jh. liegt im Windschatten des Münsters. Dafür sind die Preise vernünftig und der Empfang freundlich. Je höher das Zimmer liegt, um so besser die Ausstattung und um so schöner der Blick.

**Hôtel Cathédrale**
12, Place de la Cathédrale
Tel. 03 88 22 12 12, Fax 03 88 23 28 00
Moderat
Der Blick aufs Münster hat seinen Preis, könnte allerdings schöner nicht sein. Vor der Tür ist natürlich immer etwas los, weswegen die Zimmer schallisoliert sind.

**Ibis Petite France**
18, Rue du Faubourg National
Tel. 03 88 75 10 10, Fax 03 88 75 79 60
Moderat
Etwas steril wie es sich für ein Standardhotel der Ibis-Kette gehört. Dafür gut gelegen in Fußnähe zur Petite France und sehr gut geführt.

**La Maison Rouge**
4, Rue des Francs-Bourgeois
Tel. 03 88 32 08 60, Fax 03 88 22 43 73
Moderat
Zentral gelegener, rot getünchter Hotelkoloss der Belle Epoque, durch und durch bürgerlich.

**Hôtel du Dragon**
2, Rue de l'Ecarlate
Tel. 03 88 35 79 80, Fax 03 88 25 78 95
Moderat–teuer
Was man beim Anblick des verwinkelten Fachwerkbaus nicht vermutet: Die Zimmer sind modern, hell und geräumig. Hübsch im Sommer: die gepflasterte Innenterrasse.

**Monopole-Métropole**
16, Rue Kuhn
Tel. 03 88 14 39 14, Fax 03 88 32 82 55
Moderat–teuer
In Fußnähe zu Bahnhof und Altstadt. Hinter dem Belle-Epoque-Eckbau verbergen sich geschmackvoll modernisierte Zimmer. Viel Design und doch *cosy*.

**Hôtel Beaucour-Baumann**
5, Rue des Bouchers
Tel. 03 88 76 72 00, Fax 03 88 76 72 60
Teuer
Denkmalgeschütztes Fachwerk, bis in die feinste Maserung herausgeputzt – das Haus ist Mitglied der Romantik Hotels. Die Zimmer sind perfekt, mal elsässisch, mal toskanisch, immer ruhig. Eine heile Welt im Herzen der Altstadt.

**Sofitel Strasbourg**
Place St-Pierre-le-Jeune
Tel. 03 88 15 49 00, Fax 03 88 15 49 99
Teuer
Das elegante, moderne Haus neben der berühmten Protestantenkirche liegt mitten in der Altstadt. Der baumbeschattete Platz vor dem Hotel und der weitläufige, den Gästen vorbehaltene Innenhofgarten sind stille Orte fernab vom Touristenstrom. Sehr freundlicher Service.

**Hôtel Régent Contades**
8, Avenue de la Liberté
Tel. 03 88 15 05 05, Fax 03 88 15 05 15
Teuer–Luxus

Nahe der Place Broglie, aber jenseits der Ill steht dieses elegante, um die vergangene Jahrhundertwende erbaute Bürgerhaus. Die Inneneinrichtung hält, was die pompöse Fassade verspricht: Geräumige, geschmackvolle Zimmer, manche davon mit hohem Luxus.

**S'Munsterstuewel**
8, Place du Marché-aux-Cochons-de-Lait
Tel. 03 88 32 17 63
Di–Sa 12–14.30, 18.30–23.30 Uhr
Weinstube mit gastronomischem Niveau. Köstlich: Patrick Klipfels *Pied de porc farci aux trois viandes en Baeckeoffa & Riesling*. Und natürlich die Krebsschwänze mit leicht karamelisiertem Sauerkraut. Unbedingt reservieren!

**Winstub Le Clou**
3, Rue du Chaudron
Tel. 03 88 32 11 67
Mi mittags, So geschl.
Eine Bastion der Straßburger Weinstubenherrlichkeit, in der Fußgängerzone am Münster. Haxe in Pinot Noir!

**L'Ami Schutz**
1, Ponts Couverts
Tel. 03 88 32 76 98
Schöner kann kein Restaurant liegen: Von der Gartenterrasse Blick auf die Petite France. Elsässische Gerichte mit Cuisine-Niveau. Im zur malerischsten »Bierstub« Frankreichs gewählten Restaurant wird auch guter Wein serviert.

**La République**
40, Boulevard du Faubourg National
Tel. 03 88 32 07 86
Sa, So, Feiertage mit Musikbühne
Mo, Do abends geschl.
420 Plätze, fast immer alle besetzt. Die »République« ist eine Ur-Straßburger Institution mit äußerst moderaten Preisen und wechselnder Tageskarte. Köstlich: mit Zwiebeln gefülltes Stubbeküken.

**Le Crocodile**
10, Rue de l'Outre
Tel. 03 88 32 13 02
So, Mo geschl.
Die Wahrheit über *Choucroute garnie:* Nur allzu oft kommt ein wässrig-säuerliches Kraut mit ein paar fetten Würsten und Speck auf den Tisch. Wie es eigentlich sein kann, zeigt Emile Jung im Crocodile. Eins der besten Restaurants des Elsass. Neben *Choucroute* stehen etwa Pfifferlinge mit grünem Spargel im Blätterteigmantel auf der Karte.

**Winstub Strissel**
5, Place de la Grande Boucherie
Tel. 03 88 32 14 73
So, Mo geschl.
Ein kleines Wunder, dass sich eine Taverne seit 400 Jahren halten kann, und trotz bester Altstadtlage noch Lokalkolorit besitzt. Viel macht der Bau von 1385, doch auch der prompte Service sowie die honette Küche (abends: warmer Munsterkäse auf Kartoffelsalat...) überzeugen.

**Le Saint Sépulcre**
15, Rue des Orfèvres
Tel. 03 88 32 39 97
Noch eine Adresse, die seit Generationen überall auftaucht und zur Stadt gehört wie das Münster und die Ill. Das Winstub-Repertoire ist wohl geordnet – karierte Tischdecken, offene elsässische Weine, viel Holz und ein brummeliger Patron mit Humor. Kurzum, zum Wohlfühlen.

**Chez Yvonne**
10, Rue du Sanglier
Tel. 03 88 32 84 15
Eurokraten und Pariser Politprominenz sind regelmäßig bei Yvonne zu Gast, die Straßburger Honoratioren sowieso. Vorzügliche Sauerkraut-Tarte und Fleischnacka. Madame Hallers Weinstube ist die Nummer 1 unter den

Weinstuben, ihr Stammtisch eine Institution.

**La Bague d'Or**
7, Rue de L'Eglise
Tel. 03 88 32 47 42
So geschl.
Straßburger Charaktere feiern hier bei offenem Gewürztraminer und Riesling fröhliche Urständ. Mittags unterstützen sie die Redakteure der nahen »Dernières Nouvelles d'Alsace« dabei. Für alle gibt's deftige, günstige Hausmannskost.

**Münster**
Tgl. 7–11.30, 12.40–19 Uhr
Gotisches Meisterwerk mit reicher Innenausstattung, darunter die monumentale astronomische Uhr von 1547 (tgl. 12.30 in Betrieb, Eintritt dann kostenpflichtig).
Besteigen der Plattform des Münsters (332 Stufen, 66 m) März tgl. 9–17.30, April–Juni 9–18.30, Juli, Aug. 8.30–19, Sept. 9–18.30, Okt. 9–17.30, Nov.–Feb. 9–16.30 Uhr – die Altstadt aus der Adlerperspektive.

**St-Pierre-le-Jeune**
Place St-Pierre-le-Jeune
April–Okt. Di–Sa 10–12, 13–18, So 14.30–18 Uhr, Führungen Fr 10.30 Uhr
Protestantische Kirche des 13. Jh., gotische Fresken und Silbermann-Orgel.

**St-Thomas**
Rue Martin Luther
April–Nov. 10–12, 14–18, Dez.–März 10–12, 14–17, Jan., Feb. 14–17 Uhr
Romanisch-gotische Protestantenkirche mit pompösem Barockgrabmal für Moritz von Sachsen.

**Panoramaterrasse der Barrage Vauban**
Mitte März–Mitte Okt. tgl. 9–20, sonst 9–19 Uhr
Schöner Blick vom Wehr auf die Petite France und die Ponts Couverts.

**Observatorium**
Rue de l'Observatoire
Tel. 03 88 21 20 44 oder 03 88 21 20 40.
Mo–Fr 9–12, 14–17, Sa, So 14–18 Uhr
Reservierung notwendig
Wilhelminische Sternenwarte mit Sternenkrypta und »kosmischem Kino« (Filme zur Astronomie)

**Jardin Botanique**
28, Rue Goethe
Mo–Fr 8–11.45, 14–17, So 8–11.45 Uhr
Führung um 15 Uhr
Botanischer Garten mit mehr als 6000 Pflanzen, Gewächshäuser, Arboretum.

**Palais de l'Europe**
Avenue de l'Europe
Teilnahme an Debatten nach Voranmeldung beim Service Visite
Tel. 03 88 41 20 29

**Conseil de l'Europe und Parlement Européen**
Avenue Robert Schumann
Besichtigung und Teilnahme an Sitzungen nach Vereinbarung über das Bureau d'Information, Tel. 03 88 17 40 01
Fachvorträge in vier Sprachen, Filmvorführungen in den elf Sprachen der EU. Gemeinsame Besichtigung aller drei Europa-Institutionen (nur außerhalb der Sitzungen) auf Reservierung beim Service des Visites, Tel. 03 88 17 20 07.

**Musée Alsacien**
23, Quai St-Nicolas
Mo–Sa 10–12, 13.30–18, So 10–17 Uhr
Volkstümliche Kunst mit Zeugnissen des ländlichen Alltags im Elsass – Mobiliar, Steingut, Trachten, Schmiedewerk, Sakralkunst.

**Musée de l'Œuvre Notre-Dame**
3, Place du Château
Mo–Sa 10–12, 13.30–18, So 10–17 Uhr
Im ehemaligen Sitz der Münsterbauhütte (14.–16. Jh.). Spektakuläre Sammlung zur Kunstgeschichte vom 11.–17. Jh. in Straßburg und am Ober-

rhein, Schwerpunkt 15. Jh. mit Werken von Konrad Witz und Nikolaus Gerhaert van Leyden.

**Musée des Arts Décoratifs**
Palais Rohan (Barockpalais der Straßburger Bischöfe), Erdgeschoss
Mo–Sa 10–12, 13.30–18, So 10–17 Uhr
Besichtigung der Prunkgemächer. Sammlung zur lokalen Kunst vom Ende des 17. bis Mitte des 19. Jh., darunter die Keramiksammlung der Familie Hannong.

**Musée des Beaux-Arts**
Palais Rohan, 1. Etage
Mo–Sa 10–12, 13.30–18, So 10–17 Uhr
Gemäldesammlung vom 15.–19. Jh.: u. a. Veronese, Rubens, Goya, Van Dyck, Bouchet, Corot.

**Musée Archéologique**
Palais Rohan, Keller
Mo–Sa 10–12, 13.30–18, So 10–17 Uhr
Fundstücke zur Geschichte des Elsass von 600 000 v. Chr.–800 n. Chr.

**Musée d'Art Moderne et Contemporain**
1, Place Jean Arp
Di–So 11–19, Do bis 22 Uhr
Straßburgs neuestes Museum, in architektonisch zeitgenössischem Gewand. Moderne Kunst vom Impressionismus bis zur Gegenwart: Gemälde von Monet bis Garouste, Saal für Hans Arp, Gustave Doré. Fluxus, Arte Povera, Video-Kunst.

**Musée Historique**
3, Place de la Grande Boucherie
Mo–Sa 10–12, 13.30–18, So 10–17 Uhr
Im Bau der Metzgerinnung (16. Jh.). Stadtgeschichte anhand eines Modells von 1727 und etlichen Ausstellungsstücken.

**Musée Zoologique**
29, Boulevard de la Victoire
Mo–Sa 10–12, 13.30–18,So 10–17 Uhr
Sammlung ausgestorbener oder seltener Tiere, Themenausstellungen, Ausstellungsschwerpunkt zum Naturschutz.

**Musée de Sismologie et de Magnétisme Terrestre**
7–9, Rue de l'Université
Tel. 03 88 41 64 92
Okt.–Mai, Mi, Sa 14–18 Uhr und nach Vereinbarung
Im 1900 von Wilhelm II. errichteten Bau für die zentrale Erdüberwachung. Sammlung alter Gerätschaften.

**Thematische Stadtführungen**:
April–Dez. Sa 14.30, Juli, Aug. Di–So 10.30, Di–Sa 20.30 Uhr
Organisiert von der nationalen Denkmalschutzbehörde, Auskunft und Start im Office de Tourisme.

**Aktivitäten auf dem Wasser:**
**Klassische Ill-Rundfahrt**
Tel. 03 88 84 13 13
Ende März–Ende Okt. 9.30–21 Uhr alle halbe Stunde, Mai–Anfang Okt. zusätzlich 21.30, 22 Uhr, im Winter nur 10.30, 13, 14.30, 16 Uhr
In knapp 1,5 Std. mit kommentierter Führung durch die Petite France und zum Europapalast. Abfahrt Rohan-Schloss.

**Kajak- und Kanuexkursionen**
Itinerair'Alsace
84, Rue du Général Leclerc
67540 Ostwald
Tel. 03 88 29 56 62
Im Kanu durch die Kanäle von Straßburg: Petite France, Pont-St-Martin-Europapalais, Doernel.

**Kreuzfahrten auf dem Rhein**
Alsace-Croisières
12, Rue de la Division-Leclerc
Tel. 03 88 76 44 44
Wochenendfahrten, einwöchige Fahrten bis Rotterdam, Weihnachtsmarkt-Fahrt, kulinarische Fahrten mit Starkoch Marc Haeberlin an Bord.

**Oper, Theater, Musik:**
**Opéra du Rhin**
19, Place Broglie
Tel. 03 88 75 48 01
Reservierungen Tel. 03 88 75 48 23
Hochrangige Inszenierungen und philharmonische Konzerte.

**Théâtre National**
1, Avenue de la Marseillaise
Tel. 03 88 24 88 24
Die bedeutendste elsässische Bühne, mit vielen internationalen Gastinszenierungen und der Ecole Théâtre Jeune Public. Dient ebenfalls dem Mundarttheater Théâtre Alsacien als Bühne (Tel. 03 88 75 48 23).

**Le Maillon-Théâtre Germain Muller**
13, Place André Maurois
Tel. 03 88 27 61 81
Junges Theater im Kulturzentrum. Straßburgs Antenne zur Bühnen-Avantgarde.

**Les Percussions de Strasbourg**
15, Place André Maurois
Tel. 03 88 26 07 09
Eines der dynamischsten Musikensembles Frankreichs. Experimentell, auf hohem Niveau und immer für eine Überraschung gut.

**Cafés:**
**Café Brant**
11, Place de l'Université
Tgl. 8–22 Uhr
Schönes Tagescafé in der wilhelminischen Neustadt, ideal zum Lesen oder Ausruhen. Die Terrasse ist sommertags ein Ort zum Sehen und Gesehen werden.

**Chez Christian**
10, Rue Mercière
Straßburgs meistgelobter Pâtissier. Im Angebot Torten und Kuchen jeglicher Couleur und Teigart.

**Nachtleben:**
Die **Place du Marché Gayot** (genannt »PMG«) entwickelt sich mehr und mehr zum Nabel der (allerdings nur mäßig langen) Straßburger Nächte. Hier reiht sich Terrasse an Terrasse.

**Opéra Café**
Place Broglie
Tel. 03 88 75 48 26
Bis spät in die Nacht geöffnet
Im Seitenflügel der Oper, ein Hauch mondän, ein Hauch bourgeois, und alle gehen hin.

**La Choucrouterie**
20, Rue St. Louis
Tel. 03 88 36 52 87
Das Restaurant des Mundartverfechters Roger Siffer ist den Anfängen als alternative Bühne längst entwachsen. Während des Essens treten auf der Kabarettbühne im selben Haus anerkannte Bänkelsänger, Dichter oder Kabarettisten auf. Da kann es immer noch hochhergehen. Nach dem Programm erkundigen!

**Le Perroquet Bleu**
13, Rue des Sœurs
Grell, wie der Name schon sagt: Ein blauer Neonpapagei weist den Weg. Oft die letzte Alternative woanders verjagter Nachtschwärmer.

**Café des Anges**
42, Rue de la Krutenau
Tel. 03 88 37 12 67
Mo–Sa ab 21.30 Uhr Konzerte und Theaterprogramm
High-Tech-Atmosphäre, die in Straßburg jedoch unweigerlich gemütlich wirkt.

**Märkte:**
**Lebensmittel:**
Place Broglie und Quai Turckheim (Mi, Fr)
Boulevard de la Marne (Di, Sa)
Rue de Zurich (Mi)

**Trödel und Antiquitäten:**
Place du Vieil-Hôpital (Mi, Sa)
**Bücher (antiquarisch):**
Place Gutenberg, (Di, Mi, Sa)
**Bauern- und Erzeugermarkt:**
Marché aux Poissons (Sa)
**Weihnachtsmarkt:**
Place Broglie und Place de la Cathédrale (1. Adventssamstag–Ende Dez.)

**Aug.,** So 10.30 Uhr: Folklorevorführungen im Innenhof des Palais Rohan.
**Juli, Aug.:** Traditionelle elsässische Musik, Mo abends Place des Tripiers, Di abends Place Benjamin Zix, Mi abends Place du Marché aux Cochons de Lait.
**Mai–Sept.:** Konzerte im Münster (21 Uhr, Dauer 35 Min.) Orgel, Oboe, Trompete, Lichterspiel. Reservierung und Information beim Service de l'Animation de la Ville, Tel. 03 88 60 97 14.
**Juni:** Festival International de Musique, klassische Musik, Informationen Tel. 03 88 32 43 10.
**Sept.:** Musica, Festival für moderne und experimentelle Musik, Informationen Tel. 03 88 21 02 02.

## Struthof-Natzwiller

*Lage: vordere Umschlagkarte B 11*
*PLZ 67130*

**Konzentrationslager Struthof**
März–Mitte Juni 10–12, 14–17.30,
Mitte Juni–Mitte Sept. 10–15,
Mitte Sept.–Weihnachten 10–12, 14–17 Uhr
KZ von 1941–44. Deportiertengedenkstelle, Museum in einer der Baracken.

## Surbourg

*Lage: vordere Umschlagkarte E 17*
*PLZ 67250*

**St-Arbogast**
Place de l'Eglise
Tgl. 9–18 Uhr
Romanische Stiftskirche des 11.–12. Jh.

## Thann

*Lage: hintere Umschlagkarte C 4*
*PLZ 68800*

**Office de Tourisme**
6, Place Joffre
Tel. 03 89 37 96 20

**Hôtel du Parc**
23, Rue Kleber
Tel. 03 89 37 37 47, Fax 03 89 37 56 23
Preiswert–moderat
Stille, weiße Villa in ruhiger Lage mit dem gewissen Extra. Großer Salon und beheizter Pool im Park. Nur das blutjunge Personal müsste noch ein bisschen dazulernen.

**Le Caseus**
100, Rue de la Première Armée
Tel. 03 89 37 10 68
Was auf den ersten Blick wie eine verunglückte Weinstube wirkt, entpuppt sich als anständiges elsässisches Restaurant. Der Patronne sieht man die Liebe zu guter Küche an: Sie ist obendrein ein findiger Ratgeber bei der Wahl elsässischer Tropfen.

**St-Thiébaut**
Place Joffre
Sommer 8–19, Winter 8–12, 14–17 Uhr
Gotische Stiftskirche mit prunkvoller Ausstattung.

**Porte Sud de la Route des Vins d'Alsace**
Tour des Sorcières
Ab Ostern 10–17.30, Mitte Juni–Mitte Sept. 10–19, bis 1. Nov. 10–17.30 Uhr
Ausstellung zum Weinbau am südlichen Abschnitt der Weinstraße.

**Musée d'Art et d'Histoire Locale**
24, Rue St-Thiébaut
Mitte Mai–Sept. Di–So 10–12, 14.30–18.30 Uhr
Stadtgeschichtliche Sammlung im Getreidespeicher von 1519.

**30. Juni:** Einäscherung der drei Tannen, Place Joffre.
**Aug.:** Son et Lumière, an der Collégiale-Kirche.

## Truchtersheim (Kochersberg)

*Lage: vordere Umschlagkarte D/E 14*
*PLZ 67370*

**La Maison du Kochersberg**
4, Place du Marché
So 14–18 Uhr
Sonderausstellungen zu regionalen Themen.

## Turckheim

*Lage: hintere Umschlagkarte C 7*
*PLZ 68230*

**Office de Tourisme**
Corps de Garde
Tel. 03 89 27 38 44

**Les Deux Clefs**
3, Rue du Conseil
Tel. 03 89 27 06 01, Fax 03 89 27 18 07
Preiswert–moderat
Einer der schönsten Fachwerkbauten im Ort beherbergt 45 ordentliche Zimmer. Sehr gediegenes Intérieur.
**Les Vosges**
Place de la République
Tel. 03 89 27 02 37, Fax 03 89 27 23 40
Preiswert–moderat
Mit Blick aufs Stadttor und begrünter Terrasse zum Platz. Familiärer Betrieb.

**Auberge du Veilleur**
12, Place Turenne
Tel. 03 89 27 32 22
Mi geschl.
Niveauvolle Weinstube: Lachsschnitzel, Ente in Limonensauce.

**Nachtwächter auf Rundgang**
Mai–Okt. 22 Uhr, Start am Corps de Garde

**Musée Mémorial des Combats de la Poche de Colmar**
25, Rue du Conseil
Mitte März–Mitte Nov. Mi–Sa 14–18, So 10–12, 14–18 Uhr,
Juli, Aug. auch Mo, Di
Museum zum »Kessel von Colmar« (Winterschlacht 1944/45) in einem Kellergewölbe des 18. Jh., das als Schutzkeller diente.

## Uhlwiller

*Lage: vordere Umschlagkarte D 16*
*PLZ 67350*

**Musée du Pain**
54, Rue des Perches
April–Okt. So und Feiertage, sonst auf Anfrage: Tel. 03 89 07 72 40 (Rathaus)
Vom Brotbacken seit den Römern: Landwirtschaftsmaschinen, Backöfen, Getreidesorten...

## Ungersheim

*Lage: hintere Umschlagkarte D 5*
*PLZ 68190*

**Les Loges de l'Ecomusée**
Tel. 03 89 74 44 95,
Fax 03 89 74 44 68
Preiswert–moderat
Das Hotel des Freilichtmuseums verteilt sich auf mehrere, im elsässischen Stil gebaute Häuser.

**Ecomusée d'Alsace**
Chemin de Grosswald
Nov.–Feb. 10.30–16.30, März, Okt. 10–17, Mai, Juni, Sept. 9.30–18, Juli, Aug. 9–19 Uhr
Größtes Freilichtmuseum Frankreichs mit 70 traditionellen elsässischen Gebäuden vom 12.–19. Jh. Handwerksvorführungen, drei Restaurants.

## Village Neuf

*Lage: hintere Umschlagkarte G 2*
*PLZ 68128*

**Bureau d'Accueil**
Maison de Haute-Alsace
Palmrain, 81, Rue Vauban
Tel. 03 89 70 04 49

## Villé

*Lage: vordere Umschlagkarte C 10*
*PLZ 67220*

**Office de Tourisme**
Rathaus, Place du Marché
Tel. 03 88 57 11 69

**La Bonne Franquette**
6, Place du Marché
Tel. 03 88 57 14 25, Fax 03 88 57 08 15
Preiswert
Properer Altbau an einer Ecke des Marktplatzes, mit Blick durch Sprossenfenster. Im Restaurant Salade Gänseliesel, Jakobsmuscheln mit Linsen aus der Pfanne, Kirschmousse.

**Ferme-Auberge Irrkrüt**
Col de Fouchy
(über D 39 Richtung Lalaye)
Tel. 03 88 57 09 29
April–Juni, Sept–Okt. Mi–So,
Juli, Aug. Di–So, sonst nur Sa, So
Bauernhof der Familie Nell auf 600 m Höhe (Ausblick). Drei Menüs zur Auswahl mit Köstlichkeiten wie Lammragout und gegrillter Jungente. Günstiges Wandermenü.

## Waldersbach

*Lage: vordere Umschlagkarte B 11*
*PLZ 67130*

**Musée Oberlin**
25, Montée Oberlin
Wiedereröffnung für 2000 geplant
Infos und Gruppenreservierungen:
Tel. 03 88 97 30 27 oder 03 88 97 32 21
Über das pädagogische und soziale Werk des Pastors, im Erdgeschoss seines ehemaligen Pfarrhauses.

## Wangenbourg

*Lage: vordere Umschlagkarte B 13*
*PLZ 67710*

**Office de Tourisme**
Rue Général de Gaulle
Tel. 03 88 87 33 50

**Hôtel du Freudeneck**
3, Route de Wangenbourg
Le Freudeneck

Tel. 03 88 87 32 91, Fax 03 88 87 36 78
Preiswert
Auf einer Lichtung am Waldrand – schöner Ausblick ins Grüne. Rustikal-vornehmes Restaurant mit Köstlichkeiten wie Wildschinken und Hasenterrine mit Basilikum.

**Parc Hôtel**
39, Rue Général de Gaulle
Tel. 03 88 87 31 72, Fax 03 88 87 38 00
Moderat
Logis de France der gehobenen Klasse, mit kleinem Garten, zentral. Im Restaurant: Entenbrust mit Orangen-Confit und Honig.

**Château**
5 Min. vom Dorf entfernt
Zugang frei
Burgruine des 13. Jh. mit Ringmauer, Ehrenhof, Renaissance-Kamin, Belfried.

## La Wantzenau

*Lage: vordere Umschlagkarte F 15*
*PLZ 67610*

**Le Relais de la Poste**
21, Rue du Général de Gaulle
Tel. 03 88 59 24 80, Fax 03 88 59 24 89
Moderat
Großes Fachwerkanwesen von 1789, eine ehemalige Postkutschenstation, nach allen Schikanen herausgeputzt.

**Le Moulin de la Wantzenau**
3, Impasse du Moulin
Tel. 03 88 59 22 22, Fax 03 88 59 22 00
Moderat
Außer Wasserrauschen herrscht am Ufer der Ill Stille. Die massige alte Mühle liegt im ländlichen Abseits.

## Wasselonne

*Lage: vordere Umschlagkarte C 14*
*PLZ 67310*

**Office de Tourisme**
Place du Général Leclerc
Tel. 03 88 59 12 00

**Ferme-Auberge de la Tirelire**
Im Weiler Tirelire,
67310 Cosswiller (von Wasselonne über die D 824 Richtung Cosswiller halten)
Tel. 03 88 87 04 70
Bei gutem Wetter stehen die Tische vor dem Gehöft im Freien. Serviert werden schmackhafter Eintopf und deftiger Schweinebraten.

**Relais de Wasselonne**
Route de Romanswiller
Tel. 03 88 87 29 10, Fax 03 88 87 22 67
Preiswert
Logis de France mit korrekten Zimmern und großem Ausflugslokal: Sauerkraut mit Ente, Lauch-Flan, Zander.

**Chambre d'hôte S'Blümehiesle**
14, Rue du Lieutenant de Sazilly
Tel. 03 88 87 07 56
Preiswert
Der Name sagt's: Blumen am Haus und im sehr gepflegten Garten. Die Zimmer sind nett und sauber – allerdings nur für Nichtraucher gedacht.

## Wasserbourg

*Lage: hintere Umschlagkarte C 6*
*PLZ 68140*

**Ferme-Auberge Wassmatt**
4 km in Richtung Petit Ballon
Tel. 03 89 77 25 55
Dez.–Feb. geschl.

In der heimeligen Melkerhütte am Hang serviert Jeanette Reisch Tourte mit Salat, Räucherfleisch, Munsterkäse. An den Wänden Kuhglocken, auf dem Tisch Kerzen. Und das alles in zauberhafter Lage!

## Westhoffen

*Lage: vordere Umschlagkarte C 13*
*PLZ 67310*

**20./21. Juni:** Kirschenfest

## Wissembourg

*Lage: vordere Umschlagkarte F 19*
*PLZ 67160*

**Zug:** Bahnhof Avenue de la Gare, Tel. 08 36 35 35 35
Tgl. nach Winden (D) und Straßburg.
**Bus:** Schweigen, Dahn (D) tgl., Betschdorf in der Schulzeit, Lauterbourg Di., Abfahrt beim Bahnhof.

**Office de Tourisme**
9, Place de la République
Tel. 03 88 94 10 11, Fax 03 88 94 18 82

**Chambres d'hôte Joseph Schnörringer**
5, Rue du Musée
Tel. 03 88 94 14 24
Preiswert
Gepflegte Gästezimmer, sehr ruhige Lage in einer Gasse an der Stadtmauer. Einige Zimmer mit Terrasse und Kochnische.

**Hostellerie du Cygne**
3, Rue du Sel
Tel. 03 88 94 00 16, Fax 03 88 54 38 28
Preiswert–moderat
Das erste Haus am Platz liegt etwas zurück neben dem Rathaus. Gepflegter, verwinkelter Bau mit gutbürgerlicher Allüre.

**Au Moulin de la Walk**
2, Rue de la Walk
(außerhalb der Stadt im Nordwesten)
Tel. 03 88 94 06 44, Fax 03 88 54 38 03
Preiswert–moderat
Lauschige Mühle in grüner Lage, die Zimmer befinden sich im Anbau.

**Restaurant de la Couronne**
12, Place de la République
Tel. 03 88 94 14 00
Elsässer Küche und Ambiente, wie man's mag: Lammkoteletts, *Tarte flambée* und ein vorzüglicher offener Riesling aus Cleebourg.

**Le Caveau du Châtelet**
65, Faubourg de Bitche
Tel. 03 88 94 16 11
Spezialitäten je nach Saison (z. B. Perlhuhn in Rahmsauce), serviert in einem Renaissance-Gebäude am Bachufer.

**St-Pierre-et-St-Paul**
Avenue de la Sous-Préfecture
Tgl. 14–17 Uhr
Romanisch-gotischer Bau, Fenster des 13. Jh., Kreuzgang, romanischer Glockenturm.

**St-Jean**
Rue du Presbytère
Auf Anfrage beim Office de Tourisme
Protestantische Kirche, 13.–15. Jh.

**Musée Westerkamp**
3, Rue du Musée
Mo, Mi, Do 14–18, Fr, Sa 9–12, 14–18, So 10–12, 14–18 Uhr
Bunte, volkskundliche Sammlung, Waffensaal zum Krieg 1870/71 in einem prachtvollen Winzerhaus des 16. Jh.

**Thematische Wanderungen** z. B. »Auf der Fährte der Kreuzzugsritter«, Office de Tourisme, April–Okt.
**Deutsch-französische Fahrradwege** »Lautertal« oder »Rheinebene« Prospekte im Office de Tourisme.

**Pfingsten:** Fêtes de Pentecôte mit Trachtenumzug, Tanz, Kirmess und Feuerwerk.

## Wittelsheim

*Lage: hintere Umschlagkarte D 4*
*PLZ 68310*

**Maison du Mineur et de la Potasse**
212, Rue de Reiningue,
Tel. 03 89 55 47 80
Nov.–April So 14.30–17,
Mai–Okt. So 14.30–18 Uhr
Gruppenführungen auch auf deutsch
Museum zur Geschichte des elsässischen Kali-Beckens, Grubentechniken, Verarbeitungsweisen.

## Woerth

*Lage: vordere Umschlagkarte D 18*
*PLZ 67360*

**Syndicat d'Initiative,** Rathaus
Tel. 03 88 09 30 21

**Jugendherberge**
10, Rue du Moulin
Tel. 03 88 54 03 30
Preiswert
In ehemaligem Kloster unterhalb der Burg, 60 Plätze in 4- bis 14-Bettzimmern. Mit Fahrradverleih.

**Musée de la Bataille du 6 Août 1870**
Château
April–Okt. tgl.,
Nov., Dez., Feb., März Sa, So 14–17 Uhr
Uniformierte Puppen und Fundstücke vom Schlachtfeld. Diaporama mit 4000 bemalten Zinnfiguren.

## Zellenberg

*Lage: hintere Umschlagkarte C 8*
*PLZ 68340*

**Au Riesling**
5, Route du Vin
Tel. 03 89 47 85 85, Fax 03 89 47 92 08
Preiswert–moderat
Kann angesichts des Namens nur am Weinberg liegen: Vor der Tür verläuft die berühmte Weinstraße. Etwas klobiger Bau, in dem die Patronne Hélène Rentz schaltet und waltet. Auf der Karte: *Quiche lorraine,* Hähnchen in Riesling, Obstkuchen »Maison«.

**Wein und Trester:**
Jean-Philippe Becker
2, Rue d'Ostheim
Tel. 03 89 47 90 16
Ostern–Sept. 8–12, 14–18, sonst 8–12, 13–17 Uhr, außer während der Weinlese
Gute Trester, exzellente Grand Cru-Weine, mit Führung und Probe. Alter Weinkeller mit Sammlung von Winzerutensilien und Fässern. Auch Führungen durch die Grand Cru-Lagen Froehn, Schoenenbourg, Sonnenglanz.

Richtig Reisen Service

# Reiseinformationen von A–Z

Ein Nachschlagewerk – von A wie Anreise über N wie Notfälle bis Z wie Zeitungen – mit vielen nützlichen Hinweisen , Tipps und Antworten auf Fragen, die sich vor oder während der Reise stellen. Ein Ratgeber für die verschiedensten Reisesituationen.



## Anreise

### mit dem Flugzeug

Air France fliegt werktags dreimal tgl. von Hamburg direkt nach Straßburg, ansonsten ab etlichen weiteren Städten via Paris. Als Hauptflughafen für Elsassreisende hat sich der internationale Flughafen Basel-Mulhouse etabliert. Die Schweizer Fluggesellschaft Crossair bietet eine große Auswahl an Direktflügen, u. a. ab Köln, Düsseldorf, Hannover, Karlsruhe, München, Dresden, Leipzig, Frankfurt, Stuttgart, Münster, saisonal auch von Sylt und Rostock.

### mit der Bahn

Im kleinen Grenzverkehr gibt es etliche Verbindungen, z. B. zwischen dem pfälzischen Landau und dem nordelsässischen Wissembourg, oder zwischen Mulhouse und dem schweizerischen Laufenburg auf der neuen Regio-S-Bahn. Für Fernverbindungen gilt: Zugreisende nach Straßburg fahren von Offenburg (Anschluss an die Fernzüge auf die Rheinschiene) über Kehl ins Elsass. Zugreisende aus der Schweiz und aus Österreich erreichen ihr Ziel via Basel und Mulhouse.

Wer sein Fahrrad mitnehmen will, sollte eine Versicherung abschließen. Einige Intercity-Züge haben mittlerweile Fahrradabteile. Die staatlichen französischen Eisenbahnen SNCF verlangen für den Transport als Gepäckversendung eine Pauschalgebühr. Wer das Rad direkt im Zug mitnehmen möchte, zahlt eine weitaus höhere Summe. Versandkartons erhält man im Fahrradladen oder auf jedem französischen Bahnhof. An vielen Bahnhöfen verleiht die SNCF Fahrräder im »train + vélo«-Service.

Informationen zu Strecken und Fahrplan bei der Generalvertretung der SNCF, Lindenstr. 5, 60325 Frankfurt, Tel. 0180/5218238, Preisanfragen unter Fax 069/97584635.

### mit dem Bus

Busreisen werden von einigen Reiseveranstaltern angeboten, allerdings nur im Rahmen eines Pauschalangebots. Im kleinen Grenzverkehr gibt es etliche Verbindungen. (Siehe auch Adressen und Tipps von Ort zu Ort.)

### mit dem PKW

Fast alle Wege führen durchs Rheintal über die A 5, mit den entsprechenden Problemen wie zähfließendem Verkehr und Stau. Eine Ausweichmöglichkeit bietet im Norden die A 65 von Mannheim bis Landau oder Wörth, weiter dann auf französischer Seite über Landstraßen, etwa die D 300 ab Lauterbourg oder die D 263 ab Wissembourg. Die

Strecke Straßburg–Basel via Colmar ist gut ausgebaut, zwischen Colmar und der Schweizer Grenze mittlerweile als Autobahn (N 83 und A 35). Von Mulhouse führt die A 36 in westlicher Richtung weiter in die südlichen Vogesen. Prinzipiell sind die Autobahnen auf französischer Seite leerer als diesseits des Rheins. Zu Verkehrsstaus kommt es dort höchstens an den Wechseltagen von Juli- und Augusturlaubern (15. Juli, 15. und 31. Aug.).

Als wichtigste Rheinbrücke verbindet die Europabrücke Kehl und Straßburg. Zu weiteren Brücken bei Beinheim, Gambsheim, Gerstheim, Marckolsheim, Volgelsheim, Chalampé, Ottmarsheim und Huningue (jeweils auf französischer Seite) kommen Fähren etwa bei Seltz, Drusenheim oder Rhinau hinzu. (Siehe auch Adressen und Tipps von Ort zu Ort.)

## Ärztliche Versorgung

Als Urlauber zahlt man wie die Franzosen auch die Behandlungskosten direkt und lässt sich die Summe von der heimischen Krankenkasse gegen Vorlage der Arztrechnung erstatten. Deutsche und österreichische Krankenversicherer halten Vordrucke bereit, die der französische Arzt ausfüllt. Es empfiehlt sich eine zusätzliche Reisekrankenversicherung, um sich gegen eventuell nicht gedeckte Kosten abzusichern. Zwischen der Schweiz und Frankreich besteht kein Sozialversicherungsabkommen. Schweizer sind also nicht automatisch in Frankreich krankenversichert und sollten unbedingt eine Auslandskrankenversicherung abschließen.

## Apotheken

Apotheken *(pharmacie)* erkennt man am grünblinkenden Neonkreuz. Sie unterhalten Notdienste, deren Zeiten per Aushang oder in der Lokalpresse sowie manchmal im Syndicat d'Initiative bzw. dem Office de Tourisme zu erfahren sind. Medikamente sind in der Regel günstiger als in Deutschland. Viele sind zudem rezeptfrei. Kondome heißen *préservatifs.* Außer in Apotheken erhält man sie in Drogerien und in Cafés und Restaurants am Automat.

## Auskunft

### In Deutschland

Maison de la France
Westendstraße 47
60325 Frankfurt/Main
Tel. 0190/57 00 25, Fax 069/59 90 61
oder Keithstraße 2–4, 10787 Berlin
Tel. und Fax identisch

### In Österreich

Maison de la France
Hilton Center
Landstrasser Hauptstraße 2a
1033 Wien
Tel. 01/503 28 90, Fax 01/503 28 71

### In der Schweiz

Maison de la France
Löwengasse 59
8022 Zürich
Tel. 01/2 11 30 85

### Im Elsass

Comité Régional de Tourisme (CRT)
6, Avenue de la Marseillaise, BP 219
67005 Strasbourg
Tel. 03 88 25 39 81, Fax 03 88 52 17 06

**Nördliches Elsass:**
Agence du Développement Touristique du Bas-Rhin
9, Rue du Dôme, BP 53
67061 Strasbourg Cedex
Tel. 0388154595, Fax 0388756764
e-mail: alsace-tourism@sdv.fr

**Südliches Elsass:**
Association Départementale du Tourisme/Maison du Tourisme de Haute Alsace
1, Rue Schlumberger, BP 337
68006 Colmar Cedex
Tel. 0389201068, Fax 0389233391
Internet: www.tourisme68.asso.fr
e-mail: adt@rmcnet.fr

Fast jeder Ferienort hat ein Office de Tourisme (OT) oder Syndicat d'Initiative. Es befindet sich meist am Hauptplatz oder auf dem Rathaus (*mairie*). Oft sind die Büros nur zur Saison (Ostern–Allerheiligen, manchmal nur Juni–Sept.) geöffnet.

## Autofahren

Vor Antritt der Reise sollte man sich einen Auslandsschutzbrief besorgen, damit Risiken wie Unfall, Krankheit und Diebstahl abgedeckt sind. Für Deutsche empfiehlt sich die grüne Versicherungskarte. Autobahnen sind gebührenpflichtig. Gezahlt wird vor der Ausfahrt an der *péage* – für geringfügige Summen Kleingeld bereithalten! Ansonsten kann man auch per Kreditkarte zahlen.

Auskünfte: Über in Frankreich gültige Verkehrsvorschriften sowie die aktuelle Verkehrslage informieren die Automobilclubs:

**Deutschland:**
ADAC, in allen Geschäftsstellen.
AvD, Lyoner Stf. 16, 60528 Frankfurt

**Österreich:**
ÖAMTC, Schubertring 1–3, 1010 Wien

**Schweiz:**
TCS: 9, Rue Pierre-Fatio, 1211 Genève
Der **Automobile Club de France** (ACF) hat seinen Sitz unter der Adresse 6, Place de la Concorde, 75008 Paris.

**Pannenhilfe:** Auf Autobahnen kann Pannenhilfe über die Notrufsäulen angefordert werden, auf Landstraßen und in Ortschaften über den Polizeinotruf Tel. 17. Pannenhilfe kann auch unter Tel. 0605089222 der AIT-FIPA Assistance mit Ausnahme der Autobahnen überall rund um die Uhr in deutscher Sprache herbeigerufen werden. Der ADAC unterhält einen deutschsprachigen Notrufdienst in Paris, Tel. 0145004295.

**Verkehrsregeln, Tanken und Parken:** Benzin *(essence)* und Diesel *(gazole)* sind nach wie vor teurer als in Deutschland. Bleifrei tanken *(sans plomb)* kann man an nahezu jeder Tankstelle. Innerhalb geschlossener Ortschaften gilt 45 oder 60, auf Landstraßen 90, Schnellstraßen 110, Autobahnen 130 km/h Höchstgeschwindigkeit. Im Kreisverkehr hat man Vorfahrt. Die Alkoholgrenze liegt bei 0,5 Promille. Anschnallen ist Pflicht. Die Geldbußen für Verkehrssünder sind drastisch, der Führerschein ist bei extremem Rasen und Alkoholkonsum sofort weg. Das Schild *»Toutes directions«* (alle Richtungen) weist die Streckenführung für Durchreisende aus. In den Städten muss für die meisten Parkplätze ein Ticket am *horodateur* gezogen werden, das man gut sichtbar hinter die Windschutzscheibe legt.

## Behinderte

Die Behindertenorganisation Association des Paralysés de France verschickt gegen Gebühr einen Hotel- und Restaurantführer:
**A.P.F.,** Délégation Paris
22, Rue du Père-Guérin
75013 Paris
Tel. 01 40 78 69 00.

Knapp 100 französische Städte werden bezüglich ihrer behindertengerechten Einrichtungen vom Französischen Verband für die Rehabilitation von Behinderten in der Broschüre »Tourisme quand même« vorgestellt:
**C.N.F.L.R.H.**
38, Boulevard Raspail
75007 Paris
Tel. 01 45 48 90 13
Versand gegen Rückporto.

## Diebstahl

Das Elsass ist ein sicheres Reiseziel, doch wo sich viele Touristen aufhalten, ist die Gefahr bestohlen zu werden entsprechend höher. Es gelten die bekannten Regeln: Vor allem an einsamen Wanderparkplätzen nichts im Wagen zurücklassen. Kameras und Wertsachen gehören nicht auf den Beifahrersitz oder unbeaufsichtigt an die Lehne des Caféstuhls. Vorsicht vor Taschendieben im sommerlichen Gewühl der Altstadtgassen. Der Leihwagen sollte nachts nicht an einsamen, unbewachten Orten abgestellt werden.

## Diplomatische Vertretungen

**Botschaft der Bundesrepublik Deutschland**
13, Avenue Franklin D. Roosevelt
75008 Paris
Tel. 01 42 99 78 00, Fax 01 43 59 74 18
**Konsulat der Bundesrepublik Deutschland**
15, Rue des Francs Bourgeois
67000 Strasbourg
Tel. 03 88 15 03 40
**Botschaft der Republik Österreich**
6, Rue Fabert
75007 Paris
Tel. 01 45 55 95 66.
**Konsulat der Republik Österreich**
29, Avenue de la Paix
67000 Strasbourg
Tel. 03 88 35 13 94
**Botschaft der Schweiz**
142, Rue de Grenelle
75007 Paris
Tel. 01 25 55 67 00, Fax 01 45 51 34 77
**Konsulat der Schweiz**
11, Boulevard du Président Edwards
67000 Strasbourg
Tel. 03 88 35 00 70

## Einreise- und Zollbestimmungen

Für EU-Bürger reicht der Personalausweis. Schweizer benötigen bei Ein- und Ausreise einen gültigen Reisepass. Kinder unter 16 Jahren ohne eigenen Ausweis müssen im Reisedokument der Eltern eingetragen sein. Zollkontrollen entfallen seit der Einführung des EU-Binnenmarkts. Es gibt also für den privaten Bedarf keine Mengenbeschränkungen bei Wein oder Zigaretten mehr, doch darf ein gewisser Rahmen (800 Zigaretten, 10 l Spirituosen) nicht gesprengt werden. Bei Handelsverdacht kassiert der Zoll Steuern. Österreicher und Schweizer dürfen 200 Zigaretten oder 100 Zigarillos oder 50 Zigarren oder 250 g Tabak, 1 l Spirituosen oder 2 l Likör und 2 l Wein, 50 g

Parfüm oder 0,25 l Eau de Toilette ausführen. Achtung: Wer mit gefälschten Markenartikeln am Leib erwischt wird, zahlt seit 1995 den doppelten Preis des Originals.

## Elektrizität

Sicherheitsstecker passen in der Regel nicht in die bis auf seltene Ausnahmen übliche flache 220 V-Steckdose. Ein Zwischenstecker leistet Abhilfe. Bei 110 V-Netzspannung ist ein Adapter nötig.

## Essen und Trinken

### Essgewohnheiten

Neben dem Café, dem Bistro oder der kleinen Bar, wo man günstig und bodenständig verköstigt wird, locken renommierte Restaurants und kulinarische Tempel, für deren Künste tief ins Portemonnaie gegriffen wird. Die im Preis-Leistungsverhältnis teuerste Mahlzeit ist das Frühstück. Wenn es nicht im Hotelpreis inbegriffen ist, kann man zu Café au lait und Croissant ins Café um die Ecke ausweichen.

A propos: *Café* oder *Bar* bedeutet soviel wie Kneipe. Für den Hunger zwischendurch gibt es hier Sandwich oder Croque-Monsieur. Wer Kaffee und Kuchen essen möchte, geht dagegen in einen Salon de Thé. Mittags bieten viele Bars und Cafés ein preiswertes Menü oder Tagesgericht *(menu* bzw. *plat du jour*) an. Auch gehobenere Restaurants locken mittags mit einem günstigen Menü.

Abends bleibt in Cafés und Bars die Küche kalt: Nach dem Apéritif für die werktätige Bevölkerung schließen etliche dieser Etablissements gegen 19 Uhr. Jetzt schlägt die Stunde des Restaurants, wo ab etwa 19.30 Uhr die ersten Bestellungen entgegen genommen werden. Entweder wählt man zwischen den regulären Menus oder teurer à la carte. Die Winstub ist etwa mit einer *Tarte flambée* eine kostengünstige und landestypische Alternative zum Restaurant, ein offener elsässischer Wein erschwinglich. Gegen 22 Uhr macht die Küche dicht: Gute Gerichte wollen lange vorbereitet sein. Ausnahme sind die Sommermonate, wenn in den touristischen Orten bis spät in die laue Nacht gespiesen wird. Größtenteils nur auf Reservierung kann man in einer Ferme-Auberge einkehren. Es handelt sich um Bauernhöfe, die mit der traditionellen Melkermahlzeit *(repas marcaire)* eine bodenständige, mit Zutaten vom Hof zubereitete Kost servieren. Meist liegen die Häuser mitten auf dem Land und sind deswegen vor allem bei Wanderern und Ausflüglern beliebt.

Falls der Magen sich an die Tischzeiten der Restaurants nicht gewöhnen kann, bleibt der Gang in die Brasserie, wo durchgehend warme Küche angeboten wird, auch zu später Stunde. Samstagabend und Sonntagmittag sind in Frankreich die klassischen Termine für ein Essen außer Haus – man lässt besser reservieren. Viele Restaurants legen Sonntagabend und Montag ihren Ruhetag ein.

Damit die Speisekarte kein Buch mit sieben Siegeln bleibt, empfiehlt sich der Essdolmetscher Frankreich (herausgegeben von der Zeitschrift essen & trinken, Orbis Verlag, München).

### Restaurant-Knigge

Reservieren ist in der Hochsaison unerlässlich, will man nicht von Restaurant zu Restaurant pilgern. Auch mit Reservierung setzt man sich nicht sofort, son-

Forêt von Cleebourg bis Riedseltz. Keine Konkurrenz, sondern eine Alternative zu den Reben bieten die Hopfen am Kochersberg: Sie sind Teil einer in zehn Etappen aufgeschlüsselten »Route de la Bière« (u. a. Brauereien in Straßburg und Luttersbach).

»Les Routes de la Carpe frite« lassen das Wasser im Mund zusammenlaufen. Von gegrillten Karpfen im Gasthaus zu Fischteichen geht es auf mehreren Routen durch das Sundgau und den elsässischen Jura (insgesamt 250 km). Gut essen kann man ebenfalls längs der »Route des Crêtes«, doch der Reiz dieser einst für die Truppenbewegungen des Ersten Weltkriegs angelegten Straße auf dem Vogesenkamm sind vor allem Berge, Pässe und Täler (170 km). Zurück in die Ebene: Immer am Rhein lang führt die »Route du Rhin« von Lauterbourg an der Grenze zur Pfalz bis St-Louis vor den Toren von Basel. Unterwegs gibt es Grenzfestungen aus verschiedenen Epochen, Staustufen, Wasserkraftwerke, Vogelreservate, Riedflächen und Schwemmwiesen zu sehen (230 km).

## Verhalten als Tourist

Ein paar höfliche Floskeln erleichtern den Alltag: Fragt man nach dem Weg, erhöht ein vorangestelltes *»S'il-vous-plaît«* oder *»Excusez-moi«* die Auskunftswilligkeit enorm. Desgleichen gilt beim Einkauf oder im Lokal: Wer der Bestellung ein *»s'il-vous-plaît«* folgen lässt, wird selbst bei Hochbetrieb auf korrekten Service hoffen dürfen. Sich für Auskunft und Service zu bedanken, ist üblich: *»Merci«* oder auch *»Merci beaucoup«* (vielen Dank). Betritt man einen Laden, eine Bar oder das Hotel, zählt es zu den französischen Gepflogenheiten, mit einem *»Bonjour Monsieur/Madame«* zu grüßen. Kennt man sich näher, folgt auf das *»Bonjour«* ein familiäres *»Ça va?«* (Wie geht's), auf das als Antwort fast immer *»Ça va bien«* (es geht gut) erwidert wird.

Deutschkenntnisse darf man im Elsass im Hotel oder Restaurant eher voraussetzen als in anderen französischen Regionen – darauf bestehen sollte man natürlich nicht. Ein paar Brocken Französisch helfen über die Hürden von Speisekarten und Straßenschildern hinweg und steigern die Geduld des Gegenübers. Lauthalses Beharren auf der eigenen Landessprache gilt als Fauxpas und führt zu nichts – außer, dass die kalte Schulter gezeigt wird. A propos: Der Gang zu Tisch ist in Frankreich heilig. Unverhofft vorbeischauen sollte man deshalb nicht mittags zwischen 12–14.30 sowie ab 19 Uhr abends.

In guten Restaurants wird *»tenue correcte«* erwartet, lange Hosen und Lederschuhe also. Im Spielcasino, bei offiziellen Anlässen und Feierlichkeiten: Krawatte. Auch viele Diskotheken schreiben *»tenue correcte«* vor – Jeans und Turnschuhe scheitern oftmals am Türsteher. Wird man zum Essen im Privatkreis eingeladen, entscheidet der Anlass über die Garderobe – sich herauszuputzen ehrt allemal die Gastgebor.

## Verkehrsmittel

### Mietwagen

Ohne Wagen in entlegene Vogesentäler oder zur urigen Ferme-Auberge vorzudringen, ist fast unmöglich. Wer nicht mit dem eigenen Wagen anreist: In allen Hauptorten bieten die gängigen Mietwagenverleiher ihre Flotte an. Etli-